Exposition of Japyeongjinjeon

자평진전 강해

子平眞詮

자평진전 강해講解

exposition of japyeongjinjeon

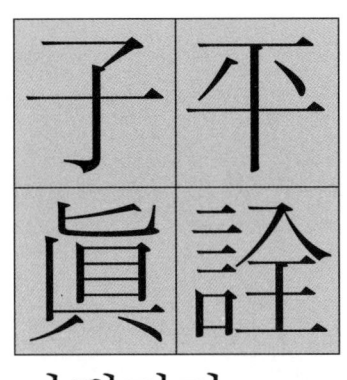

이을로

동학사

머리말

| 다람쥐의 하루는 짧고, 나무늘보의 하루는 길다 |

동일한 시간이라도 누가 겪는지에 따라 느낌이 다르다. 발빠른 다람쥐는 순간순간이 새롭고, 굼뜬 나무늘보는 하루가 길고 지루하다. 시간이 만드는 운의 영향도 사람마다 다르게 나타난다. 똑같은 길운이라도 빌딩 한 채를 얻는 재벌이 있고, 월세를 면하는 데 그치는 영세민도 있다. 그러므로 운명을 볼 때는 길운인가 흉운인가를 살피는 것보다, 운을 겪는 주인공이 누구인가를 보는 것을 우선해야 한다.

운을 맞이하는 주인공에 초점을 맞출 때, 팔자라는 그릇이 중시된다. 길운이 담길 팔자가 냉면대접만큼 큰지 아니면 간장종지같이 작은지 가늠하는 것을 우선해야 한다. 운의 영향보다 팔자라는 그릇을 먼저 보라. 격국이라는 운명의 틀을 본 후에 담기는 운세를 보라. 이런 시각에 충실한 책이 『자평진전(子平眞詮)』이다.

일주를 중심으로 팔자를 해석한 서자평(徐子平) 이후 역학엔 창조는 없고, 해석만 있었다. 역학에 관심이 있어도 충실하지 못한 해석서들을 만난 이들은 오이의 쓴 꼭지만을 먹는다. 그리고 "역학은 어렵다, 쓰다"고 말한다. 그러나 같은 해석서라도 오이의 배꼽 부분에 해당하는 단맛의 기본서가 있다. '격국에는 『자평진전』, 조후에는 『궁통보감』, 운세에는 『적천수』'라는 말로 역학의 3대 기본서를 설명한다. 이 중 『자평진전』은 가장 기본이 되는 책이다.

　길운을 찾기 위한 삼만리 여행을 준비하기 전에,
『자평진전』을 통하여 용신격국의 핵심을 얻길 바란다.
핵심을 얻은 후 여행을 마치면 당나귀를 경주마로 만드는 방법을 알게 된다.

　『자평진전』 원문을 『자평진전 강해』라는 이름으로 엮으면서 많은 분들의 도움을 받았다. 원문 번역과 강해 내용에 대해 충고해준 두강원 학인 분들에게 고마움을 전한다. 특히 꼼꼼하게 교정을 봐준 권영조, 민정희, 이승선, 홍란희 씨에게 감사를 전한다.

2009년 11월
두강원(斗崗院)에서 이을로

일러두기

| 이 책의 구성과 용어 해설 |

1. 책의 구성

책은 크게 3부 21장으로 나누었다.

'1부 격국 기초'에는 사주를 세우는 방법에서부터 용신격국을 정하는 요령, 격국의 성패와 변화에 대한 내용을 담았다.

'2부 격국 판단'에는 각 정격과 관련된 육친을 보는 방법을 정격 순으로 설명하였다.

'3부 격국 변화'에는 정격에 참고할 조후와 궁성론 외에 운에 의한 격국의 변화, 격국의 고저를 보는 방법, 정격에 속하지 않는 외격에 대한 비판 사항을 담았다.

각 장은 원문에 대한 의역(意譯)을 마친 후에, 내용 요약과 보충해설을 추가하였다. 원문의 단락마다 보충해설을 할 수도 있지만, 원문 내용의 왜곡과 혼란을 피하기 위해 각 장 뒷부분에 전체 내용을 묶어 해설하는 형식을 취했다.

2. 원문

이 책은 중국 중주고적출판사(中州古籍出版社)에서 2005년 5월 발행한 심효첨(沈孝瞻) 원저에 서락오(徐樂吾)가 평주한 『자평진전평주(子平眞詮評註)』를 원문으로 하였다. 원문 중에서 서락오의 평주는 원문 내용을 왜곡할 우려가 있어서 모두 생략하는 것을 원칙으로 하였다. 대신 이해를 돕기 위한 해설은 강해(講解)의 형식으로 새롭게 보충하였다.

3. 사례사주

원문에서 다룬 사주는 대부분 저자인 심효첨이 살았을 당시 청(淸)나라에서 높은 벼슬을 했던 사주들이다. 사주의 다양성이 떨어지고, 상담실 상황과도 맞지 않아 강해에는 다양한 사례사주로 보충하였다.

사례사주는 두강원(斗崗院)에서 2008년과 2009년에 실제 상담을 한 사람의 것을 예로 들었다. 적당한 사례가 없는 경우에는 다음 책에서 원문의 취지에 맞는 것을 택해 해설하였다(책 제목은 가나다 순).

『궁통보감강해(窮通寶監講解)』, 『멀대도사의 사주팔자 이야기』, 『사주정설(四柱精說)』, 『사주첩경(四柱捷徑)』, 『삼명통회(三命通會)』, 『자평수언(子平粹言)』, 『자평일득(子平一得)』, 『적천수(適天髓)』, 『천고팔자비결총해(千古八字秘訣總解)』, 『명리신론(命理新論)』, 『명리실증총담(命理實證叢談)』, 『명리약언(命理約言)』, 『명리요강(命理要綱)』, 『명리정종(命理正宗)』, 『명리탐원(命理探原)』, 『팔자기담(八字奇談)』, 『팔자심리추명학

(八字心理推命學)』,『팔자제요(八字提要)』,『팔자진결계시록(八字眞訣啓示錄)』.

4. 용어 해설

원문에서는 일반 명리책에서 사용하지 않는 독특한 용어들을 사용하고 있다. 아래에 원문의 이해를 위한 필수적인 내용을 풀어놓았다. 자세한 사항은 본문의 해당 장을 참고한다.

사길신

사길신(四吉神)은 재관인식(財官印食)의 육친을 말한다. 즉, 정재, 편재, 정관, 정인, 식신이다. 이 격에 해당할 때는 상신으로 순용하는 것을 사용하는 것이 원칙이다.

원문에서는 사길신을 사희신(四喜神)으로 부르기도 하고, 편인을 흉신으로 분류하기도 하였다.

이 책에서는 원문에서 언급한 "인수는 정인과 편인을 동일하게 본다는 인수지중편정상이(印綬之中偏正相似)"의 원칙에 의해 편인을 길신으로 분류하였다.

사흉신

사흉신(四凶神)은 살상겁인(殺傷劫刃)의 육친을 말한다. 즉, 칠살, 상관, 겁재, 양인이다. 월령이 사흉신이라도 배합이 적당하면 성격을 이루는 요소가 될 수 있다.

예를 들어, 인수가 뿌리가 없는데 칠살이 이를 돕는다면 칠살이 비록 사흉신이지만 이 칠살 때문에 성격이 된다.

순용

순용(順用)은 사길신에 해당하는 격에서 생하는 것으로 상신을 삼는 것을 말한다.

정관격에서 순용의 예를 들면, 일간이 약하고 격국이 강한 경우 상관으로 정관을 극하는 역용보다는 인수로 정관을 설기시키면서 일간을 생하는 방법이다.

역용

역용(逆用)은 사흉신에 해당하는 격에서 극하는 것으로 상신을 삼는 것을 말한다.

좁게는 칠살격과 상관격만을 역용에 해당하는 격국으로 보기도 한다.

성격

성격(成格)은 다음 두 가지를 말한다.

① 본명의 상신(相神)이 역할을 하여 격국을 완전하게 만드는 경우.
② 본명의 격국이 완전하지 못할 때 운에서 오는 자가 이를 완전하게 이루어주는 경우.

성격의 예를 들면, 丁火일간이 辰월에 생하고 壬水 정관이 투출한 경우 운에서 申子를 만나는 때이다. 성격인 경우에도 기신(忌神)이 있으면 패격으로 변화한다. 이를 성중유패(成中有敗)라고 한다.

패격

패격(敗格)은 다음 경우들을 말한다. 원문에서 사용한 파격(破格)이라는 용어는 패격으로 통일하였다.

① 본명의 상신이 역할을 못하는 경우.
② 재관인식의 사길신이 쓰임이 적당하지 않은 경우. 예를 들어, 식신격에 칠살이 있는 식신대살(食神帶殺)은 재성이 투출하면 해가 되므로 이 재성 때문에 패격이 된다.
③ 용신인 월지가 형충이 되고 이를 팔자의 다른 자가 해결하지 못하는 경우. 단, 辰戌丑未월은 예외가 있다. 예를 들어, 癸水일간이 辰월에 생하여 戊土정관이 투출한 경우 지지에서 辰戌충이 되어도 패격이 되지 않는다.
④ 성격이 기신으로 인해 성중유패(成中有敗)가 되는 경우. 패격도 구응(求應)의 자가 있으면 성격으로 변화한다. 이를 패중유성(敗中有成)이라 한다.

변격

변격(變格)은 본명의 격국이 완전하지 못한 경우 운에서 오는 자가 변화시켜준 격국이다. 변격이 되었다고 해서 무조건 흉해지는 것은 아니다.
변격의 예를 들면, 丁火일간이 辰월에 생하여 壬水 정관이 투출한 경우 운에서 戊土가 오면 월령인 辰土 중의 지장간 戊土가 투출하여 상관격으로 변하는 때이다.

용신

용신(用神)은 팔자에서 군왕과 같이 주도자의 역할을 하는 자를 말한다. 일반적으로 월령을 말한다. 격국과 동일한 의미로 사용된다.
예를 들어, 甲木일간이 월지에 巳火를 만난 경우 용신은 식신이고, 격으로는 식신격이 된다.

상신

 상신(相神)은 용신의 용(用)이다. 순용(順用)과 역용(逆用)으로 용신을 도와 팔자를 성격으로 이루는 자이며, 기신(忌神)을 제화(制化)하거나 합거(合去)하여 성격을 만드는 천간과 지지의 육친을 말한다. 용신이 팔자의 군왕이라면 상신은 신하로 비유된다.

 예를 들어, 정관격에 재성을 만나는 경우 정관이 용신이고 재성은 상신이 된다.

 상신은 일반적으로 사용하는 희용기구한신(喜用忌仇閑神) 중 용신의 의미와 유사하다.

 상신의 개념은 팔자 자체에서만 사용되고 운세에서는 사용되지 않는다. 그러므로 상신이 운에서 온다는 표현은 틀린 말이다.

희신

 희신(喜神)은 상신의 용(用)으로 상신을 보조하는 자이다.

 사길신인 재관인식을 희신으로 보기도 하며, 상신과 동일한 의미로 사용되는 경우도 있다.

기신

 기신(忌神)은 성격을 패격으로 만드는 자이다. 즉, 성중유패(成中有敗)하는 요소이다.

 사길신은 순용하고, 사흉신은 역용한다. 이 때 용신격국에 사용하는 순용자(順用字) 또는 역용자를 방해하여 패격을 만드는 육친이 기신이다.

구신

 구신(救神)은 패격을 성격으로 만드는 자이다. 즉, 패중유성(敗中有成)

의 요소로 구응(救應)이라고도 한다.

일반적으로 기신을 생한다는 의미로 사용하는 '구신(仇神)'과 구별해야 한다.

유정

유정(有情)은 다음과 같다.

① 패격을 만드는 요소를 합하거나, 극제하여 제거하거나, 무력하게 하여 성격을 만드는 경우.
② 지장간에 격을 이루게 하는 자가 상생의 형태로 있는 경우.
③ 辰戌丑未월에서 용신을 겸용할 때 순리에 맞고 서로를 이루도록 하는 경우.

예를 들어, 甲木이 辰월에 생한 경우 癸水가 투간되고 지지에 子水나 申金이 있어서 申子辰 수국을 이루면 인수격이 된다. 이런 경우 辰월인 잡기월에 낳았지만 잡되지 않고 깨끗하며, 투간한 것과 지지에 회합이 된 것이 서로 배합되므로 유정한 것이 된다.

무정

무정(無情)은 다음의 경우이다.

① 유정한 상태를 만드는 자를 합충 등으로 역할을 못하게 하는 경우.
② 왕약을 부추기는 경우.

상신이 중화를 해치면 아무리 성격이 되었다 하더라도 무정한 격이라서 쓸모가 없다. 예를 들어, 인수격에 칠살을 쓰는 인용칠살(印用七殺)은 귀격이나 신강한 상태에서 칠살이 투출하면 한편으로만 치우쳐 무정하게 된다.

또 다른 예로, 상관패인(傷官佩印)은 귀격이지만 신왕한 경우에는 무정하여 귀격에서 멀어지게 된다.

③ 辰戌丑未월에서 용신을 겸용할 때 순리에 맞지 않고 서로를 배척하는 경우.

예를 들어, 壬水가 未월에 생한 경우 未土 중의 지장간 己土가 천간에 투출하면 정관이 된다.

이 때 지지가 亥卯未 목국으로 상관국을 이루면 천간의 정관과 지지의 상관이 서로 배척하므로 무정하게 된다.

유력

유력(有力)은 일간, 용신, 상신의 세 요소가 힘이 있는 것이다.

예를 들어, 酉월의 乙木일간이 신왕하고, 용신인 칠살이 투출하고, 상신인 식신도 왕성한 경우이다.

무력

무력(無力)은 일간, 용신, 상신의 세 요소 중 어느 하나가 힘이 없는 경우를 말한다.

● 이 책에 대한 궁금한 사항은 두강원 홈페이지(www.uleenet.com)의 역학질문 게시판에 올려주시기 바랍니다.

차례

머리말 004
일러두기 006

1부 격국 기초

1장_ 사주 세우기와 대운 020

1. 연주 023
2. 월주 027
3. 일주 029
4. 시주 032
5. 대운 036
6. 공망 039

2장_ 오행의 생극과 천간지지 042

1. 음양과 사상 042
2. 사상과 오행 044
3. 생극 047
4. 천간 053
5. 지지 055

3장_ 천간과 지지의 관계 057

1. 간지의 본질 057
2. 지장간 061
3. 왕상휴수사 065
4. 십이운성 068
5. 묘고 083

4장_ 합형충파해 094

1. 천간의 합충 097
2. 지지의 합·형·충 116
3. 육파·육해·원진 131

5장_ 육친 135

1. 비겁 140
2. 식상 143

3. 재성 148 4. 관살 153
5. 인수 161

6장_ 왕약 판단 165

7장_ 용신격국 168
1. 용신격국의 의의 168 2. 용신격국 정하기 175

8장_ 격국의 성패와 변화 191
1. 격국의 순용과 역용 191 2. 격국의 성패와 상신 200
3. 용신격국의 변화 211

2부 격국 판단

1장_ 녹겁격 230
1. 녹겁격의 의의 230 2. 녹겁격의 성패 234
3. 녹겁격과 식상 237 4. 녹겁격과 재성 241
5. 녹겁격과 관살 246 6. 녹겁격과 식재관 249

2장_ 양인격 259
1. 양인격의 성패 260 2. 양인격과 식상·재성 263
3. 양인격과 관살 270

3장_ 식신격 279

1. 식신격의 성패 281
2. 식신격과 재성 284
3. 식신격과 관인 289

4장_ 상관격 299

1. 상관격의 성패 300
2. 상관격과 재성 306
3. 상관격과 관살 315
4. 상관격과 인수 325

5장_ 재성격 333

1. 재성격의 성패 339
2. 재성격과 비겁 345
3. 재성격과 식상 349
4. 재성격과 관살 356
5. 재성격과 인수 368

6장_ 칠살격 376

1. 칠살격의 성패 378
2. 칠살격과 관살혼잡 383
3. 칠살격과 식상 392
4. 칠살격과 재성 399
5. 칠살격과 인수 403

7장_ 정관격 409

1. 정관격의 성패 414
2. 정관격의 운세 419
3. 정관격과 식상·재성 427
4. 정관격과 인수 434

8장_ 인수격 440

1. 인수격의 성패 440
2. 인수격과 비겁 444
3. 인수격과 식상 448
4. 인수격과 재성 456
5. 인수격과 관살 460

3부 격국 변화

1장_ 용신격국과 억부·조후 474

1. 여름 나무 477
2. 겨울 나무 486
3. 겨울 쇠 491

2장_ 궁성론 499

1. 전통적 궁성론 499
2. 궁성론과 합충 522
3. 궁성론과 상신의 선후위치 529
4. 궁성론의 새로운 접근 536

3장_ 행운과 용신격국 변화 551

1. 행운과 희기의 배합 551
2. 행운과 성격·변격 554
3. 행운과 합충 560
4. 행운에서 오는 간지 563

4장_ 용신격국의 고저와 순잡 571

1. 유정과 무정 571
2. 유력과 무력 592
3. 용신격국의 순잡 598

5장_ 외격과 신살 604

1. 외격의 의의 604
2. 종왕격·일행득기격 609
3. 종격 620
4. 화기격 630
5. 기타 잡격 633
6. 신살은 길흉과 무관하다 656

부록 : 계절별 일간의 조후용신 663

子平眞詮

1부 【격국 기초】

1장 사주 세우기와 대운

사주팔자(四柱八字)라는 말 중에서 사주(四柱)는 4개의 기둥을 뜻하고, 팔자(八字)는 여덟 글자를 뜻한다. 사주팔자를 줄여서 사주 또는 팔자라고 한다. 생년월일시가 음력으로 1955년 12월 2일 오전 10시(양력으로 1956년 1월 14일)인 남자의 사주팔자는 다음과 같이 표시된다.

시	일	월	연 (乾命)
辛	庚	己	乙
巳	辰	丑	未

사주팔자 연월일시 옆의 건명(乾命)은 남자를 뜻하고, 여자의 경우에는 곤명(坤命)으로 기록한다. 똑같은 해에 태어났다고 해도 성별에 따라 대운이 바로 가기도 하고 거꾸로 가기도 하므로 성별을 반드시 기록한다. 팔자는 전통적인 방식을 따라 오른쪽에서 왼쪽으로 연월일시를 표시한다. 왼쪽으로부터 상하로 써도 상관은 없다. 그러나 역학의 기본기를 익힌 후

역학 고서를 보려면 위 사주팔자의 형태로 통일하는 것이 좋다.

연월일시의 乙未, 己丑, 庚辰, 辛巳 네 기둥이 있으므로 사주이며, 연월일시의 위에 乙己庚辛 네 글자와 아래에 未丑辰巳 네 글자가 있어 모두 여덟 글자이므로 팔자라고 한다. 사주에서 연의 기둥을 연주(年柱), 월의 기둥을 월주(月柱), 일의 기둥을 일주(日柱), 시의 기둥은 시주(時柱)라고 한다. 팔자에서 위에 있는 글자는 하늘의 기운을 상징하는 10개의 천간(天干), 즉 ①甲 ②乙 ③丙 ④丁 ⑤戊 ⑥己 ⑦庚 ⑧辛 ⑨壬 ⑩癸 중에서 일정한 규칙에 의해 사용된다. 팔자 중 아래에 있는 글자로는 땅의 기운을 뜻하는 12개의 지지(地支)가 사용된다. ①子 ②丑 ③寅 ④卯 ⑤辰 ⑥巳 ⑦午 ⑧未 ⑨申 ⑩酉 ⑪戌 ⑫亥가 지지다. 각각의 천간과 지지는 음양과 오행으로 구분된다. 이를 표로 나타내면 다음과 같다.

음양 \ 오행	木	火	土	金	水
양간(陽干)	①甲	③丙	⑤戊	⑦庚	⑨壬
음간(陰干)	②乙	④丁	⑥己	⑧辛	⑩癸
양지(陽支)	③寅	⑦午	⑤辰·⑪戌	⑨申	①子
음지(陰支)	④卯	⑥巳	②丑·⑧未	⑩酉	⑫亥

위 표에서 순서 수가 ①, ③, ⑤, ⑦, ⑨ 등 홀수인 천간과 지지는 음양 중 양이며, 순서 수가 짝수인 것은 음이다. 이 천간과 지지가 결합하여 간지(干支)를 만든다. 예를 들어, 2009년의 간지는 己丑년이다. 己는 오행으로는 土이고 음양으로는 음, 즉 음토(陰土)이다. 그렇다면 축토(丑土)도 음토이다. 간지 결합에서 서로 같은 음양이 결합하는 것을 모르고 줄줄 육십갑자를 외우는 것으로 명리 공부를 시작하는 사람도 있다. 대개의 사물과 속성이 음양 상호간 결합하는 것과 달리 간지는 같은 음, 같은 양끼리 결

합한다. 즉, 간지는 동류(同類) 결합을 한다. 그러므로 甲寅년과 乙卯년은 있어도 甲卯년과 乙寅년은 없다.

간지의 동류 결합 원칙에 의해 천간 甲乙丙丁戊己庚辛壬癸와 지지 子丑寅卯辰巳午未申酉戌亥가 하나씩 순서대로 결합하면 아래와 같은 육십갑자(六十甲子)가 만들어진다. 육십갑자를 줄여서 육갑(六甲)이라고 부른다. 육갑의 순서대로 번호를 매겨보면 다음과 같다.

육십갑자 순서표와 공망

甲	乙	丙	丁	戊	己	庚	辛	壬	癸	공망
01 甲子	02 乙丑	03 丙寅	04 丁卯	05 戊辰	06 己巳	07 庚午	08 辛未	09 壬申	10 癸酉	戌亥
11 甲戌	12 乙亥	13 丙子	14 丁丑	15 戊寅	16 己卯	17 庚辰	18 辛巳	19 壬午	20 癸未	申酉
21 甲申	22 乙酉	23 丙戌	24 丁亥	25 戊子	26 己丑	27 庚寅	28 辛卯	29 壬辰	30 癸巳	午未
31 甲午	32 乙未	33 丙申	34 丁酉	35 戊戌	36 己亥	37 庚子	38 辛丑	39 壬寅	40 癸卯	辰巳
41 甲辰	42 乙巳	43 丙午	44 丁未	45 戊申	46 己酉	47 庚戌	48 辛亥	49 壬子	50 癸丑	寅卯
51 甲寅	52 乙卯	53 丙辰	54 丁巳	55 戊午	56 己未	57 庚申	58 辛酉	59 壬戌	60 癸亥	子丑

위 표에서 01부터 10까지 甲이 끌고 가는 10개의 간지를 순(旬)이라고 한다. 甲子가 끌고 가는 10개 간지는 甲子순이고, 나머지는 甲戌순, 甲申순, 甲午순, 甲辰순, 甲寅순이라고 한다. 각 순을 천간 기준으로 보면 결합하지 못한 2개의 지지가 있는데, 이를 순공(旬空) 또는 공망(空亡)이라고 한다. 결국 사주팔자는 음양오행으로 분류되는 간지가 결합한 위 육십갑자로 구성된다.

육십갑자는 시간의 흐름을 나타낸다. 甲子년에서 출발하여 癸亥년까지 60년이 끝나면 다시 甲子년부터 시작한다. 월(月)도, 일(日)도, 시(時)도 연(年)과 동일한 방식으로 육십갑자 순서대로 흘러간다. 이런 사항을 바탕으로 구체적으로 사주를 뽑는 방법을 살펴본다.

1. 연주

■ **연주(年柱)는 입춘이 들어오는 시각에 시작된다.**

한 해의 시작은 입춘(立春)이다. 즉, 생년(生年)을 대표하는 연주는 입춘을 기점으로 바뀐다. 그러므로 입춘 이전이면 전 해의 간지를 쓰는 것만 기억하면 된다. 입춘을 확인하여 연주를 세우고 사주를 뽑기 위해서는 만세력이 필요하다. 시중에 여러 가지 만세력이 나와 있지만 구성이 서로 비슷하다. 따라서 책 크기가 다른 두 권을 구입하여 공부할 때는 큰 책을 이용하고, 외부에서는 작은 휴대용 책을 이용하면 편하다. 평생 동안 사용하는 것이므로 직접 책 내용을 비교해보고 구입하는 것이 좋다.

만세력을 보면 2009년에 입춘이 들어오는 시각은 양력 2009년 02월 04일 오전 01시 50분이다. 이를 기준으로 연주가 어떻게 달라지는지 살펴보면 다음 표와 같다.

날짜	간지(일반)	간지(역학)
양력 2009년 01월 25일 오전 02시 30분 출생(음력 2008년 12월 30일)	戊子년_쥐띠	戊子년_쥐띠
양력 2009년 01월 27일 오전 02시 30분 출생(음력 2009년 01월 02일)	己丑년_소띠	戊子년_쥐띠
양력 2009년 02월 04일 오전 00시 30분 출생(음력 2009년 01월 10일)	己丑년_소띠	戊子년_쥐띠
양력 2009년 02월 04일 오전 01시 50분 입춘		
양력 2009년 02월 05일 오전 03시 30분 출생(음력 2009년 01월 11일)	己丑년_소띠	己丑년_소띠

위 내용에서 알 수 있듯, 사주팔자를 다루는 명리에서는 입춘이 지나야 보통 우리가 쓰고 있는 띠가 바뀐다. 띠의 개념은 이십팔수(二十八宿)에서 시작되었다. 이십팔수는 북극성을 중심으로 적도상에 위치한 28개의 별이다. 그 이름은 각항저방심미기(角亢氐房心尾箕), 두우여허위실벽(斗牛女虛危室壁), 규루위묘필자참(奎婁胃昴畢觜參), 정귀류성장익진(井鬼柳星張翼軫)이다. 이를 띠와 관련지으면 다음과 같다.

동(東) - 청룡(靑龍)이 이끄는 7개의 별

각수(角宿) : 이무기 항수(亢宿) : 용	辰 : 용을 대표로 함
저수(氐宿) : 담비 방수(房宿) : 토끼 심수(心宿) : 여우	卯 : 토끼를 대표로 함
미수(尾宿) : 호랑이 기수(箕宿) : 표범	寅 : 호랑이를 대표로 함

북(北) - 현무(玄武)가 이끄는 7개의 별

두수(斗宿) : 게 우수(牛宿) : 소	丑 : 소를 대표로 함
여수(女宿) : 박쥐 허수(虛宿) : 쥐 위수(危宿) : 제비	子 : 쥐를 대표로 함
실수(室宿) : 돼지 벽수(壁宿) : 설유	亥 : 돼지를 대표로 함

서(西) - 백호(白虎)가 이끄는 7개의 별

규수(奎宿) : 이리 누수(婁宿) : 개	戌 : 개를 대표로 함
위수(胃宿) : 꿩 묘수(昴宿) : 닭 필수(畢宿) : 새	酉 : 닭을 대표로 함
자수(觜宿) : 원숭이 참수(參宿) : 유인원	申 : 원숭이를 대표로 함

남(南) - 주작(朱雀)이 이끄는 7개의 별

정수(井宿) : 큰사슴 귀수(鬼宿) : 양	未 : 양을 대표로 함
유수(柳宿) : 노루 성수(星宿) : 말 장수(張宿) : 사슴	午 : 말을 대표로 함
익수(翼宿) : 뱀 진수(軫宿) : 지렁이	巳 : 뱀을 대표로 함

음력으로 따지는 띠와 명리에서 따지는 띠가 다르다면 둘 중에 어느 것이 정확한 띠일까? 음력은 달의 운동을 중심으로 설정했기 때문에 정확한 시간 흐름을 반영하지 못한다. 그래서 24절기의 개념을 도입하여 음력에 태양의 움직임을 보충하였다. 즉, 명리의 간지가 가장 정확한 태양태음력(太陽太陰曆)이지, 음력이 아니다. 그러므로 음력으로 따진 띠보다 명리적 기준으로 나온 띠를 기준으로 하는 것이 맞다.

한편 한 해의 시작이 입춘인지 동지인지에 대해서는 논란이 있다. 먼저 입춘이 들어오는 寅월을 한 해의 시작으로 삼은 것은 우연이라는 설이 있다. 즉, 중국 은나라에서는 대설로부터 시작하는 子월을, 하나라에서는 동지로부터 시작하는 丑월을, 주나라에 들어서는 寅월을 한 해의 시작으로 삼았으므로 우연이라는 것이다. 또 다른 설로, 동지를 한 해의 기준으로 하는 것은 수렵민족에게서 나왔고, 입춘을 기점으로 하는 것은 농경민족에게서 발달했다는 설명이 있다. 동지 때 양기가 일어나기 시작하므로 낮의 길이가 길어지고, 입춘부터 온도가 올라가 농사를 시작하는 때라는 것이 이유이지만, 설명이 모호하다.

몇 해 전부터 국내에서도 한 해의 시작이 동지라는 동지기준설을 일부에서 주장하고 있다. 이들은 동지기준설을 적용하면 동지부터 입춘까지 출생한 이들의 사주풀이가 엉터리라고 말한다. 중국에서는 1990년 출간된 송영성(宋英成)의 『팔자진결계시록(八字眞訣啓示錄, 무릉출판사)』에서 입춘을 기준으로 했을 때 설명되지 않는 사주를 동지 기준 사주로 뽑아 간명한 사례가 몇 개 있다.

동지를 기준으로 하면 연주가 달라지고 그에 따라 대운도 달라진다. 이 장 첫부분에서 예로 든 남자 사주를 보자. 생년월일은 음력으로 1955년 12월 2일 오전 10시(양력으로 1956년 1월 14일)이다.

1 입춘을 기준으로 한 경우

입춘이 음력 1955년 12월 24일에 들어온다. 생일이 12월 2일로 입춘 전에 출생했으므로 1955년생으로 본다. 1955년은 乙未년이다. 남자가 乙未(乙木은 음목, 未土는 음토)라는 음년에 출생했으므로 음남(陰男)이고, 대운은 역행한다. 사주와 대운은 다음과 같다.

시	일	월	연 (乾命)
辛	庚	己	乙
巳	辰	丑	未

64	54	44	34	24	14	4
壬	癸	甲	乙	丙	丁	戊
午	未	申	酉	戌	亥	子

2 동지를 기준으로 한 경우

출생일인 음력 1955년 12월 2일이 동지인 음력 11월 10일을 지났다. 동지에서부터 1956년이 시작하므로 연주는 丙申이다. 남자가 丙申년인 양년(丙火는 양화, 申金은 양금)에 출생했으므로 양남(陽男)이고, 대운은 순행한다. 사주와 대운은 다음과 같다.

```
시  일  월  연 (乾命)
辛  庚  己  丙
巳  辰  丑  申

69  59  49  39  29  19  9
丙  乙  甲  癸  壬  辛  庚
申  未  午  巳  辰  卯  寅
```

 위 사주를 입춘 기준 사주와 비교하면 연주 및 대운수와 대운의 내용이 완전히 바뀌었다. 대운에 대해서는 뒷부분에서 상세히 다룬다.
 현재 동지 기준을 적용하여 팔자를 뽑는 이는 극소수이다. 이 방법을 적용할 때 월의 문제, 대운수의 계산 등 해결할 사항도 많아진다. 동지 기준을 쓰는 이는 입춘 기준으로 사주풀이를 했을 때 설명할 수 없는 부분을 동지 기준을 적용하면 설명할 수 있다고 주장한다. 그러나 입춘 기준의 사주풀이를 완벽하게 하고 이런 주장을 하는지 의심스럽다. 예나 지금이나 한 해의 시작은 입춘이라는 것이 통설이다.

2. 월주

■ **월주(月柱)는 절입시각(節入時刻)에 바뀐다.**
 연(年)이 입춘 절기에 시작하듯, 각각의 월주도 절기가 드는 시각부터 바뀐다. 각 월주가 시작하는 절기는 다음 절기표와 같다. 중기와 절기를 구분하기 위해 '춘경청(春驚淸), 하망소(夏亡小), 추백한(秋白寒), 동대소(冬大小)'로 절기의 앞 글자만 따서 암기하면 쉽다.

절기표

음력월	1	2	3	4	5	6	7	8	9	10	11	12
월지	寅	卯	辰	巳	午	未	申	酉	戌	亥	子	丑
절기 (節氣)	입춘 (立春)	경칩 (驚蟄)	청명 (淸明)	입하 (立夏)	망종 (亡種)	소서 (小暑)	입추 (立秋)	백로 (白露)	한로 (寒露)	입동 (立冬)	대설 (大雪)	소한 (小寒)
중기 (中氣)	우수 (雨水)	춘분 (春分)	곡우 (穀雨)	소만 (小滿)	하지 (夏至)	대서 (大暑)	처서 (處暑)	추분 (秋分)	상강 (霜降)	소설 (小雪)	동지 (冬至)	대한 (大寒)

생년월일이 음력으로 1955년(乙未년) 12월 2일 오전 10시인 이 사람의 사주를 뽑기 위해 만세력에서 1955년을 찾는다. 절기인 소한이 음력 11월 24일 17시 30분에 들어오고, 중기인 대한이 음력 12월 9일 10시 48분에 들어오며, 생일을 지난 절기 입춘은 음력 12월 24일 05시 12분에 들어오는 것을 확인할 수 있다. 생일이 소한이 지났으므로 월주 중 월지는 丑이다. 월주 중에서 월간은 아래 월주표에서 뽑는다.

월주표

월지 \ 연간	甲己(土)	乙庚(金)	丙辛(水)	丁壬(木)	戊癸(火)
寅	丙寅	戊寅	庚寅	壬寅	甲寅
卯	丁卯	己卯	辛卯	癸卯	乙卯
辰	戊辰	庚辰	壬辰	甲辰	丙辰
巳	己巳	辛巳	癸巳	乙巳	丁巳
午	庚午	壬午	甲午	丙午	戊午
未	辛未	癸未	乙未	丁未	己未
申	壬申	甲申	丙申	戊申	庚申
酉	癸酉	乙酉	丁酉	己酉	辛酉
戌	甲戌	丙戌	戊戌	庚戌	壬戌

월지\연간	甲己(土)	乙庚(金)	丙辛(水)	丁壬(木)	戊癸(火)
亥	乙亥	丁亥	己亥	辛亥	癸亥
子	丙子	戊子	庚子	壬子	甲子
丑	丁丑	己丑	辛丑	癸丑	乙丑

 위 표는 한 해의 시작을 입춘으로 보는 기준을 적용한 것으로, 乙未년의 丑월은 월주가 己丑월이다. 이와 같은 방식을 적용하지 않아도 만세력을 찾아보면 월주가 적혀 있으므로 그것을 찾아 쓰면 된다. 월주는 생일이 속한 절기의 절입시각부터 시작한다는 것을 반드시 기억한다.

3. 일주

■ 일주(日柱)는 만세력에서 찾는다.
■ 하루의 시작은 자시초(子時初)부터 시작된다.

 사주 중에서 일주는 만세력에서 생일을 찾는다. 예를 들어, 음력 2009년 2월 9일(양력 3월 5일) 오후 11시 40분에 서울에서 출생한 남자의 사주를 찾아보자. 입춘인 음력 1월 10일을 지났으므로 연주는 己丑이다. 경칩이 음력 2월 9일 오후 7시 47분에 들어오므로 월주는 丁卯이다. 만세력을 보면 음력 2월 9일은 일주가 己酉이다. 즉, 이 남자는 己丑년 丁卯월 己酉일 생이다.

 혹 밤 11시 30분인 자시초(子時初)가 지났으므로 己酉일이 아니고, 다음 날 일진인 庚戌일을 써야 한다고 주장할 수도 있다. 그러나 己酉일이 맞다. 음력 2009년 2월 9일 서울의 子시는 오후 11시 43분에 시작하기 때문이다. 일별·지방별로 달라지는 子시의 시작시각은 한국천문연구원(www.kasi.re.kr)에서 확인할 수 있다.

명리에서 子시를 2개의 시간으로 나누어 보는 이론을 자각양시론(子刻兩時論)이라고 한다. 즉, 子시를 2개의 시간으로 쪼개 야자시(夜子時)와 조자시(朝子時)로 나누어 보는 것이다. 야자시는 子시를 둘로 나눌 때 한국 기준으로 23시 30분~0시 29분이고, 조자시는 0시 30분~01시 29분이다. 이렇게 子시를 둘로 나누어 보는 것은 어찌 보면 아무 문제 없고, 둘로 쪼개든 넷으로 쪼개든 그것은 사용상의 문제일 뿐이라고 생각할 수도 있다. 그러나 이 문제가 그렇게 간단하지는 않다. 자각양시론이 생긴 이유가 하루의 시작을 언제로 볼 것인가와 관련되기 때문이다.

　이 문제를 사례사주를 통해 알아보자. 예로 들 사람은 음력으로 1952년 11월 15일 오후 11시 45분에 서울에서 출생한 여자이다. 만세력을 보면 양력으로는 1952년 12월 31일이며, 일진은 辛亥이다. 이 날 서울 기준으로 자연시로 따진 子시는 밤 11시 35분 05초에 들어오고, 자정은 밤 12시 35분 05초이다.

1 하루의 시작을 자시초(子時初)로 보는 경우

　하루의 시작을 자시초로 본다는 것은 밤 11시 35분 05초부터 일진을 바꿔 쓴다는 뜻이다. 예로 든 사람은 45분에 태어났으므로 11월 15일이 아닌 11월 16일의 일진을 써야 한다. 사주는 다음과 같다.

시	일	월	연
庚	壬	壬	壬
子	子	子	辰

❷ 하루의 시작을 자시정(子時正)로 보는 경우

이 방법은 하루의 시작을 자정으로 보는 것이다. 이 원칙을 적용하면 명주는 11월 15일의 일진을 쓴다. 사주는 다음과 같다.

시	일	월	연
庚	辛	壬	壬
子	亥	子	辰

하루의 시작을 자시초로 볼 것인가 아니면 자시정으로 볼 것인가 이 두 가지 방법 중 어느 것이 맞는지를 두고 이론이 분분하다. 특히 시중의 만세력 중 영향력이 있는 모 만세력의 머리글에서는 자각양시론을 취하지 않으면 마치 큰일날 것처럼 이야기하면서 초학자들을 더욱 더 헷갈리게 만들고 있다.

과연 어떤 방법이 옳은가? 명리책 중 고서로 분류할 수 있는 『연해자평(淵海子平)』, 『명리정종(命理正宗)』, 『삼명통회(三命通會)』, 『자평진전(子平眞詮)』, 『명리약언(命理約言)』 등에는 조자시와 야자시에 대한 언급이 없다. 즉, 자정이 아닌 자초(子初)를 하루의 시작으로 삼았다. 그러다가 근대에 들어서면서 『자평수언(子平粹言)』, 『명리탐원(命理探原)』, 『명리신론(命理新論)』 등에서 야자시를 언급하면서 이를 적용한 사례가 나타났다. 이러한 자각양시론의 입장은 서양의 시계문화가 들어오면서 생겨난 변화이다.

우리나라의 경우 이석영 선생의 『사주첩경(四柱捷徑)』에서는 야자시 개념을 사용하였지만, 박재완 선생의 『명리요강(命理要綱)』에서는 원칙에 벗어난 이론이라고 하여 사용하지 않았다.

자각양시론을 채용하는 이들이 이 방법을 적용하여 운세를 풀어보니 잘 맞더라고 주장하면 할 말이 없다. 그러나 모든 사주풀이에 자시초와 자시정을 모두 적용하여 사주를 풀어보고 자각양시론이 맞다고 주장하는 것이 아니라면 문제가 있다. 시계가 들어온 이후 새로운 접근방법으로 나온 것이 자각양시론이다. 이 방법이 참이라는 근거도 없는데 단지 몇 사람이 사용했다는 이유로 받아들이고 이를 아무 의심 없이 쓰는 것은 문제이다.

필자는 자각양시론을 채용하지 않고 있다. 즉, 하루의 시작을 자시초로 보고 있다. 하루의 시작을 보는 두 가지 방법 중 어느 것을 택하든 그것은 각자의 몫이다. 그러나 이치에 맞는 방법을 택해야 한다. 본래 "천개어자 지벽어축 인생어인(天開於子 地闢於丑 人生於寅)"이라고 하였다. 이것이 천지인의 도이다. 그런데 子시를 조자시와 야자시로 나누어 사용하는 것은 자정 전에는 하늘이 닫혀 있고 자정 후에는 하늘이 열린다는 주장과도 같다. 문제가 있다.

4. 시주

- **시주(時柱)는 일별·지방별로 달라지는 자연시를 적용한다.**
- **자연시는 한국천문연구원(www.kasi.re.kr)에서 확인할 수 있다.**

사주팔자에 사용하는 시각인 자연시(自然時)는 현재 우리가 쓰고 있는 시계시(時計時)와 차이가 있다. 시계시로 子시는 23:00 ~ 00:59분이다. 자연시로 子시는 우리나라 중앙을 기준으로 23:30 ~ 01:29분이다. 시계시를 보통 표준시(標準時)라고 부른다. 2009년 현재 대한민국은 동경 135도(일본 고베 부근)를 표준자오선으로 채택하여 사용하고 있다. 지구는 1일 24시간 동안 360도로 회전하므로 경도가 15도 차이날 때마다 시간이 1시간씩 달라진다. 이에 따라 대부분의 나라들은 15도 단위로 끊어지는 경도선을 자기 나라의 표준시 자오선으로 채택하여 세계 표준시와 정수(整數)의 시간차이가 나도록 정하여 사용하고 있다. 대한민국도 1908년 4월 1일부터 표준시 자오선을 정하여 표준시를 사용하기 시작하였다.

이런 이유로 표준시 자오선인 동경 135도와 우리나라 중앙을 지나는 동경 127도 30분은 약 30분 차이가 난다. 지구는 동진(東進), 즉 서에서 동으로 회전하므로 표준시인 동경 135도의 시각이 2시면 우리나라의 자연시는 01시 30분이다. 그러므로 시주를 정할 때의 시간은 다음 표와 같다. 만약 乙卯일 시계시로 02시에 출생했다면 아래 표 중 乙庚일이고, 01시 30분 이후는 丑시이므로 丁丑시가 된다.

시주표

시지	별칭	시계시	甲己(土)	乙庚(金)	丙辛(水)	丁壬(木)	戊癸(火)
子	야반(夜半)	23:30~	甲子	丙子	戊子	庚子	壬子
丑	계명(鷄鳴)	01:30~	乙丑	丁丑	己丑	辛丑	癸丑
寅	평단(平旦)	03:30~	丙寅	戊寅	庚寅	壬寅	甲寅
卯	일출(日出)	05:30~	丁卯	己卯	辛卯	癸卯	乙卯
辰	식시(食時)	07:30~	戊辰	庚辰	壬辰	甲辰	丙辰
巳	우중(隅中)	09:30~	己巳	辛巳	癸巳	乙巳	丁巳
午	일중(日中)	11:30~	庚午	壬午	甲午	丙午	戊午
未	일질(日昳)	13:30~	辛未	癸未	乙未	丁未	己未
申	포시(晡時)	15:30~	壬申	甲申	丙申	戊申	庚申
酉	일입(日入)	17:30~	癸酉	乙酉	丁酉	己酉	辛酉
戌	황혼(黃昏)	19:30~	甲戌	丙戌	戊戌	庚戌	壬戌
亥	인정(人定)	21:30~	乙亥	丁亥	己亥	辛亥	癸亥

자연시로 볼 때 정오(正午)는 태양이 자신이 사는 지역의 자오선을 통과하는 시각이다. 결과적으로 그 지역에 세워놓은 막대기의 그림자 길이가 가장 작을 때가 자연시 정오이다. 자연시는 일별·지역별로 모두 다르다. 현재 자연시를 알 수 있는 명리 프로그램이 있지만, 프로그램을 사용하지 않는 경우에는 한국천문연구원(www.kasi.re.kr)에서 확인한다. 참고로 서울을 기준으로 한 지역별 자연시 편차는 다음과 같다.

울릉도	포항	부산	강릉	진주	춘천	청주	대전	군산	인천	제주	목포
-15분	-09분	-08분	-07분	-04분	-03분	-02분	-01분	+01분	+02분	+02분	+03분

시계시를 자연시로 바꿀 때 당시의 시계시도 조정되어야 할 경우가 있다. 그 이유로 첫째 우리나라의 표준시 기준이 기간에 따라 다르게 적용되었기 때문이고, 둘째 서머타임이 시행된 기간이 있었기 때문이다. 두 가지 기간은 각각 다음과 같다.

표준시 기준(양력 기준)

시기	표준시 기준
1908. 4. 1 ~ 1911. 12. 31	동경 127도 30분
1912. 1. 1 ~ 1954. 3. 20	동경 135도
1954. 3. 21 ~ 1961. 8. 9	동경 127도 30분
1961. 8. 10 ~ 2009. 12. 31 현재	동경 135도

우리나라의 서머타임 실시 기간(양력 기준)

1948년	시작	5월 31일	23시를 24시로 조정	동경 135도 기준
	종료	9월 12일	24시를 23시로 조정	

1949년	시작	4월 2일	23시를 24시로 조정	동경 135도 기준
	종료	9월 10일	24시를 23시로 조정	
1950년	시작	3월 31일	23시를 24시로 조정	동경 135도 기준
	종료	9월 9일	24시를 23시로 조정	
1951년	시작	5월 6일	23시를 24시로 조정	동경 135도 기준
	종료	9월 8일	24시를 23시로 조정	
1955년	시작	5월 5일	00시를 01시로 조정	동경 127도 30분 기준
	종료	9월 9일	01시를 00시로 조정	
1956년	시작	5월 2일	00시를 01시로 조정	동경 127도 30분 기준
	종료	9월 30일	01시를 00시로 조정	
1957년	시작	5월 5일	00시를 01시로 조정	동경 127도 30분 기준
	종료	9월 22일	01시를 00시로 조정	
1958년	시작	5월 4일	00시를 01시로 조정	동경 127도 30분 기준
	종료	9월 21일	01시를 00시로 조정	
1959년	시작	5월 3일	00시를 01시로 조정	동경 127도 30분 기준
	종료	9월 20일	01시를 00시로 조정	
1960년	시작	5월 1일	00시를 01시로 조정	동경 127도 30분 기준
	종료	9월 18일	01시를 00시로 조정	
1987년	시작	5월 10일	02시를 03시로 조정	동경 135도 기준
	종료	10월 11일	03시를 02시로 조정	
1988년	시작	5월 8일	02시를 03시로 조정	동경 135도 기준
	종료	10월 9일	03시를 02시로 조정	

시중의 만세력을 보면 책마다 서머타임 적용기간이 다르다. 『우리나라 만세력(동학사)』의 경우 서머타임에 대한 관련기사가 게재된 신문명과 신문일자가 명시되어 있어 가장 신뢰감이 가고, 내용이 상세하여 이를 기준

으로 하였다. 서머타임이 시행된 양력 기간에 태어난 경우 당시의 정확한 시계를 보았다면, 그 시각에서 1시간을 빼 한국표준시를 적용한다.

5. 대운

　명리를 오래한 사람도 대운수(大運數)를 따지는 정확한 방법을 모르는 경우가 많다. 만세력에 나오는 대운수는 별 문제가 되지 않지만, 대운 사이에 생일 등이 끼면 난감할 경우가 많다. 이 때는 정확하게 대운수를 따지는 방법을 알아야 한다. 대운수를 따지는 방법은 다음 세 가지로 나누어 볼 수 있다.

① 별도의 방법을 쓰지 않고 만세력의 대운수를 그대로 사용하는 방법이다. 가장 많은 사람들이 사용하는 방법이다.
② 간편법으로, 절입일까지의 일수를 헤아려 3으로 나누고 일사이입(一捨二入)을 하는 방법이 있다. 대운수가 정확하게 나오지 않는 만세력에서 가끔 필요한 방법이다.
③ 다음으로는 연월일을 계산하여 정확히 따지는 방법이 있다. 이 방법은 생일로부터 양순음역(陽順陰逆)으로 절기까지 헤아려 3일을 1년으로 보는 방법을 적용한 것이다. 3일이 1년이므로 1일은 4개월이고, 1시진(時辰)이 10일이므로 1시간은 5일로 계산하여 정확하게 대운수를 뽑는 방법이다.

　양순음역(陽順陰逆)은 남자가 양년에 태어나면 순행으로 헤아리고, 음년에 태어나면 역행으로 헤아린다. 여자는 양년에 태어나면 역행으로 헤아리고, 음년에 태어나면 순행으로 헤아린다. 간단하게 양남음녀(陽男陰女)는 순행으로, 음남양녀(陰男陽女)는 역행으로 헤아린다고 한다. 순행(順行)은 말 그대로 순서대로 흘러가는 것이고, 역행(逆行)은 그와 반대로 거꾸로 흘러간다는 뜻이다. 대운도 동일한 방식으로 흘러간다. 이를 표로 보면 다음과 같다.

대운의 흐름

성별	생년의 음양	대운의 흐름
건명(乾命)	양 : 甲 · 丙 · 戊 · 庚 · 壬	양남순행
건명(乾命)	음 : 乙 · 丁 · 己 · 辛 · 癸	음남역행
곤명(坤命)	양 : 甲 · 丙 · 戊 · 庚 · 壬	양녀역행
곤명(坤命)	음 : 乙 · 丁 · 己 · 辛 · 癸	음녀순행

- **1973년 8월 11일(음) 丑시생**

시	일	월	연 (坤命)
己	丙	庚	癸
丑	午	申	丑

위 사주의 명주는 음력으로 1973년 8월 11일 丑시에 출생한 여성이다. 양력으로는 1973년 9월 7일 丑시 출생이다. 절기일까지의 날짜는 3일을 1년으로 보고, 양남음녀는 생일 다음 날부터 순행으로 헤아려 절기가 들어오는 시각까지 일수를 따지고, 음남양녀는 생일 전날로부터 역행하여 그 전 절기까지 일수를 헤아려 따진다. 위 사주의 명주는 음년(陰年)인 丑년에 태어난 여성, 즉 음녀(陰女)이므로 순행으로 헤아린다. 양력 1973년 9월 7일 다음 날이 백로이므로 일수는 1이고, 이 1을 3으로 나누면 0.33이다. 이렇게 나머지가 있으면 일사이입, 즉 나머지가 1이면 버리고 2 이상

이면 올리는 원칙을 적용하면 대운수가 1이다. 이 의미는 1살부터 대운이 10년 주기로 변한다는 것이다.

　대운의 흐름도 명주가 태어난 월을 중심으로 하여 동일한 방법으로 양순음역한다. 이 말은 庚申월을 경계로 하여 육십갑자 순서대로 나아가든지 아니면 역으로 나아간다는 의미다. 만일 출생월로부터 순행하면 辛酉, 壬戌, 癸亥, 甲子, 乙丑, 丙寅, 丁卯, 戊辰, 己巳……의 순서로 흘러간다. 반대로 출생월로부터 역행하면 己未, 戊午, 丁巳, 丙辰, 乙卯, 甲寅, 癸丑, 壬子, 辛亥……의 순서로 흘러간다. 이런 방법으로 대운을 따지면 위 명주의 대운은 다음과 같이 표시된다.

- 1973년 8월 11일(음) 표시생

시	일	월	연 (坤命)
己	丙	庚	癸
丑	午	申	丑

61	51	41	31	21	11	1
丁	丙	乙	甲	癸	壬	辛
卯	寅	丑	子	亥	戌	酉

　이 여성이 서울에서 양력으로 9월 7일 03시 30분에 출생했을 경우 백로가 양력 9월 8일 寅시 정(正)에 들어오므로 04시 30분으로 보면, 1일 1시간 만에 절기가 들어온 것이다. 3일이 1년이고, 1일은 4개월이며, 1시간은 5일이므로 명주의 정확한 대운수는 4개월 5일이다. 정확한 대운수의

의미는 명주가 10살 생일이 지나고 4개월 5일이 되면 壬戌의 대운을 맞이한다는 것이다.

6. 공망

공망(空亡)은 순(旬)별로 천간과 결합하지 못하는 지지를 말한다. 다음 표와 같다.

공망표

甲子순	甲子	乙丑	丙寅	丁卯	戊辰	己巳	庚午	辛未	壬申	癸酉	공망 戌亥
甲戌순	甲戌	乙亥	丙子	丁丑	戊寅	己卯	庚辰	辛巳	壬午	癸未	공망 申酉
甲申순	甲申	乙酉	丙戌	丁亥	戊子	己丑	庚寅	辛卯	壬辰	癸巳	공망 午未
甲午순	甲午	乙未	丙申	丁酉	戊戌	己亥	庚子	辛丑	壬寅	癸卯	공망 辰巳
甲辰순	甲辰	乙巳	丙午	丁未	戊申	己酉	庚戌	辛亥	壬子	癸丑	공망 寅卯
甲寅순	甲寅	乙卯	丙辰	丁巳	戊午	己未	庚申	辛酉	壬戌	癸亥	공망 子丑

순별로 공망을 따지므로 순공(旬空)이라고도 부르며, 살로 볼 때는 천중살(天中殺)이 된다. 甲子순을 예로 들어보자.

```
천간 : 甲 乙 丙 丁 戊 己 庚 辛 壬 癸 ○ ○
지지 : 子 丑 寅 卯 辰 巳 午 未 申 酉 戌 亥
```

위에서 甲이 끌고 가는 10개의 천간을 甲子순이라고 하는데, 천간과 결합하지 못한 戌亥가 공망이 된다. 공망은 팔자 해석에서 중요하게 취급하므로 해당 간지에는 어느 지지가 공망이 되는지 빨리 짚어내야 한다. 다음

수장도(手掌圖)를 이용하여 丁卯는 어느 지지가 공망이 되는지 짚어보는 방법을 설명한다.

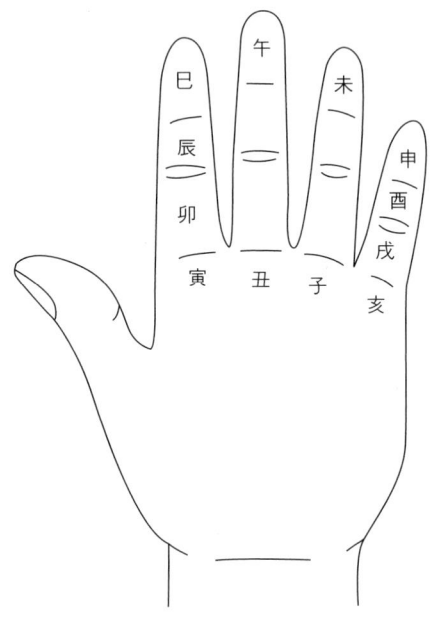

① 첫째 방법은 각 순에서 앞의 두 지지가 공망이 되는 것을 이용한 방법이다. 수장도에서 卯 자리에 丁을 올리고 역순, 즉 丁→丙→乙→甲 순서로 수장도를 짚어 나가면 甲은 子에 닿는다. 그러므로 공망은 戌亥가 된다.

② 둘째 방법은 무기대궁(戊己對宮)이 공망이 되는 것을 이용한 방법이다. 수장도에서 卯 자리에 丁을 올리고 지지 순서대로 천간을 짚으면 戊는 辰에, 己는 巳에 닿는다. 그러므로 공망은 辰과 충하는 戌, 巳와 충하는 亥가 공망이다. 대궁(對宮)은 충이 되는 지지의 자리를 말한다. 지지충에는 子午충, 卯酉충, 寅申충, 巳亥충, 辰戌충, 丑未충이 있다.

③ 마지막 방법은 천간 癸 다음의 지지가 공망이 되는 것을 이용한 방법이다. 수장도에서 卯 자리에 손을 짚은 후 丁을 올리고 지지의 순서대로 돌려 가면 癸는 酉에 닿는다. 앞서의 방법들과 마찬가지로 戌亥가 공망이 된다.

위의 세 가지 방법 중 일반적으로 ③을 이용한다. 그러나 공망을 빨리 찾기 위해서는 ①과 ②도 이용할 줄 알아야 한다.

2장 오행의 생극과 천간지지

1. 음양과 사상

▧ 원문 ▧

天地之間 一氣而已 惟有動靜 遂分陰陽 有老少 遂分四象 老者極動
천지지간 일기이기 유유동정 수분음양 유로소 수분사상 노자극동

靜之時 是爲太陽太陰 少者初動初靜之際 是爲少陰少陽 有是四象
정지시 시위태양태음 소자초동초정지제 시위소음소양 유시사상

而五行具於其中矣 水者 太陰也 火者 太陽也 木者 少陽也 金者 少
이오행구어기중의 수자 태음야 화자 태양야 목자 소양야 금자 소

陰也 土者 陰陽老少 木火金水沖氣所結也
음야 토자 음양로소 목화금수충기소결야

▧ 해설 ▧

천지에 있는 하나의 기운이 동함[動]과 정함[靜]이 있어 음양으로 나뉜다. 음양에는 각각 노소(老少)가 있으므로 사상(四象)으로 다시 나누어진다. 이 중 노(老)는 동정(動靜)이 극에 이른 것이니 태양(太

陽)과 태음(太陰)이 되고, 소(少)는 동정이 시작하는 것이니 소양(少陽)과 소음(少陰)이 된다. 오행은 사상에 배치할 수 있다. 水는 태음(太陰), 火는 태양(太陽), 木은 소양(少陽), 金은 소음(少陰), 土는 음양과 노소 그리고 木火金水의 충돌하는 기운을 연결한다.

㊟ 『자평진전(子平眞詮)』의 원문 내용은 이 책의 차례에 맞추어 재배치하였다.

▩ **강해** ▩   태초에 하나의 기(氣)가 있었다. 음양오행의 시각으로 기를 보자. 기는 좁게는 음양만을 말하고, 넓은 의미로는 음양오행을 모두 말한다. 넓은 의미로 볼 때 음양은 기질(氣質) 중 기(氣)가 되고, 오행은 질(質)이 된다. 기질 중 기에 속하는 음양은 처음에는 응달과 양지를 구분하는 소박한 의미로 출발하였다. 현재는 현상과 사물들을 상대적이거나 상반되는 두 측면으로 나누는 이분법적 분류개념으로 동양학 전반에서 폭넓게 사용된다.

　음양 분류의 예를 들면, 어두운 것은 음 밝은 것은 양, 무거운 것은 음 가벼운 것은 양, 느린 것은 음 빠른 것은 양, 여자는 음 남자는 양 등으로 분류된다. 또한 고요하게 멈춰 있는 것은 음, 움직이는 것은 양으로 나뉜다. 즉, 음양의 관점에서 보면 동정(動靜) 중에서 동은 양이고, 정은 음이다.

　사상(四象)은 『주역(周易)』「계사전(繫辭傳)」에서 우주 발생의 개념으로 사용되는 말이다. 즉, 역(易)에 태극(太極)이 있고, 태극이 양의(兩儀)를 만들며, 양의는 사상을 낳고, 사상은 팔괘(八卦)를 만든다. 사상은 소양, 태양, 소음, 태음을 말한다.

　음을 바탕으로 양이 생겨나기 시작하는 것이 소양이고, 음을 바탕으로 음이 더해진 것은 태음 또는 노음(老陰)이다. 양을 바탕으로 음이 생겨나는 것은 소음이고, 양을 바탕으로 양이 더해진 것은 태양 또는 노양(老陽)

이다. 이러한 사상에 또 한번의 음양 변화가 있으면 팔괘가 된다. 즉, 하나의 기에 음양 변화와 동정(動靜)이 곁들여져 사상과 팔괘가 된다. 이를 표로 나타내면 다음과 같은 관계이다.

음양사상팔괘

태극	일기(一氣)							
양의	양				음			
사상	태양		소음		소양		태음	
팔괘	건괘	태괘	이괘	진괘	손괘	감괘	간괘	곤괘
	일건천 (一乾天)	이태택 (二兌澤)	삼이화 (三離火)	사진뢰 (四震雷)	오손풍 (五巽風)	육감수 (六坎水)	칠간산 (七艮山)	팔곤지 (八坤地)

2. 사상과 오행

　동정(動靜) 중에서 동(動)을 음양의 움직임만으로 한정시켜보자. 음기가 가득한 겨울에 양의 움직임이 있으면 소양이 된다. 소양은 계절로는 봄이고, 오행으로는 木의 단계이다. 봄의 미약한 양기에 다시 양기가 더해져 양기가 아주 강해지면 태양이 된다. 태양은 계절로는 여름이고, 오행으로는 火의 단계이다. 한여름을 지나 음기가 일어나면 소음이 된다. 소음은 계절로는 가을이고, 오행으로는 金이다. 가을이 깊어 음기가 더 강해지면 태음이 된다. 태음은 계절로는 겨울이고, 오행으로는 水이다. 오행 중 土는 각 계절의 끝에 위치하여 계절을 넘겨주는 역할을 한다. 이러한 흐름을 표로 보면 다음과 같다.

계절과 오행

태극	일기(一氣)			
양의	양 ▬▬		음 ▬ ▬	
사상	소양	태양	소음	태음
계절	봄	여름	가을	겨울
오행	木	火	金	水
천간	甲乙	丙丁·戊	己·庚辛	壬癸
지지	寅卯辰	巳午未	申酉戌	亥子丑

 음양오행에 대한 각종 설명을 모아보면 한 수레의 책으로도 부족하다. 간단히 정의해보자. 오행은 음양의 흐름인 시간의 흐름을 다섯 토막으로 구분한 것으로, 木火土金水를 말한다. 오행은 음양의 흐름이라는 시각으로 보면 다음과 같이 정리된다.

① 양기의 일어섬 : 木(나무)은 봄이다.

② 양기의 번성함 : 火(불)는 여름이다.

③ 음양을 이어줌 : 土(흙)는 사계(四季)이다.

④ 음기의 일어섬 : 金(쇠)은 가을이다.

⑤ 음기의 번성함 : 水(물)는 겨울이다.

 또한 양은 木火로, 음은 金水로 구분된다.

① 木인 봄은 겨울의 음기가 남아 있으니 양중지음(陽中之陰)이다.

② 火인 여름은 양기로 가득 채워진 계절이니 양중지양(陽中之陽)이다.

③ 金인 가을은 음기가 시작되었지만 양기가 남아 있으니 음중지양(陰中之陽)이다.

④ 水는 음기로 온전히 채워지니 음중지음(陰中之陰)이다.

⑤ 土는 계절을 이어주는 사계이다. 앞의 계절과 오행표에서 辰未戌丑이
  土이다.

음양오행에 대한 초보적인 지식을 바탕으로 사주 하나를 풀어보자.

- **1976년 6월 7일 오후 3시 50분 출생(음력)**

```
시   일   월   연 (坤命)
丙   丙   甲   丙
申   辰   午   辰


丁   戊   己   庚   辛   壬   癸
亥   子   丑   寅   卯   辰   巳
```

이 책을 끝까지 읽으면 위 사주는 양인투관(陽刃透官)이 되지 않았으므로 패격(敗格)이라고 바로 말할 수 있을 것이다. 이 장에서는 양인이나 관살은 적용하지 않고 음양의 관점만으로 사주를 살펴본다.

천간에 있는 甲木과 丙火는 음양 중 양에 속한다. 지지에 있는 辰土는 木인 봄과 火인 여름을 연결시켜주므로 양이고, 午火도 여름의 한가운데에 있으니 양이다. 그러므로 위 팔자는 申金을 제외하고는 모두 양으로 꽉 차 있다. 음양이 균형을 유지하여 건강한 상태인 사람을 음양화평지인(陰陽和平之人)이라고 한다. 음양 균형의 관점에서 보면 이 사주는 양기가 너무 강하고, 음기는 쪼그라든 상태이다. 이런 경우에는 음기에 해당하는 곳이 약해지고 고장나기 쉽다. 여자의 몸에서 대표적인 음기의 장기는 신장,

방광, 비뇨기, 자궁이므로 이 부분들이 병들기 쉽다. 실제로 위 사주의 주인공은 양수가 터져 병원에 입원하여 출산후유증으로 중환자실에서 치료받고 있는 여성이다. 2009년 3월 현재 의식이 돌아오지 않고 있다. 자식은 무사하다.

3. 생극

원문

四時之運 相生而成 故木生火 火生土 土生金 金生水 水復生木 卽相
사 시 지 운 상 생 이 성 고 목 생 화 화 생 토 토 생 금 금 생 수 수 복 생 목 즉 상

生之序 迴圈疊運 而時行不匱 然而有生又必有剋 生而不剋 則四時亦
생 지 서 회 권 첩 운 이 시 행 불 궤 연 이 유 생 우 필 유 극 생 이 불 극 즉 사 시 역

不成矣 剋者 所以節而止之 使之收斂 以爲發泄之機 故曰 天地節而
불 성 의 극 자 소 이 절 이 지 지 사 지 수 렴 이 위 발 설 지 기 고 왈 천 지 절 이

四時成 卽以木論 木盛于夏 殺於秋 殺者 使發泄于外者藏收內 是殺
사 시 성 즉 이 목 론 목 성 우 하 살 어 추 살 자 사 발 설 우 외 자 장 수 내 시 살

正所以爲生 大易以收斂爲性情之實 以兌爲萬物所說 至哉言乎 譬如
정 소 이 위 생 대 역 이 수 검 위 성 정 지 실 이 태 위 만 물 소 설 지 재 언 호 비 여

人之養生 固以飮食爲生 然使時時飮食 而不使稍饑以待將來 人壽其
인 지 양 생 고 이 음 식 위 생 연 사 시 시 음 식 이 불 사 초 기 이 대 장 래 인 수 기

能久乎 是以四時之運 生與剋同用 剋與生同功
능 구 호 시 이 사 시 지 운 생 여 극 동 용 극 여 생 동 공

해설

계절의 움직임은 상생(相生)으로 이루어진다. 그러므로 木은 火를 생(生)하고, 火는 土를 낳으며, 土는 金을, 金은 水를, 水는 木을

낳고 생하니 이것이 오행의 상생이다. 오행이 계속 운행하므로 계절과 시간은 멈추지 않고 이어진다. 그러나 오행의 상생이 있으면 반드시 상극(相剋)함이 있다. 생(生)만 있고 극(剋)이 없으면 계절과 때가 이루어질 수 없다. 극은 생만으로 이어지는 것을 그치게 하는 것이니, 상극은 만물을 수렴하고 발설하는 기운이 되어 천지의 흐름이 사계절로 구분된다.

木을 가지고 상극을 말하면, 나무는 여름에는 왕성하고 가을에는 숙살(肅殺)의 기운을 맞는다. 숙살의 기운은 여름에 발설하던 기운을 안으로 수렴하여 저장하게 하는 기운이다. 그러므로 숙살의 기운도 상생이 될 수 있다. 역(易)에서 수렴으로 성정의 실체를 이루고 태궁(兌宮)에서 만물을 이룬다고 했으니, 이것은 맞는 말이다. 사람이 살아감에 비유하여, 음식을 먹고 살지만 계속 먹기만 하고 장래를 위해 쉬지 않는다면 사람이 어찌 오래 살겠는가? 계절의 운행도 이와 같아, 생극은 이와 같이 쓰이고 더불어 계절을 이루게 한다.

강해

오행간의 생극관계 중 생은 목생화(木生火), 화생토(火生土), 토생금(土生金), 금생수(金生水), 수생목(水生木)을 말한다. 극은 목극토(木剋土), 토극수(土剋水), 수극화(水剋火), 화극금(火剋金), 금극목(金剋木)을 말한다.

이러한 생극관계는 일상적인 예로 설명할 수 있다. 목생화(木生火)는 나무가 불을 살린다, 화생토(火生土)는 불이 타서 재와 흙이 된다, 토생금(土生金)은 흙이 금속을 만든다, 금생수(金生水)는 흙 속의 금속 기운이 약수를 만든다, 수생목(水生木)은 물이 나무를 키워준다는 상생을 설명한 것이다.

상극은 다음과 같이 설명할 수 있다. 목극토(木剋土)는 봄에 솟는 나무가 흙을 헤친다, 토극수(土剋水)는 제방이 물을 막는다, 수극화(水剋火)는 물이 불을 끈다, 화극금(火剋金)은 불이 쇠를 녹인다, 금극목(金剋木)은 쇠톱이 나무를 자른다는 것이다. 생극을 이렇게 일상적으로 설명한 것이 유치해 보일 수도 있지만, 기억하기 쉽고 설명하기에 좋다.

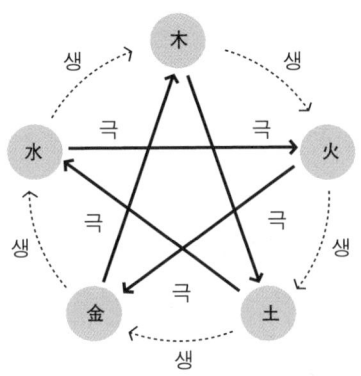

생극의 원리를 위 그림과 아래 오행생극표를 통해 살펴보자. 표에서 양기는 양의 변화과정을 보는 생장화수장(生張化收藏)을 말한다. 양기가 일어나고[生], 펼쳐지며[生], 양기가 변화하고[化], 수렴하고[收], 감춰진다[藏]는 의미다.

오행생극표

오행	木	火	土	金	水
양기	생(生)	장(張)	화(化)	수(收)	장(藏)
계절	봄	여름	사계	가을	겨울
나무	줄기	잎	꽃	열매	뿌리

위 생극표를 보면 생의 관계를 쉽게 이해할 수 있을 것이다. 생은 도와준다, 이어준다는 의미를 가지고 있다. 木인 봄의 생 다음에는 火인 여름

의 펼침[張]이 일어난다. 여름의 펼침을 수렴[收]하여 가을에는 열매가 된다. 열매를 맺은 후에는 나무의 모든 기운이 뿌리에 감춰진다[藏].

극의 관계는 위 생극표 중에서 나무에 비유하여 살펴본다. 목극토(木剋土)는 나무의 줄기[木]가 왕성하면 꽃[土]이 필 수 없다, 토극수(土剋水)는 꽃[土]이 화려한 시기에는 뿌리[水]에 기운이 갈 수 없는 것과 같다, 수극화(水剋火)는 뿌리[水]에 기운이 몰려 있는 겨울에는 잎[火]이 무성할 수 없다, 화극금(火剋金)은 잎[火]이 무성하면 열매[金]를 크게 맺지 못한다는 이치와 같다. 그리고 금극목(金剋木)의 원리는 열매[金]가 커지면 줄기[木]가 부실해지는 것을 보면 알 수 있다. 이러한 오행의 생극관계는 아래 표와 같이 팔자를 구성하는 간지에도 곧바로 적용할 수 있다.

간지생극표

목생화	木(甲乙寅卯)	생	火(丙丁巳午)
화생토	火(丙丁巳午)	생	土(戊己辰戌丑未)
토생금	土(戊己辰戌丑未)	생	金(庚辛申酉)
금생수	金(庚辛申酉)	생	水(壬癸亥子)
수생목	水(壬癸亥子)	생	木(甲乙寅卯)
목극토	木(甲乙寅卯)	극	土(戊己辰戌丑未)
토극수	土(戊己辰戌丑未)	극	水(壬癸亥子)
수극화	水(壬癸亥子)	극	火(丙丁巳午)
화극금	火(丙丁巳午)	극	金(庚辛申酉)
금극목	金(庚辛申酉)	극	木(甲乙寅卯)

이제까지 알아본 오행의 생극관계에는 다음과 같은 예외가 있다. 생극으로 맺어진 관계에서 한편의 기운이 너무 과도하여 오히려 해가 되는 경우이다.

먼저 생의 관계에서 본 해로움은 다음과 같다.
① 목생화(木生火)의 예외로는 木이 많아 불이 꺼지는 목다화치(木多火熾) 현상과, 불이 많아 木이 타버리는 화다목분(火多木焚)이 있다.
② 화생토(火生土)의 예외적인 경우로는 火가 너무 많아 흙이 갈라지는 화염토초(火焰土焦)와 화다토척(火多土斥)의 경우가 있고, 土가 너무 많은 경우는 불이 어두워지는 토다화회(土多火晦) 현상이 있다.
③ 토생금(土生金)의 예외로는 土가 너무 많아 생을 받는 金이 오히려 묻히는 토다금매(土多金埋), 金이 너무 많아 土가 약해지는 금다토약(金多土弱)이 있다.
④ 금생수(金生水)의 예외로는 생을 받는 물이 너무 많아 쇠가 가라앉는 금침수저(金沈水底)가 있고, 金이 너무 많아 오히려 물이 탁해지는 금다수탁(金多水濁)이 있다.
⑤ 수생목(水生木)의 예외로는 생하는 水가 너무 많아 木이 오히려 물에 떠버리는 수다목부(水多木浮)와 수다목표(水多木漂)의 경우가 있다. 또한 木이 너무 많으면 水가 줄아드니 목다수축(木多水縮) 현상이 있다.

극의 관계에서 본 해로움은 다음과 같다.
① 목극토(木剋土)의 예외로는 흙의 기운이 강해 극을 하는 나무가 오히려 부러지는 토다목절(土多木折), 토중목절(土重木折) 현상이 있다.
② 토극수(土剋水)의 예외로는 물이 많아 오히려 극을 하는 제방이 무너지는 수다토류(水多土流)의 경우가 있다.
③ 수극화(水剋火)의 예외로는 큰 불을 작은 물방울이 규제하려다 오히려 물이 말라버리는 화염수작(火炎水灼)의 경우가 있다.
④ 화극금(火剋金)의 예외로는 많은 쇠를 달구려는 성냥개비의 불처럼 오히려 극을 하는 불이 꺼지는 금다화식(金多火熄)의 경우가 있다.
⑤ 금극목(金剋木)의 예외로는 큰 나무를 작은 칼이 극하려다 부러져버리

는 목다금결(木多金缺), 목견금결(木堅金缺)의 경우가 있다.

이러한 오행의 생극관계를 기초로 육친(六親)의 개념이 나오고, 육친의 구성을 보고 팔자의 왕성함과 병을 따진다. 그리고 치료약의 성분이 운에서 언제 오는지를 보는 것이 일반적인 팔자 분석방법이다. 그러므로 음양오행에 이어 생극이라는 개념은 팔자를 보는 기초가 된다. 이제까지 살펴본 생극 개념을 이용하여 다음 사주를 살펴보자.

시	일	월	연 (乾命)
辛	壬	辛	壬
丑	子	亥	寅

戊	丁	丙	乙	甲	癸	壬
午	巳	辰	卯	寅	丑	子

위 사주는 물의 월인 亥월에 태어났고, 지지에 亥子丑 수국(水局)을 이루고 있다. 천간에 辛金이 있어서 금생수(金生水)로 水를 만드니 물이 넘실대는 형상이다. 팔자의 병은 水이다. 이 병을 고치기 위해 흙을 쓰면 토극수(土剋水)의 예외가 발생한다. 즉, 물이 많아 오히려 극을 하는 제방이 무너지는 수다토류(水多土流)가 발생한다. 그러므로 아주 왕성한 자는 기운을 막기보다는 설기해야 한다는 태왕자희설(太旺者喜泄)의 원칙을 쓰는 것이 합당하다. 그래서 水를 수생목(水生木)으로 설기하는 木을 약으로 삼는다.

木을 약으로 삼았지만 팔자에 水가 너무 많다. 木이 오히려 물에 떠버리는 수다목부(水多木浮) 현상이 일어날까 우려된다. 마침 운에서 甲寅·乙

卯의 木운이 들어오니 이를 해결하여 공명을 떨친다. 이어지는 丙火운에 팔자의 寅木을 약하게 하여 죽고 말았다.

4. 천간

각 천간을 살펴보면 다음과 같다. 포함된 음양의 기운을 기준으로 천간을 순서대로 살펴본다.

① 甲 : 출갑우갑(出甲于甲)이다. 양기를 품고 있는 씨앗의 껍질이 터지는 것, 생명의 발아를 의미한다. 한자는 거북 등처럼 딱딱하다는 의미도 가지고 있다. 이 때부터 양의 기운이 일어난다. 음양오행으로는 양목(陽木)에 속하며, 인체로는 머리에 해당한다.

② 乙 : 분알우을(奮軋于乙)이다. 초목의 양 기운이 땅을 뚫고 솟구치는 형상이다. 한자의 의미도 '솟아 나올 을(乙)' 이다. 굴(屈)의 의미도 있다. 이는 양이 굽어 솟아 나오는 시기를 상징한다. 음양오행으로는 음목(陰木)에 속하며, 인체로는 목 부분에 해당한다. 한자는 허리에 두르는 띠, 착 달라붙음[乞]을 상징한다.

③ 丙 : 명병우병(明炳于丙)이다. 양기가 본래의 빛을 드러내는 밝은 시기다. 음양오행으로는 양화(陽火)에 속하며, 인체로는 어깨에 해당한다. 한자는 음식을 요리하는 솥을 상징한다.

④ 丁 : 대성우정(大盛于丁)이다. 양이 무르익어 크고 실한 열매가 되는 시기다. 음양오행으로는 음화(陰火)에 속하며, 인체로는 심장에 해당한다. 한자는 머무름[亭], 못을 박을 때 나는 소리[訂]를 상징한다.

⑤ 戊 : 풍무우무(豊楙于戊)이니 무성하다. 양기가 무성한 시기다. 육갑이 오행과 얽힌 형상을 상징한다. 음양오행으로는 양토(陽土)에 속하며, 인체로는 옆구리에 해당한다. 한자는 의식용 도끼를 상징한다.

⑥ 己 : 이기우기(理紀于己)이며, '벼리 기(紀)'이다. 양기가 사물에 완전하게 표기됨을 말한다. 만물이 익어 굽은 형상이다. 음양오행으로는 음토(陰土)에 속하며, 인체로는 배에 해당한다. 한자는 해충으로부터 보호해주는 형상이다.

⑦ 庚 : 염경우경(斂更于庚)이며, '굳을 견(堅)'이다. 양기가 과실 등에 굳게 들어가 크게 열매를 맺은 상태를 말한다. 음양오행으로는 양금(陽金)에 속하며, 인체로는 배꼽에 해당한다. 한자는 절굿공이, 두드리는 종 등을 상징한다.

⑧ 辛 : 실신우신(悉新于辛)이며, '매울 신(辛)'이다. 양기로 맺은 열매가 나무와 이별하는 아픔이 있는 시기이며, 열매가 성숙하여 그 맛이 찌르는 것과 같다는 의미도 갖고 있다. 음양오행으로는 음금(陰金)에 속하며, 인체로는 허벅지에 해당한다. 한자는 죄인의 이마에 먹물을 새기는 바늘을 상징한다.

⑨ 壬 : 회임우임(懷任于壬)이다. 음기 가운데 양의 기운이 잉태되는 시기다. 음양이 만나 아이를 밴 것을 말한다. 음양오행으로는 양수(陽水)에 속하며, 인체로는 종아리에 해당한다. 한자는 배가 불룩한 실패를 상징한다.

⑩ 癸 : 진발우계(陣撥于癸)이다. 시작하기 위해 법도를 헤아리고 측정하는 규탁(揆度)을 의미한다. 음 속에서 양의 생명을 키우는 조심스런 시기다. 또한 겨울에는 흙과 물이 평평하여 이를 잴 수 있음을 상징하기도 하고, 물이 땅으로 스며드는 것을 뜻하기도 한다. 음양오행으로는 음수(陰水)에 속하며, 인체로는 발에 해당한다. 한자 자체는 발로 길이를 재는 것과 관련이 있다.

5. 지지

지지에 포함된 음양의 기운을 기준으로 하여 순서대로 살펴본다.

① 子 : 만물자우(萬物滋于)이다. 동지로부터 양기가 새끼를 치기 시작함, 사람이 태아로 자리잡음을 말한다. 음양오행으로는 양수(陽水)에 속하고, 동물로는 쥐다. 한자는 아이가 두 팔을 벌린 것을 본뜬 글자이다.

② 丑 : 뉴아우축(紐牙于丑)이다. 차가운 기운이 스스로 물러나고 싹을 맺는 시기다. 음양오행으로는 음토(陰土)에 속하고, 동물로는 소이다. 한자는 손으로 물건을 잡는 형상[紐], 농사를 준비하는 사람의 손을 그린 것이다.

③ 寅 : 인달우인(引達于寅)이며, '넓힐 연(演)' 이다. 지렁이가 꿈틀대듯 양기가 일어나고, 양의 기운이 종지뼈와 같이 튀어나오는 것을 말한다. 음양오행으로는 양목(陽木)에 속하고, 동물로는 호랑이다. 한자는 양손으로 화살을 펴는 모습을 본떴다.

④ 卯 : 묘언무야(卯言茂也)이며, '무릅쓸 모(冒)' 이다. 양기가 땅 위로 솟아나려고 무릅쓰는 시기다. 문을 활짝 열어놓은 것이니 천문(天門)을 의미하기도 한다. 음양오행으로는 음목(陰木)에 속하고, 동물로는 토끼다. 한자는 대문 양쪽에 문고리가 달린 것을 본떴다.

⑤ 辰 : 진미우진(辰美于辰)이며, '기지개 펼 신(伸)' 이다. 양기가 솟아나와 기지개를 하는 것이다. 우레가 떨치기 시작하는 농사철을 말하기도 한다. 음양오행으로는 양토(陽土)에 속하고, 동물로는 용이다. 한자는 조개의 발이 껍질에서 나온 모양을 본떴다.

⑥ 巳 : 이성우사(已盛于巳)이다. 이제 양기가 다 이루어지는 시기를 나타낸다. 뱀의 몸처럼 만물이 자신의 무늬를 드러냄을 상징하기도 한다. 음양오행으로는 음화(陰火)에 속하고, 동물로는 뱀이다.

⑦ 午 : 음양교포(陰陽交布)이다. 음양이 서로 교접하며 미워하는 시기다. 음이 양을 거스르고 땅을 뚫고 나오는 형상이다. 음양오행으로는 양화(陽火)에 속하고, 동물로는 말이다. 한자는 절굿공이 같은 막대기를 세워 한낮을 아는 것을 상징한다.

⑧ 未 : '어두울 매(昧)'이다. 양기가 이제 기울어 어두워지는 것이다. 또한 물성유미(物盛有味)이니 만물이 성숙하여 맛이 있음을 의미하기도 한다. 음양오행으로는 음토(陰土)에 속하고, 동물로는 양이다. 한자는 나뭇잎이 무성한 모양을 본떴고, 늙은 나무 가지에 잎을 겹쳐 만든 글자이다.

⑨ 申 : 신속기성(申束已成)이다. 만물이 완성됨을 나타낸다. 또한 몸 신(身)이니 물체가 이미 장성하고 완성됨을 말한다. 음양오행으로는 양금(陽金)에 속하고, 동물로는 원숭이(잔나비)다. 한자는 번갯불의 형상을 본떴다.

⑩ 酉 : 만물지로(萬物之老)이며, '이룰 취(就)'이다. 모든 것이 성취되는 상태이며, 익은 기장으로 술을 담을 수 있는 시기다. 음양오행으로는 음금(陰金)에 속하고, 동물로는 닭이다. 한자는 술을 담는 단지를 본떴다.

⑪ 戌 : 만물진멸(萬物盡滅)이다. 성취 후에 땅으로 떨어짐을 나타낸다. 음양오행으로는 양토(陽土)에 속하고, 동물로는 개이다. 한자는 작은 도끼를 상징한다.

⑫ 亥 : 음기장우(陰氣蔣于)이며, '씨 핵(核)'이다. 임신한 여자가 숨을 몰아쉬는 것을 상징한다. 양기가 감춰진 듯 만물이 씨처럼 감추어지는 상태이다. 음양오행으로는 음수(陰水)에 속하고, 동물로는 돼지다.

3장 천간과 지지의 관계

1. 간지의 본질

원문

有是五行 何以又有十干十二支乎 蓋有陰陽 因生五行 而五行之中
유시오행 하이우유십간십이지호 개유음양 인생오행 이오행지중

各有陰陽 卽以木論 甲乙者 木之陰陽也 甲者 乙之氣 乙者 甲之質
각유음양 즉이목론 갑을자 목지음양야 갑자 을지기 을자 갑지질

在天爲生氣 而流行於萬物者 甲也 在地爲萬物 而承玆生氣者 乙也
재천위생기 이류행어만물자 갑야 재지위만물 이승자생기자 을야

又細分之 生氣之散佈者 甲之甲 而生氣之凝成者 甲之乙 萬木之所
우세분지 생기지산포자 갑지갑 이생기지응성자 갑지을 만목지소

以有枝葉者 乙之甲 而萬木之枝枝葉葉者 乙之乙也 方其爲甲 而乙
이유지엽자 을지갑 이만목지지지엽엽자 을지을야 방기위갑 이을

之氣已備 及其爲乙 而甲之質乃堅 有是甲乙 而木之陰陽具矣
지기이비 급기위을 이갑지질내견 유시갑을 이목지음양구의

◪ **해설** ◪　　오행이 있는데 어째서 또 십간과 십이지지가 있는가. 음양이 있은 후 오행이 생겼다. 그러므로 각 오행에는 음양이 포함되어 있다. 예를 들어, 木에는 甲과 乙이 있고 이것이 木의 음양이다. 甲은 乙의 기(氣)이고, 乙은 甲의 질(質)이다. 하늘의 생기가 만물에 흐르는 것이 甲이며, 땅에서 만물이 되어 생기를 받아들이는 것이 乙이다. 구분하면 생기 중 흩어지는 것은 甲 중의 甲이며, 뭉치는 것은 甲 중의 乙이다. 나무 중 작은 잎이 乙 중의 甲이라면, 더 작은 잎은 乙 중의 乙이다. 甲은 乙의 기운이 되어 무르며, 乙은 甲의 질이니 단단하다. 아울러 이러한 甲乙이 있어 木의 음양이 이루어진다.

◪ **원문** ◪

甲乙在天 故動而不居 建寅之月 豈必當甲 建卯之月 豈必當乙 寅卯
갑을재천 고동이불거 건인지월 기필당갑 건묘지월 기필당을 인묘

在地 故止而不遷 甲雖遞易 月必建寅 乙雖遞易 月必建卯 以氣而論
재지 고지이불천 갑수체이 월필건인 을수체이 월필건묘 이기이론

甲旺於乙 以質而論 乙堅於甲 而俗書謬論 以甲爲大林 盛而宜斬 乙
갑왕어을 이질이론 을견어갑 이속서류론 이갑위대림 성이의참 을

爲微苗 脆而莫傷 可爲不知陰陽之理者矣 以木類推 余者可知 惟土
위미묘 취이막상 가위부지음양지리자의 이목류추 여자가지 유토

爲木火金水沖氣 故寄旺於四時 而陰陽氣質之理 亦同此論 欲學命者
위목화금수충기 고기왕어사시 이음양기질지리 역동차론 욕학명자

必須先知干支之說 然後可以入門
필수선지간지지설 연후가이입문

◪ **해설** ◪　　甲乙은 하늘에 있는 것이니 움직이고 멈추지 않는다. 寅

월은 어찌하여 甲을 쓰고, 卯월은 왜 乙을 쓰는가? 寅卯는 땅이니 고정되어 있고 움직이지 않는다. 움직이는 甲乙이 이동하여 甲이 寅월과 결합하고, 乙이 卯월과 결합한다.

　기질 중 기(氣)로 보면 甲이 乙보다 왕성하고, 질(質)로 보면 乙이 甲보다 단단하다. 시중에서 甲은 큰 나무이니 쪼개야 한다고 하고, 乙은 약한 싹이니 상하지 않게 해야 한다는 말은 음양의 이치를 모르는 말이다. 이같은 木의 이치로 다른 오행의 이치도 알 수 있다. 단, 土는 木火金水의 기운이 섞여 있고, 사시(四時)인 辰戌丑未의 때에 기생(寄生)한다. 음양과 기질의 이치가 이러하므로 명리를 배우는 이는 천간과 지지의 이치를 알아야 명리에 입문할 수 있다.

원문

何以複有寅卯者　又與甲乙分陰陽天地而言之者也　以甲乙而分陰陽
하이복유인묘자　우여갑을분음양천지이언지자야　이갑을이분음양

則甲爲陽　乙爲陰　木之行於天而爲陰陽者也　以寅卯而陰陽　則寅爲
즉갑위양　을위음　목지행어천이위음양자야　이인묘이음양　즉인위

陽　卯爲陰　木之存乎地而爲陰陽者也　以甲乙寅卯而統分陰陽　則甲乙
양　묘위음　목지존호지이위음양자야　이갑을인묘이통분음양　즉갑을

爲陽寅卯爲陰　木之在天成象而在地成形者也　甲乙行乎天　而寅卯受
위양인묘위음　목지재천성상이재지성형자야　갑을행호천　이인묘수

之　寅卯存乎也　而甲乙施焉　是故甲乙如官長　寅卯如該管地方　甲祿
지　인묘존호야　이갑을시언　시고갑을여관장　인묘여해관지방　갑록

於寅　乙祿於卯　如府官之在郡　縣官之在邑　而各司一月之令也
어인　을록어묘　여부관지재군　현관지재읍　이각사일월지령야

🔲 **해설** 🔲   木에는 甲乙 외에 寅卯가 있다. 寅卯는 甲乙처럼 음양으로 나뉘는데, 甲乙은 천간이고 寅卯는 지지다. 甲은 양이요, 乙은 음이다. 甲乙은 木이 하늘에서 음양으로 나뉜 것이고, 寅卯는 땅에서 음양으로 나뉜 것이다. 寅卯를 음양으로 나누면 寅은 양이고, 卯는 음이다. 木인 甲乙 寅卯를 음양으로 나누니 천간인 甲乙은 양이요, 지지인 寅卯는 음이다.

木오행은 하늘에서 상(象)을 이루고 땅에서 형(形)을 이룬다. 甲乙이 하늘에서 유행하면, 寅卯는 땅에서 이를 받아들여 시행하는 것과 같다. 그러므로 甲乙이 관장이라면, 寅卯는 지방을 관할하는 관아와 같다. 甲의 건록(建祿)인 뿌리는 寅에 있고, 乙의 뿌리는 卯에 있으니, 寅卯는 甲乙의 부임지와 같아서 각 한 달 동안 명령을 행하는 곳이 된다.

🔲 **강해** 🔲   원문의 내용은 어렵지 않다. 요약하면 다음과 같다.
① 천간인 甲乙이 관장이라면, 지지인 寅卯는 관아가 되어 한 달 동안 권한을 행사한다.
② 음양은 기질로 아래 표와 같이 구분된다.

음양	천간	기질	성격	형태
양간	甲	기(氣)	유동하고 흩어지는 것	크고 무르다
음간	乙	질(質)	받아들이고 뭉치는 것	작고 단단하다

원문의 내용에 대해 관아가 있고 관장이 와야 화현(化現)이 된다는 식의 확대 설명은 곤란하다. 화현이란 현실화된다는 말인데, 팔자에 재물의 관아(예를 들어 寅)가 있을 때 천간에서 재물의 관장(예를 들어 甲)이 와야만 돈맛을 볼 수 있다고 보는 식이다. 원문의 다른 곳에서도 지지는 쓰임을 기다리다가 지장간에 해당하는 천간이 오면 희신 또는 기신 역할을

한다고 하였다. 예를 들어, 午가 있을 때 운에서 지장간 丁己丙 중에서 丁이 오는 경우이다. 이런 내용과 寅에 甲이 와야 화현이 된다는 것은 큰 차이가 있다.

2. 지장간

원문

支中喜忌 固與干有別矣 而運逢透淸 則靜而待用者 正得其用 而喜
지중희기 고여간유별의 이운봉투청 즉정이대용자 정득기용 이희

忌之驗 於此乃見 何謂透淸 如甲用酉官 逢辰未卽爲財 而運透戊 逢
기지험 어차내견 하위투청 여갑용유관 봉진미즉위재 이운투무 봉

午未卽爲傷 而運透丁之類是也
오미즉위상 이운투정지류시야

해설

희신과 기신 중에서 지지는 천간과 다른 점이 있다. 고요하게 쓰임을 기다리던 지지는 운에서 해당 지지의 지장간이 오면 희신 또는 기신 역할을 한다. 예를 들어, 甲일간이 酉정관을 쓰고 지지에 辰이나 未가 있는데 운에서 戊土가 오면 재성 역할을 하고, 지지에 午未가 있을 때 운에서 丁火가 오면 상관 역할을 한다.

강해

지장간(支藏干)은 다음 표와 같다. 지장간의 기간은『자평진전평주(子平眞詮評註)』의 서락오(徐樂吾)의 주석과는 차이가 있다. 이 책에서는 각종 고서들이 공통적으로 제시한 기준을 따랐다.

지지	子	丑	寅	卯	辰	巳	午	未	申	酉	戌	亥
여기	壬 10	癸 9	戊 7	甲 10	乙 9	戊 7	丙 10	丁 9	戊己 7	庚 10	辛 9	戊 7
중기		辛 3	丙 7		癸 3	庚 7	己 9	乙 3	壬 7		丁 3	甲 7
정기	癸 20	己 18	甲 16	乙 20	戊 18	丙 16	丁 11	己 18	庚 16	辛 20	戊 18	壬 16

위 표에서 丑을 보면 癸9, 辛3, 己18로 이루어져 있다. 이는 丑월인 소한(小寒)부터 9일간 주관하는 지장간은 癸라는 의미다. 癸는 여기(餘氣)에 해당하는데, 여기는 전달의 기운이 남아 있음을 뜻한다. 그 다음 3일간은 지장간 辛이 주관하는 중기(中氣)다. 이어서 18일간은 지장간 己가 정기(正氣)라는 이름으로 주관한다. 비율로 보면 丑 속에는 癸가 9/30, 辛이 3/30, 己는 18/30 들어 있다. 어느 지지에서나 지장간의 비율이 가장 큰 것이 정기다.

지장간의 중요한 쓰임을 보면 다음과 같다.

① 지장간은 팔자에서 삼원(三元) 중의 하나로 중요하게 취급된다. 천원(天元)은 천간, 지원(地元)은 지지, 인원(人元)은 지장간이다. 이 세 요소가 팔자의 기본이다. 이러한 지장간을 암장(暗藏) 또는 암장간(暗藏干)이라고도 부른다. 또 월률분야(月律分野)라고도 한다. 월률분야는 각 월에 어떤 천간이 어느 기간만큼 차지하고 있는지를 볼 때 사용하는 말이다. 실제로 팔자를 볼 때는 월만 지장간을 따지는 것이 아니라 지지 모두를 따진다. 따라서 구분하면 월의 지장간은 월률분야, 월이 아닌 지지는 지장간으로 보아야 한다.

② 간지의 생극관계를 따지는 육친(六親, 뒷부분에서 상세히 설명함)관계에서 기준이 되는 음양은 지장간을 따른다. 지지와 지장간의 음양이 바

뀌는 것은 지지 亥子巳午로, 水火에 속하는 것들이다. 육친을 따질 때는 지장간을 중심으로 하므로 水火의 육친을 정할 때는 특히 주의한다. 예를 들어, 甲木인 양간(陽干)과 午火인 양지(陽支)는 양과 양의 관계로 식신(食神)이 되어야 한다. 그러나 육친관계를 따질 때는 午火 속에 있는 지장간 丁己丙 중에서 정기인 丁을 기준으로 한다. 이렇듯 甲木 양간과 丁火 음간의 관계를 따지므로 식신이 아닌 상관(傷官)이 된다.

③ 지장간의 성분으로 인해 지지는 무리를 이룬다. 寅의 지장간은 甲丙戊, 午는 丁己丙, 戌은 戊丁辛으로, 모두 지장간에 丙火·丁火인 불의 기운을 가지고 있다. 이러한 지지가 팔자에 모여 있으면 삼합(三合)이라 하여 큰 불로 변한다. 또한 辰土와 丑土는 지장간에 癸水가 있으니 물기 있는 흙인 습토(濕土)라고 하고, 戌土와 未土의 지장간에는 丁火라는 불이 있으니 조토(燥土)라고 부른다. 똑같은 土오행이라고 해도 조토는 흙 속에 불이 있으므로 金을 생하는 힘이 떨어진다.

④ 지장간은 일간의 유력 여부를 가리는 데 쓰인다. 일간에 가장 많은 영향을 미치는 팔자 성분은 태어난 월이다. 태어난 월에 어느 지장간이 지배하고 있으면 당령(當令) 또는 사령(司令)했다고 표현한다. 예를 들어, 亥월 甲木이 지장간 壬水가 속한 기운에 출생했다면 壬水가 사령한 다고 표현한다. 그런데 똑같은 亥월 甲木이라도 여기인 戊土가 속한 기간에 태어났으면, 중기인 甲木에 속한 기간에 출생한 것보다 훨씬 약한 기운을 타고났다고 본다. 특히 이 사항은 왕약을 구분할 수 없는 미묘한 구조의 팔자일 때 중요하게 참조한다.

⑤ 지장간은 화현(化現) 또는 응기(應氣)의 기준이 된다. 원문에서 지적한 대로 지지 속 지장간과 동일한 천간이 운에서 오면 희신 또는 길신으로 작용하여 길흉이 발생하게 된다. 실제 사주 예를 보자.

시	일	월	연 (坤命)
庚	戊	辛	癸
申	寅	酉	巳

戊	丁	丙	乙	甲	癸	壬
辰	卯	寅	丑	子	亥	戌

    2006년은 丙寅대운 丙戌년이다. 대운의 寅木 중에 丙火라는 불을 담고 있고, 연에서 오는 戌土는 지장간 중에 丁火가 있어서 조토(燥土)이다. 丙火라는 사또가 강력한 상태이다. 팔자의 연주에 巳火라는 관아가 있고, 巳火 중에는 丙火가 있으니 운에서 오는 丙火의 뿌리가 된다. 운의 丙火는 강한 불인데, 이 불은 연의 癸水라는 물과 부딪힌다. 물이 날아가는 형상이다. 물은 이 팔자의 주인공에게는 재성(財星)이니 재물에 해당한다. 즉, 재물을 잃게 되는 해이다.

    명주는 부동산 분양사업을 하던 여성으로, 2006년에 엄청난 손해를 입어 그 동안 일군 모든 재산을 잃었다.

㊟ "묘자 춘목전왕지지 고칭제왕 제자 주 재야 역언제야호진 언목주재지방 무타기분점 고전장을(卯者 春木專旺之地 故稱帝旺 帝者 主 宰也 易言帝也乎震 言木主宰之方 無他氣 分占 故專藏乙)." "卯월은 오로지 나무의 기운이 왕하여 제왕(帝王)이라고 한다. 제(帝)는 주재한다는 것이고, 역(易)에서는 진궁(震宮)이 동쪽 방향을 주재한다고 하였다. 이 방향에는 오로지 乙만 있다." 子午卯酉의 지장간에 대한 서락오(徐樂吾)의 주석이다. 그러나 子午卯酉에도 다른 지장간이 섞여 있다고 보는 것이 일반적이다. 子에는 癸壬이, 午에는 丁己丙이, 卯에는 乙甲이, 酉에는 辛庚이 지장간으로 들어 있다.

3. 왕상휴수사

원문

書云 得時俱爲旺論 失時便作衰看 雖是至理 亦死法也 然亦可活看
서운 득시구위왕론 실시편작쇠간 수시지리 역사법야 연역가활간

夫五行之氣 流行四時 雖曰干各有專令 而其實專令之中 亦有竝存
부오행지기 유행사시 수일간각유전령 이기실전령지중 역유병존

者在 假若春木司令 甲乙雖旺 而此時休囚之戊己 亦嘗豔於天地也 特
자재 가약춘목사령 갑을수왕 이차시휴수지무기 역상염어천지야 특

時當退避 不能爭先 而其實春土何嘗不生萬物 冬日何嘗不照萬國乎
시당퇴피 불능쟁선 이기실춘토하상불생만물 동일하상부조만국호

해설

일간이 때를 만나면 왕성하고, 때를 잃으면 쇠약한 것은 옳지만, 오행의 기운은 사계절에 다 있는 것이므로 명을 보는 자는 이를 자세히 살펴야 한다. 비록 일간이 사령(司令)하는 월에 태어났다고 해도 그 월에는 다른 오행이 있다. 예를 들어, 봄은 木이 사령하므로 甲乙이 왕성하다고 하지만 봄에 휴수(休囚)가 되는 戊己의 기운이 있다. 단지 戊己는 봄에 물러서서 앞서지 않을 뿐이다. 봄의 흙도 만물을 기르고, 겨울의 태양도 모든 곳을 비춘다.

강해

왕상휴수사(旺相休囚死)는 일간이 계절과 어떤 상태에 있는가를 표현한 말이다. 예를 들어, 일간이 甲木일 때 ① 월지가 일간 木과 같은 봄의 계절이면 왕(旺)한 상태이고, ② 월지가 일간 木을 생하는 오행인 水로 겨울이면 상(相)의 상태이고, ③ 월지가 일간 木이 생하는 오행인 火로 여름이면 휴(休)의 상태이며, ④ 월지가 일간 木이 극하는 오행인

土로 사시(四時)인 辰戌丑未의 계절이면 수(囚)의 상태이며, ⑤ 월지가 일간 木을 극하는 오행인 金으로 가을이면 사(死)의 상태이다. 이를 표로 요약하면 다음과 같다.

甲木과의 관계	월	甲木의 상태	별칭
木과 같은 오행 계절(木節)	寅卯월	왕(旺) : 최강	득시자(得時者)
木을 생하는 계절(水生木)	亥子월	상(相) : 강	득래자(得來者)
木이 생하는 계절(木生火)	巳午월	휴(休) : 약	과거자(過去者)
木이 극하는 계절(木剋土)	辰戌丑未월	수(囚) : 중약	극기자(剋氣者)
木을 극하는 계절(金剋木)	申酉월	사(死) : 최약	기극자(氣剋者)

왕상휴수사(旺相休囚死)의 첫째 용도는 일간의 세기를 측정하는 것이다. 왕(旺) → 상(相) → 휴(休) → 수(囚) → 사(死)의 순서대로 일간의 힘의 순서가 정해진다. 대개 일간의 힘의 세기는 월령(月令)과의 비교를 통해서 결정된다. 힘이 있다는 것은 일간이 월지에서 왕상(旺相)의 상태에 있는 것을 말한다. 일간의 월지에서 왕상의 상태면 득령(得令)이라고 한다. 왕상휴수사의 용도를 확장하여 월지 외에 각 지지에서 일간이 어떤 상태에 있는지를 보기도 한다.

둘째 용도는 각 천간의 강약을 측정하는 것으로, 일간과 동일한 방식으로 본다. 이런 과정을 통해 팔자의 구조와 강약을 판정하고 운을 살핀다.

시	일	월	연 (坤命)
乙	己	辛	庚
亥	亥	巳	戌

甲	乙	丙	丁	戊	己	庚
戌	亥	子	丑	寅	卯	辰

천간을 보면 일간 己土, 일간을 목극토(木剋土)로 극하는 乙木, 토생금(土生金)으로 생하여 일간의 기운을 빼 가는 庚辛금이 있다. 일간 己土가 巳월을 만났으므로 왕상(旺相) 중에서 상(相)의 상태이다. 시간 乙木은 지지의 亥水가 수생목(水生木)을 하므로 강한 상태이다. 연월의 庚辛은 화극금(火剋金)을 하는 巳월을 만나 사(死)의 상태로 약해 보인다. 그러나 巳월의 지장간인 丙庚戊 중에서 庚金이 연간에 튀어 나왔고, 巳월이 戌土를 돕고, 戌土는 庚辛의 터전이 되며, 연월의 庚辛이 서로 의지하므로 강한 상태이다.

이와 같이 일간을 극하는 乙木이 강하고, 기운을 빼는 庚辛金도 강하므로 일간은 약하다. 그러므로 기운이 약한 것이 병이다. 1935년(己卯운 乙亥년)이 되자 亥卯未가 합하여 일간을 치는 乙木이 더 강해지고, 일간이 의지하는 巳월을 巳亥충으로 흔드니 병이 더 깊어졌다. 이 해에 자살한 중국의 유명 여배우 완영옥(阮玲玉)의 명이다.

4. 십이운성

1 십이운성의 의의

원문

五行干支之說 已詳論於干支篇 干動而不息 支靜而有常 以每干流行
오행간지지설 이상론어간지편 간동이불식 지정이유상 이매간류행

於十二支之月 而生旺墓絕系焉
어십이지지월 이생왕묘절계언

해설

간지에 대한 설명은 간지편을 참조한다. 천간은 쉼 없이 움직이며, 지지는 항상 고요하고 상(常)이 있다. 또한 각각의 천간은 십이지지가 속한 월을 움직이며, 각각의 간지는 생왕묘절(生旺墓絕)의 관계로 맺어진다.

원문

支有十二月 故每干長生至胎養 亦分十二位 氣之由盛而衰 衰而複盛
지유십이월 고매간장생지태양 역분십이위 기지유성이쇠 쇠이복성

逐節細分 遂成十二 而長生沐浴等名 則假借形容之詞也 長生者 猶
축절세분 수성십이 이장생목욕등명 즉가차형용지사야 장생자 유

人之初生也 沐浴者 猶人旣生之後 而沐浴以去垢 如果核旣爲苗 則
인지초생야 목욕자 유인기생지후 이목욕이거구 여과핵기위묘 즉

前之青殼 洗而去之矣 冠帶者 形氣漸長 猶人之年長而冠帶也 臨官
전지청각 세이거지의 관대자 형기점장 유인지년장이관대야 임관

者 由長而壯 猶人之可以出仕也 帝旺者 壯盛之極 猶人之可以輔帝
자 유장이장 유인지가이출사야 제왕자 장성지극 유인지가이보제

而大有爲也 衰者 盛極而衰 物之初變也 病者 衰之甚也 死者 氣之盡
이대유위야 쇠자 성극이쇠 물지초변야 병자 쇠지심야 사자 기지진

而無餘也 墓者 造化收藏 猶人之埋於土者也 絕者 前之氣已絕 後之
이무여야 묘자 조화수장 유인지매어토자야 절자 전지기이절 후지

氣將續也 胎者 後之氣續而結聚成胎也 養者 如人養母腹也 自是而
기장속야 태자 후지기속이결취성태야 양자 여인양모복야 자시이

後 長生迴圈無端矣
후 장생회권무단의

해설   지지에는 열두 달이 있으며, 각 천간은 각 지지에 장생(長生)으로부터 시작하여 태(胎)와 양(養)에 이르기까지 12가지 관계를 맺는다. 이는 기운이 왕성했다가 쇠약해지며 쇠약해진 후 왕성해지는 12단계를 나눈 것이며, 아래 각 단계별 명칭이 각 단계의 성격을 설명한다.

① 장생(長生) : 사람이 처음 태어난 것과 같은 단계이다.
② 목욕(沐浴) : 태어난 후에 목욕하여 때를 벗기는 것과 같고, 씨에서 싹이 돋으면서 껍질을 벗는 것과 같다.
③ 관대(冠帶) : 몸과 마음이 점차 커서 사람이 모자를 쓰고 띠를 두르는 것과 같은 단계이다.
④ 건록(建祿) : 장성한 이가 벼슬에 나서는 것과 같다. 별칭은 임관(臨官)이다.
⑤ 제왕(帝旺) : 장성이 극에 도달한 것이니 임금을 보필하는 큰 인물이 된 것과 같다.
⑥ 쇠(衰) : 왕성한 것이 극에 도달해 쇠약해지는 단계로, 사물이 처음 변하

는 것과 같다.
⑦ 병(病) : 쇠약함이 더 심해진 상태이다.
⑧ 사(死) : 기운이 다 없어져 아무 것도 없는 상태이다.
⑨ 묘(墓) : 변화가 끝난 상태로 사람이 땅에 묻힌 것과 같다.
⑩ 절(絶) : 이전의 기운이 다 끝나고 다음 기운으로 계속하려는 단계이다.
⑪ 태(胎) : 다음에 올 기운들이 모여 뱃속의 태를 이루는 것과 같다.
⑫ 양(養) : 모친의 뱃속에서 아기가 자라나는 것과 같다. 이 단계 후에 장생이 다시 시작하는데 이러한 순환은 무한히 계속된다.

강해   십이운성(十二運星)은 장생(長生), 목욕(沐浴), 관대(冠帶), 건록(建祿), 제왕(帝旺), 쇠(衰), 병(病), 사(死), 묘(墓), 절(絶), 태(胎), 양(養) 등 12단계의 변화과정을 말하며, 천간이 지지를 만날 때의 왕쇠 관계를 12단계로 분류하여 영향력의 차이를 설명한다. 천간 기운의 성쇠를 사람이 출생하여 사망할 때까지의 과정에 비유하였다. 운성은 일간을 중심으로 각 지지에 대조하며, 때로는 연월일시의 천간 모두를 지지와 대조하기도 한다. 일명 포태법(胞胎法)이라고도 하며, 불교에서 말하는 십이인연법(十二因緣法)과 유사하다.

오행이 살아가는 과정과 사람이 살아가는 과정이 비슷하므로 사람이 살아가는 과정에 견주어 운성의 각 단계를 요약하면, ① 어머니의 뱃속에서 수태[胎]하여, ② 자궁 속에서 일정 기간을 자라[養], ③ 세상으로 나와 큰다[長生]. ④ 태어나 먼저 목욕하고[沐浴], ⑤ 벌거벗은 상태로 지내다가 옷을 입고 관도 써본다[冠帶]. ⑥ 그리고 세상에 뿌리를 내려 직장에 취직하여 봉급도 타고 승진도 하며[建祿], ⑦ 인생의 황금기[帝旺]를 누린다. ⑧ 그리고 쇠락해지고[衰], ⑨ 나이가 들면서 병[病]도 찾아오고, ⑩ 죽고[死], ⑪ 묘[墓]에 들어간다. ⑫ 다음은 세상과 단절[絶]되어 멀어진다.

운성의 과정을 줄여서 '생욕대(生浴帶) 녹왕쇠(祿旺衰) 병사묘(病死墓) 절태양(絶胎養)'이라고도 한다. 이 중 건록(建祿)을 관궁(冠宮)이라고도 하고, 묘(墓)를 장(藏·葬), 고(庫), 묘고(墓庫)라고도 하며, 절(絶)을 포(胞)라고도 부른다. 이상 설명한 내용대로 십이운성의 내용을 일간 오행별로 표시하면 다음 표와 같다. 이 표는 양생음사(陽生陰死)를 취하지 않고 오행운성(五行運星)의 방법을 적용하였으며, 화토동근(火土同根)을 사용하였다. 양생음사와 오행운성은 뒷부분에서 설명한다.

십이운성의 오행운성 적용표

운성 일간	장생	목욕	관대	건록	제왕	쇠	병	사	묘	절	태	양
木	亥	子	丑	寅	卯	辰	巳	午	未	申	酉	戌
火	寅	卯	辰	巳	午	未	申	酉	戌	亥	子	丑
土	寅	卯	辰	巳	午	未	申	酉	戌	亥	子	丑
金	巳	午	未	申	酉	戌	亥	子	丑	寅	卯	辰
水	申	酉	戌	亥	子	丑	寅	卯	辰	巳	午	未

십이운성의 적용 기준은 고서마다 다르다. 어느 책에서는 水와 土를 같은 오행으로 보는 수토동근(水土同根)의 방법으로 운성을 적용하는가 하면, 다른 책에서는 火와 土를 같은 오행으로 보는 화토동근(火土同根)의 방법을 적용한다.

수토동근(水土同根)의 이론적 근거는, 천일(天一)은 水를 생하고 천오(天五)는 土를 생하며, 水는 만물의 형성을 위한 근본적인 조건이며, 土는 만물의 근원이니 水와 土는 동일하다는 것이다. 또한 『협기변방서(協紀辨方書)』의 오행생왕론(五行生旺論)에서도 水와 土는 巳에서 절(絶)이 된다고 하여 동일한 입장을 취하고 있다.

이에 반해 화토동근(火土同根)의 근거는 오생의 생극원리, 구궁도에서 火土의 위치, 중앙 土가 곤궁(坤宮)에 기생한다는 기곤원칙(寄坤原則)으로, 火土는 동일한 운성을 적용해야 한다는 것이다. 화토동근을 적용한 책으로는 『육임지남(六壬指南)』과 『육임수언(六壬粹言)』이 있다.

이 책에서는 화토동근의 방법을 적용하였다. 단, 수토동근을 적용한 고서를 인용한 경우에는 원 내용을 그대로 설명하였다. 십이운성과 관련된 사례사주를 보자.

시	일	월	연(坤命)
乙	丁	己	己
巳	酉	巳	亥

丙	乙	甲	癸	壬	辛	庚
子	亥	戌	酉	申	未	午

위 사주의 특징은 다음과 같다.
① 남편별이 흐릿하다. 丁火일간의 남편별은 수극화(水剋火)를 하는 壬癸水이다. 亥 중에 壬水가 있지만, 월지 巳火에 있는 丙火와 丙壬충을 하고 있다. 이와 같은 충을 암충(暗沖)이라고 한다. 드러난 남편이 없고 숨은 남편이 상처를 당하는 구조이므로 남편의 상징이 흐릿해진다.
② 남편궁이 흔들리고 있다. 남편이 사는 자리를 보는 시각은 둘로 나뉜다. 하나는 월지를 남편궁으로 보는 견해요, 다른 하나는 일지를 남편궁으로 보는 견해이다. 이 사주는 어떤 견해를 취하든 문제가 있음을 알 수 있다. 월지는 巳亥충을 하고, 일지는 월지와 시지에서 巳酉합으

로 투합(妬合, 합을 다툼)을 하기 때문이다.
③ 남편별을 치는 기운이 강하다. 남편별은 壬癸水이고 이를 치는 기운은 土이다. 연월에 己土가 둘 있다. 己土는 巳火에 제왕이 된다. 십이운성 중 가장 강한 상태가 녹왕(祿旺, 건록과 제왕)이다. 기운이 강하면 생하는 것보다 치는 쪽에 능하다. 즉, 土는 金을 생하는 것보다 水인 남편의 기운을 치는 쪽으로 향한다. 이런 이유로 명주는 부부관계에 문제가 있는 명임을 알 수 있다.

이런 기운을 가지고 있는데, 1989년(壬申운 己巳년)이 오자 남편을 치는 기운이 강해지고, 팔자의 酉金이 운에서 오는 壬水의 목욕이 되어 불륜을 저지른 여성이다.

2 십이운성의 양순음역

십이운성의 적용 기준에 대해서는 논란이 있다. 첫째 기준은 음양을 구분하여 양순음역(陽順陰逆)을 적용하는 것으로, 이 기준에 의하면 양간은 순행하고 음간은 역행한다. 예를 들어, 甲木에게 亥의 자리는 장생인데, 음목(陰木)인 乙木에게는 이 亥의 자리가 사(死)가 된다. 즉, 양간의 생(生)이 음간에게는 사(死)가 된다. 그래서 양순음역의 기준을 양생음사(陽生陰死)의 방법이라고 부르기도 한다.

둘째 기준은 음양을 구분하지 않는 오행운성(五行運星)을 적용하는 것이다. 이 기준은 양간과 음간을 구분하지 않고 오행을 기준으로 십이운성을 적용한다. 예를 들어, 甲木이든 乙木이든 木오행으로 보고 적용하므로 亥의 자리가 모두 장생이 된다. 이러한 서로 다른 기준들이 어떤 논리로 전개되는지 살펴보자.

① 양순음역 기준

원문

陽主聚 以進爲進 故主順 陰主散 以退爲退 故主逆 此生沐浴等項 所
양주취 이진위진 고주순 음주산 이퇴위퇴 고주역 차생목욕등항 소

以有陽順陰逆之殊也 四時之運 功成者去 等用者進 故每流行於十二
이유양순음역지수야 사시지운 공성자거 등용자진 고매류행어십이

支之月 而生旺墓絶 又有一定 陽之所生 卽陰之所死 彼此互換 自然
지지월 이생왕묘절 우유일정 양지소생 즉음지소사 피차호환 자연

之運也
지운야

해설   양은 모여서 앞으로 나아가니 순행하며, 음은 흩어져 퇴각하므로 역행한다. 각 단계는 장생, 목욕 등으로 불린다. 이는, 양은 순행하고 음은 역행하는 특수함을 말한다. 사계절의 운행에 역할을 한 천간은 물러가고 다음에 쓰일 천간은 전진한다. 이로써 각 천간은 12달의 지지를 움직이며 생왕묘절(生旺墓絶)의 관계를 맺는다. 양이 생(生)하는 곳에서 음은 사(死)하고 음양이 서로 교환되는 것은 자연의 흐름이다.

원문

卽以甲乙論 甲爲木之陽 木之枝枝葉葉 受天生氣 己收藏飽足 可以
즉이갑을론 갑위목지양 목지지지엽엽 수천생기 기수장포족 가이

爲來剋發泄之機 此其所以生於亥也 木當午月 正枝葉繁盛之候 而甲
위래극발설지기 차기소이생어해야 목당오월 정지엽번성지후 이갑

何以死 却不是外雖繁盛 而内之生氣發泄已盡 此其所以死於午也 乙
하 이 사　각 불 시 외 수 번 성　이 내 지 생 기 발 설 이 진　차 기 소 이 사 어 오 야　을

木反是 午月枝葉繁盛 卽爲之生 亥月枝葉剝落 卽爲之死 以質而論
목 반 시　오 월 지 엽 번 성　즉 위 지 생　해 월 지 엽 박 락　즉 위 지 사　이 질 이 론

自與氣殊也 以甲乙爲例 余可知矣
자 여 기 수 야　이 갑 을 위 례　여 가 지 의

※ **해설** ※　　甲乙을 가지고 설명하면, 甲은 양목(陽木)으로 하늘의 생기가 되어 온 나무에 흐르다가 기운을 발설하는 때가 오면 그 기운을 뿌리에 모은다. 그러므로 양목인 甲은 亥월에 생(生)하고 午월에 사(死)한다. 午월은 나뭇잎이 무성한 계절인데 왜 甲은 죽는가? 밖의 잎들은 무성하지만 그 속(나무)은 생기가 모두 발설되고 남아 있는 것이 없기 때문이다. 그래서 午월에 죽는다. 음목(陰木)인 乙은 반대이다. 질(質)인 乙은 午월이 되면 잎이 무성해지므로 생하고, 亥월이 되면 잎이 떨어지니 죽는다. 바로 이것이 기질(氣質) 중 기와 질이 다른 점이다. 다른 천간도 甲乙의 설명을 참조하면 알 수 있다.

※ **강해** ※　　양순음역에 대한 원문의 내용을 정리해본다. 양간은 지지 순으로 생왕묘절(生旺墓絶)의 관계를 맺고, 음간은 지지를 거꾸로 흐르며 관계를 맺는다. 양간의 생지(生地)는 음간의 사지(死地)가 되고, 음간의 생지는 양간의 사지가 된다. 甲木과 乙木을 예로 들면 다음과 같다.

구분	亥	子	丑	寅	卯	辰	巳	午	未	申	酉	戌
甲木	장생	목욕	관대	건록	제왕	쇠	병	사	묘	절	태	양
乙木	사	병	쇠	제왕	건록	관대	목욕	장생	양	태	절	묘

천간마다 지지와의 관계를 표로 정리하면 다음과 같다. 표에서 생(生)과 사(死)가 양간과 음간에서 바뀐 것을 주목한다.

십이운성의 양생음사표

구분	장생	목욕	관대	건록	제왕	쇠	병	사	묘	절	태	양
甲木	亥	子	丑	寅	卯	辰	巳	午	未	申	酉	戌
乙木	午	巳	辰	卯	寅	丑	子	亥	戌	酉	申	未
丙火	寅	卯	辰	巳	午	未	申	酉	戌	亥	子	丑
丁火	酉	申	未	午	巳	辰	卯	寅	丑	子	亥	戌
戊土	寅	卯	辰	巳	午	未	申	酉	戌	亥	子	丑
己土	酉	申	未	午	巳	辰	卯	寅	丑	子	亥	戌
庚金	巳	午	未	申	酉	戌	亥	子	丑	寅	卯	辰
辛金	子	亥	戌	酉	申	未	午	巳	辰	卯	寅	丑
壬水	申	酉	戌	亥	子	丑	寅	卯	辰	巳	午	未
癸水	卯	寅	丑	子	亥	戌	酉	申	未	午	巳	辰

② 오행운성 기준

원문

得二比肩 不如得一餘氣 如乙逢辰 丁逢未之類 得三比肩 不如得一
득 이 비 견   불 여 득 일 여 기   여 을 봉 진   정 봉 미 지 류   득 삼 비 견   불 여 득 일

長生祿刃 如甲逢亥子寅卯之類 陰長生不作此論 如乙逢午 丁逢酉之
장 생 록 인   여 갑 봉 해 자 인 묘 지 류   음 장 생 부 작 차 론   여 을 봉 오   정 봉 유 지

類 然亦爲明根 比得一餘氣 蓋比劫如朋友之相扶 通根如室家之可住
류   연 역 위 명 근   비 득 일 여 기   개 비 겁 여 붕 우 지 상 부   통 근 여 실 가 지 가 주

干多不如根重 理固然也
간 다 불 여 근 중 이 고 연 야

▨ 해설 ▨   천간에서 2개의 비견을 얻는 것은 지지에서 하나의 여기를 얻는 것보다 못하다. 예를 들어, 乙이 辰 중의 여기인 乙을 만나고, 丁이 未 중의 여기인 丁을 만나는 것과 같다. 천간에서 3개의 비견을 만나는 것은 하나의 장생이나 건록이나 양인을 만나는 것보다 못하다. 예를 들어, 甲木일간이 지지에서 亥인 장생, 寅인 건록, 卯인 양인 등을 만나면 천간에서 3개의 甲木비견을 만나는 것보다 힘이 강하다.

  음간과 양간에 양순음역(陽順陰逆)의 원칙을 적용하면 장생의 장소가 달라진다. 그러나 양생음사(陽生陰死)의 방법은 천간의 힘을 볼 때는 해당되지 않는다. 예를 들어, 乙이 午를 만나거나 丁이 酉를 만나는 것과 같은 음간(陰干)의 장생은 생각할 필요가 없다. 비견과 겁재는 친구의 도움이요, 통근(通根)은 가족의 도움이다. 천간에 나의 기운이 많은 것이 지지에 뿌리를 가진 것보다는 못한 것이 확실하다.

▨ 원문 ▨
然長生論法 用陽而不用陰 如甲乙日只用庚金長生 巳酉丑順數之局
연 장 생 론 법 용 양 이 불 용 음 여 갑 을 일 지 용 경 금 장 생 사 유 축 순 수 지 국

而不用辛金逆數之子申辰
이 불 용 신 금 역 수 지 자 신 진

▨ 해설 ▨   아울러 자식에 대한 십이운성을 따질 때는 양(陽) 위주로 하고 양생음사(陽生陰死)의 방법을 사용하지 않는다. 예를 들어, 甲乙일간은 庚辛의 장생을 아울러 보아서 巳酉丑의 순서를 따르지, 음인 辛을

子申辰으로 역으로 쓰는 것이 아니다.

❚ 강해 ❚　　원문은 십이운성의 적용 기준에 대해 두 가지 시각을 동시에 보여준다.

　첫째 기준은 기질(氣質)의 시각으로 보면 십이운성은 양순음역(陽順陰逆)을 해야 한다는 것이다. 나무에 비유하면 甲木은 나무의 기운이요, 乙木은 나무의 질인 잎이다. 午월이 되면 밖의 잎들은 무성하지만 나무의 속은 생기가 모두 발설되고 남아 있는 것이 없으니 甲木인 기(氣)는 죽고, 질(質)인 乙木은 잎이 무성하므로 생이 된다는 논리로 이를 설명한다.

　둘째 기준은 천간의 힘을 볼 때 양순음역을 버리고 오행운성(五行運星)을 사용하라는 의미로 설명하였다. 또 힘을 보는 것과 직접 관련은 없지만, 원문의 다른 부분에서도 "연장생론법 용양이불용음(然長生論法 用陽而不用陰)"이라는 언급이 있다.

　이 두 기준을 같은 원문에서 설명하므로 갈피를 잡지 못한다. 형세를 볼 때는 사주팔자 각 글자의 관계를 보는데, 사주팔자에서 천간과 지지의 관계를 볼 때 중시할 것은 기질인 음양의 흐름이 아니다. 원문의 오행운성을 적용하라고 권하는 부분에서 지적했듯이, 간지 관계를 보는 것 중에서 천간의 유력 여부는 천간이 지지와 어떤 관계를 맺는지를 보고 판단한다. 이 때는 음간과 양간을 구분하지 않는 것이 맞다. 이 책에서도 양순음역을 적용하지 않고 오행운성을 적용하는 것을 원칙으로 하였다. 양순음역과 관련된 사주를 살펴보자.

```
시  일  월  연 (乾命)
丙  乙  癸  丙
戌  卯  巳  午


庚  己  戊  丁  丙  乙  甲
子  亥  戌  酉  申  未  午
```

巳월에 태어났고 丙火연간이 월에서 건록을 만나니 뜨거운 사주이다. 또한 巳火월지에 있는 지장간 丙火가 연간에 튀어 나와 乙木일간의 기운을 빼는 성분이 주도하는 팔자이다. 결과적으로 乙木일간은 뜨겁고 약해진다. 이를 해결하는 약 성분은 뜨거움을 식혀주고, 약한 일간의 힘을 보충하는 것이다. 이렇다면 약으로 쓸 수 있는 것은 癸水월간이다.

이런 방식으로 사주팔자를 분석하지 않고 십이운성을 적용해보자. 양순음역과 오행운성을 적용하면 다음과 같다.

```
시  일  월  연        시  일  월  연
丙  乙  癸  丙        丙  乙  癸  丙
戌  卯  巳  午        戌  卯  巳  午
墓  祿  浴  生        養  旺  病  死
(양순음역을 적용)     (오행운성을 적용)
```

어느 기준을 적용하는가에 따라 일간의 세기가 전혀 달라짐을 알 수 있다. 양순음역의 기준을 적용하면 연월에 목욕과 장생이 있으므로 乙木일간이 강한 상태이다. 그러나 오행운성을 적용하면 연월에 병과 사를 만나므로 乙木일간은 약한 상태이다. 실제로는 일간이 약한데 양순음역을 적용하면 강한 상태가 된다.

己亥운은 어떤가? 운 중 己土는 팔자의 약인 癸水를 극하므로 흉하다. 운 중에서 亥는 쇠신충왕 왕신발(衰神沖旺 旺神發, 약한 글자가 왕성한 기운을 극하면 왕한 기운이 발동한다)이 된다. 즉, 약한 물이 팔자의 왕성한 불기와 충돌하니 불기운이 발동하여 乙木일간의 기운을 뽑아낸다. 일간의 약이 없어지고, 약한 일간을 더 약하게 하는 己亥운 辛亥년 辛亥월에 사망한 이병각(李秉珏) 사장의 명이다.

③ 십이운성과 양인

▧ **원문** ▧

陽刃者 劫我正財之神 乃正財之七煞也 祿前一位 惟五陽有之 故爲
양인자 겁아정재지신 내정재지칠살야 녹전일위 유오양유지 고위

旭刃 不曰劫而曰刃 劫之甚也
욱인 불왈겁이왈인 겁지심야

▧ **해설** ▧   양인(陽刃)은 육친인 정재를 겁탈하는 성분이므로 정재의 칠살이 된다. 양인은 건록(建祿)의 앞자리로, 천간 중에서 양간(陽干)만 해당하므로 양인이라고 부른다. 이를 겁재(劫財)라고 하지 않고 양인이라고 부르는 이유는 겁재보다 재성을 극하는 것이 극심하기 때문이다.

▧ **강해** ▧   시중에 양인에 대해 논란이 많은 이유는 녹전일위(祿前一位, 건록의 다음 지지)가 양인이라는 정의 때문이다. 십이운성을 양순음

역으로 따지고, 녹전일위를 적용하면 양인은 다음과 같다.

양인 1

천간	甲	乙	丙	丁	戊	己	庚	辛	壬	癸
건록	寅	卯	巳	午	巳	午	申	酉	亥	子
양인	卯	寅	午	巳	午	巳	酉	申	子	亥

이 논란에 대해 원문은 간략하게 정리하였다. 건록 다음의 지지가 양인(陽刃)이며, 양인은 양간(陽干)만 취한다. 즉, 음간(陰干)의 양인인 음인(陰刃)은 없다는 것이다. 표로 나타내면 다음과 같다.

양인 2

천간	甲	乙	丙	丁	戊	己	庚	辛	壬	癸
건록	寅	卯	巳	午	巳	午	申	酉	亥	子
양인	卯	○	午	○	午	○	酉	○	子	○
겁재	○	寅	○	巳	丑未	辰戌	○	申	○	亥

양인은 기운이 강하여 정재를 극하는 것 외에도 다음 역할을 한다.
① 양인이 팔자에 있는 경우 무관직에 진출하면 권력을 잡을 수 있고, 도살업에 종사할 수도 있다. 『적천수(適天髓)』에 "병권헌부병난대 인살신청기세회(兵權憲府幷蘭台 刃殺神淸氣勢恢)"라 하여 무관으로 이름이 있는 것은 양인과 칠살의 기세가 맑은 경우라고 하였다.
② 양인가살(羊刃駕殺)이 되면 양인은 일간의 의지처가 된다. 위천리(韋千里)는 양인이든 음인이든 일간이 쇠약할 때에는 양인을 취하여 도움을 받을 수 있다고 하였다.

③ 양인은 군자에게는 권위가 되지만, 소인에게는 형액(刑厄)이 된다.
④ 사주에 양인이 2개 이상 있으면 안하무인에 자만심이 강하고, 관재구설과 시비가 발생하며, 부자(夫子)와 부부를 극하며, 속성속패(速成速敗)의 경향이 있고, 타향생활을 하며, 몸을 수술한다.

한편 위에서 말한 양인가살은 넓게 세 가지 의미로 사용된다.
① 양인은 일간을 신왕하게 하는 요소인데 팔자에 칠살이 있어 양인을 극제(剋制)하는 경우.
② 살인상정(殺刃相停)의 의미로도 사용된다. 이는 사주에 칠살과 양인이 같이 있을 때 인살(刃殺)이 합을 하여 일간을 극하지 않는 상태로, 이 때는 귀함을 이룰 수 있다고 본다. 예를 들어, 甲의 庚金칠살이 卯木양인 중의 乙木과 乙庚金이 되는 상태를 말한다. 이 사항은 음인(陰刃)을 인정하는 이론에서만 가능하다.
③ 양인로살(羊刃露殺)로도 사용된다. 월이 양인인 양인격에 칠살이 천간에 투출한 상태이다. 양인의 강함을 칠살이 제어한다는 의미로도 사용되고, 신약의 경우에는 양인이 약인데 칠살이 투출하여 이를 방해하므로 좋지 않다는 의미로도 사용된다.

양인과 관련된 사주를 보자.

시	일	월	연(乾命)
丙	庚	丁	辛
子	午	酉	卯

庚金일간이 월에서 양인을 만나니 강하다. 양인이 있지만 庚金을 화극금(火剋金)하는 丙火, 丁火, 午火가 있어서 일간이 중화를 얻지 못하고 약

해 보인다. 그러나 丁火월간의 뿌리인 卯木은 양인인 酉金에게 금극목(金剋木)되어 역할이 줄어들고, 午火일지는 옆에 있는 子水에게 극을 당하니 기운이 줄어든다. 결국 양인의 강한 기운과 일간을 치는 기운이 균형을 이루게 된다. 또한 丁火는 적당히 庚金을 단련하는 역할을 하고, 丙火는 酉월의 차가운 庚金을 따뜻하게 한다. 팔자의 짜임이 좋았던 청나라 고종 건륭제(乾隆帝)의 사주이다.

5. 묘고

📖 원문 📖

是故十干不論月令休囚 只要四柱有根 便能受財官食神而當傷官七
시 고 십 간 불 론 월 령 휴 수 지 요 사 주 유 근 편 능 수 재 관 식 신 이 당 상 관 칠

煞 長生祿旺 根之重者也 墓庫餘氣 根之輕者也 得一比肩 不如得支
살 장 생 록 왕 근 지 중 자 야 묘 고 여 기 근 지 경 자 야 득 일 비 견 불 여 득 지

中一墓庫 如甲逢未 丙逢戌之類 乙逢戌 丁逢丑 不作此論 以戌中無
중 일 묘 고 여 갑 봉 미 병 봉 술 지 류 을 봉 술 정 봉 축 부 작 차 론 이 술 중 무

藏木 丑中無藏火也
장 목 축 중 무 장 화 야

📖 해설 📖

십간과 월령의 관계를 볼 때 휴수(休囚)만 봐서는 안 되는 이유가 있다. 월령을 얻지 못하더라도 지지에 뿌리가 있으면 일간의 힘이 있다. 힘이 있으니 일간의 기운을 빼는 재성, 정관, 식신을 받아들일 수 있고, 상관과 칠살을 감당할 수 있다. 지지에서 장생(長生)과 녹왕(祿旺)의 뿌리를 얻는 것은 묘고(墓庫)와 여기(餘氣)를 얻는 것보다 강하다. 천간에서 하나의 비견을 얻는 것은 지지에서 하나의 묘고를 얻는 것보다 못

하다. 예를 들어, 甲이 未를 만나거나 丙이 戌을 만나는 것이 묘고를 얻은 경우이고, 乙이 戌을 만나거나 丁이 丑을 만나는 것은 묘고를 얻었지만 뿌리가 없는 경우이다. 그 이유는 戌에는 木의 지장간이 없고, 丑에는 火가 없기 때문이다.

원문

人之日主 不必生逢祿旺 卽月令休囚 而年日時中 得長祿旺 便不爲
인지일주 불필생봉록왕 즉월령휴수 이년일시중 득장록왕 편불위

弱 就使逢庫 亦爲有根 時産謂投庫而必沖者 俗書之謬也 但陽長生
약 취사봉고 역위유근 시산위투고이필충자 속서지류야 단양장생

有力 而陰長生不甚有力 然亦不弱 若是逢庫 則陽爲有根 而陰爲無
유력 이음장생불심유력 연역불약 약시봉고 즉양위유근 이음위무

用 蓋陽大陰小 陽得兼陰 陰不能兼陽 自然之理也
용 개양대음소 양득겸음 음불능겸양 자연지리야

해설

나인 일간이 출생월의 지지에서 운성으로 건록이나 제왕을 만나야만 강한 것은 아니다. 일간이 비록 월령에서 왕상(旺相)을 얻지 못하고 휴수(休囚)를 얻는다 해도 생년, 일, 시 중에서 장생, 건록, 제왕을 만나면 약한 것이 아니다. 또한 辰戌丑未인 고(庫)를 만나도 일간은 뿌리를 얻은 것이다. 고(庫)인 창고에 있을 때 지장간을 쓰기 위해서는 칠충(七沖)으로 충하여 열어야 한다고 하지만, 이는 속서의 잘못이다.

아울러 음양 중 양간인 장생은 힘이 있고 음간인 장생은 힘이 없지만, 음간인 경우에도 장생이기 때문에 전혀 힘이 없는 것은 아니다. 고(庫)를 만나면 양간에게는 뿌리가 될 수 있지만, 음간에게는 쓰임이 못 된다. 양기는 크고 음기는 적으니 양은 음을 겸할 수 있어도 음은 양을 겸할 수 없

는 법. 이것이 자연의 이치다.

원문

今人不知命理 見夏水冬火 不問有無通根 便爲之弱 更有陽干逢庫
금인부지명리 견하수동화 불문유무통근 편위지약 갱유양간봉고

如壬逢辰 丙坐戌之類 不以爲水火通根身庫 甚至求刑衝開之 此種
여임봉진 병좌술지류 불이위수화통근신고 심지구형충개지 차종

謬論 必宜一切掃除也
류론 필의일절소제야

해설

요즘 이러한 이치를 모르고 여름의 水나 겨울의 火에 대해 통근(通根) 여부를 보지도 않고 일간이 약하다고 판단한다. 壬이 辰을 만나고, 丙이 戌에 있으면 양간이 고(庫)를 보아서 통근한 것인데, 이 때는 형충(刑沖)을 하여 창고를 열어야 한다고만 한다. 이런 오류는 반드시 없어져야 한다.

원문

辰戌丑未 最喜刑沖 財官入庫不沖不發一 一此說雖俗書盛稱之 然子
진술축미 최희형충 재관입고불충불발일 일차설수속서성칭지 연자

平先生造命 無是說也 夫雜氣透干會支 豈不甚美 又何勞刑沖乎 假
평선생조명 무시설야 부잡기투간회지 기불심미 우하로형충호 가

如甲生辰月 戊土透豈非偏財 申子會豈非印綬 若戊土不透 卽辰戌相
여갑생진월 무토투기비편재 신자회기비인수 약무토불투 즉진술상

沖 財格猶不甚淸也 至於透壬爲印 辰戌相沖 將以累印 謂之衝開印
충 재격유불심청야 지어투임위인 진술상충 장이루인 위지충개인

庫可乎
고 가 호

※ 해설 ※ 辰戌丑未인 묘고(墓庫)는 형충을 좋아하고, 묘고 속에 있는 지장간이 재관(財官)이면 충을 만나야 발달한다는 속설이 있지만, 자평(子平) 선생은 이런 말을 한 바 없다. 辰戌丑未인 잡기(雜氣)는 지장간이 천간에 투출하거나 지지에 회합(會合)을 이루면 아름다운 것이지, 반드시 형충이 되기를 기다릴 필요는 없다.

예를 들어, 甲木일간이 辰월에 생하여 戊土가 투출했다면 재성격 중에서 편재격이고, 지지에 申子辰 회합(會合)을 이루었다면 인수격이다. 이와 달리 戊土가 투출하지 않고 지지에 辰戌충이 이루어졌다면 재성격이 맑지 못한 것이다. 또한 인수가 투출하고 지지에서 辰戌충이 되면 인수가 상하는데, 인수인 창고를 충으로 열어야 한다는 속설은 잘못이다.

※ 원문 ※

況四庫之中 雖五行俱有 而終以土爲主 土沖則靈 金木水火 豈取勝
황사고지중 수오행구유 이종이토위주 토충즉령 금목수화 기취승

以四庫之沖而動乎 故財官屬土 沖則庫啓 如甲用戊財而辰戌沖 壬用
이사고지충이동호 고재관속토 충즉고계 여갑용무재이진술충 임용

己官而丑未沖之類是也 然終以戊己干頭爲清用 干旣透 卽不沖而亦
기관이축미충지류시야 연종이무기간두위청용 간기투 즉불충이역

得也 至於財官爲水 沖則反累 如己生辰月 壬透爲財 戌沖則劫動 何
득야 지어재관위수 충즉반루 여기생진월 임투위재 술충즉겁동 하

益之有 丁生辰月 透壬爲官 戌沖則傷官 豈能無害 其可謂之逢沖而
익지유 정생진월 투임위관 술충즉상관 기능무해 기가위지봉충이

壬水之財庫官庫開乎
임수지재고관고개호

§ 해설 §   辰戌丑未인 사고(四庫)의 지장간을 보면 오행이 고루 들어 있지만, 그 정기는 결국 土이다. 그러므로 辰戌丑未가 충이 되는 경우에 土는 그대로 있고 다른 오행인 金, 木, 水, 火가 손상되는데 충이 되어 동할 이유가 없다. 그러나 일간의 재관(財官)이 土에 속한다면, 辰戌丑未의 충이 있는 경우 창고가 열린다고 착각할 수도 있다. 예를 들어, 甲木일간이 戊土 편재를 쓰는데 辰戌충이 있고, 壬水일간이 己土 정관을 쓰는데 丑未충이 있는 경우이다. 이 때는 천간에 투출했기 때문에 쓰는 것이지 지지의 충과는 관계가 없다.

이처럼 재관(財官)이 土가 아니고 水일 경우에는 辰戌丑未의 충으로 오히려 재관이 손상당한다. 이 중에서 재성이 손상당하는 예로, 己土일간이 辰월에 생하여 천간에 壬水가 투출한 경우 戌이 있어 辰戌충이 되면 겁재가 동하므로 재성이 손상당한다.

또 관살이 손상당하는 경우를 들면, 丁火일간이 辰월에 생하고 壬水가 천간에 투출했을 때 지지에 辰戌충이 있으면 상관이 동하므로 관살이 손상당한다. 즉, 충으로 재관의 해로움이 발생하는데, 이를 재고(財庫)와 관고(官庫)가 열린다고 보지 말아야 한다.

§ 원문 §

今人不知此理 甚有以出庫爲投庫 如丁生辰月 壬官透干 不以爲庫內
금인부지차리 심유이출고위투고 여정생진월 임관투간 불이위고내

之壬 干頭透出 而反爲干頭之壬 逢辰入庫 求戌以沖土 不顧其官之
지임 간두투출 이반위간두지임 봉진입고 구술이충토 불고기관지

傷 更有可笑者 月令本非四墓 別有用神 年月日時中一帶四墓 便求
상 경유가소자 월령본비사묘 별유용신 연월일시중일대사묘 편구

刑沖 日臨四庫不以爲身坐庫根 而以爲身主入庫 求沖以解 種種謬論
형충 일림사고불이위신좌고근 이이위신주입고 구충이해 종종류론

令人掩耳
영인엄이

해설　　이러한 이치들을 모르고 지금 사람들은 辰戌丑未 안의 지장간이 천간에 투출한 것을 거꾸로 辰戌丑未 안에 갇혀 있다고 생각한다. 예를 들어, 丁火일간이 辰월에 생하고 정관 壬水가 투출한 경우에 이를 壬水가 辰이라는 창고에 갇혀 있다고만 보고, 辰戌충이 되면 정관의 뿌리가 손상되는 것을 모른다.

더 우스운 것은 월령이 아닌 다른 지지에 있는 辰戌丑未를 용신으로 삼으려 하면서, 연월일시 중에 辰戌丑未가 있으면 무조건 형충을 구한다. 또한 일간이 사고(四庫)에 임하면 뿌리를 내렸다고 보지 않고, 오히려 창고에 갇혀 있으니 충으로 이를 열어야 한다고 한다. 이런 종류의 잘못된 이야기들은 들을 필요가 없다.

원문

然亦有逢沖而發者 何也 如官最忌沖 而癸生辰月 透戊爲官 與戌相
연역유봉충이발자 하야 여관최기충 이계생진월 투무위관 여술상

沖 不見破格 四庫喜沖 不爲不足 卻不知子午卯酉之類 二者相仇 乃
충 불견파격 사고희충 불위부족 각부지자오묘유지류 이자상구 내

沖剋之沖 而四墓土自爲沖 乃衝動之沖 非沖剋之沖也 然旣以土爲官
충극지충 이사묘토자위충 내충동지충 비충극지충야 연기이토위관

何害於事乎
하 해 어 사 호

▧ 해설 ▧

묘고(墓庫)가 충이 되어 발달하는 경우도 있다. 예를 들어, 癸水일간이 辰월에 생하여 戊土 정관이 투출하면 지지에서 辰戌충이 되어도 패격(敗格)은 되지 않는다. 충이 되어 좋은 것은 이런 경우이다. 지지의 충 중에서 子午卯酉의 충은 서로 원수와 싸우는 듯 극하는 충이지만, 사고(四庫)의 충은 같은 오행의 충이기 때문에 동요가 있을 뿐 극하는 충은 아니다. 이런 이유로 土가 정관이면 충이 되어도 해로운 일이 없다.

▧ 원문 ▧

是故四墓不忌刑沖　刑沖未必成格　其理甚明　人自不察耳
시 고 사 묘 불 기 형 충　형 충 미 필 성 격　기 리 심 명　인 자 불 찰 이

▧ 해설 ▧

이처럼 사묘(四墓)의 지지가 형충을 기피하지 않는 경우가 있을 수 있다. 그러나 형충이 있어야 반드시 성격(成格)이 되어 좋아지는 것은 아니다. 이치가 이러한데 사람들은 이를 알지 못한다.

▧ 강해 ▧

십이운성 중에서 묘(墓)를 판단하는 방법에 대한 원문의 설명은 넘치도록 충분하다. 원문 내용을 간단히 요약하면 다음과 같다.
① 묘의 지지에 뿌리를 얻는 것은 천간에 하나의 비견을 얻는 것보다 일간을 더 왕성하게 한다.
② 묘를 형충(刑沖)으로 열어야 쓰임이 있다는 것은 잘못된 말이다.
　묘를 확실히 이해하기 위해 몇 가지를 보충한다.

❶ 묘는 묘지(墓地)가 된다

운성으로 묘(墓)는 병(病), 사(死) 뒤에 이어지는 단계이다. 그러므로 묘의 지지와 관계를 맺는 천간은 아주 약한 상태임을 말한다. 예를 들면, 甲木은 巳火에서 병들고, 午火의 자리에서 죽으며, 未土의 자리에서는 묘에 갇히는 형상이 된다. 묘에 갇힐 때 입묘(入墓)된다고 말한다. 사주 예를 통해 자세히 알아본다.

```
시  일  월  연 (坤命)
丁  戊  乙  辛
巳  戌  未  酉

壬 辛 庚 己 戊 丁 丙
寅 丑 子 亥 戌 酉 申
```

남편은 월간 乙木이다. 乙木이 未土에 뿌리를 두었다고 하지만, 未土는 木인 관성의 고(庫, 墓의 별칭)이므로 관고(官庫)이다. 未 중의 乙은 연지 酉金 속의 지장간 辛과 乙辛충이 되고, 또한 연간과 乙辛충이 된다. 남편이 무덤에 갇히고 이리저리 상처입으니 남편에게 문제가 있다. 丁酉대운이 오자 무력한 乙木정관은 丁火에 설기되고, 酉金의 지장간이 乙辛충을 한다. 이 운에 남편을 잃었다.

참고로, 관고는 부성입묘(夫星入墓)라고 하며, 일간의 관살을 중심으로 십이운성을 따져 묘에 해당하는 지지를 말한다. 위 사주는 乙木정관의 묘고가 未土이다. 부성입묘를 따질 때는 팔자에 관살이 있는지를 불문한다. 즉 팔자에 관살이 없어도 부성입묘를 따진다. 양생음사(陽生陰死)의 방법으로 십이운성을 따지지 않고 동생동사(同生同死), 즉 오행운성의 방법으로 따지는 것이 원칙이다.

❷ 묘는 창고가 된다

운성으로 묘는 묘지도 되지만, 辰戌丑未 사묘(四墓)는 지장간을 담고 있어서 창고 역할도 한다. 묘가 묘지와 창고의 이중역할을 하므로 묘고(墓庫)라고도 한다.

양간 · 음간	묘(지장간)	구분
甲木 · 乙木	未(己乙丁)	조토
丙火 · 丁火	戌(戊丁辛)	조토
戊土 · 己土	戌(戊丁辛)	조토
庚金 · 辛金	丑(己辛癸)	습토
壬水 · 癸水	辰(戊癸乙)	습토

위의 묘고표에서 묘고의 지장간에 불인 丁火를 가지고 있는 것은 조토(燥土)로 불린다. 조토를 화고(火庫)라고도 한다. 그러나 진정한 화고는 火의 묘인 戌이다. 생극관계를 보면 불기를 가진 戌未는 물을 토극수(土剋水)하는 작용이 강하다. 아울러 土를 돕는 힘도 습토보다 훨씬 강하다. 그러나 불을 가지고 있어 토생금(土生金)이 안 되는 경우가 생긴다.

묘고 중에서 물인 癸水를 가지고 있는 것은 습토(濕土)로 불린다. 辰丑의 생극관계를 보면 土 기운이 약하여 토극수(土剋水)를 하는 작용이 약하고, 토생금(土生金)을 하는 작용은 크다. 辰戌丑未의 묘고는 모두 불을 어둡게 하지만, 물을 가지고 있는 丑土가 가장 역할이 강하다.

❸ 묘는 뿌리가 된다

이것은 원문에서 여러 차례 강조한 사항이다. 실제 사주를 통해 묘의 뿌리 역할을 살펴본다.

시	일	월	연 (乾命)
己	庚	辛	辛
卯	戌	卯	丑

甲	乙	丙	丁	戊	己	庚
申	酉	戌	亥	子	丑	寅

　남자에게 여자문제가 생기는 것은 어느 기준으로 보는가? 처성(妻星)과 처궁(妻宮)을 중심으로 본다. 남자의 팔자에서 처궁은 일지요, 처성은 재성이라는 것에는 의문이 없다.

　이에 반해 여자의 명을 볼 때는 남편궁에 대해서 이론이 나뉘어져 있다. 먼저 일지의 자리를 남편궁으로 보기도 한다. 궁위(宮位)이론에서 일지의 자리를 욕구궁이나 섹스궁으로 보는 기준에 의하면 맞는 말이다. 그러나 남편이 여자에게 어떤 존재인지 생각해보면 말이 달라진다. 양말 줘, 밥 줘, 머리가 그게 뭐냐? 옷이 왜 그 따위냐? 이런 식으로 여성을 옥죄는 성분이 남편이라고 볼 때, 남편을 단지 욕구를 충족하려는 수놈으로만 보는 것은 문제가 있다. 이런 이유로 남편궁을 질서궁이면서 환경궁이기도 한 월지에 배당하는 이론도 있는데, 대만의 사주명리학자인 하건충(何建忠)의 궁위이론이 대표적이다. 위 팔자는 남자의 것이므로 처궁은 일지이고, 처성은 재성이라는 기준으로 살펴본다.

卯戌합이 지지에 겹쳐 있다. 이와 같이 처궁이 쟁합을 하기만 해도 중혼(重婚)의 가능성을 높인다. 여기에 빈주론(賓主論)을 적용해보자. 빈주론은 팔자 중에서 일시를 주(主)로, 연월을 빈(賓)인 손님으로, 나아가 대운과 유년의 기운을 빈으로 보는 개념이다. 주(主)는 일간, 빈(賓)은 일지와 시주로 범위를 좁혀서 접근하기도 한다.

남자의 팔자를 보면, 빈위(賓位)에 卯木재성이 있고, 주위(主位)에도 卯木재성이 있다. 빈주(賓主)에 재성이 각각 있으므로 결국 양처지상(兩妻之象)이다. 양처지상이 무조건 첩을 두고 바람을 피우는 것은 아니다. 이를 주(主)인 일간에 끌고 오는 맛이 있어야 한다. 일간과 가장 밀접한 욕구궁, 즉 남자에게 처궁인 일지궁과 재성을 보니 卯戌합이 된다. 이는 외부의 자리, 즉 빈의 자리인 처성을 일간에게 끌어 올 소지가 있고, 주의 자리인 일시에 있는 처성도 끌고 올 수 있는 소지가 있음을 말해준다.

여자를 끌고 왔으면 지배할 힘이 있어야 한다. 庚金일간이 卯월을 만나 태(胎)의 상태이므로 약하게 볼 수 있다. 그러나 戌土일지로부터 힘을 받는 己土가 옆에 있고, 연월의 辛金이 庚金일간을 방조한다. 여기에 연월에 있는 2개의 辛金은 丑과 戌에 지장간으로 辛金이라는 뿌리가 있으므로 庚金일간은 약하지 않다. 능히 양처를 다스릴 수 있다. 실제로 처가 둘이다. 2009년 현재 부인은 남편의 축첩에 자포자기하여 그대로 방치하는 상태이며, 본처와 살고 있는 아들도 부모의 이혼을 원하고 있다.

4장 합형충파해

🕰 원문 🕰

刑者 三刑也 子卯巳申子類是也 沖者 六沖也 子午卯酉之類是也 會
형자 삼형야 자묘사신자류시야 충자 육충야 자오묘유지류시야 회

者 三會也 申子辰之類是也 合者 六合也 子與丑合之類是也 此皆以
자 삼회야 신자진지류시야 합자 육합야 자여축합지류시야 차개이

地支宮分而言 系對射之意也 三方爲會 朋友之意也 竝對爲合比鄰之
지지궁분이언 계대사지의야 삼방위회 붕우지의야 병대위합 비린지

意也 至於三刑取廕 姑且闕疑 雖不知其所以然 於命理亦無害也
의야 지어삼형취무 고차궐의 수부지기소이연 어명리역무해야

🕰 해설 🕰

형(刑)은 삼형(三刑)으로 子卯형, 巳申형 등을 말하고, 충(沖)은 육충(六沖)으로 子午충, 卯酉충 등을 말하며, 회(會)는 삼회(三會)이므로 申子辰과 같이 삼합(三合)이 되는 것을 말하고, 합(合)은 육합(六合)이므로 子丑합 등을 말한다.

이들은 지지의 자리로부터 나온 것들이다. 충은 상대를 친다는 의미가 있고, 회는 세 방향의 친구들이 모인다는 의미이고, 합은 이웃과 합친다는 의미이며, 형의 의미는 잘은 모르나 그렇다 해도 판단에는 문제가 없다.

강해 앞 장에서 살펴본 왕상휴수사(旺相休囚死)와 십이운성(十二運星)은 천간과 지지의 관계이다. 이 장에서 살펴볼 합형충파해(合刑沖破害)는 천간과 천간, 지지와 지지의 관계이다. 천간과 지지의 상하관계가 규칙적인 관계라면, 합형충파해의 관계는 규칙은 있지만 예외적 관계로 분류할 수 있다. 팔자의 생극제화를 살피는 종합적인 판단방법과 달리 합형충파해와 신살을 보는 것은 단식판단법으로 간주하여 소홀히 하는 경향이 있다. 그러나 복잡한 간지의 상호관계에 대한 이해를 넓히면 그만큼 팔자를 보는 안목도 넓어진다. 원문에서 말한 합형충파해를 요약하면 다음과 같다.

① 간합(天干) : 甲己, 乙庚, 丙辛, 丁壬, 戊癸.
② 삼합(三合) : 寅午戌, 申子辰, 巳酉丑, 亥卯未.
③ 방합(方合) : 寅卯辰, 巳午未, 申酉戌, 亥子丑.
④ 육합(六合) : 寅亥, 卯戌, 辰酉, 巳申, 午未.
⑤ 삼형(三刑) : 寅巳申, 丑戌未, 子卯, 午午, 辰辰, 亥亥, 酉酉.
⑥ 간충(天沖) : 甲庚, 乙辛, 丙壬, 丁癸.
⑦ 육충(六沖) : 子午, 卯酉, 寅申, 巳亥, 辰戌, 丑未.
⑧ 육파(六破) : 子酉, 午卯, 寅亥, 巳申, 辰丑, 戌未.
⑨ 육해(六害) : 子未, 丑午, 寅巳, 卯辰, 申亥, 酉戌.
⑩ 원진(怨嗔) : 子未, 丑午, 寅酉, 卯申, 辰亥, 巳戌.

이 장에서는 합형충(合刑沖)을 설명하면서 간지의 생극관계를 보는 육친의 개념이 나온다. 육친에 대해서는 다음 장에서 상세히 설명한다. 우선 이 장을 이해하기 위한 간단한 육친표를 제시한다.

천간 기준 육친표

일간\천간	甲	乙	丙	丁	戊	己	庚	辛	壬	癸
甲	비견	겁재	식신	상관	편재	정재	편관	정관	편인	정인
乙	겁재	비견	상관	식신	정재	편재	정관	편관	정인	편인
丙	편인	정인	비견	겁재	식신	상관	편재	정재	편관	정관
丁	정인	편인	겁재	비견	상관	식신	정재	편재	정관	편관
戊	편관	정관	편인	정인	비견	겁재	식신	상관	편재	정재
己	정관	편관	정인	편인	겁재	비견	상관	식신	정재	편재
庚	편재	정재	편관	정관	편인	정인	비견	겁재	식신	상관
辛	정재	편재	정관	편관	정인	편인	겁재	비견	상관	식신
壬	식신	상관	편재	정재	편관	정관	편인	정인	비견	겁재
癸	상관	식신	정재	편재	정관	편관	정인	편인	겁재	비견

지지 기준 육친표

일간\지지	寅	卯	辰	巳	午	未	申	酉	戌	亥	子	丑
甲	비견	겁재	편재	식신	상관	정재	편관	정관	편재	편인	정인	정재
乙	겁재	비견	정재	상관	식신	편재	정관	편관	정재	정인	편인	편재
丙	편인	정인	식신	비견	겁재	상관	편재	정재	식신	편관	정관	상관
丁	정인	편인	상관	겁재	비견	식신	정재	편재	상관	정관	편관	식신
戊	편관	정관	비견	편인	정인	겁재	식신	상관	비견	편재	정재	겁재
己	정관	편관	겁재	정인	편인	비견	상관	식신	겁재	정재	편재	비견
庚	편재	정재	편인	편관	정관	정인	비견	겁재	편인	식신	상관	정인
辛	정재	편재	정인	정관	편관	편인	겁재	비견	정인	상관	식신	편인
壬	식신	상관	편관	편재	정재	정관	편인	정인	편관	비견	겁재	정관
癸	상관	식신	정관	정재	편재	편관	정인	편인	정관	겁재	비견	편관

앞의 표에서 각 육친의 생극관계는 다음과 같다.

① 비견(比肩) : 일간과 오행이 동일하고 음양이 같은 육친.
② 겁재(劫財) : 일간과 오행이 동일하지만 음양이 다른 육친.
③ 식신(食神) : 일간이 생하는 오행으로 음양이 같은 육친.
④ 상관(傷官) : 일간이 생하는 오행으로 음양이 다른 육친.
⑤ 편재(偏財) : 일간이 극하는 오행으로 음양이 같은 육친.
⑥ 정재(正財) : 일간이 극하는 오행으로 음양이 다른 육친.
⑦ 편관(偏官) : 일간을 극하는 오행으로 음양이 같은 육친.
⑧ 정관(正官) : 일간을 극하는 오행으로 음양이 다른 육친.
⑨ 편인(偏印) : 일간을 생하는 오행으로 음양이 같은 육친.
⑩ 정인(正印) : 일간을 생하는 오행으로 음양이 다른 육친.

1. 천간의 합충

천간합(天干合)은 甲己, 乙庚, 丙辛, 丁壬, 戊癸의 관계이며, 천간충(天干沖)은 甲庚, 乙辛, 丙壬, 丁癸의 관계이다.

甲	乙	丙	丁	戊	己	庚	辛	壬	癸
①	②	③	④	⑤	⑥	⑦	⑧	⑨	⑩

위에서 각각의 천간은 자신으로부터 여섯 번째 천간과 합을 이룬다. 그래서 육합(六合)이라고도 하며, 줄여서 간합(干合)이라고 한다. 또는 천간합에는 5개의 합이 있다고 하여 오합(五合)이라고도 한다.

천간은 합을 하여 다른 오행을 낳는다. 甲己土, 乙庚金, 丙辛水, 丁壬木,

戊癸火 등 모든 천간합이 합의 결과로 다른 오행을 낳는다. 예를 들어, 甲己土는 甲과 己가 서로 합하여 土를 만든다는 의미다.

합하는 관계를 육친관계로 보면 양간은 음간인 정재와 합하고, 음간은 양간인 정관과 합한다. 즉, 甲木 양간은 己土와 합하는데, 己土는 甲木의 처인 정재이다. 산출물인 자식은 土가 된다. 또 乙木 음간은 庚金과 합하는데, 庚金은 乙木의 남편인 정관이다. 이것의 산출물인 자식은 金이 된다. 이 때 자식의 오행을 간합오행(干合五行)이라고 한다. 간합 오행을 참조하여 다음과 같은 별칭으로 부른다.

① 갑기합(甲己合)은 중정지합(中正之合)이다. 변화하는 오행이 중앙의 土로 변하기 때문에 붙여진 이름이다.
② 을경합(乙庚合)은 인의지합(仁義之合)이다. 인(仁)은 乙木의 속성에서, 의(義)는 庚金의 속성에서 나온 말이다.
③ 병신합(丙辛合)은 위엄지합(威嚴之合)이다. 丙火인 태양의 위용과 辛金의 서방 숙살(肅殺)의 기운이 합쳐져 이루어진 이름이며, 위제지합(威制之合)이라고도 한다.
④ 정임합(丁壬合)은 인수지합(仁壽之合)이다. 변화하는 木의 속성으로 인해 인수의 합으로 불린다.
⑤ 무계합(戊癸合)은 무정지합(無情之合)이다. 서로 극하는 오행끼리 합을 하여 무정한 합이라고 부른다는 설명이 있다. 그러나 모든 천간합이 극하는 오행끼리의 합인데, 유독 무계합만 무정할 리 없다.

1 천간합의 작용

▩ 원문 ▩

合化之義 以十干陰陽相配而成 河圖之數 以一二三四五配六七八十
합화지의 이십간음양상배이성 하도지수 이일이삼사오배육칠팔십

先天之道也 故始于太陰之水 而終於沖氣之土 以氣而語其生之序也
선천지도야 고시우태음지수 이종어충기지토 이기이어기생지서야

蓋未有五行之先 必先有陰陽老少 而後沖氣 故生以土 終之旣有五
개미유오행지선 필선유음양로소 이후충기 고생이토 종지기유오

行 則萬物又生於土 而水火木金 亦寄質焉 故以土先之 是以甲己相
행 즉만물우생어토 이수화목금 역기질언 고이토선지 시이갑기상

合之始 則化爲土 土則生金 故乙庚化金次之 金生水 故丙辛化水又
합지시 즉화위토 토즉생금 고을경화금차지 금생수 고병신화수우

次之 水生木 故丁壬化木又次之 木生火 故戊癸化火又次之 而五行
차지 수생목 고정임화목우차지 목생화 고무계화화우차지 이오행

遍焉 先之以土 相生之序 自然如此 此十干合化之義也
편언 선지이토 상생지서 자연여차 차십간합화지의야

▩ 해설 ▩

천간의 합(合)과 화(化)는 십간의 음과 양이 서로 만나 이루어진다. 하도(河圖)의 수는 1, 2, 3, 4, 5에 6, 7, 8, 9, 10의 수를 배합하여 선천(先天)의 도를 만드는데, 태음의 水에서 시작하여 충기(沖氣)의 土에서 끝나니 이것이 오행 상생의 순서이다. 오행이 있기 전에 음양과 노소가 있었고, 그 후에 충하여 土를 만드니 오행이 된다. 또한 만물은 土로부터 만들어지며, 水火木金은 土에 기탁하여 살므로 가장 먼저 土가 있다. 그러므로 다음 순서로 합화(合化)가 이루어진다.

① 甲己가 합하여 土가 되고 土가 金을 생한다.
② 乙庚이 합하여 金이 되고 金이 水를 생한다.
③ 丙辛이 합하여 水가 되고 水는 木을 생한다.
④ 丁壬이 합하여 木이 되고 木은 火를 생한다.
⑤ 戊癸는 합하여 火가 된다.

　이 순서로 오행이 이루어지는데 가장 먼저 土가 있고 상생의 순서를 따른다. 이는 자연의 이치이며, 십간이 합화하는 의미가 있다.

원문

其性情何也 蓋旣有配合 必有向背 如甲用辛官 透丙作合 而官非其
기성정하야 개기유배합 필유향배 여갑용신관 투병작합 이관비기

官 甲用癸印 透戊作合 而印非其印 甲用己財 己與別位之甲作合 而
관 갑용계인 투무작합 이인비기인 갑용기재 기여별위지갑작합 이

財非其財 如年己月甲 年上之財 被月合去 而日主之甲乙無分 年甲
재비기재 여년기월갑 연상지재 피월합거 이일주지갑을무분 연갑

月己 月上之財 被年合去 而日主之甲乙不與是也 甲用丙食與辛作合
월기 월상지재 피년합거 이일주지갑을불여시야 갑용병식여신작합

而非其食 此四喜神因合而無用者也
이비기식 차사희신인합이무용자야

해설

천간이 합화할 때에는 그 영향을 살펴야 한다. 예를 들어, 甲일간은 辛이 정관인데 투출한 丙이 丙辛합을 하면 辛이 정관 역할을 못할 것이고, 甲일간의 정인인 癸가 투출한 戊와 戊癸합을 하면 癸가 정인 역할을 못할 것이다. 甲일간의 재성인 己를 사주의 다른 甲이 합하면 재성 역할을 못한다.

```
시 일 월 연
○ 甲 甲 己
○ ○ ○ ○
```

위 사주에서 연의 己土재성은 월의 甲木과 합한다. 결국 재성이 있지만 甲木일간이 쓸 수 없는 재성이 된다.

```
시 일 월 연
○ 甲 己 甲
○ ○ ○ ○
```

위 경우는 월에 있는 己土재성을 연의 甲이 합하여 가져가버린다. 일주인 甲에게는 아무런 기여가 없다.

甲의 식신인 丙을 辛이 丙辛합으로 하면 丙은 식신 작용을 못한다. 이와 같은 예들은 육친 중에서 좋은 역할을 하는 사길신(四吉神)[주]인 재성, 정관, 정인, 식신이 합을 하여 그 쓰임이 없어지는 예들이다.

[주] 원문에서는 사길신과 사희신을 섞어 쓰고 있다. 이 책에서는 사길신으로 통일하였다.

원문

又如甲逢庚爲煞 與乙作合 而煞不攻身 甲逢乙爲劫財 甲逢丁爲傷
우여갑봉경위살 여을작합 이살불공신 갑봉을위겁재 갑봉정위상

與壬作合 而丁不爲傷官 甲逢壬爲梟 與丁作合 而壬不奪食 此四忌
여임작합 이정불위상관 갑봉임위효 여정작합 이임불탈식 차사기

神因合化吉者也
신인합화길자야

해설

甲일간이 庚을 만나면 칠살(七殺, 편관의 별칭)이 되는데, 乙이 있어 庚과 乙庚합을 하면 칠살은 일간을 극하지 못한다. 甲일간에게는 乙이 겁재요 庚이 칠살인데, 乙庚이 합을 하면 겁재와 칠살 작용을 못하게 된다. 또한 甲에게는 丁이 상관이고 壬이 편인(별칭은 효인梟印)인데, 丁壬이 합을 하면 효인과 상관 작용을 못하게 된다. 이는 육친 중에서 흉한 역할을 하는 사기신(四忌神)인 칠살, 상관, 효인, 겁재가 합을 하여 그 역할을 못하니 결과적으로 길하게 되는 경우이다.

원문

又有合而無傷於合者 何也 如甲生寅卯 月時兩透辛官 以年丙合月辛
우유합이무상어합자 하야 여갑생인묘 월시량투신관 이년병합월신

是爲合一留一 官星反輕 甲逢月刃 庚辛竝透 丙與辛合 是爲合官留
시위합일류일 관성반경 갑봉월인 경신병투 병여신합 시위합관류

煞 而煞刃依然成格 皆無傷於合也
살 이살인의연성격 개무상어합야

▧ 해설 ▧

```
시 일 월 연
辛 甲 辛 丙
○ ○ 卯 ○
```

합으로 인해 사주의 병이 치료되는 경우가 있다. 위 사주는 정관인 辛 2개가 투출하였다. 연의 丙이 월의 辛과 丙辛합이 되어 하나의 정관만 남으니, 관성의 힘이 반감되어 병이 치료되었다.

```
시 일 월 연
庚 甲 辛 丙
○ ○ 卯 ○
```

위 경우는 庚이 칠살이고 辛이 정관인데, 丙辛합을 하여 정관은 합거(合去, 합으로 제거됨)되고 칠살만 남아 살인격(殺刃格)이 되니, 결국 합으로 인해 사주의 병이 치료되었다.

▧ 원문 ▧

蓋有所合則有所忌 逢吉不爲吉 逢凶不爲凶 卽以六親言之 如男以財
개유소합즉유소기 봉길불위길 봉흉불위흉 즉이육친언지 여남이재

爲妻 而被別干合去 財妻豈能親其夫乎 女以官爲夫 而被他干合去
위처 이피별간합거 재처기능친기부호 여이관위부 이피타간합거

官夫豈能愛其妻乎 此謂配合之性情 因向背而殊也
관 부 기 능 애 기 처 호 차 위 배 합 지 성 정 인 향 배 이 수 야

※ **해설** ※　　합이 되어 기피하는 성분으로 바뀌어 길함이 불길함으로 바뀌는 경우도 있고, 흉했던 것이 합으로 인해 흉하지 않게 되는 경우도 있다. 이를 육친에 비유하면, 남자에게는 재성이 처인데 일간 이외의 천간과 재성이 합을 하면 재물과 처가 남편과 친하지 않게 되는 것이다. 여자에게는 정관이 남편이므로 일간 이외의 천간과 정관이 합하여 사라지면 남편이 처를 사랑할 수 없게 된다. 이런 것들이 천간이 배합할 때 나타나는 성정이며 흐름의 특수함이다.

※ **강해** ※　　천간합에 대한 원문 내용을 요약하면 다음과 같다.
① 합으로 묶이면 길한 육친이든 흉한 육친이든 역할을 할 수 없다.
② 합으로 묶인 육친은 사길신(四吉神)이라도 일간이 쓰지 못한다.
③ 합으로 묶인 육친은 사흉신(四凶神)이라도 일간을 극하지 못한다.
④ 합으로 흉한 육친을 묶으면 합이 일간에 좋은 역할을 할 수 있다.
　요점은 합을 한 글자는 서로 묶인다는 것이다. 묶이면 팔자에 어떤 영향이 있는지 예를 통해 살펴본다.

❶ 합으로 기반되어 역할을 못하는 경우

```
시 일 월 연 (坤命)
己 己 甲 戊
巳 巳 寅 申

丁 戊 己 庚 辛 壬 癸
未 申 酉 戌 亥 子 丑
```

위 사주의 여성은 1989년(壬子운 己巳년)에 애인을 다른 여성에게 빼앗겼다. 이유는 무엇인가? 명주는 평생 애정관계가 복잡한 상이다. 己土일간에게는 甲木정관이 남편이다. 甲木정관의 형편이 좋지 않음을 알 수 있는데, 이유는 다음과 같다.

① 남편에게 부인이 많은 상이다. 甲木남편에게 처는 재성이다. 연의 戊土, 申 중의 戊土와 己土, 寅 중의 戊土, 시의 己土, 巳 중의 戊土가 모두 재성이다. 이렇게 재성이 많으면 팔자에 들어오는 남편은 눈돌림으로 분산현상이 일어나고, 처에게 집중하지 못하게 된다.

② 남편을 남에게 뺏기는 자매강강(姉妹剛强)의 상이다. 남자에게 비겁이 많은 경우를 군겁쟁재(群劫爭財), 여자에게 비겁이 많은 경우를 자매강강이라 한다. 남자는 형제, 친구, 동료들이 내 처를 노리는 상이니 부부관계에 흉하고, 여자는 남자가 팔자에 들어오면 많은 여자들이 노리는 상이어서 부부운이 좋지 않다.

③ 남편이 무력하다. 甲木정관인 남편은 寅木월지에 뿌리를 내리고 있다. 寅木은 연지와 寅申충이 되고, 일지와는 寅巳형이 된다. 형충으로 흔들

리고 상처를 당하니 甲木정관을 도와주는 것이 충분하지 않다.

　1989년은 세간(歲干)이 己土비겁이다. 시간 己土와 세간 己土가 동시에 甲木정관을 기반(羈絆)하므로 애인을 뺏기는 일이 발생한다. 기반 중에서 기(羈)는 굴레, 반(絆)은 얽어맨다는 의미로 굴레를 씌워 자유를 얽매는 것을 말한다. 보통 합이 된 글자가 얽어매여 역할을 못할 때 기반이라는 말을 쓴다.

시	일	월	연(坤命)
辛	丙	辛	丙
卯	戌	卯	戌

63	53	43	33	23	13	3
甲	乙	丙	丁	戊	己	庚
申	酉	戌	亥	子	丑	寅

　위 사주에서 천간은 丙辛합이 되고 지지는 卯戌합이 되어 사주팔자 전체가 합으로 이루어져 있다. 丙戌년 卯월로 뜨거운 기운이 들어온다. 丙辛이 합하여 물이 된다고 하지만 물을 담아줄 그릇이 없다. 즉, 물의 뿌리가 없다. 물은 본인의 남편이 되는데, 남편이 팔자에서 만들어지지만 이를 담아줄 그릇이 없다. 본인은 팔자에 합이 많아 부부의 인연을 여러 차례 가질 수 있지만 13살부터 들어오는 火土운이 물의 바탕을 막아버리고, 53세 이후의 운은 금목상전(金木相戰)으로 흔들리고 있는 얇은 쇠그릇에 기대를 걸 수 있을 뿐이다. 여러 차례 부부의 인연을 맺었지만 모두 실패한 사람이다.

❷ 합거하여 일간에 좋은 역할을 하는 경우

시	일	월	연 (乾命)
癸	丙	戊	壬
巳	寅	申	寅

乙	甲	癸	壬	辛	庚	己
卯	寅	丑	子	亥	戌	酉

丙火일간에 월령이 申金편재이면 용신격국은 재성격(財星格)이다. 재성격에 칠살이 천간에 투출하여 일간을 극하면 격이 어그러져 패격(敗格)이 된다. 패격이 되면 흉하다. 그러나 위 팔자는 다음과 같은 이유로 관살이 약해지기 때문에 재투칠살(財透七殺)의 패격이 될 염려가 없다.

① 투출한 壬水를 보면 寅木의 병지(病地)에 있어 터전이 없는데다 戊土에게 극을 당해 무력하다.

② 癸水정관은 戊癸합으로 합거(合去)되어 역할을 하지 못한다. 만약 癸水 밑에 수화상충(水火相沖)을 하는 巳火가 아니면 戊와 癸는 거리가 있어 완전히 합거하지 못한다. 합거는 합으로 제거함을 말한다.

패격이 되지는 않았지만, 위와 같은 이유로 오히려 관살의 기운이 약해져 문제이다. 다행히 운이 亥子丑 수국(水局)으로 흘러 부귀를 얻었다.

㈜ 설명에 나온 패격, 성격, 재성격 등은 이어지는 관련 장을 참고한다.

❸ 합거하여 일간에 흉한 역할을 하는 경우

```
시  일  월  연 (坤命)
癸  丁  庚  己
卯  酉  午  卯

丁  丙  乙  甲  癸  壬  辛
丑  子  亥  戌  酉  申  未
```

乙亥운 丁卯년에 남편이 사고로 사망한 이유를 살펴보자. 시간에 있는 癸水칠살이 남편이다. 남편의 처지는 다음 이유로 좋지 않다.
① 癸水칠살이 앉은 卯木은 오행운성으로 사지(死地)이니 자리가 마땅치 않다.
② 월간의 庚金재성이 금생수(金生水)로 癸水를 생조(生助)하지만, 앉은 자리인 午火가 화극금(火剋金)을 하므로 도움이 충분하지 않다.
③ 일주와 丁癸충, 卯酉충을 한다. 즉, 쌍충(雙沖)으로 인해 남편과의 관계도 좋지 않다.

乙亥운은 乙木운과 월간의 庚金이 합을 한다. 庚金이 합을 탐하고 약한 癸水를 돕는 것을 잊으니 탐합망생(貪合忘生)이 발생한다. 약한 癸水칠살이 더 약해지는 운이다. 乙亥운 중 丁卯년은 丁火칠살을 丁癸충하고, 卯木은 일지를 卯酉충한다. 운에서는 癸水의 원신(源神)인 庚金이 합이 되어 남편별이 약해졌는데, 연에서 오는 기운이 충으로 부수어버리는 해이다.

❷ 천간합이 되지 않는 경우

▧ 원문 ▧

又有合而不以合論者 何也 本身之合也 蓋五陽逢財 五陰遇官 俱是
우유합이불이합론자 하야 본신지합야 개오양봉재 오음우관 구시

作合 惟是本身十干合之 不爲合去 假如乙用庚官 日干之乙 與庚作
작합 유시본신십간합지 불위합거 가여을용경관 일간지을 여경작

合 是我之官 是我合之 何爲合去 若庚在年上 乙在月上 則月上之乙
합 시아지관 시아합지 하위합거 약경재년상 을재월상 즉월상지을

先去合庚 而日干反不能合 是爲合去也 又如女以官爲夫 丁日逢壬
선거합경 이일간반불능합 시위합거야 우여녀이관위부 정일봉임

是我之夫 是我合之 正如夫妻相親 其情愈密 惟壬在月上 而年丁合
시아지부 시아합지 정여부처상친 기정유밀 유임재월상 이년정합

之 日干之丁 反不能合 是以己之夫星 被姉妹合去 夫星透而不透矣
지 일간지정 반불능합 시이기지부성 피자매합거 부성투이불투의

▧ 해설 ▧

합이 되는 듯해도 합이 안 되는 것이 있다. 바로 일간의 합이다. 甲丙戊庚壬 양간은 정재와 합하고, 乙丁己辛癸 음간은 정관과 합하는데, 이 경우 일간의 합은 합거되지 않는다. 예를 들어, 乙일간의 정관은 庚인데 乙庚이 합을 해도 나(일간)와 정관의 합이므로 나는 없어지지 않는다.

```
시  일  월  연
○  乙  乙  庚
○  ○  ○  ○
```

위 경우는 월의 乙이 먼저 庚과 합하므로 일간은 합이 되지 않는다. 이 사주가 여자 사주라면 정관인 남편이 다른 여자와 합을 한다.

```
시  일  월  연
○  丁  壬  丁
○  ○  ○  ○
```

丁일간에 壬이 있으면 壬은 정관이므로 남편이 된다. 나와 합을 한다면 부부 사이가 좋을 것이다. 그러나 사주가 위와 같으면 연의 丁이 월간 壬과 합을 할 것이므로 일간은 합을 하지 못한다. 남편인 壬이 내 자매와 합하여 없어져버리니, 남편이 나타났지만 없는 것과 같다.

원문

十干化合之義 前篇旣明之矣 然而亦有合而不合者 何也 蓋隔於有所
십간화합지의 전편기명지의 연이역유합이불합자 하야 개격어유소

間也 譬如人彼此相好 而有人從中間之 則交必不能成 譬如甲與己合
간야 비여인피차상호 이유인종중간지 즉교필불능성 비여갑여기합

而甲己中間 以庚間隔之 則甲豈能越剋我之庚而合己 此制於勢然也
이갑기중간 이경간격지 즉갑기능월극아지경이합기 차제어세연야

合而不敢合也 有若無也
합이불감합야 유약무야

해설 천간합 중에는 합이 될 듯하지만 합이 되지 않는 것이 있다. 합의 성립 여부를 보려면 서로 합을 할 천간들의 간격(거리)을 보아야 한다. 사람으로 보면, 서로가 좋아해도 중간에 방해자가 있으면 친해지지 않는 것과 같다.

시	일	월	연
○	甲	庚	己
○	○	○	○

위 사주는 甲己가 합을 하려는데 중간에 庚이 있다. 甲은 庚을 넘어서서 己와 합할 수 없다. 위와 같은 경우는 庚이 甲을 제압하므로 甲은 감히 己와 합하지 못한다.

원문

又有隔位太遠 如甲在年干 己在時上 心雖相契 地則相遠 如人天南
우유격위태원 여갑재년간 기재시상 심수상계 지즉상원 여인천남

地北 不能相合一般 然於有所制而不敢合者 亦稍有差 合而不能合也
지북 불능상합일반 연어유소제이불감합자 역초유차 합이불능합야

半合也 其爲禍福得十之二三而已
반합야 기위화복득십지이삼이이

해설 甲이 연간에 있고 己가 시간에 있는 것처럼 서로 위치가 너무 떨어져 있으면 합을 하려 해도 거리가 너무 멀어 합을 할 수 없다. 서로 멀어서 합을 못하는 경우도 있고, 가까이 있지만 극제(剋制)로 인해 합을 못하는 경우도 있다. 이런 경우 합의 작용력은 정상적인 합에서 나타나는 길흉의 20~30%에 불과하다.

원문

然又有爭合以合之說 何也 如兩辛合丙 兩丁合壬之類 一夫不娶二妻
연우유쟁합이합지설 하야 여량신합병 양정합임지류 일부불취이처

一女不配二夫 所以有爭合以合之說 然到底終有合意 但情不專耳
일녀불배이부 소이유쟁합이합지설 연도저종유합의 단정부전이

若以兩合一而隔位 則全無爭以 如庚午 乙酉 甲子 乙亥 兩乙合庚 甲
약이량합일이격위 즉전무쟁이 여경오 을유 갑자 을해 양을합경 갑

日隔之 此高太尉命 仍作合煞留官 無減福也
일격지 차고태위명 잉작합살류관 무감복야

해설 쟁합(爭合)은 2개의 辛이 丙과 합을 하거나, 2개의 丁이 壬과 합을 하려는 것이다. 한 남편이 두 처를 가질 수 없으며, 한 여자가 두 남편을 가지지 못하므로 쟁합과 같은 설명이 생겼다. 이런 경우 결국 합을 하긴 하지만, 합하는 마음이 온전하지 못하다. 혹 2개의 글자가 하나와 합을 하는 쟁합의 경우 간격이 있으면 다툼은 없을 것이다.

시	일	월	연 (乾命)
乙	甲	乙	庚
亥	子	酉	午

위 사주는 甲일간이 중간에 있어서 연의 庚과 월의 乙은 합이 되지만, 시간의 乙은 합이 되지 않는다. 합으로 인해 관살혼잡(官殺混雜)에서 합살류관(合煞留官)이 되어 복이 있었다. 고태위(高太尉)[주]의 명이다.

[주] 태위는 무관 중에서 제일 높은 벼슬 또는 무관에 대한 존칭으로 쓰였다.

원문

今人不知命理 動以本身之合 妄論得失 更有可笑者 書云合官非爲貴
금 인 부 지 명 리 동 이 본 신 지 합 망 론 득 실 경 유 가 소 자 서 운 합 관 비 위 귀

取 本是至論 而或以本身之合爲合 甚或以他支之合爲合 如辰與酉合
취 본 시 지 론 이 혹 이 본 신 지 합 위 합 심 혹 이 타 지 지 합 위 합 여 진 여 유 합

卯與戌合之類 皆作合官 一謬至此子平之傳掃地矣
묘 여 술 합 지 류 개 작 합 관 일 류 지 차 자 평 지 전 소 지 의

해설

정관이 합이 되는 경우 귀하지 못하다는 것은 맞는 말이지만, 일간이 합을 한다든지 지지도 합을 한다는 것은 모르는 말이다. 辰酉합, 卯戌합 등을 합관(合官)으로 보는 것은 잘못이다.

[주] 정관과 일간이 합을 하는 경우에는 합관(合官)이 되어 귀하게 본다.

강해

원문의 내용은 다음과 같이 요약할 수 있다.
① 일간은 다른 천간과 합거(合去)되지 않는다.
② 천간에서 합하는 글자 사이에 훼방하는 글자가 있으면 합이 이루어지지 않는다.
③ 합하는 천간끼리 거리가 떨어져 있으면 합의 작용력은 거리가 가까운 합의 약 20% 정도로 줄어든다.
④ 천간의 쟁합(爭合)은 불완전한 합이다.

원문에 천간합이 되지 않는 경우가 명쾌하게 정리되어 있다. 단, 일간이 합거되는 예외적인 경우가 있다. 화기격(化氣格)이 그렇다. 화기격은 외격을 참고한다. 이해를 위해 사례사주를 통해 살펴본다.

❶ 쟁합을 하는 경우

시	일	월	연 (坤命)
丙	辛	丙	戊
申	未	辰	申

己	庚	辛	壬	癸	甲	乙
酉	戌	亥	子	丑	寅	卯

월과 일, 일과 시가 丙辛합을 한다. 전형적인 쟁합으로 느슨한 합이며, 헤매는 합이다. 여자 팔자에 관살과 쟁합이 있으면 다부지상(多夫之象)으로, 여자 팔자에서 가장 꺼린다. 명주는 2003년(癸丑운 癸未년) 동거남과 이별하였다. 2009년 현재 이 남자 저 남자를 전전하며 살고 있다.

❷ 쟁합이 안 되는 경우

```
시  일  월  연 (乾命)
丁  戊  癸  癸
巳  子  亥  酉

丙  丁  戊  己  庚  辛  壬
辰  巳  午  未  申  酉  戌
```

 2개의 癸水가 하나의 戊土와 합을 하려고 하니 쟁합처럼 보이지만, 戊土가 가운데 위치한 것이 아니므로 쟁합은 아니다. 戊癸합으로 재성의 정(情)이 일간에게 있으니 부자가 될 수 있는 사주이다.

 재물과 정이 있는 사주이지만, 부귀를 가지기 위해서는 용신격국이 성격(成格)이 되어야 한다. 월에 亥水재성을 만나 재성격(財星格)인데, 丁火인수가 巳火를 깔고 투출하였으며, 투출한 丁火인수와 癸水재성이 떨어져 있어 장애가 없으므로, 재격투인(財格透印)에 재인쌍청(財印雙淸)의 형세로서 성격이 되었다. 또한 재성이 왕성한데 시지 巳火가 건록(建祿)으로 일간을 돕는 것도 좋다.

 문제는 재성이 많아 일간이 약해진 것이다. 흐르는 운에서 이를 해결하는가? 초반운은 金운으로 원명의 강한 재성을 금생수(金生水)로 생조하여 일간을 더 약하게 하니 불리하다. 己未운부터 팔자의 약함을 해결하므로 길하다. 처음에는 가난했지만 중년 이후 큰 재물을 모은 중국의 염업총상(鹽業總商) 왕수산(王綬珊)의 명조이다.

2. 지지의 합·형·충

원문

更有刑沖而可以解刑者 何也 蓋四柱之中 刑沖俱不爲美 而刑沖用神
갱유형충이가이해형자 하야 개사주지중 형충구불위미 이형충용신

尤爲破格 不如以另位之刑沖 解月令之刑沖矣 假如丙生子月 卯以刑
우위파격 불여이령위지형충 해월령지형충의 가여병생자월 묘이형

子 而支又逢酉 則又與酉沖不刑月令之官 甲生酉月 卯日沖之 而時
자 이지우봉유 즉우여유충불형월령지관 갑생유월 묘일충지 이시

逢子立 則卯與子刑 而月令官星 沖之無力 雖於別宮刑沖 六親不無
봉자립 즉묘여자형 이월령관성 충지무력 수어별궁형충 육친불무

刑剋 而月官猶在 其格不破 是所謂以刑沖而解刑沖也 如此之類 在
형극 이월관유재 기격불파 시소위이형충이해형충야 여차지류 재

人之變化而已
인지변화이기

해설   형충이 다른 형충을 해결하는 경우가 있다. 본래 사주에 형충이 있는 것 자체가 아름답지 않다. 용신격국(用神格局)의 기준인 월지를 형충하면 패격(敗格)이 된다. 그러므로 다른 지지의 형충보다 월지의 형충은 꼭 해결되어야 한다.

시	일	월	연
○	丁	○	○
酉	卯	子	○

위 경우 子卯형이 되는데, 일과 시의 卯酉충으로 인해 卯는 子를 형하지 못한다.

㈜ 원문에서는 子월 丙火를 예로 들었지만, 子월 丁火로 바꾸어 번역하였다.

```
시  일  월  연
○  乙  ○  ○
子  卯  酉  ○
```

위 사주는 월과 일이 卯酉충을 하지만 일과 시에 子卯형이 있어서 충이 무력해졌다. 다른 자리에 형충이 있으면 육친의 형극이 생기겠지만, 월지의 관성이 부서지지 않으면 사주는 패격이 되지 않는다. 이런 경우를 형충이 다른 형충을 해결한다고 한다. 형충이 경합하는 이런 종류의 변화를 반드시 알아야 한다.

㈜ 원문의 甲木일간을 乙木으로 바꾸어 번역하였다.

원문

八字支中 刑沖俱非美事 而三合六合 可以解之 假如甲生酉月 逢卯
팔자지중 형충구비미사 이삼합육합 가이해지 가여갑생유월 봉묘

則沖 而或支中有戌 則卯與戌合而不沖 有辰 則酉與辰合而不沖 有
즉충 이혹지중유술 즉묘여술합이불충 유진 즉유여진합이불충 유

亥與未 則卯與亥未會而不沖 有巳與丑 則酉與巳丑會而不沖 是會合
해여미 즉묘여해미회이불충 유사여축 즉유여사축회이불충 시회합

可以解沖也 又如丙生子月 逢卯則刑 而或支中有戌 則與戌合而不刑
가이해충야 우여병생자월 봉묘즉형 이혹지중유술 즉여술합이불형

有丑 則子與丑合而不刑 有亥與未 則卯與亥未會而不刑 有申與辰
유축 즉자여축합이불형 유해여미 즉묘여해미회이불형 유신여진

則子與申辰會而不刑 是會合可以解刑也
즉자여신진회이불형 시회합가이해형야

해설

시	일	월	연
○	乙	○	○
戌	卯	酉	辰

팔자에 형충은 좋지 않지만, 삼합과 육합으로 형충을 해결할 수 있다. 위 사주에서 월과 일은 卯酉충을 하지만, 일과 시가 卯戌합을 하고, 연과 월이 辰酉합을 하여 충을 해결할 수 있다. 혹 시에 戌 대신 亥나 未가 있는 경우에도 亥卯未 삼회(삼합)가 되어 충을 해결할 수 있다. 또한 연에 辰 대신 巳나 丑이 있는 경우에도 巳酉丑 삼합으로 충을 해결할 수 있다. 이는 회합(會合)이 충을 해결하는 예이다.

㈜ 원문의 甲木일간을 乙木일간으로 바꾸어 번역하였다.

```
시 일 월 연
○ 丙 ○ ○
卯 戌 子 丑
```

子월 丙火가 卯를 만나면 子卯형이 되지만, 지지에 戌이 있어 합을 하면 형이 해결된다. 丑이 있으면 子丑합으로 子卯형이 되지 않고, 亥나 未가 있으면 亥卯未 삼회(삼합)으로, 申이나 辰이 있으면 申子辰 삼합으로 형을 해결한다. 이들은 회합으로 형을 해결하는 경우들이다.

원문

又有因解而反得刑沖者 何也 假如甲生子月 支逢二卯相竝 二卯不刑
우유인해이반득형충자 하야 가여갑생자월 지봉이묘상병 이묘불형

一子 而支又逢戌 戌與卯合 本爲解刑 而合去其一 則一合而一刑 是
일자 이지우봉술 술여묘합 본위해형 이합거기일 즉일합이일형 시

因解而反得刑沖也
인해이반득형충야

해설

```
시 일 월 연
○ 甲 ○ ○
卯 戌 子 卯
```

합을 하여 오히려 형충이 되는 경우가 있다. 위 사주는 2개의 卯가 子를 형하지 못하지만, 戌이 하나의 卯와 합하여 子卯형이 이루어진다. 즉, 합은 형을 해소하지만, 합으로 형을 하는 두 자 중에서 하나를 합거하여 남은 자가 형을 한다.

▩ 원문 ▩

又有刑沖而會合不能解者 何也 假如子年午月 日坐丑位 丑與子
우유형충이회합불능해자 하야 가여자년오월 일좌축위 축여자

合 可以解沖 而時逢巳酉 則丑與巳酉會 而子復沖午 子年卯月 日坐
합 가이해충 이시봉사유 즉축여사유회 이자복충오 자년묘월 일좌

戌位 戌與卯合 可以解刑 而或時逢寅午 則戌與寅午會 而卯復刑子
술위 술여묘합 가이해형 이혹시봉인오 즉술여인오회 이묘복형자

是會合而不能解刑沖也
시 회합이불능해형충야

▩ 해설 ▩

시	일	월	연
○	○	○	○
酉	丑	午	子

형충을 회합이 해결하지 못하는 경우도 있다. 위 사주는 子丑합이 子午충을 해결하지만, 시지에 巳나 酉를 만나면 巳酉丑 삼합을 하므로 子午충이 된다.

```
시  일  월  연
○  ○  ○  ○
午  戌  卯  子
```

위 경우는 卯戌합이 子卯형을 해결할 수 있지만 시지에 寅이나 午가 있으면 寅午戌 회합을 하여 子卯형이 된다.

※ 강해 ※   원문에서는 지지의 육합 · 삼합 · 방합과 형충 사이에 간섭이 있을 때 그 영향을 보는 방법을 설명하였다. 이와 관련하여 합형충(合刑沖)의 기본적인 사항을 다시 살펴본다.

1) 지지합
❶ 육합

지지합에는 육합(六合), 삼합(三合), 방합(方合)이 있다. 이 중에서 육합은 지지가 서로 합을 하는 관계로서 6개의 합으로 이루어져 육합이라 하며, 지지의 합이라는 의미로 지합(支合)이라고도 한다. 자축합토(子丑合土), 인해합목(寅亥合木), 묘술합화(卯戌合火), 진유합금(辰酉合金), 사신합수(巳申合水), 오미합화토(午未合火土)의 관계이다. 여기서 오미합(午未合)은 土로 변한다고 보는 설과, 합하되 변하지 않는다는 설이 있다.

육합은 십이지지를 원형으로 배치했을 때 子와 丑의 가운데 선과 午와 未의 가운데 선을 이은 선을 중심으로 서로 맞은편에 있는 것과 합한다. 이 중 寅亥, 辰酉, 午未는 각 지지가 생을 하면서 합을 하여 합의 작용력이 증대되지만, 子丑, 卯戌, 巳申은 극을 하면서 합을 하므로 합의 작용력이 떨어진다. 육합은 간합(干合)보다 합의 작용력이 떨어진다고 보기도 하고, 전혀 고려할 가치가 없으니 생극관계만 고려하라고도 말한다.

❷ 삼합

지지 중 유사한 성질을 가진 세 지지가 합을 하는 관계를 삼합(三合)이라고 한다. 지삼합(支三合)이라고도 부른다. 신자진합수(申子辰合水), 사유축합금(巳酉丑合金), 인오술합화(寅午戌合火), 해묘미합목(亥卯未合木)의 관계이다.

삼합이 되는 이유는 여러 가지로 설명할 수 있다. 대표적인 설명은 지지 속에 숨겨진 지장간이 합을 이룰 수 있는 공통인자를 가지고 있기 때문이라고 한다. 각 지지에 있는 지장간은 다음과 같다.

지장간

기간\지지	子	丑	寅	卯	辰	巳	午	未	申	酉	戌	亥
여기	壬	癸	戊	甲	乙	戊	丙	丁	戊己	庚	辛	戊
중기		辛	丙		癸	庚	己	乙	壬		丁	甲
정기	癸	己	甲	乙	戊	丙	丁	己	庚	辛	戊	壬

신자진합수(申子辰合水)를 예로 들어 설명한다. 합을 하는 각 지지들은 다음과 같이 공통적으로 수기(水氣)를 가지고 있어서 이 세 글자가 모여 합하면 水가 된다.

① 申의 지장간 : 戊己壬庚.
② 子의 지장간 : 壬癸.
③ 辰의 지장간 : 乙癸戊.

삼합은 그 종류에 따라 명칭이 다르고, 화(化)하는 오행의 특성을 빌려 별도의 격으로 부르고 있다. 예를 들어, 삼합으로 목국(木局)이 되면 이를 곡직격(曲直格)이라고 한다. 이는 사물의 옳고 그름을 말하는 것이 아니라, 나무의 기운이 구부러지다가 바로 크는 것과 같은 기운의 형상을 취한 것이다. 각 삼합의 명칭은 亥卯未 삼합 목국(木局)이면 곡직격(曲直格), 寅午戌 삼합 화국(火局)이면 염상격(炎上格), 巳酉丑 삼합 금국(金局)이면 종혁격(縱革格), 申子辰 삼합 수국(水局)이면 윤하격(潤下格)이다. 이러한 삼합 외에 辰戌丑未 토국(土局)이면 가색격(稼穡格)이라고 한다. 격에 대한 특별사항은 다른 장에서 살핀다.

주의할 점은 지지가 삼합을 이루면 움직임이 생겨난다는 것이다. 즉, 甲 일간이 申월에 생하여 칠살을 쓰는 경우 지지에 있는 午는 제살(制殺)을 할 수 없다. 그러나 운에서 寅이나 戌이 올 때 寅午戌 화국(火局)을 이루면 제살을 할 수 있다. 즉, 지지는 삼합으로 회국(會局)이 되면 움직이는 점이 천간과 다르다.

다음으로 주의할 점은 子午卯酉 사정(四正)이 빠진 삼합은 사정의 정기(正氣)가 천간에 투출할 경우에만 삼합이 된다는 것이다. 예를 들어, 다음과 같은 경우는 삼합의 영향이 있다고 본다.

① 지지에 亥未가 있고 卯木의 정기인 乙木이 투출한 경우.
② 지지에 寅戌이 있고 午火의 정기인 丁火가 투출한 경우.
③ 지지에 巳丑이 있고 酉金의 정기인 辛金이 투출한 경우.
④ 지지에 申辰이 있고 子水의 정기인 癸水가 투출한 경우.

이러한 이론은 『낙록자삼명소식부(珞碌子三命消息賦)』를 주해한 석담영(釋曇瑩)의 언급을 참조하여 서락오(徐樂吾)가 주장하였다. 삼합과 관련된 사주를 살펴보자.

시	일	월	연 (坤命)
壬	戊	乙	甲
戌	子	亥	午

戊	己	庚	辛	壬	癸	甲
辰	巳	午	未	申	酉	戌

24세에 결혼하여 그 해에 딸을 낳은 운기적 이유를 살펴본다. 癸酉운 丁巳년에 결혼한 이유는 丁壬합에 巳酉합이 되었기 때문이다. 戊土일간의 녹신(祿神, 건록)인 巳火가 巳酉丑합을 하는 해이기도 하다. 이 해는 일간과 연운이 戊癸합을 하여 일간을 생한다 해도, 酉金운은 상관운으로 일간의 기신에 해당하고 남편인 乙木의 살지(殺地)다. 이런 시기에 결혼했다면 마음이 없는 상태에서 결혼했을 것이다. 丁巳년에는 癸酉대운과 합을 하여 巳酉丑합을 하여 식상이 강해지니 딸을 낳았다.

❸ 방합

지지방합이란 같은 방향에 있는 지지끼리 합을 이루는 관계로, 인묘진 동방합(寅卯辰東方合), 사오미남방합(巳午未南方合), 신유술서방합(申酉戌西方合), 해자축북방합(亥子丑北方合)이 있다. 즉, 寅卯辰의 동쪽에 있는 지지가 팔자에 모여 있는 것이 동방합이다.

삼합이 지장간에 공통인자를 가진 것들의 합으로 혈연의 합이라면, 방합은 같은 방향과 계절에 속한 지지의 합으로 세력 연합의 형태가 되어 계절합이라고도 한다. 그러므로 엄격하게 말해 합쳐서 무엇인가를 만들어 내는 것보다는, 모여 있어 세력이 강해지는 것으로 이해하면 된다.

지지의 방합은 같은 방향과 계절이 모여 있는 것이므로, 삼합처럼 子午卯酉 제왕(帝王)의 지지가 없어도 영향력을 가진다고 보는 것이 일반적이다. 이런 상태를 반회(半會) 또는 유취(類聚)라고 구분하기도 한다. 유취라는 말은 삼합 중 반합에 대해서도 삼합이 안 된다는 의미로 사용하기도 한다. 혹 삼합을 방위를 이룬 것으로 보는 경우도 있다. 예를 들어, 申子辰 방으로 쓰는 경우이다. 그러나 삼합은 방위와는 아무 관련이 없는데 방(方)을 들먹이는 것은 잘못된 사용이다.

2) 지지형

지지형(地支刑)은 지형(支刑)이라고 부르며, 寅巳申삼형(三刑), 丑戌未삼형, 子卯상형(相刑), 午辰亥酉자형(自刑)을 말한다. 이와 같은 것이 사주에 있을 때 서로를 형(刑)한다고 말한다. 예를 들어, 일지가 寅이고 월지가 巳이면 寅巳형이 되고, 일지가 午이고 연지가 午이면 午午자형이 된다.

형도 합충을 보는 것과 마찬가지로 형을 하는 지지가 가까이 있을 때 영향력이 강하게 나타난다. 형은 기본적으로는 기운이 넘쳐 안정이 깨지고, 서로 충돌하여 부서지는 작용을 한다. 일반적으로 불화, 고독, 사고, 수술 등의 작용이 있다. 형과 충을 비교할 때 형의 영향을 아주 무시하거나 약하게 보는 경우도 있지만, 팔자 구조에 따라서 강한 영향을 미치는 때도 있다.

형이 생겨난 이유에 대해 『음부경(陰符經)』에서는 지지의 삼합과 방합의 관계로 설명한다. 합 상호간에 상생(水木)이나 동류(火金)의 구성을 보일 때 그 상호간의 관계에서 힘이 더 강해져 화를 초래한다고 보는 것이다. 그러므로 형의 작용을 논할 때 어느 기운이 강해지는지 주목할 필요가 있다. 다음 표를 참조하기 바란다. 예를 들어, 寅巳형은 화기(火氣)에 해당하는 육친이 강해져 흉화가 발생하며, 한편으로는 화극금(火剋金)의 작용으로 金에 해당하는 육친에게 손상을 줄 수 있다.

```
방합(오행) : 巳午未(火)  申酉戌(金)  寅卯辰(木)  亥子丑(水)
             |||         |||         |||         |||
삼합(오행) : 寅午戌(火)  巳酉丑(金)  申子辰(水)  亥卯未(木)
```

형의 원리를 나타낸 위의 표에서 각 지지에 상하로 줄을 그어보면 寅巳, 午午, 戌未, 巳申, 酉酉, 丑戌, 寅申, 子卯, 辰辰, 亥亥, 子卯, 丑未 형(刑)이 나오는 것을 알 수 있다. 또 子卯형의 경우 水와 木의 관계에서 중복되어 나타난다. 『궁통보감강해(窮通寶監講解, 동학사, 이을로)』에서 水에 대해 "기형충 즉횡류 애자사자절 즉길(忌刑沖 則橫流 愛自死自絕 則吉)"이라 하여, 水는 형충을 싫어하니 형충이 되면 옆으로 흐르게 되고, 사지(死地)와 절지(絶地)에 있으면 좋고 길하다고 하였다. 순박한 견해로 보기보다는 물의 기운이 강하여 넘쳐 흐르는 것이 흉하다고 이해하면 된다. 다음 사주를 참고한다.

```
시  일  월  연 (乾命)
丙  乙  丙  辛
子  巳  申  巳

己  庚  辛  壬  癸  甲  乙
丑  寅  卯  辰  巳  午  未
```

1990년에 아들이 사고로 사망하였다. 자식이 사망한 이유를 찾아보자.

1990년(辛卯운 庚午년)은 辛卯운이 자식의 자리인 시주 丙子와 천합지형(天合地刑)이 된다. 丙火상관이 辛金칠살과 합이 되었다. 辛卯운일 때 시지 자식궁의 子水가 卯운에서 사지(死地)가 되며, 또한 子卯형을 당하니 좋을 리 없다. 고서에 천합지형(天合地刑)하면 희중불미(喜中不美)라고 하였다.

3) 지지충

지지충(地支沖)은 지지 상호간에 대립하고 싸우는 관계로 6가지 충이 있어서 육충(六沖) 또는 지충(支沖)이라고 부른다. 子午충, 卯酉충, 寅申충, 巳亥충, 辰戌충, 丑未충의 관계이다. 지지의 충은 지지의 속성과 결합하여 다음과 같이 분류하기도 한다.

① 제왕(帝王)의 충 : 子午충, 卯酉충.
② 역마(驛馬)의 충 : 寅申충, 巳亥충.
③ 묘고(墓庫)의 충 : 辰戌충, 丑未충.

지지충의 큰 영향력을 강조하기 위해 천극지충(天剋支沖)이라는 말을 쓰기도 한다. 천간은 극만 할 뿐이고 지지에서는 충이 이루어진다는 말이며, 甲과 庚의 관계는 오행상 금극목(金剋木)의 관계만 성립될 뿐이라는 주장이다. 그러나 영향력 면에서 굳이 천간과 지지에 이런 구분을 할 필요는 없으므로 천충지충(天沖地沖)이라는 말을 써도 상관 없다.

시	일	월	연 (坤命)
丙	辛	己	己
申	未	巳	卯

丙	乙	甲	癸	壬	辛	庚
子	亥	戌	酉	申	未	午

1978년(癸酉운 戊午년)에 남편이 사망한 이유를 찾아본다. 癸酉대운이 비록 희용신의 운으로 좋은 운이기는 하지만, 남편인 丙火정관은 酉金에서 사지(死地)이고, 또한 巳酉합으로 巳 중의 丙火가 합화(合化)를 당하기 때문에 남편이 다른 사물로 변하게 된다. 명주에게 부친은 卯木편재, 남편은 지지로는 巳火정관이다. 그러므로 癸酉운은 卯酉충이 되어 부친인 卯木이 손상당한다고 볼 수 있다. 그렇다면 아버지가 사망해야 한다. 그러나 卯木은 卯未로 합을 하고, 未土에 강한 뿌리가 있어서 사망까지 이르지는 않는다. 그러나 丙火정관인 남편은 원신(源神)인 卯木의 도움이 사라져버린다.

4) 지지의 합·형·충의 상호관계

사례사주를 통해 지지의 합·형·충의 관계를 살펴본다.

❶ 충으로 형을 해결한 예

```
시  일  월  연 (乾命)
己  丁  戊  乙
酉  卯  子  亥

辛  壬  癸  甲  乙  丙  丁
巳  午  未  申  酉  戌  亥
```

박도사라는 별명으로 역학계를 주름잡았던 제산(霽山) 박재현(朴宰顯) 선생의 팔자이다. 1995년(壬午운 乙亥년)부터 중풍 기운이 있었으며, 2000년(辛巳운 庚辰년)에 사망하였다. 사망 이유를 살펴본다.

子월 칠살월에 태어난 丁火일간이니 칠살격이다. 칠살격에 해당하는 사주로 가장 이상적인 구조는 칠살, 식신, 일간이 모두 왕성한 것이다. 위 사주는 일간이 왕성하지 않아 결과적으로 칠살의 극과 식상의 설기가 겹쳐진 극설교가(剋洩交加)가 되기 쉬운 구조이다. 이런 병을 해결하는 것은 연간의 乙木인수와 일지의 卯木인수이다. 즉, 木인수가 희신이 된다.

희신인 木인수 중에서 卯木일지는 子卯형이 우려된다. 그러나 시와 卯酉충이 되어 충이 형을 해결한다. 辛巳운이 오면 희신인 乙亥연주와 乙辛충, 巳亥충이 되어 불리하다. 한편 酉金시지를 巳酉합으로 기반한다. 결과적으로 충하는 자를 묶어 월령을 子卯형으로 형하니 불리하다. 여기에 庚

辰년이 들이닥치자 辰酉합으로 酉金을 묶고, 일간의 희신인 木을 치는 金 기운이 넘쳐 사망하였다.

원문에서는 위 사주와 같은 구조에서 子卯형이 卯酉충을 해결한다고 한다. 그러나 엄밀히 보면 子卯형이 되어 卯酉충을 하지 못하므로 酉金이 보호되고, 卯酉충이 되어 子卯형을 하지 못해 子水가 보호된다. 그러므로 卯木 입장에서는 형이 충을 해결한다고 볼 수 없다.

❷ 합으로 충을 해결한 예

시	일	월	연(乾命)
辛	乙	己	丁
巳	卯	酉	巳

壬	癸	甲	乙	丙	丁	戊
寅	卯	辰	巳	午	未	申

일간은 일지에 뿌리가 있으니 유력하고, 용신격국을 결정하는 칠살은 시간에 辛金으로 투출하니 유력하며, 칠살격에 필요한 상신(相神, 희신과 같은 의미)인 丁火식신은 연지인 巳火에 뿌리가 있으니 유력하다. 유력의 관점에서 보면 삼자가 모두 힘이 있는 삼자개균(三者皆均) 상태로 귀함을 이룰 수 있는 팔자이다.

卯木일지가 월과 卯酉충이 되는 것이 걱정이지만, 충하는 酉金을 巳火 가 巳酉합으로 묶고 있다. 원문에서 말한 합이 충을 해결하는 경우이다. 약간의 신약함이 문제이지만, 甲辰운부터 水木운이 들어와 신약을 해결하니 귀함을 이루었다.

3. 육파 · 육해 · 원진

1 육파

육파(六破)는 지파(支破), 상파살(相破殺)이라고도 한다. 지지에서 子酉파, 丑辰파, 寅亥파, 卯午파, 巳申파, 戌未파의 관계를 말한다.

육파 관계인 지지는 삼합을 방해하는 글자로 분파를 조장한다는 말이 있다. 예를 들어, 巳酉丑 삼합을 이루는데 여기에 子丑합을 하면 子는 酉의 입장에서 합을 방해하여 분열을 이끄는 글자이므로 子酉파가 된다는 논리다. 그렇지만 파가 생겨난 근본원리가 분명하지 않으므로 고서에는 이를 쓰지 말도록 권한다. "옛 서적에 파(破)라는 것이 있다. 예를 들어 묘파오(卯破午), 오파유(午破酉) 등이다. 형(刑)과 해(害)는 비롯된 이유가 있지만 육파는 그 이유가 없다. 이미 지형과 육해 등만으로도 말이 많은데, 출처도 모르는 육파를 쓰는 것은 번잡함만 더할 뿐이다."『명리약언(命理約言)』에서 언급한 내용이다.

2 육해

육해(六害)는 지해(支害)라고도 부른다. 지지 상호간에 해치고 뚫는 성질이 있는 子未해, 丑午해, 寅巳해, 卯辰해, 申亥해, 酉戌해의 관계를 말한다. 다음 수장도를 보면 아래 위를 뚫는 성질이 있다 하여 상천살(相穿殺)이라고도 한다. 수장(手掌)상에서 일직선으로 아래위로 이어진 구조를 가지고 있다.

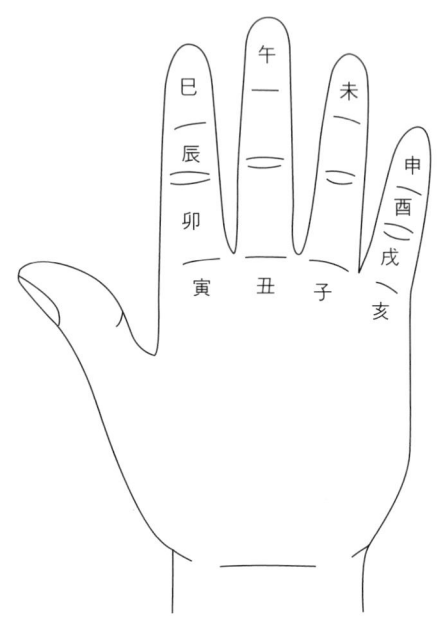

육해는 합하는 자를 충하기 때문에 이루어진다.
① 子未해 : 子와 丑이 합하려는데 未가 子와 합하는 丑을 충하니 子未는 해가 된다.
② 丑午해 : 丑과 子가 합하려는데 午가 子를 충하니 丑午는 해가 된다.
③ 寅巳해 : 寅과 亥가 합하려는데 巳가 亥를 충하니 寅巳는 해가 된다.
④ 卯辰해 : 卯와 戌이 합하려는데 辰이 戌을 충하니 卯辰은 해가 된다.
⑤ 申亥해 : 申과 巳가 합하려는데 亥가 巳를 충하니 申亥는 해가 된다.
⑥ 酉戌해 : 酉와 辰이 합하려는데 戌이 辰을 충하니 酉戌은 해가 된다.

시	일	월	연 (坤命)
己	辛	甲	壬
亥	亥	辰	午

68	58	48	38	28	18	8
丁	戊	己	庚	辛	壬	癸
酉	戌	亥	子	丑	寅	卯

　남편별이 아름다운가? 위 사주는 팔자에 정관이 없다. 따라서 丙火정관을 대신하여 午火의 지장간으로 들어 있는 丁火칠살로 남편을 삼는다. 칠살을 보면 辰土가 매화(埋火)하고, 상관인 亥亥가 쌍으로 있는 복음(伏吟)의 상태로 극을 하며, 천간에서는 壬水가 수극화(水剋火)를 하고 있다. 칠살을 돕는 甲木재성이 있지만 辛金일간에게 극을 당하고, 己土에게 합을 당하는 극합(剋合)이 되어 건전하지 못하다. 이런 이유로 남편별이 아름답지 않다.

　남편이 辛丑운 壬子년에 사고를 당한 이유를 보자. 28세 대운인 辛丑운은 辛金이 강한 뿌리를 가진 채 남편인 丁火를 도울 수 있는 甲木을 극하고, 丑土는 남편별인 午火를 축오상천(丑午相穿)으로 꿰뚫으니 남편에게 흉함이 있을 운이다. 이런 운에 壬子년은 亥子丑 수국(水局)을 이루어 남편별을 극하니 흉함이 더 깊어진다.

　단, 명국 중에서 辛金에게는 壬水의 인화(引化, 관인상생을 말한다)가 있고, 午火에게는 甲木이라는 원군이 있으며, 丑土운은 子水와 합이 되므로 남편이 교통사고로 불구가 되는 데 그쳤다.

❸ 원진

각종 민력에 빠짐없이 실려 있는 원진에 대해 정리하면 다음과 같다.

① 서기양두각(鼠忌羊頭角) : 子未원진이니 쥐는 양머리의 뿔이 자기의 꼬리와 같아 싫어한다.

② 우증마불경(牛憎馬不耕) : 丑午원진이니 소는 말이 밭을 갈지 않고 빈둥대며 노는 것을 싫어한다.

③ 호증계취단(虎憎鷄嘴短) : 寅酉원진이니 호랑이는 닭의 부리가 짧은 것을 싫어한다.

④ 토원후불평(兎怨猴不平) : 卯申원진이니 토끼의 눈이 원숭이 항문 색깔과 같아서 싫어한다.

⑤ 용혐저면흑(龍嫌猪面黑) : 辰亥원진이니 용은 돼지 얼굴이 자기를 닮았지만 얼굴이 검은 것을 싫어한다.

⑥ 사경견폐성(蛇驚犬吠聲) : 巳戌원진이니 뱀은 개 짖는 소리를 싫어한다.

원진(怨嗔)은 원진(元辰)이라고도 하며, 육합을 방해하는 살이다. 예를 들어, 子未는 子丑합을 丑未충으로 방해하니 子未원진이 된다.

다른 이론으로, 충돌 후 미워하여 원진이 성립된다는 설이 있다. 예를 들어, 子午충인데 충을 한 후 일위(一位)이면 未이니 子未는 원진이 되고, 丑未충인데 丑이 음지이므로 未에서 역으로 일위(一位)를 가면 午가 되니 丑午는 원진이 된다. 즉, 양지(陽支)면 충을 한 후 일위, 음지(陰地)면 충을 하기 전 일위가 된다.

원진은 서로 미워하고 증오하는 살로 팔자에 있으면 부부불화, 증오, 이별, 고독, 억울함을 이끌며, 특히 남녀 궁합을 보는 데 자주 사용된다. 예를 들어, 子년생과 未년생이 만나면 원진살이 있다고 꺼린다. 사주 자체에서 원진을 따질 때는 子년생이 사주에 未가 있으면 원진으로 보기도 하고, 사주 어느 자리에 子未가 있으면 원진으로 보기도 한다.

5장 육친

▩ 원문 ▩

人有六親 配之八字 亦存於命
인유육친 배지팔자 역존어명

▩ 해설 ▩

나의 부모, 형제, 처자의 육친(六親)은 팔자에 있다.

▩ 강해 ▩

이제까지 사주팔자를 세우는 방법에서 출발하여 음양과 생극관계를 알아보고, 천간과 지지는 어떤 형태로 관계를 맺는지, 또 간지끼리의 합형충파해는 어떤 영향이 있는지를 살펴보았다. 이것들은 『자평진전(子平眞詮)』의 핵심인 용신격국을 공부하기 위한 기초개념이다. 『자평진전』에서는 팔자의 성패와 고저를 판단할 때 용신격국의 개념을 사용한다. 용신격국을 정하는 데 가장 중요한 역할을 하는 것은 월령(月令)의 육친이다. 그러므로 이제까지 살펴본 기초개념과 더불어 육친의 정확한 이해가 필수적이다.

육친(六親)은 팔자의 구성요소간의 음양생극(陰陽生剋) 관계를 간단히 표현해주는 말이다. 육친이라는 명칭은 오래 전부터 사용되었다. 양(梁)나라 사람 초연수(焦延壽)에게 역학을 배운 한대(韓代, B.C. 206년~A.D. 220년)의 경방(京房, B.C.77년~B.C. 37년)은 설괘(說卦)에서 나를 극하는 것을 관귀(官鬼), 내가 극하는 것을 처재(妻財), 나를 생하는 것을 부모(父母), 내가 생하는 것을 자손(子孫), 나와 같은 기운을 형제(兄弟)라고 하였다. 여기에 나를 합하면 육친이 된다. 예를 들어본다.

```
시  일  월  연 (坤命)
戊  辛  丁  戊
子  丑  巳  子
```

위 팔자에서 戊土연간은 일간이면서 음금(陰金)인 辛金을 생하는 양토(陽土)이다. 하지만 이런 식으로 설명하면 너무 길고 복잡하다. 간단히 戊土연간인 정인(正印), 이렇게 말하면 훨씬 간단하다. 이와 같은 방식으로 육친은 간지 관계를 10개로 분류하여 비견(比肩), 겁재(劫財), 식신(食神), 상관(傷官), 편재(偏財), 정재(正財), 편관(偏官), 정관(正官), 편인(偏印), 정인(正印)이라고 부른다.

육친은 일간과의 생극관계를 기준으로 하여 다음과 같이 세 부류로 나누어진다.
① 화자이신(和者二神) : 비겁(比劫). 비화자위형제(比和者爲兄弟)로 비견과 겁재를 말한다. 일간과 음양이 같으면 비견, 음양이 다르면 겁재이다.
② 생자이신(生者二神) : 인수(印綬)와 식상(食傷). 생아자위부모(生我者爲父母)이니 편인과 정인을 말하고, 아생자위자손(我生者爲子孫)이니 식신과 상관을 말한다. 이 중에서 편인과 식신이 일간과 음양이 같다.

③ 극자이신(剋者二神) : 관살(官殺)과 재성(財星). 극아자위관귀(剋我者爲官鬼)이니 편관과 정관을 말하고, 아극자위처재(我剋者爲妻財)이니 편재와 정재를 말한다. 이 중에서 편관과 편재가 일간과 음양이 같다.

육친을 정할 때 주의할 점은 다음과 같다.
① 육친은 일간과 다른 천간의 관계이다.
② 일간과 지지의 육친관계는 지장간의 정기(正氣)로 기준을 삼는다.
③ 팔자의 각 천간을 기준으로 다른 글자들과 육친을 따질 수 있다.

일간이 甲木인 경우를 예로 들어 육친관계를 따져보자.

시	일	월	연 (乾命)
丁	甲	辛	壬
상관		정관	편인
卯	戌	亥	辰
겁재	편재	편인	편재

① 壬水연간은 편인이다. 壬水는 양목(陽木)인 甲木일간을 생하면서 음양이 같은 양수(陽水)이기 때문이다.
② 辛金월간은 정관이다. 辛金은 양목인 甲木일간을 극하면서 음양이 다른 음금(陰金)이기 때문이다.
③ 丁火시간은 상관이다. 丁火는 양목인 甲木일간이 생하면서 음양이 다른 음화(陰火)이기 때문이다.
④ 辰土연지와 戌土일지는 편재이다. 육친관계는 辰土의 지장간 戊癸乙 중에서 정기이면서, 戌土의 지장간 戊丁辛 중에서 정기인 戊土를 기준

으로 한다. 戊土는 양목인 甲木이 극하면서 음양이 같은 양토(陽土)이기 때문이다.

⑤ 亥水월지, 즉 월령은 편인이다. 亥水 중의 정기 壬水가 일간인 甲木양간을 생하면서 음양이 같은 양수(陽水)이기 때문이다. 주의할 것은 亥水는 본래 음수이지만, 육친을 따질 때는 지장간의 정기를 기준으로 하기 때문에 양수로 취급한다. 지지에서 이런 현상이 일어나는 것은 水와 火에 속하는 亥子巳午이다.

⑥ 卯木시지는 겁재이다. 卯木의 지장간 乙甲 중에서 정기인 乙木을 기준으로 하여 일간 甲木과 음양이 다르고 오행이 같기 때문이다.

이와 같은 육친관계를 표로 보면 다음과 같다.

甲이 일간일 때 육친관계도

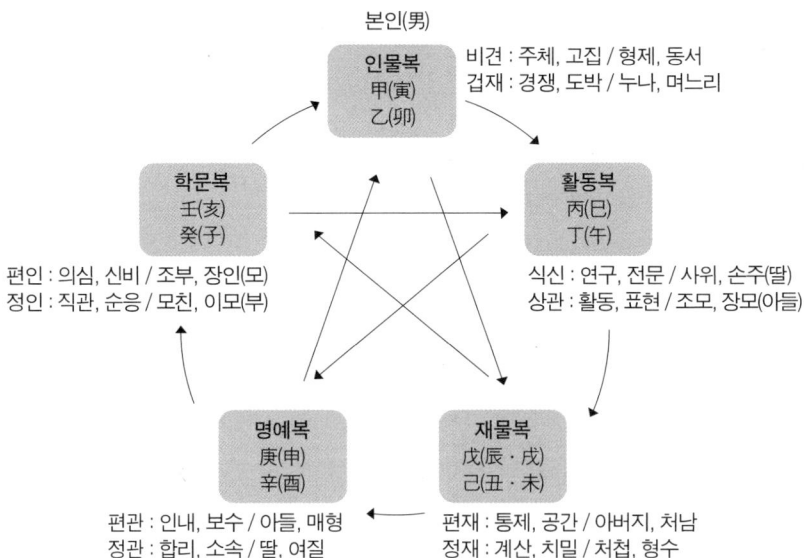

동일한 방식을 적용한 각 일간에 대한 육친관계는 다음 표를 참조한다.

천간 기준 육친표

천간 일간	甲	乙	丙	丁	戊	己	庚	辛	壬	癸
甲	비견	겁재	식신	상관	편재	정재	편관	정관	편인	정인
乙	겁재	비견	상관	식신	정재	편재	정관	편관	정인	편인
丙	편인	정인	비견	겁재	식신	상관	편재	정재	편관	정관
丁	정인	편인	겁재	비견	상관	식신	정재	편재	정관	편관
戊	편관	정관	편인	정인	비견	겁재	식신	상관	편재	정재
己	정관	편관	정인	편인	겁재	비견	상관	식신	정재	편재
庚	편재	정재	편관	정관	편인	정인	비견	겁재	식신	상관
辛	정재	편재	정관	편관	정인	편인	겁재	비견	상관	식신
壬	식신	상관	편재	정재	편관	정관	편인	정인	비견	겁재
癸	상관	식신	정재	편재	정관	편관	정인	편인	겁재	비견

지지 기준 육친표

지지 일간	寅	卯	辰	巳	午	未	申	酉	戌	亥	子	丑
甲	비견	겁재	편재	식신	상관	정재	편관	정관	편재	편인	정인	정재
乙	겁재	비견	정재	상관	식신	편재	정관	편관	정재	정인	편인	편재
丙	편인	정인	식신	비견	겁재	상관	편재	정재	식신	편관	정관	상관
丁	정인	편인	상관	겁재	비견	식신	정재	편재	상관	정관	편관	식신
戊	편관	정관	비견	편인	정인	겁재	식신	상관	비견	편재	정재	겁재
己	정관	편관	겁재	정인	편인	비견	상관	식신	겁재	정재	편재	비견
庚	편재	정재	편인	편관	정관	정인	비견	겁재	편인	식신	상관	정인
辛	정재	편재	정인	정관	편관	편인	겁재	비견	정인	상관	식신	편인
壬	식신	상관	편관	편재	정재	정관	편인	정인	편관	비견	겁재	정관
癸	상관	식신	정관	정재	편재	편관	정인	편인	정관	겁재	비견	편관

1. 비겁

🔖 원문
至於比肩爲兄弟 又理之顯然者
지 어 비 견 위 형 제 우 리 지 현 연 자

🔖 해설
비견(比肩)은 형제로 본다. 비견은 나와 같은 오행이니 형제로 보는 것은 당연한 이치다.

🔖 강해
비겁(比劫)은 비견(比肩)과 겁재(劫財)를 합하여 부르는 말이다. 견겁(肩劫), 비화자(比和者) 또는 비아자(比我者)라고도 한다. 비화자 중에서 비견은 일간과 오행도 같고 음양도 같은 경우를 말한다. 예를 들면 甲과 甲의 관계이며, 지지 중에서는 甲木을 지장간의 정기로 갖고 있는 寅木이다.

비견의 가족관계는 남자의 경우 형제, 동서, 친우, 동창생, 선후배, 동업자 등이며, 여자의 경우 자매, 동서, 친우, 동창생, 선후배 등이다. 가족관계 중에서 甲木 남자에게 동서가 비견이 되는 이유를 살펴보자. 처의 육친은 일간이 극하고 음양이 다른 정재 己土이다. 정재인 처의 자매는 정재와 음양이 같고 오행이 같은 것이므로 결국 똑같은 정재가 동서가 된다.

겁재는 오행은 같은데 음양이 다른 경우로, 예를 들어 甲과 乙의 관계이다. 겁재의 가족관계는 남자의 경우 누나, 여동생, 자부(子婦), 이복형제, 채권자, 채무자, 동업자 등이며, 여자의 경우 오빠, 남동생, 이복형제, 시아버지 등이다. 가족관계 중에서 甲木 일간인 여자에게 시아버지가 乙木 겁재가 되는 이유를 살펴보자. 여자에게 남편은 일간인 나를 극하며 음양이 다른 정관인 辛金이다. 남편인 정관을 생하며 음양이 다른 것이 남편의 어머니가 되는데, 이는 곧 편재인 戊土이다. 이 시어머니를 극하며 음양이 다른 것이 시아버지다.

　일간이 약할 때 어깨를 대주는 친구와 같은 육친이 비겁이다. 남자의 명에 비견이 너무 많으면 재성인 부친을 극하여 조실부모하기 쉽고, 처를 극하는 것이므로 부부관계에도 좋지 않은 영향을 미친다. 그러나 비견이 적당하면 칠살이 일간을 치는 것을 방지하므로 친구와 같이 소중한 존재가 된다.

　겁재는 정재를 겁탈하는 성분이라고 하여 붙여진 말이다. 정재를 기준으로 볼 때 정재를 진극(眞剋, 양이 양을, 음이 음을 극하는 경우를 말한다)하는 것은 겁재이다. 즉, 정재의 칠살이 겁재이다. 그러므로 겁재가 정재인 재물을 파괴하는 강도는 비견보다 훨씬 강하다. 팔자에 겁재가 많으면 일간의 처가 화류계 여성일 경우가 많다고 하는 이유도 정재의 애인인 칠살이 겁재이기 때문이다. 다음 사주사례를 보자

시	일	월	연 (乾命)
庚	壬	庚	辛
子	午	子	丑

癸	甲	乙	丙	丁	戊	己
巳	午	未	申	酉	戌	亥

　壬水일간이 子水양인의 월을 만났으니 양인격(陽刃格)이다. 양인격 팔자가 온전히 격을 이루기 위해서는 칠살이 유력해야 한다. 양인을 다스리는 힘이 칠살보다 떨어지지만 정관만 있어도 팔자가 짜임새 있게 된다. 그

러나 이 팔자에는 투출한 관살이 없는 것이 흠이다. 丑土정관이 연지에 있지만 子丑합으로 기반되어 역할을 할 수 없다. 질이 떨어지는 양인격 팔자이다.

　재물은 있는 남자인지 따져보자. 재물의 육친은 午火정재이다. 정재가 일지인 재성궁에 있으니 자리는 옳게 차지하였다. 그러나 午火정재의 주변 상황이 좋지 않다. 위에서는 壬水가 극하고, 양 옆에서 子水가 협공하고 있다. 이런 상태이면 정재가 움츠리고 뛸 수 없는 상태이므로 역할을 할 수 없다. 이러한 午火정재를 살릴 자는 木식상이다. 식상이 있으면 강한 水비겁의 기운도 부드럽게 빼내고, 午火정재도 도울 수 있기 때문이다. 그러나 木식상은 팔자에 없다. 드러난 것도 없고 지장간에도 없다. 여기에 연월시에 庚金인수가 떡 버티고 있으니 운에서 木식상이 비집고 들어와도 금극목(金剋木)으로 깨지는 문제가 있다.

　결론적으로 이 팔자는 격이 떨어지고, 재물을 상징하는 정재가 찌그러지고, 정재의 원군도 없다. 명주는 가난한 집에서 태어나 학자금 대출을 받아 어렵게 대학을 졸업하였다. 결혼 후 찢어지게 가난한 처가식구들을 부양하며 소규모 사업을 하고 있다. 2009년 현재는 사업장을 폐쇄하는 것이 오히려 적자를 줄일 수 있다고 생각하며 하루하루를 지내고 있다. 작은 전셋집에 살고 있다.

　재물복이 있는 팔자는 식상과 재성 육친이 건전한 사람이다. 위 팔자처럼 비겁과 인수가 강한 사람은 재물복이 없거나 돈을 중요하게 생각하지 않는 경향이 있다. 먼저 비겁이 강한 경우는 왕자편화(旺者偏化, 육친의 기운이 너무 왕성할 때 생보다 극에 열중하는 현상) 현상에 의해 일간의 의지처가 되기보다는 재물을 극하는 성향이 강해진다. 또한 비겁이 강하면 주관이 강해 타인을 배려하지 못하고, 멋대로 행동하여 타인의 원망을 듣기 쉽다. 다음으로, 인수는 사물을 받아들이는 육친이다. 인수가 강하면 마음에 활기가 없고 활동성이 약하다. 또한 변화에 바로 대응하지 못하고 사교에도 서툴다.

비겁과 인수 외에도 관살의 기운이 유난히 강한 경우 역시 재물을 얻는 데 문제가 생긴다. 관살은 원칙을 중시하며, 인내와 헌신을 유발하고, 한계를 받아들이게 하는 육친이다. 이런 이유로 관살이 강한 사람은 융통성이 없고 현재의 제약을 쉽게 받아들여 재물을 크게 얻기 어렵다.

2. 식상

▨ 원문 ▨

藏食露傷 主人性剛如丁亥 癸卯 癸卯 甲寅 沈路分命是也 偏正疊出
장식로상 주인성강여정해 계묘 계묘 갑인 심로분명시야 편정첩출

富貴不巨 職甲午 丁卯 癸丑 丙辰 龔知縣命是也
부귀불거 직갑오 정묘 계축 병진 공지현명시야

▨ 해설 ▨

월령이 식신을 만난 경우가 식신격(食神格)이다. 식신이 지지에 있고 상관이 천간에 노출되면 명주의 성격이 강하다.

시	일	월	연(乾命)
甲	癸	癸	丁
寅	卯	卯	亥

위 심로분(沈路分)의 사주는 식상과 상관이 중첩하여 설기가 과다하므로 부귀가 크지 않았다.㈜

㈜ 식상의 설기를 막는 육친은 인수이며, 설기를 보충하는 육친은 비겁이다. 亥子丑 비겁운이 좋은 운이다.

시	일	월	연(乾命)
丙	癸	丁	甲
辰	丑	卯	午

위 사주는 식신이 지지에 있고 상관이 노출된 공지현(龔知縣)[주]의 사주이다. 卯월 癸水로 식신격 사주이다. 식신격의 팔자가 약한 경우에는 일간을 돕는 운이 좋다. 약한 이유가 식신 때문이면 식신을 극하는 인수운이 좋고, 약한 이유가 재성 때문이면 재성을 극하는 비겁운이 좋다. 공지현의 경우 재성이 팔자를 약하게 하는 원인이므로 말년의 壬申, 癸酉의 인비(印比)운이 좋다.

㈜ 지현은 현(縣)의 장관인 현령(縣令)을 말한다.

강해 식상(食傷)은 일간이 낳는(생하는) 자를 말한다. 생하는 자 중에서 음양이 같으면 식신, 음양이 다르면 상관이라고 한다. 예를 들어, 양목(陽木)인 甲이 가생(假生)하는 양화(陽火) 丙은 식신이며, 음목(陰木)인 乙이 진생(眞生)하는 양화 丙은 상관이다. 식신과 상관을 합하여 식상(食傷)이라고 한다.

식신의 가족관계를 보면 남자에게는 사위, 친손자, 아들, 장모이고, 여자에게는 딸, 조카이다. 상관은 남자에게는 할머니, 장모, 친손녀 등이고, 여자에게는 아들이다. 남자에게 장모가 상관인 이유를 살펴보자. 남자의 경우 본인이 甲이면 처는 己土정재이다. 처는 나와 음양이 다르고, 내가 극하고 규제하며, 내가 관리하는 자이므로 己가 처가 된다. 여기서 한 걸음 더 나아가 丁火는 처인 己를 낳았으므로 丁火는 처의 어머니가 된다. 즉, 甲木 입장에서 丁火상관은 남자의 장모가 된다.

   식상 중에서 식신은 일간의 재물인 정재를 진생(眞生)하니 재물의 근원에 해당하는 육친이 된다. 그러므로 팔자 중 식신이 유력하면 먹고 사는 데 지장이 없다. 상관은 정관을 진극(眞剋)으로 상하게 한다. 그러므로 팔자에 상관 기운이 강하면 남편이 튕겨 나가기 쉽다. 상관이 강력한 여자를 남편 잡아먹을 팔자라고 하는 것도 상관이 남편에 해당하는 정관을 상하게 하기 때문이다. 다음 두 가지 사주사례를 보자.

시	일	월	연 (坤命)
戊	辛	丁	戊
子	丑	巳	子

庚	辛	壬	癸	甲	乙	丙
戌	亥	子	丑	寅	卯	辰

   친할아버지는 양자로 간 사람이고, 친할머니는 2번 결혼하였다. 친할아버지가 44세에 사망하자 친할머니는 재혼하였다. 팔자에서 그 이유를 찾아본다. 여자의 명을 볼 때 할머니는 식신이고, 할아버지는 편인이다. 이러한 육친관계는 다음 순서로 따지면 나온다.
① 어머니는 나를 낳으며 음양이 같으니 편인이다.
② 편인인 어머니를 극하며 나와 음양이 다른 것은 정재로 아버지다.

③ 정재인 아버지를 낳으며 정재와 음양이 다른 것은 식신, 그러므로 식신
   은 할머니다.
④ 식신인 할머니를 극하며 식신과 음양이 다른 것은 정인으로 할아버지다.
   팔자에 할아버지를 상징하는 戊土정인이 2개 투출한 복음(伏吟)이므로
   양자로 갔음을 알 수 있다. 대개 어느 육친이 복음이면 쌍성(雙姓)의 가능
   성이 있다. 할머니를 상징하는 식신은 팔자에 없다. 상관으로 대용한다.
   子水상관이 丑土와 투합(妬合, 한 글자가 두 자와 합을 하는 것)하니 할머니
   는 2번 결혼하였다.

시	일	월	연(坤命)
乙	甲	乙	丁
丑	戌	巳	巳

壬	辛	庚	己	戊	丁	丙
子	亥	戌	酉	申	未	午

2009년 현재 이 남자 저 남자를 넘나들며 연애중인 미혼여성이다. 특히
잠자리가 맞는 남성을 밝힐 정도로 색에 강하다. 바람둥이 여성의 특징을
중심으로 그 이유를 살펴본다.
① 심리적으로 새로운 것을 좋아하므로 식상이 일간과 가까이 있다. 질서
   와 명분을 지키는 것이 관살이라면, 관살을 극하는 식상은 질서를 깨고
   새로운 것을 좋아하게 하는 성분이다. 식상 중에서 식신은 일간과 같은
   음양이므로 폐쇄적이고 정신적인 사랑에 치중하는 경향이 있다. 상관
   은 음양이 다른 육친으로, 육체적인 사랑에 빠지게 한다. 또한 식신이

강한 경우 왕자편화(旺者偏化) 현상에 의해 상관으로 변화하는 것도 참조한다.

위 사주는 巳火식신이 연과 월에 있고, 丁火상관이 천간에 투출해 있다. 식상이 영향력을 발휘하는 팔자이다.

② 성욕이 강하다. 그러려면 정재가 일간에 친림(親臨)^{주)}해야 한다. 만약 정재가 일간에 친림했다고 해도 식상이 일간과 가까이 있지 않으면 함부로 바람을 피우지 않는다.

위 팔자는 일시에 재성이 있으니 친림한 경우이다. 일지는 궁성이론(宮星理論)에서 욕구궁이며 섹스궁이다. 일지에 재성이 있는 경우는 조왕(助旺, 성이 궁을 얻은 때)으로 성욕이 특히 강하다.

③ 이성에 흥미가 있다. 여자가 남자에게 흥미를 갖기 위해선 관살이 일간 가까이 있어야 한다.

위 사주는 관살이 투출하지 않았지만 戌 중 辛金이 일지에 숨어 있다. 아울러 지장간에 암관(暗官, 지장간에 있는 관)이 4개나 있다.

④ 절제가 되지 않는다. 절제가 되기 위해서는 식상을 극하고, 정재를 치며, 관살을 감당할 수 있어야 한다. 그러려면 비겁과 인수가 힘이 있어야 한다.

위 사주는 인수가 없다. 천간의 월시에 乙木이 일간을 돕고 있지만, 모두 지지에 뿌리가 없어 폼만 잡고 있는 것이 문제이다.

주) 친림은 일간과 가까이 있을 때를 말한다. 예를 들어, 특정 육친이 월간, 일지, 시간에 있는 경우에 친림했다고 한다.

3. 재성

📖 원문 📖

若偏財受我剋制 何反爲父 偏財者 母之正夫也 正印爲母 則偏才爲
약 편 재 수 아 극 제　하 반 위 부　편 재 자　모 지 정 부 야　정 인 위 모　즉 편 재 위

父矣 正財爲妻 受我剋制 夫爲妻綱 妻則從夫
부 의　정 재 위 처　수 아 극 제　부 위 처 강　처 즉 종 부

📖 해설 📖

편재(偏財)는 나의 부친인데, 이는 모친인 정인을 극하면서 음양이 다르기 때문이다. 그러므로 나의 부모 중에서 정인은 모친, 편재는 부친이 된다. 정재(正財)가 처가 되는 것은 내가 극하면서 음양이 다르기 때문이다. 이는 처가 남편의 벼리[綱]^{주)}가 되며 아내는 남편을 따르기 때문이다.

> 주) 벼리[綱]는 고기 잡는 그물의 위쪽 코를 꿰어 그물을 잡아당기는 끈이다. 사람이 지켜야 할 도덕과 규범, 핵심이 되는 것, 서로 이탈할 수 없는 관계 등을 의미한다.

📖 원문 📖

財爲我剋 使用之物也 以能生官 所以爲美 爲財帛 爲妻妾 爲才能
재 위 아 극　사 용 지 물 야　이 능 생 관　소 이 위 미　위 재 백　위 처 첩　위 재 능

爲驛馬 皆財類也
위 역 마　개 재 류 야

📖 해설 📖

재성은 내가 극하면서 내가 사용하는 물건이다. 재성은 관살을 생하니 아름답고, 재물이 되고, 처첩이 되며, 재능이 되고, 역마(驛

馬)㈜가 된다.

㈜ 여기서의 역마는 십이신살의 역마살과 다른 것이다. 재성은 귀(貴)인 관살(官殺)을 생한 다고 하여 녹마(祿馬) 또는 재마(財馬)라고 한다.

강해 재성(財星)은 아극자(我剋者)이다. 일간인 내가 극제(剋制)하는 자로, 음양이 다르면 정재(正財), 음양이 같은 상태로 편협하게 극을 하면 편재(偏財)이다. 예를 들어, 양목(陽木)인 甲이 가극(假剋)하는 음토 己는 정재, 진극(眞剋)하는 양토 戊는 편재이다. 편재와 정재를 합하여 재성이라고 하는데, 재백(財帛)이라는 별칭으로도 불린다. 음 일간이 정관과 합이 되며(예를 들어 乙庚金), 양 일간은 정재와 합이 된다(예를 들어 甲己土).

남자에게 정재의 가족관계는 처, 처제, 제수, 형수, 고모 등이다. 남자에게 정재는 처를 뜻하므로, 정재가 천간에 드러나 있어 이 놈 저 놈이 꺾을 수 있는 것보다는 지지에 담겨 있는 것이 더 좋다. 남자 팔자에 정재가 좋은 역할을 하지 않고 정재에 목욕(沐浴)이나 도화살이 붙어 있으면 처의 행실이 좋지 않다. 여자에게 정재의 가족관계는 아버지, 백부, 외손자 등이다. 남자에게 정재가 부인인데 반해 편재는 애인, 소실, 첩 등이다. 아울러 아버지, 처남, 첩, 아버지의 형제 등이다. 여자에게 편재는 시어머니, 고모, 외손녀 등이다.

남자에게 편재가 부친이 되는 이유를 살펴보자. 남자인 본인을 낳으며 음양이 다른 것이 어머니인 정인이다. 아버지는 어머니를 극하며 음양이 다르다. 육친관계로 정인을 극하며 음양이 다른 것은 편재이므로, 곧 편재가 아버지가 된다.

재성은 내가 규제 또는 극제하며 관리하는 것이다. 내가 지배하는 처첩

(妻妾), 재물, 육신(肉身)이 재성에 해당하는 것들이다. 재물 중에서 정재는 일간이 극으로 규제하면서 음양이 다르니 정상적 규제를 통해 생긴 돈이다. 즉, 월급 등과 같은 정상적인 재물이다. 편재는 양이 양을 극하고, 음이 음을 극하는 편협한 규제로 생긴 돈이다. 그러므로 복권당첨금, 고리대금, 상속금, 도박 등으로 생긴 돈이 편재에 해당한다. 다음 두 가지 사례 사주를 보자.

시	일	월	연 (乾命)
丁	甲	辛	壬
卯	戌	亥	辰

戊	丁	丙	乙	甲	癸	壬
午	巳	辰	卯	寅	丑	子

1994년(乙卯운 甲戌년)에 전처와 이혼하고, 1995년(乙卯운 乙亥년)에 후처와 살림을 시작했으나, 2005년(丙辰운 乙酉년) 乙酉월에 후처가 가출한 후 2009년 현재 혼자 살고 있는 남성의 사주이다.

부부관계에 문제가 생긴 이유는 다음과 같다.

① 명주는 바람둥이다. 첫째는 시간에 丁火상관이 친림하여 명주는 새것을 좋아하고, 둘째는 처궁인 일지에 처성(妻星)이 있어 성욕이 강하다.
② 처의 기운이 탁하다. 이는 처를 상징하는 육친인 재성이 팔자에 혼잡되어 있기 때문이다. 재성을 보면 연지에 辰土재성이 있고, 일지에도 戌土재성이 있다. 또 亥水월지에도 戊土재성이 숨어 있다. 이런 경우 명주는 처에게 집중하지 못하는 눈돌림현상이 생긴다.

③ 처의 역할이 좋지 않다. 甲木일간이 亥水인수를 만났으므로 인수격(印綬格)으로 분류된다. 壬水편인이 투출했으므로 약하다고 할 수 없고, 여기에 辛金정관이 투출하였다. 인수도 무겁고 칠살이 투출한 인중투살(印重透殺)과 유사한 구조이다. 이와 같으면 관살을 돕는 재성은 흉한 역할을 한다.

```
시  일  월  연 (乾命)
壬  戊  辛  乙
戌  辰  巳  巳

甲  乙  丙  丁  戊  己  庚
戌  亥  子  丑  寅  卯  辰
```

사업을 하다가 2004년(丁丑운 甲申년)에 과로로 돌연사한 사람의 사주이다. 40세의 나이에 요절한 이유를 살펴본다.

① 식상의 설기가 없다. 巳火편인이 월령이고, 일시에 辰戌이 있으니 일간과 인수가 모두 왕성한 신인양왕(身印兩旺)의 형세이다. 신인양왕일 때 가장 시급한 것은 식상으로 설기하는 것이다. 월간에 辛金상관이 있지만 충분한 역할을 할 수 없다. 辛金상관이 巳火에 앉아 있으니 살지(殺地)에 있고, 연월이 乙辛충이 되기 때문이다. 신인양왕에 식상의 설기가 없으므로 패격(敗格)이 된다.

② 재성궁이 파궁(破宮)되었다. 일지는 재성궁(財星宮)으로 건강, 육신, 섹스 등과 관련된다. 이 사주에서 재성궁은 水궁인데 辰土비견성이 있으니 성이 궁을 토극수(土剋水)한다. 이처럼 파궁되었으니 건강의 자

리가 훼손된 것이다.

③ 재성의 역할이 없다. 재성은 건강을 보는 육친이다. 壬水편재가 시간에 있지만 역할을 할 수 없다. 그 이유는 첫째 壬水가 앉은 자리가 戌土라서 살지(殺地)이고, 둘째 巳월 壬水이니 계절로 본 왕상휴수사로 수(囚)의 상태이며, 셋째 壬水를 도와주는 원군인 辛金이 투출했지만 壬水와 거리가 멀어 무정하고 도와줄 힘도 없기 때문이다.

이런 팔자에 丁丑운이 왔다. 丁壬합으로 壬水재성을 묶어 역할을 할 수 없게 하고, 丑운은 비겁 기운을 강하게 하여 재성을 약하게 하는 운이다. 요절한 甲申년은 巳申형합으로 연월의 巳火를 묶는 장점이 있지만, 甲木은 원명의 왕성한 土비겁을 조절하려 하나 오히려 왕신충발(旺神沖發)이 되어 土비겁이 水재성을 극하게 된다. 대운과 연운이 모두 건강을 보는 재성을 위축시키는 운에 돌연사하였다.

일반적으로 요절한 사람은 일간이 약하고 관살은 왕하며, 일지인 건강궁이 희용신이 아니며, 월주와 일주가 선전(旋轉)주)이 되어 일지로의 흐름이 좋지 않고, 재성이 파괴된 특징을 보인다. 이 중에서 신약에 관살이 왕한 것이 요절의 원인이 되는 것은 당연하다. 관살은 일간을 극하는 기운이기 때문이다. 관살혼잡(官殺混雜)에 살이 왕하고 일간이 묘궁(墓宮)에 들면 수명을 연장하기 어렵다고 하였다. 대개 관살과 관련된 요절에 대한 사항은 알고 있으나, 종종 무시되는 것이 일지와 재성에 대한 사항이다. 다음 사주를 참고하면 일지와 재성의 중요성을 알 수 있다.

```
시  일  월  연 (乾命)
癸  丁  甲  戊
卯  卯  寅  戌

辛  庚  己  戊  丁  丙  乙
酉  申  未  午  巳  辰  卯
```

20세인 1977년(丙辰운 丁巳년)에 자살한 남성이다. 건강과 신체를 보는 정재는 戌 중의 辛金이다. 일지 기준으로 보면 戌亥가 공망이므로 戌 속의 辛金도 당연히 공망이 된다. 丙辰운은 일주와 선전이 되니 일간이 일지 재성궁과 정상적인 관계를 맺기 어렵다. 또한 丙辰운은 辛金이 담긴 戌을 辰戌충으로 충하며, 丁巳년은 巳 중 丙火가 辛金정재를 극한다.

㈜ 선전은 아래 화살표의 방향과 같이 꼬여 있는 상태를 말한다. 자세한 내용은 뒷장의 궁성론을 참조한다.

```
丙 → 丁
辰 ← 卯
```

4. 관살

▧ 원문 ▧

若官煞則剋制乎我 何以反爲子女也 官煞者 財所生也 財爲妻妾 則
약 관 살 즉 극 제 호 아 하 이 반 위 자 여 야 관 살 자 재 소 생 야 재 위 처 첩 즉

官煞爲子女矣
관 살 위 자 여 의

해설 관살(官殺)은 나를 극하는 성분인데 나의 자식이 된다. 관살은 처인 재성이 낳는 기운이기 때문이다. 그러므로 남자에게 정재는 처이고, 관살은 자녀가 된다.

㊟ 이 책에서는 원문의 살(煞)을 살(殺)로 통일하여 쓴다.

원문

然以五行而統論之 則水木相生 金木相剋 以五行之陰陽而分配之 則
연 이 오 행 이 통 론 지 즉 수 목 상 생 금 목 상 극 이 오 행 지 음 양 이 분 배 지 즉

生剋之中 又有異同 此所以水同生木 而印有偏正 金同剋木 而局有
생 극 지 중 우 유 이 동 차 소 이 수 동 생 목 이 인 유 편 정 금 동 극 목 이 국 유

官煞也 印綬之中 偏正相似 生剋之殊 可置勿論 而相剋之內 一官一
관 살 야 인 수 지 중 편 정 상 사 생 극 지 수 가 치 물 론 이 상 극 지 내 일 관 일

煞 淑慝判然 其理不可不細詳也
살 숙 특 판 연 기 리 불 가 불 세 상 야

해설 오행의 생극 이치를 보면, 水와 木은 상생하고 金과 木은 상극한다. 그러나 오행을 음양 관점으로 보면 생극은 같은 점도 있고 다른 점도 있다.

水는 木을 생하는 인수(印綬)지만, 음양 구분에 따라 편인(偏印)과 정인(正印)으로 구분된다. 金도 木을 극하는 관살(官殺)이지만 음양에 따라 정관(正官)과 칠살(七殺)로 구분된다. 나를 생하는 인수는 편인과 정인의 작

용이 비슷하여 동일하게 논할 수 있지만, 나를 상극하는 관살 중 정관과 칠살은 판단을 명확히 하고 그 이치를 상세히 살펴야 한다.

㊟ 혹자는 일간과 상생하는 관계에서는 음양이 같은 것이 순(順)하고 길하며, 상극하는 관계에서는 음양이 달라야 순하고 길하다고 구분한다. 예를 들어, 일간과 음양이 같고 상생하는 식신은 좋은 것이고, 일간과 음양이 다르고 상생하는 상관은 나쁜 것이며, 일간과 음양이 다르고 상극하는 정관은 좋은 것이고, 음양이 같고 상극하는 칠살은 나쁘다는 것이다. 이런 이유로 길한 것은 순용(順用)하고, 흉한 것은 역용(逆用)해야 한다고 주장한다. 그러나 이러한 논리는 『자평진전(子平眞詮)』 원문에서 격국을 구분할 때 정인과 편인, 정재와 편재를 구분하지 않는 것을 속시원하게 설명하지 못한다.

▨ 원문 ▨

然以甲乙庚辛言之 甲者 陽木也 木之生氣也 乙者 陰木也 木之形質
연 이 갑 을 경 신 언 지   갑 자   양 목 야   목 지 생 기 야   을 자   음 목 야   목 지 형 질

也 庚者 陽金也 秋天肅殺之氣也 辛者 陰金也 人間五金之質也 木之
야   경 자   양 금 야   추 천 숙 살 지 기 야   신 자   음 금 야   인 간 오 금 지 질 야   목 지

生氣 寄於木而行於天 故逢秋天爲官 而乙則反是 庚官而辛殺也 又
생 기   기 어 목 이 행 어 천   고 봉 추 천 위 관   이 을 즉 반 시   경 관 이 신 살 야   우

以丙丁庚辛言之 丙者 陽火也 融和之氣也 丁者 陰火也 薪傳之火也
이 병 정 경 신 언 지   병 자   양 화 야   융 화 지 기 야   정 자   음 화 야   신 전 지 화 야

秋天肅殺之氣 逢陽和而剋去 而人間之金 不畏陽和 此庚以丙爲殺
추 천 숙 살 지 기   봉 양 화 이 극 거   이 인 간 지 금   불 외 양 화   차 경 이 병 위 살

而辛以丙爲官也 人間金鐵之質 逢薪傳之火而立化 而肅殺之氣 不畏
이 신 이 병 위 관 야   인 간 금 철 지 질   봉 신 전 지 화 이 립 화   이 숙 살 지 기   불 외

薪傳之火 此所以辛以丁爲殺 而庚以丁爲官也 然此以推 而餘者以相
신 전 지 화   차 소 이 신 이 정 위 살   이 경 이 정 위 관 야   연 차 이 추   이 여 자 이 상

剋可知矣
극 가 지 의

▣ **해설** ▣   甲乙庚辛으로 설명한다. 甲은 양목(陽木)이고 木의 생기(生氣)가 되며, 乙은 음목(陰木)으로 木의 형질(形質)이 된다. 庚은 양금(陽金)으로 가을의 숙살(肅殺) 기운이 되고, 辛은 음금(陰金)으로 金의 질이 된다. 木의 생기가 木 오행에 기생하여 하늘을 운행하다가 가을의 기운을 만나면 자신의 관(官)을 만나 위축되지만, 乙은 그렇지 않다. 이는 庚이 정관이 되고, 辛은 칠살이 되기 때문이다.

　丙丁과 庚辛을 예로 든다. 丙은 양화(陽火)로 융화의 기운이고, 丁은 음화(陰火)로 장작불이다. 가을의 숙살지기(肅殺之氣)가 양화인 丙을 만나면 융화의 기운이 없어지지만, 금속은 양이 가진 융화의 기운을 겁낼 필요가 없으므로 丙은 庚의 칠살이 되고 辛의 정관이 된다. 세상의 금속은 장작불을 만나면 변화하지만, 숙살의 기운은 장작불을 겁내지 않는다. 그러므로 丁은 辛의 칠살이 되지만, 丙은 辛의 정관이 된다. 이와 같은 관계로 다른 오행의 상극하는 관계를 미루어 알 수 있다.

▣ **강해** ▣   관살은 극아자(剋我者)이다. 일간을 극하는 오행이면서 음양이 같으면 진극(眞剋)으로 관살 중에서 칠살(七殺)이 된다. 가극(假剋)하는 자는 정관(正官)이라고 한다. 남자가 남자를 때릴 때는 사정없이 나를 때리는 진극의 관계이고, 남자가 여자를 때릴 때는 사정을 봐주며 규제하니 가극의 관계이다.

　칠살인 편관(偏官)은 일간인 나로부터 천간의 순서가 7번째임을 말한다. 나를 사정없이 치는 성분이니 귀살(鬼殺)이라고도 부른다. 예를 들어, 양화(陽火)인 丙이 양금(陽金)인 庚金일간을 극하면 칠살이며, 음금(陰金)

인 辛金일간을 극하면 정관이다. 丙辛합과 같이 음 일간은 정관과 합이 된다. 편관과 정관을 합하여 관살(官殺) 또는 관성(官星)이라고 한다. 엄격히 구분하면, 관살 중에서 편관은 일간이 어느 정도 기운이 있어서 감당할 수 있는 경우를 말하고, 칠살은 일간이 약해서 감당이 안 되는 경우를 말한다. 이 책에는 이와 같은 편관과 칠살의 분류를 사용하지 않았다.

칠살의 가족관계를 보면 남자에게는 아들(딸), 매형, 남자조카 등이며, 여자에게는 정부(情夫), 시누이, 며느리, 할머니 등이다. 정관의 가족관계는 남자에게는 딸과 여자조카이며, 여자에게는 남편, 형부, 남편의 형제 등이다. 여자에게 며느리가 편관이 되는 이유를 살펴보자. 여자의 아들은 상관이다. 아들이 극하며 음양이 다른 것이 며느리다. 즉, 상관이 극하는 것 중에서 상관과 음양이 다른 것은 칠살이며 며느리가 된다.

관살은 기본적으로 일간을 극하는 음양오행의 요소이며, 관살만큼 직접적이고 강하게 일간을 규제하는 육친은 없다. 예외적인 경우 관인상생(官印相生)이 되어 일간에게 간접적으로 도움이 되기도 한다. 그러나 본질은 일간의 기운을 막고 규제하는 기운으로 작용한다. 이런 기운은 일간 자신을 웅크리게 하고 자신의 자유로운 감정 발산을 막는다. 이러한 관살의 경향은 일간으로 하여금 이성적으로 행동하라는 암시를 주며, 겉으로는 봉사하고 희생적인 성품이 강하게 나타나고, 내면으로는 자신의 주체성을 약하게 한다. 또 성격이 차갑고 이성적이며, 명분에 목숨을 거는 형태가 된다. 나아가 사회성과 사교성이 부족한 인물이 되기도 한다. 다음 두 가지 사례사주를 보자.

```
시  일  월  연 (坤命)
甲  甲  辛  丙
戌  子  卯  午

甲 乙 丙 丁 戊 己 庚
申 酉 戌 亥 子 丑 寅
```

　　위 사주의 주인공은 딸만 셋을 둔 가정주부로, 2000년부터 남편이 바람을 피워서 2002년부터 남편에게 이혼을 요구하고 있다. 2009년 현재, 남편은 불륜상태를 인정하고 그냥 살자고 하고 있다.

　　위와 같이 부부관계가 나쁜 이유는 다음과 같다.

① 남편별이 흐릿하다. 남편별은 辛金관살이다. 辛金월간은 丙火연간과 丙辛합으로 기반되어 있는 중, 辛金이 卯월에 앉아 있어 십이운성으로 태(胎)의 상태이다. 辛金이 월간에 위치하여 일간과 가까이 있지만 무력한 것이 흠이다.

② 남편에게 눈돌림현상이 있다. 남편인 辛金 입장에서 보면 木재성은 처첩이다. 卯木이 있고 甲木이 둘이니 처첩은 3명이다. 팔자 구조가 비겁이 많은 자매강강(姉妹剛强) 사주와 유사하므로 일간은 남편을 다른 여성에게 뺏기는 일이 발생한다.

③ 남편자리가 불안하다. 남편의 자리는 월지인데 환경궁, 직장궁, 남편궁, 질서궁으로 불린다. 연지와 午卯파가 되고, 일지와는 子卯형이 되어 안정과는 거리가 멀다. 또한 관살이 있어야 할 월지에 卯木겁재가 있으니 금극목(金剋木)으로 궁이 손실 상태이다.

④ 본인의 성격이 부부관계를 나쁘게 한다. 일반적인 조건으로 볼 때 부부

관계가 나쁜 성격은 다음 특성을 보인다. 첫째, 남자를 상징하는 정관이 무력하거나 팔자에 없다. 둘째, 새로운 것을 좋아하는 육친인 상관이 무력하거나 팔자에 없다. 셋째, 일간을 왕성하게 하며 폐쇄적으로 만드는 인수와 비겁이 일간에 친림한다. 위 사주는 첫번째와 세번째 문제가 있다.

```
시  일  월  연 (坤命)
壬  辛  乙  癸
辰  未  卯  卯

壬  辛  庚  己  戊  丁  丙
戌  酉  申  未  午  巳  辰
```

명주는 남매를 둔 가정주부로 남편에게 극심한 불만을 가지고 있다. 본인은 병적일 정도로 사치에 관심이 있고, 2009년 현재까지 옷을 구입하는 데 엄청난 돈을 사용해왔다.

명주가 돈을 벌 수 있는지, 왜 사치가 심한지를 살펴본다. 돈을 벌 수 있는지를 알려면 식상과 재성, 관살의 상황을 본다. 식상은 돈을 버는 재주이며, 재성은 재물에 대한 욕구이며, 관살은 인내할 수 있는 척도이다. 이들 육친이 왕성하고, 일간과도 유정(有情)해야 돈을 벌 수 있다.

식상(食傷) 중에서 식신은 내가 생하면서 음양이 같은 육친이다. 그러므로 대가를 바라지 않고 하염없이 주는 육친이다. 이 식신이 건강하면 고객에게 아낌없는 서비스를 제공하는 방식으로 돈을 번다. 식신의 마음을 이용하여 돈을 번 것은 식신이 진생(眞生)하는 정재라는 재물이 된다.

상관은 내가 생하면서 음양이 다른 육친이다. 식신과 달리 외부적이다. 다른 사람의 칭찬에 민감한 육친이며, 관살을 치는 기운이니 질서를 깨고 기존 관념에 도전하는 육친이다. 그러므로 상관이 건강하면 창의적인 생각이나 기획을 통해 돈을 번다. 상관의 마음을 이용하여 돈을 번 것은 상관이 진생(眞生)하는 편재라는 재물이 된다.

재성 중에서 정재는 재욕(재물욕)을 대표하는 육친이므로 당연히 건강해야 한다. 편재는 공간성을 대표하는 육친이므로 편재가 건강하면 공간적인 능력을 쓰는 일, 예를 들어 설계, 시공, 건축, 디자인 등의 일을 통해 돈을 벌 수 있다. 아울러 인수가 받아들이는 직관의 성분이라면, 재성은 느끼는 감각의 성분이므로 감각을 쓰는 일을 통해서도 돈을 번다. 편재는 물건 자체를 중시하는 경향이 강하므로 정재보다는 재욕이 떨어진다.

관살 중에서 칠살은 인내하고 헌신하는 육친이다. 칠살이 건강하면 보수적으로 한 푼 두 푼 절약하여 돈을 모은다. 또한 재성의 재욕과는 달리 다른 사람과의 형평을 유지하기 위해 돈을 벌려는 심리가 강하다.

위 사례에서 식상의 형편을 보면 돈 버는 능력이 떨어짐을 알 수 있다. 연간의 癸水식신은 일간과 너무 멀어 무정하고, 시간의 壬水상관은 자공망(自空亡)이 되어 일간이 진입할 수 없다. 자공망이란 연주, 월주, 시주를 기준으로 공망을 따져 일지가 공망이 되는 것이다. 이 때 명주는 자신의 하반신을 비워놓고 해당 기둥으로 갈 수 없는 진입불가 현상이 발생한다.

일주의 사치가 심한 것은 관살과 재성의 상황으로 알 수 있다. 관살은 보편성과 사회성을 받아들이게 하는 육친이다. 위 팔자에는 드러난 관살을 뜻하는 명관(明官)이 없고, 未土 속 지장간에 丁火로만 존재한다. 그나마 辰 중 癸水와 丁癸충으로 암충(暗沖)이 되어 관살 역할이 거의 없다. 재성은 亥卯未 목국(木局)에 乙木이 투출하여 아주 왕성하다. 왕자편화(旺者偏化) 원칙에 의해 편재로 작용한다. 편재가 강하면 사물에 대한 감각이 뛰어나고 물건 자체를 중시하는 경향이 나타난다. 이 같은 재관의 상황이 명주를 사치로 몰아가고 있다.

5. 인수

🔲 원문 🔲

其由用神配之者 則正印也母 身所自出 取其生我也 印綬喜其生身
기유용신배지자 즉정인야모 신소자출 취기생아야 인수희기생신

正偏同爲美格 故財與印不分偏正 同爲一格而論之
정편동위미격 고재여인불분편정 동위일격이론지

🔲 해설 🔲

용신을 각 육친에 배당하면, 정인(正印)은 나를 낳는 것이므로 나의 모친이 된다. 인수(印綬)는 나를 생하는 것이니 정인(正印)이든 편인(偏印)이든 아름답다. 그러므로 재성과 마찬가지로 정편(正偏)을 구분하지 않고 한 격으로 본다.

🔲 강해 🔲

인수(印綬)는 생아자(生我者)이다. 인성(印星)이라고도 부른다. 일간인 나를 생하여 주는 자, 즉 나를 낳아준 자를 말한다. 이 중에서 음양이 다르면 정인(正印)이요, 음양이 같으면 편인(偏印)이다. 천간의 관계로 보면 양목(陽木)인 甲에게 음수(陰水)인 癸는 정인이요, 양목인 甲에게 양수인 壬은 편인이다.

원문에서는 인수는 다 좋은 역할을 하는 것으로 정인과 편인을 구별하지 않았다. 그러나 이 둘은 미묘한 차이가 있다. 음양이 다른 글자가 나를 생하는 경우를 진생(眞生)이라고 하고, 음양이 같은 글자가 나를 생하는 경우를 가생(假生)이라고 한다. 동일한 음양은 자석의 극처럼 밀어내는

힘이 있어서 서로 배척한다. 이 힘을 간단히 척력(斥力)이라고 한다. 동일한 음양이 생하는 것은 배척하면서 생하는 것이니 가생이라고 한다.

가생이 생하는 힘에서 진생보다 떨어지는 것은 당연하다. 예를 들어, 나를 낳아준 부모 중 나를 싫어하는 부모가 있으면 가생 관계이다. 이런 이유로 편인을 효인(梟印) 또는 효신살(梟神殺)이라고 한다. 올빼미와 같이 낮과 밤의 행태가 다른 계모 같은 육친이라는 의미다. 정인이 나와 음양이 달라 진정한 생을 한다면, 편인은 일간과는 척력이 발생하여 힘이 식신을 치는 쪽으로 향하기 쉽다. 편인은 식신인 내 밥그릇을 뒤엎는 육친이 되기 쉽다. 그래서 편인을 도식(倒食)이라고 부르기도 한다.

정인의 가족관계를 보면 남자에게는 어머니, 처남댁, 외손녀, 이모, 백모 등이다. 남자에게 정인이 너무 많으면 아버지인 편재가 첩을 두거나 바람을 피우는 명이다. 여자에게는 편모, 사위, 친손자 등이다. 정인이 여자에게 사위가 되는 이유는, 딸은 내가 생하며 음양이 같은 것이니 식신이고, 식신인 딸을 극하며 음양이 다른 것이 사위이기 때문이다. 편인은 남자에게는 계모, 할아버지, 장인, 외손자 등의 가족관계이다. 팔자 중에서 정인이 없으면 편인이 어머니다. 여자에게 편인은 어머니, 이모, 계모, 친손녀 등의 가족관계이다.

인수는 나를 낳고, 나를 생하는 육친이다. 그러므로 팔자에 인수가 유력하면 일간은 받아들이는 데 능하다. 그러나 인수가 너무 강하면 명주는 폐쇄적이며, 만년 대기형의 상태로 살아갈 우려도 있다. 뚜렷하게 이룬 것도 없이 준비만 하다가 끝나버리는 단점도 있다. 또한 자신의 느낌대로 일을 처리하다가 판단 착오로 손실을 입을 우려도 있다.

편인은 음양이 같으므로, 예를 들면 수놈이 수놈을 낳는 것과 같다. 아버지가 사내아이에게 젖을 물리는 형세이다. 아버지의 품에 안기면서도 진짜 젖을 찾아 고개를 돌린다. 자신을 생하여주는 기운으로부터 고개를 돌린다? 그래서 인수 중에서 편인이 발달한 팔자는 내성적이고 수동적이며 직관적, 폐쇄적인 특징이 더 강해진다. 비현실적인 경향으로 인해 예술, 사상, 철학 등에 관심이 많다. 편인의 단점으로는 사물에 대해 삐딱하게 의심하는 경향이 있다. 이로 인해 직관이 발달하기도 하고, 약간의 망상이 있으며, 고독한 심성도 있다. 편인이 불러오는 직관의 특성으로 도(道), 명리, 예언 등에도 관심이 깊다. 다음 사례사주를 보자.

```
시  일  월  연 (坤命)
庚  戊  甲  戊
申  辰  子  申

丁  戊  己  庚  辛  壬  癸
巳  午  未  申  酉  戌  亥
```

① 1988년(壬戌운 戊辰년)에 MBC 탤런트가 되었다.
② 2001년 12월(辛酉운 辛巳년 己亥월)에 1998년에 만난 남성과 연애 4년 만에 결혼하였다.
③ 2002년 12월(辛酉운 壬午년 壬子월)에 남편의 바람 등으로 별거를 시작하였다.
④ 2008년 10월(庚申운 戊子년 辛酉월)에 자살하였다.

탤런트 최ㅇㅇ의 명이다. 경찰이 밝힌 사망의 원인은 충동적 자살이었다. 원인을 살펴본다.

子월 戊土일간이 지지에 申子辰 수국(水局)이 있으니 재성격이다. 그 중에서도 시에 庚金식신이 申金을 뿌리로 투출하니 재투식신(財透食神)

의 격이다. 재성격 중에서 재투식신은 신왕해야 하며, 관살이 투출하지 않고, 비겁이 하나만 있어야 유정(有情)한 사주가 된다. 위 사주는 신약한데 甲木칠살이 있으니 무정(無情)한 구조가 되어 격의 질이 떨어진다.^{주)}

신약의 이유는 식상과 재성이 강한 이유도 있지만, 火인수가 없는 것이 근본적인 이유이다. 戊辰일주는 괴강(魁罡)으로서 일주 자체로 기운이 강성하지만, 戊土일간을 돕는 인수가 없는 상태에서는 투출한 식상의 설기와 申子辰 삼합을 이룬 강한 재성의 기운을 감당할 수 없다.

甲木칠살은 子月의 차가운 물에 떠 있으니 역할이 없다고 주장할 수도 있다. 그러나 甲木이 子水의 강력한 생을 받고 있는데 역할이 없다고 본 것은 무리다. 그러므로 甲木칠살이 팔자의 무정한 구조를 부채질하고 있다고 보는 것이 맞다. 단, 甲木칠살은 좌우에 戊土(甲木 입장에서는 재성)를 거느리고 있어 처첩에 눈돌림현상이 있는 것은 흠이다.

2008년 10월(庚申운 戊子년 辛酉월)에 들어서자 식상과 재성의 기운이 더 강해진다. 신약으로 무정해진 사주를 더 무정하게 하는 운이다. 강해진 식상은 재성을 강화시키고, 재성은 인수의 기운이 들어서지 못하게 한다. 인수가 들어온다 해도 재붕인(財崩印)의 현상이 일어나 역할을 할 수 없다. 충동과 감각의 육친인 식상과 재성이 강해지고, 팔자의 무정함을 더 깊게 하는 2008년 10월에 자살하였다. 팔자에 작은 역할이라도 할 수 있는 火인수가 있어 신약을 해결하고 식상을 조절할 수 있었다면 자살까지는 가지 않았을 것이다. 인수는 안정을 추구하며 받아들임에 능해 본인의 의견에 집착하지 않고, 명리(名利)에 담담하며 주어진 환경에 만족하는 심리를 이끄는 육친이다.

주) 재성격, 재투식신, 무정의 개념은 이어지는 격국을 다룬 장에서 상세히 설명한다.

6장 왕약 판단

　왕약(旺弱)을 모르는 상태에서 앞으로 이어지는 팔자의 용신격국을 보려면 혼란에 빠지기 쉽다. 용신격국 중에서 식신격의 성격(成格)과 패격(敗格)이 되는 경우를 보자. 식신격의 성격이 되는 경우는 ① 식신생재(食神生財)가 될 때, ② 식신과 칠살이 있는 경우 재성이 없어서 식신이 칠살을 극제할 수 있을 때, ③ 팔자 구조상 식신을 포기하고 칠살을 상신으로 써야 하는 기식취살(棄食取殺)인데 인수가 투출하여 살인상생(殺印相生)으로 화살(化殺)을 할 때이다. 식신격의 패격이 되는 경우는 ① 식신봉효(食神逢梟)가 될 때, ② 생재로살(生財露殺)이 될 때이다.

　이 중에서 성격이 되는 대표적인 경우는 식신격에 재성이 있어서 식신생재(食神生財)가 되는 때이고, 패격이 되는 대표적인 경우는 식신격에 효인(梟印, 편인)을 만나는 식신봉효이다. 여기에 숨겨진 의미를 살려 성격이 되는 경우를 다시 풀이하면, 신왕한 식신격에 재성이 있어 생재(生財)를 할 수 있으면 성격이 되지만, 만약 신약한 식신격이라면 재성은 팔자를 더 신약하게 하므로 무정하게 만들어 패격이 된다. 이같이 팔자의 왕약 판단은 용신격국에 기본이 되는 절차이다. 그래서 용신격국을 알기 위해서는 왕약 판단을 먼저 할 수 있어야 한다.

왕약을 구분하는 가장 간단하면서도 널리 쓰이는 방법은 육친의 생극 관계를 이용하여 개수를 헤아리는 방법이다. 일간을 돕는 육친은 인수와 비겁이며, 일간을 설기하는 육친은 식상, 재성, 관살이다. 따라서 인비(印比)가 식재관(食財官)보다 많으면 팔자가 왕성한 것이며, 반대이면 신약한 것이다.

시	일	월	연 (坤命)
庚	癸	乙	癸
정인		식신	비견
申	丑	卯	卯
정인	편관	식신	식신

위 사주의 인비와 식재관의 수를 헤아려보자.
① 인비 3개 : 인수 2개(정인 2개), 비겁 1개(비견 1개).
② 식재관 4개 : 식상 3개(식신 3개), 재성 0개, 관살 1개(편관 1개).

식재관의 개수가 하나 더 많으니 신약하다. 이 방법은 간단하긴 하지만 유치하다. 그러나 이 방법으로 사주를 판단하는 이가 많다.

개수를 세는 것을 대신하여 팔자 구조를 참조하여 각 육친에 가중치를 주는 방법도 있다. 즉, 일간에게 가장 큰 영향을 미치는 월령은 3배를 하고, 일간과 친밀하여 '친밀의 역삼각'을 이루는 월간, 시간, 일지의 육친은 2배를 하고, 나머지는 그대로 개수를 취한다.

시	일	월	연 (坤命)
庚	癸	乙	癸
정인2		식신2	비견1
申	丑	卯	卯
정인1	편관2	식신3	식신1

 육친의 가중치를 주는 방법을 적용하여 위 사주를 판단해보자.
① 인비 4개 : 인수 3개(정인 3개), 비겁 1개(비견 1개).
② 식재관 8개 : 식상 6개(식신 6개), 재성 0개, 관살 2개(편관 2개).

 단순히 개수를 헤아릴 때는 식재관의 수가 1개 더 많았는데, 가중치를 주니 식재관의 수가 4개 많아졌다. 약간 신약했던 사주가 매우 신약한 사주로 변한 것이다. 그렇다면 이 사주는 식신격에 인수를 만나는 식신봉효(食神逢梟)이니 패격이라고 할 수는 없다. 이 점에 대해서는 이어지는 용신격국의 장을 참고하기 바란다.

 팔자의 왕약 판단에서 가중치를 주는 방법은 단순히 육친의 개수를 헤아리는 것보다는 좀더 발전한 방법이다. 그렇다고 해서 완벽한 방법은 아니다. 완벽한 왕약 구분은 팔자의 성패와 연결된다. 일간이 월령을 얻었는지(득령 여부), 세력을 얻었는지(득세 여부), 지지를 얻었는지(득지 여부)를 보는 것으로부터 출발하여, 동일한 방식으로 네 천간을 보고 네 지지를 본 후 합형충파해와 간지 상호간의 유정(有情) 여부를 살필 수 있어야 완벽한 왕약 판단에 접근할 수 있다. 특별한 비법이 있는 것은 아니다. 왕약 판단 후 상신(相神)을 선정하는 것은 명리 실력의 총화로써만 될 수 있기 때문이다.

7장 용신격국

1. 용신격국의 의의

▧ 원문 ▧

八字用神 專求月令 以日干配月令地支 而生剋不同 格局分焉 財官
팔자용신 전구월령 이일간배월령지지 이생극부동 격국분언 재관

印食 此用神之善而順用之者也 煞傷劫刃 用神之不善而逆用之者也
인식 차용신지선이순용지자야 살상겁인 용신지불선이역용지자야

當順而順 當逆而逆 配合得宜 皆爲貴格
당순이순 당역이역 배합득의 개위귀격

▧ 해설 ▧ 팔자의 용신격국(用神格局)은 오로지 월령에서 구한다. 일간과 월령의 생극관계는 팔자마다 다르다. 이로 인해 용신격국이 달라진다.

월령이 재관인식(財官印食)인 재성, 정관, 인수, 식신이면 좋은 것이므로 이는 순용하며, 월지가 살상겁인(殺傷劫刃)인 칠살, 상관, 겁재, 양인의 경우에는 좋지 않은 것이므로 역용한다. 순용해야 할 때는 순용하고, 역용해야 할 때는 역용하며, 사주 배합이 좋은 경우에는 어느 격국이든 귀한 사주가 된다.

㈜ 원문에서 사길신인 재관인식(財官印食)에 대해서는 일관되게 사용하고 있지만, 사흉신인 살상겁인(殺傷劫刃)은 살상효인(殺傷梟刃)과 같이 사용하고 있다. 이 책에서는 인수는 정편(正編)을 구분하지 않는다는 원문의 취지대로 사흉신을 살상겁인으로 통일하여 사용하였다.

원문

八字用神專憑月令 月無用神 台尋格局 月令 本也 外格 末也 今人不
팔자용신전빙월령 월무용신 태심격국 월령 본야 외격 말야 금인부

知輕重 拘泥格局 執假失眞
지경중 구니격국 집가실진

해설

팔자의 용신격국은 월령에 의하며, 월령에 용신이 없을 때만 외격(外格)을 찾아야 한다. 즉, 월령이 근본이고 외격은 말단이다. 사람들은 근본과 말단의 경중을 모르고 이름 모를 격국에 매달린다. 진실을 버리고 가짜만 붙들고 있다.

원문

況八字雖以月令爲重 而旺相休囚 年月日時 亦有損益之權 故生月卽
황팔자수이월령위중 이왕상휴수 연월일시 역유손익지권 고생월즉

不値令 而年時如値祿旺 豈便爲衰 不可執一而論 猶如春木雖强 金
불치령 이년시여치록왕 기편위쇠 불가집일이론 유여춘목수강 금

太重而木亦危 干庚辛而支酉丑 無火制而晃富 逢土生而必夭 是以得
태중이목역위 간경신이지유축 무화제이황부 봉토생이필요 시이득

時而不旺也 秋木雖弱 木根深而木亦强 干甲乙而支寅卯 遇官透而能
시이불왕야 추목수약 목근심이목역강 간갑을이지인묘 우관투이능

受 逢水生而太過 是失時不弱也
수 봉수생이태과 시실시불약야

해설

팔자를 볼 때 태어난 월인 월령을 중하게 여겨 왕상휴수사(旺相休囚死)를 따지는 것은 연월일시에 의해 그 손익이 달라지기 때문이다. 즉, 당령(當令)주)을 하지 못한 경우에 연이 시에 녹왕(祿旺)을 만나면 쇠약한 것이 아니므로 월령에만 집착할 필요가 없다.

봄의 木은 비록 강하지만, 金관살의 기운이 팔자에 많으면 봄의 木도 위태로워진다. 천간에 庚辛관살이 있고 지지에 금국(金局)인 酉丑이 있는데 火식상이 金관살을 제압하지 못하면 부자가 될 수 없고, 金관살을 土재성이 도와주면 요절한다. 이런 것들이 봄의 木이 때를 얻었지만 왕성하지 못한 경우이다.

가을의 木은 약하지만, 木의 뿌리가 강한 경우에는 가을 木도 강해진다. 천간에 甲乙이 있고 지지가 寅卯이면 金관살이 투출했다 해도 이를 받아들일 수 있으며, 여기에 水인수가 생을 하면 木의 형세가 지나치게 강해진다. 이런 경우가 가을의 木이 비록 때를 만나지 못했지만 약하지 않은 경우에 속한다.

주) 당령은 당왕(當旺)과 같은 말로 왕약을 월령에 의존한다는 의미다. 예를 들어, 甲이 寅卯월을 만나면 '당령했다' 고 표현한다.

▧ **강해** ▧   이전 장까지 살핀 것은 격국을 본격적으로 공부하기 위한 전초전에 해당한다. 이번 장부터는 『자평진전(子平眞詮)』의 핵심인 격국을 다룬다.

❶ 격국의 의의

격국(格局)은 사주의 모양과 판세, 즉 사주의 짜임새를 말한다. 격과 국을 구분하여 사용할 때, 격(格)은 팔자를 주도하는 강한 기운을 위주로 구분한다. 이 중에서 팔자의 제강(提綱)으로 작용하는 월령을 중심으로 하는 것이 일반적이다. 국(局)은 세력을 이루었다는 뜻이다. 주로 지지에서 삼합 등으로 강한 세력을 이룬 것을 말한다. 이러한 격국은 수많은 사주를 일정한 형식으로 구분하여 길흉의 윤곽을 살피기 위해 사용된다.

일반적으로 사용되는 용신(用神)의 개념은 팔자의 왕약, 조후, 불통의 병을 치료하는 육친을 말한다. 그러나 『자평진전(子平眞詮)』 원문에서는 용신을 격국과 동일한 의미로 사용한다. 즉, 일반적으로 사용하는 희용기구한신(喜用忌仇閑神) 중의 용신이 『자평진전』에서는 격국과 동일한 의미로 사용된다는 말이다. 이런 이유로 용어의 혼동을 피하기 위해 이 책에서는 원문의 격국이나 용신을 용신격국(用神格局)으로 사용하였다. 『자평진전』에서 용신격국은 대부분 월령의 정기(正氣)를 중심으로 한다.

시	일	월	연 (乾命)
庚	戊	壬	己
申	子	申	未

위 사주의 경우 戊土일간이 申金월령을 만났으니 식신격이다. 월령 申

金의 지장간으로 여기 戊己, 중기 壬, 정기 庚이 있다. 이 지장간들이 모두 천간에 드러나 있다. 천간에 투출된 자 중에서 가장 기운이 왕성한 자가 壬水재성이라고 해도, 『자평진전』의 기준에 의하면 용신격국은 재성격이 아닌 식신격으로 분류된다. 월령의 정기가 신식이기 때문이다.

월령에서 용신격국을 찾는 것이 원칙이지만, 월령이 아닌 것에서 용신격국을 찾는 경우도 있다. 월령 자체에서 용신격국이 정해지면 굳이 외격을 찾을 필요가 없다. 그러나 봄의 木일간, 겨울의 水일간, 사계(四季)의 土일간처럼 사주의 월령과 일간이 같은 오행이어서 용신을 정하기 어려운 경우가 있다. 이 때에는 정격(正格)이 아닌 외격(外格)이 되어 특별히 취급한다. 이와 같은 방식으로 구분된 용신격국의 종류는 다음과 같다. 각 용신격국의 판단과 운의 영향을 보는 방법은 이어지는 장에서 하나씩 분석할 것이다.

- 정격

① 녹겁격(祿劫格), ② 양인격(陽刃格), ③ 식신격(食神格), ④ 상관격(傷官格), ⑤ 재성격(財星格), ⑥ 칠살격(七殺格), ⑦ 정관격(正官格), ⑧ 인수격(印綬格).

- 외격

① 곡직격(曲直格), ② 기명종재격(棄命從財格), ③ 기명종살격(棄命從殺格), ④ 도충격(倒沖格), ⑤ 상관상진격(傷官傷盡格), ⑥ 요합격(遙合格), ⑦ 정란차격(井欄叉格), ⑧ 조양격(朝陽格), ⑨ 합화격(合化格), ⑩ 형합격(刑合格), ⑪ 합록격(合祿格), ⑫ 화기격(化氣格).

❷ 용신격국과 상신

용신격국을 정한 다음에는 팔자에 있는 상신(相神)의 건전함 여부를 판단한다. 상신은 용신격국을 도와 팔자를 성격(成格)으로 만드는 글자이다. 용신격국이 팔자의 군왕이라면 상신은 신하에 비유된다. 예를 들어, 정관격 팔자에 재성이 이런 역할을 한다면 정관이 용신이고 재성은 상신이다. 상신의 개념은 팔자에서만 사용되고 운세에서는 사용되지 않는다. 그러므로 '상신이 운에서 온다'는 표현은 틀린 말이다. 또한 『자평진전(子平眞詮)』 원문에서 용신을 쓴다는 의미로 사용하는 경우가 있는데, 이때의 용신은 상신을 의미한다.

상신의 개념과 사용법은 이어지는 장에서 자세히 다룬다. 먼저 그 개략을 설명하면, 재관인식(財官印食)의 용신격국은 순용하는 자가 상신이 되고, 살상겁인(殺傷劫刃)은 역용하는 자가 상신이 된다는 것이다. 즉, 재관인식인 재성격, 정관격, 인수격, 식신격은 생하는 자가 상신이 된다. 살상겁인인 칠살격, 상관격, 월겁격, 양인격은 극하는 자가 상신이 된다.

❸ 용신격국의 주의점

『자평진전(子平眞詮)』에서 말하는 용신격국의 개념과 상신의 개념을 완전히 체득하지 않으면 저자 심효첨(沈孝瞻) 선생이 사용한 팔자 관법의 묘미를 얻을 수 없다. 체득하지 않고 『자평진전』 원문을 건성건성 읽으면 오리무중을 헤매게 되고 도저히 이해할 수 없게 된다. 특히 후대에 『자평진전평주(子平眞詮評註)』를 쓴 서락오(徐樂吾)는 원문 내용 일부를 왜곡한 상태로 평주하여 후학들을 헷갈리게 하고 있다. 이런 이유로 이 책에서는 서락오의 평주를 과감히 무시하고 원문 내용에만 충실하도록 강해(講解)를 달았다.

심효첨 선생의 용신격국의 개념은 팔자의 왕약, 조후의 병을 치료하는 현재의 희용신과는 이차적인 관련성밖에 없다. 그럼에도 서락오는 평주 곳곳에서 억부용신과 조후용신을 강조하여 원문의 근본을 훼손하고 있다. 원문의 내용과 서락오의 평주를 비교해보면 다음과 같다.

구분	『자평진전』원문	서락오의 평주
관점의 차이	팔자 자체	팔자의 용신
용신의 사용	격국과 동일 의미	희용신의 용신
희신의 사용	상신	희용신의 희신
왕약의 사용	무정 여부 판단	희용신의 용신
조후의 사용	예외적 사용	일반적 사용

용신격국을 본격적으로 배우기 전에 『자평진전』은 팔자체(팔자 자체)자체를 우선한다는 것을 확실히 알아야 한다. 이는 팔자체보다는 운 흐름의 희기(喜忌)를 중시하는 현재의 방법과 근본이 다르다. 특히 운을 주로 다룬 『적천수(適天髓)』로 공부하여 잘못된 '적천수병'에 걸린 이들은 『자평진전』의 근본에 접근하기 어렵다.

근본인 팔자의 좋고 나쁨을 먼저 배우고, 흘러오는 운의 희기를 살펴야 한다. 거지의 깡통에 횡재운은 천 원짜리 지폐 1장이 고작이다. 운에서 횡재운이 언제 올지 보는 것보다, 팔자가 거지 깡통과 보석함 중에 어느 것에 해당하는지 판단하는 것이 우선이다. 『자평진전』은 팔자체의 분별에 용신격국의 잣대를 이용한 최초의 책이다.

2. 용신격국 정하기

🕮 원문 🕮

用神旣主月令矣 然月令所藏不一 而用神遂有變化 如十二支中 除子
용신기주월령의 연월령소장불일 이용신수유변화 여십이지중 제자

午卯酉外 餘皆有藏 不必四庫也 卽以寅論 甲爲本主 如郡之有府 丙
오묘유외 여개유장 불필사고야 즉이인론 갑위본주 여군지유부 병

其長生 如郡之有同知 戊亦長生 如郡之有通判 假使寅月爲提 不透
기장생 여군지유동지 무역장생 여군지유통판 가사인월위제 불투

甲而透丙 則如知府不臨郡 而同知得以作主 此變化之由也
갑이투병 즉여지부불림군 이동지득이작주 차변화지유야

🕮 해설 🕮

용신격국은 월령에서 정하는데, 월령의 지장간이 하나로만 이루어진 것이 아니기 때문에 용신격국의 변화가 있다. 12지지 중에서 子午卯酉를 제외하고는 지장간이 여러 개로 구성된다. 사고(四庫)인 辰戌丑未는 말할 나위도 없다.[1]

寅의 지장간을 보면 정기인 甲 위주이니 甲은 지역의 지부(知府)와 같고, 寅의 또 다른 지장간 丙은 寅에서 장생(長生)하니 동지(同知)와 같으며, 지장간 戊 역시 寅에서 장생하니 통판(通判)과 같다.[2] 만약 월령이 寅일지라도 甲이 투출하지 않고 丙이 투출했다면, 지부가 지역에 가지 않고 동지가 지부를 대신하는 것과 같으니 용신격국의 변화가 생긴다.

㊟ 1) 子午卯酉의 지장간은 일반적으로 다음과 같다. 子는 癸壬, 午는 丁己丙, 卯는 乙甲, 酉는 辛庚이다. 원문에서는 이 같은 일반적인 기준 대신 하나의 지장간만 있는 것으로 설명하였다.

2) 지부(知府)는 명청(明淸) 시대 부(府)의 장관 또는 근무하는 곳, 동지(同知)는 동지중추부사(同知中樞府事), 통판(通判)은 중국의 지방에 출장하여 군(郡)의 정치를 감독하는 지방관이다.

▧ 원문 ▧

故若丁生亥月 本爲正官 支全卯未 則化爲印 己生申月 本屬傷官 藏
고 약 정 생 해 월 본 위 정 관 지 전 묘 미 즉 화 위 인 기 생 신 월 본 속 상 관 장

庚透壬 則化爲財 凡此之類皆用神之變化也
경 투 임 즉 화 위 재 범 차 지 류 개 용 신 지 변 화 야

▧ 해설 ▧

만약 丁火가 亥월에 나면 정관월에 태어났으니 정관격(正官格)이다. 이 경우 지지에 卯未가 있으면 亥卯未 삼합 목국(木局)이 된다. 木은 丁火의 인수이니 용신격국은 인수격(印綬格)으로 변한다.

또 己土가 申월에 나면 상관격(傷官格)이다. 申의 지장간 중에서 庚인 정기가 투출하지 않고 壬이 투출했다면 상관격이 정재격(正財格)으로 변한다. 이와 같이 지지의 회합이나 어느 지장간이 투출했는가에 따라 용신격국이 변한다.

▧ 원문 ▧

四墓者 沖氣也 何以謂之雜氣 以其所藏者多 用神不一 故謂之雜氣
사 묘 자 충 기 야 하 이 위 지 잡 기 이 기 소 장 자 다 용 신 불 일 고 위 지 잡 기

也 如辰本藏戊 而又爲水庫 爲乙餘氣 三者俱有 于何取用 然而甚易
야 여 진 본 장 무 이 우 위 수 고 위 을 여 기 삼 자 구 유 우 하 취 용 연 이 심 이

也 透干會取其清者用之 雜而不雜也
야 투 간 회 취 기 청 자 용 지 잡 이 부 잡 야

해설

辰戌丑未 사묘(四墓)는 충기(沖氣)이면서 잡기(雜氣)이다. 잡기월의 지장간에는 한 가지 기운만 있는 것이 아니고 사령하는 기운이 하나가 아니어서 잡기라고 부른다. 예를 들어, 辰土는 본래 정기가 戊土인데 여기에 癸水를 가지고 있어 수고(水庫)가 되고, 더하여 여기인 乙木을 아울러 가지고 있다. 이렇게 지장간이 여러 개인 경우 어떤 것을 용신격국으로 할 것인지가 문제이다. 답은 간단하다. 천간에 투출한 것이나 회합(會合)이 된 것 중에서 맑은 자를 골라 용신으로 삼으면 된다. 이런 방식으로 용신격국을 삼으면 잡기는 잡다한 기운이 안 된다.

원문

何謂透干 如甲生辰月 透戊則用偏財 透癸則用正印 透乙則用月劫是
하 위 투 간 여 갑 생 진 월 투 무 즉 용 편 재 투 계 즉 용 정 인 투 을 즉 용 월 겁 시

也 何謂會支 如甲生辰月 逢申與子會局 則用浮水印是也 一透則一
야 하 위 회 지 여 갑 생 진 월 봉 신 여 자 회 국 즉 용 부 수 인 시 야 일 투 즉 일

用 兼透則兼用 透而又會 則透與會並用 其合而有情者吉 其合而無
용 겸 투 즉 겸 용 투 이 우 회 즉 투 여 회 병 용 기 합 이 유 정 자 길 기 합 이 무

情者則不吉
정 자 즉 불 길

해설

잡기(雜氣)에서 용신격국을 삼을 때 투간(透干)이라 함은 천간에 올라선 것을 말한다. 예를 들어, 甲木일간이 辰월에 생한 경우 辰土의 지장간 중에서 戊土가 천간에 올라오면 편재격(偏財格)이 되고, 癸水가 올라오면 정인격(正印格), 乙木이 올라오면 월겁격(月劫格)이 된다.

잡기에서 용신을 삼을 때 회합(會合)이라 함은 지지에 합을 이룬 것을 말한다. 예를 들어, 甲木일간이 辰월에 생하고 지지에 申子가 있어서 申子

辰 수국(水局)을 이룰 때 水를 용신으로 삼는 것을 말한다. 투간이 하나면 용신격국은 하나만 되고, 두세 개가 동시에 투간되면 겸하여 용신격국으로 삼는다. 또한 투간과 회합이 동시에 이루어져도 겸하여 용신격국으로 삼는다. 겸하는 경우 그 조합이 유정하면 길하고, 무정하면 불길하다.

원문

然亦有月令無用神者 將若之何 如木生寅卯 日與月同 本身不可爲用
연역유월령무용신자 장약지하 여목생인묘 일여월동 본신불가위용

必看四柱有無財官煞食透干會支 另取用神 然終以月令爲主 然後尋
필간사주유무재관살식투간회지 영취용신 연종이월령위주 연후심

用 是建祿月劫之格 非用而卽用神也
용 시건록월겁지격 비용이즉용신야

해설

용신격국을 정할 때 월령에서 용신을 정할 수 없는 경우도 있다. 예를 들어, 甲乙이 寅卯월에 생하면 일간과 월령이 같아서 용신격국으로 사용할 수 없다. 이 때는 천간에 투출한 식재관(食財官)인 식상, 재성, 관살로 용신격국을 삼거나, 지지에 삼합을 이룬 육친으로 용신격국을 삼는다. 즉, 용신격국은 월령 위주로 찾고, 용신이 없으면 다른 곳에서 용신을 찾는다. 그러므로 월에 비겁이 있는 건록격(建祿格)과 월겁격(月劫格)은 용신이 아닌 것을 용신으로 삼는다.

원문

今人不知專主提綱 然後將四柱干支 字字統歸月令 以觀喜忌 甚至見
금인부지전주제강 연후장사주간지 자자통귀월령 이관희기 심지견

正官佩印 則以爲官印雙全 與印綬用官者同論 見財透食神 不以爲財
정관패인 즉이위관인쌍전 여인수용관자동론 견재투식신 불이위재

逢食生 而以爲食神生財 與食神生財同論 見偏印透食 不以爲泄身之
봉식생 이이위식신생재 여식신생재동론 견편인투식 불이위설신지

秀 而以爲梟神奪食 宜用財制 與食神逢梟同論 見煞逢食制而露印者
수 이이위효신탈식 의용재제 여식신봉효동론 견살봉식제이로인자

不爲去食護煞 而以爲煞印相生 與印綬逢煞者同論 更有煞格逢刃
불위거식호살 이이위살인상생 여인수봉살자동론 경유살격봉인

不以爲刃可幇身制煞 而以爲七煞制刃 與陽刃露煞者同論 此皆由不
불이위인가방신제살 이이위칠살제인 여양인로살자동론 차개유부

知月令而妄論之故也
지월령이망론지고야

해설 월지를 기준으로 팔자 간지를 대조하여 희기(喜忌)를 가리는 것이 원칙인데도 제강(提綱)인 월지가 팔자의 주체가 되는 것을 사람들은 알지 못한다. 심지어는 정관격에 인수가 있는 정관패인(正官佩印)과 인수격에 정관이 있는 인수용관(印綬用官)을 모두 관인쌍전(官印雙全)으로 보기도 하고, 재성격에 식신이 있는 재투식신(財透食神)과 식신격에 재성이 있는 식신생재(食神生財)가 다른데도 이를 모두 식신생재로 보기도 한다.

또한 편인격에 식신이 있는 편인투식(偏印透食)은 왕성한 기운을 빼내어 좋은 것인데도 불구하고 이를 식신격에 편인이 있는 식신봉효(食神逢梟)와 동일하게 보아 재성으로 편인을 극해야 한다고 말하기도 한다. 아울러 식신이 칠살을 극제하는 중에 인성이 투출하면 결국 인성은 식신을 극하여 칠살을 보호하는 형국이 되어 나쁜데, 이와 같은 경우를 살인상생으

로 여기고 인수격에 칠살이 있는 인수봉살(印綬逢煞)과 동일하게 보기도 한다. 또 칠살격에 양인이 있는 살격봉인(煞格逢刃)의 경우 양인은 일간을 도와 칠살에 대항하는 좋은 것인데, 이를 양인로살(陽刃露煞)과 동일하게 다루기도 한다. 이러한 잘못들은 월령의 중요성을 알지 못해 생긴 것들이다.

※ 강해 ※　　용신격국에 의한 팔자들을 구분하는 것은 간명(看命)의 출발이다. 만약 어느 팔자가 용신격국의 구분 기준을 적용하여 재성격으로 분류되었다면, 다음 기준들로 판단한다.

① 재성이 식신의 생을 받는 재봉식생(財逢食生)이 신왕하면 성격(成格)이다.
② 재성이 왕성한 관성을 생하는 재생관왕(財生官旺)이면 성격이다.
③ 재성과 인수가 멀어 장애가 없는 재인쌍청(財印雙淸)이면 성격이다.
④ 재성은 가볍고 비겁이 무거운 재경비중(財輕比重)의 경우에는 재성이 비겁의 압박을 받으므로 패격(敗格)이다.

　이러한 판단의 잣대들을 사용하기 위해서는 먼저 팔자가 어느 용신격국인지 구분할 수 있어야 한다. 원문에서 언급한 용신격국의 구분 기준을 간단히 요약하면 아래와 같다. 아래 요약사항을 염두에 두고 이 항목의 원문 내용을 다시 읽어보길 권한다. 원문이 훨씬 쉽게 이해될 것이다.

① 월령에서 용신격국을 삼는다.
② 월령에서 투출한 정기(正氣)로 용신격국을 삼는다.
③ 월령에서 정기 외의 지장간이 투출한 경우에는 투출한 지장간으로 용신격국을 삼는다.
④ 월령이 삼합이 되는 경우에는 합오행(合五行)으로 용신격국을 삼는다.
⑤ 월령이 잡기(雜氣)일 때는 투출한 지장간이나 회합(會合)이 된 것 중에

서 맑은 자로 용신격국을 삼는다.
⑥ 월령이 녹겁(祿劫)일 때는 투출한 식재관(食財官)이나 지지의 삼합오행으로 용신격국을 삼는다.

　용신격국을 정하는 기준들을 다음 사례사주들을 통해 하나씩 살펴본다. 사례에는 간단한 해석을 달았다. 해석이 이 장의 수준을 넘는 것도 있다. 용신격국이 어떻게 이용되는지 관심을 가지고 살펴보자.

❶ 월령에서 용신격국을 삼는다

시	일	월	연 (乾命)
乙	庚	乙	壬
酉	戌	巳	寅

　巳월이므로 월령의 지장간 중에서 정기(正氣)인 丙火칠살이 격의 기준이 된다. 칠살격이다. 칠살격인데 칠살, 식신, 일간이 모두 왕성한 경우에는 삼대축복이 있다고 한다. 위 사주는 壬水식신이 있지만 寅木인 병지(病地)에 있고, 돕는 자가 없다. 식신은 역할이 없으므로 있으나 마나이다. 그러므로 축복의 조건이 빠진 셈이다. 결론적으로 용신격국은 칠살격의 패격으로 분류된다.

❷ 월령에서 투출한 정기(正氣)로 용신격국을 삼는다

시   일   월   연 (坤命)
丙   乙   丁   丁
子   巳   未   亥

　　월령이 未土편재이니 편재격으로 보기 쉽다. 그러나 未土의 지장간 중에서 丁火식신이 투출했으니 용신격국은 식신격이다. 식신격에 丙火상관이 투출했으니 명주의 성격이 아주 강하다. 火식상이 재성을 생하는 식신생재(食神生財)는 가능하다. 그러나 일간을 돕는 水인수가 무력하여 신약하다. 식신격의 패격으로 분류된다. 식신격이 편인을 만나는 식신봉효(食神逢梟)도 패격이 되지만, 위 사주와 같이 신약한 경우도 패격이다.

❸ 월령에서 정기 외의 지장간이 투출한 경우에는 투출한 지장간으로 용신격국을 삼는다

시   일   월   연 (乾命)
癸   丙   戊   壬
巳   寅   申   寅

　　丙火일간에 월령이 申金편재이니 재성격이다. 申金의 지장간 庚壬戊己 중에서 戊土와 壬水가 투출했으니 격국이 변화할 수 있다. 그러나 투출한 壬水를 보면 寅木의 병지에 있는 중 戊土에게 극을 받아 무력하고, 戊土는

戊癸합으로 기반되니 유력한 지장간이 없어 원래의 재성격을 유지한다. 만약 재성격에서 투출한 칠살이 유력하면 재투칠살(財透七殺)이 된다. 재물이 일간을 치는 칠살을 생하니 재성격의 패격이 된다. 이 사주는 칠살이 무력하므로 이런 염려는 없다.

반대로 재성격의 성격이 되려면 재생관왕(財生官旺)이 되어 재성이 왕성한 정관을 생해야 한다. 위 사주는 시간에 있는 癸水정관은 기반되고, 지지와 수화상극(水火相剋)이 되어 무력하니 재성격의 성격이 되지 못한다. 그러나 운의 흐름에서 중년에 水관살의 기운이 와서 성격이 되도록 도와 부귀를 이룬 명이다. 만약 위 사주와 같은 재투칠살이 재성격의 패격이 되었다면 부귀와는 거리가 멀어진다.

투출한 지장간이 있을 때 용신격국을 정하는 법을 다시 정리해본다.
① 월지의 정기가 투출하면 그것으로 용신격국을 정한다.
② 투출한 지장간이 여럿일 때는 유력한 것으로 격국을 삼는다.
③ 만약 팔자에 유력한 것을 극하는 자가 있고, 극하는 자는 월령을 생할 때는 월령이 용신격국의 기준이 된다.

❹ 월령이 삼합이 되는 경우 합오행으로 용신격국을 삼는다

시	일	월	연(坤命)
甲	壬	庚	丙
辰	戌	寅	午

癸	甲	乙	丙	丁	戊	己
未	申	酉	戌	亥	子	丑

壬水일간이 식신월인 寅월에 났으니 식신격으로 분류하기 쉽다. 그러나 지지에 寅午戌 화국(火局)이 있고, 연간에 寅 중의 丙火도 투출했으므로 재성격이다. 재성격의 잣대로 팔자를 보면, 재성은 무겁고 비겁은 약한 재중비경(財重比輕)에 재다신약(財多身弱)이니 패격이며, 식신이 재성을 생하는 재봉식생(財逢食生)이 되어 성격으로 볼 수 있지만 신약하기 때문에 패격이다. 또한 재성격에 인수를 차고 있는 재격패인(財格佩印)의 경우 인수가 나를 도우니 귀하다고 볼 수도 있다. 그러나 월간의 庚金편인은 연월에서 화금상전(火金相戰)이 되고 앉은 자리가 절지(絶地)이니 아무런 역할을 할 수 없다. 재성격을 보는 어떤 기준을 적용해도 패격이니 문제가 있는 팔자이다.

명주는 1999년(丁亥운 己卯년)부터 바람이 났고, 2003년(丁亥운 癸未년)에 별거에 들어갔다. 2009년 현재 남편은 생활능력이 없어 바람난 부인이 벌어다 주는 돈으로 자식과 함께 생활하고 있고, 본인은 일주일에 한 번씩 자식을 만나러 다니는 생활을 하고 있다. 팔자의 지지 午, 寅, 戌, 辰에는 모두 戊己관살이 숨어 있으니 관살혼잡(官殺混雜)인데 일간은 신약하다. 이는 남편에 대한 집중력이 떨어짐을 말한다. 재성격의 패격에 관살혼잡. 탁한 생활로 몰고 가는 사주의 성분이다.

㈜ **월령이 삼합, 방합, 육합이 되는 경우 용신격국을 정한 예** 월령이 삼합, 방합, 육합이 되는 경우『자평진전』원문에서 격국을 분류한 예들은 다음과 같다. 사주명식 옆의 성명은 원문에서 예로 다룬 명주의 이름이다.

① 방합이 되는 경우 월령을 그대로 취했다

시 일 월 연 (乾命)
戊 辛 乙 甲
子 未 亥 子

▶ 나장원, 亥子합으로 亥 중의 壬水를 취해 상관격

② 삼합이 되는 경우, 삼합의 자가 모두 있지 않은데 월령이 子午卯酉 사정(四正)이 아닌 반합이면 월령을 취해 격국을 삼았다

시 일 월 연 (乾命)
庚 丁 丁 乙
戌 未 亥 卯
▶ 김장원, 亥卯가 되지만 亥를 취해 정관격

시 일 월 연 (乾命)
辛 壬 辛 己
亥 寅 未 卯
▶ 선참국, 卯未가 되지만 卯를 취해 정관격

시 일 월 연 (乾命)
癸 丙 庚 丙
巳 午 寅 午
▶ 조지부, 寅午가 되지만 寅을 취해 인수격

시 일 월 연 (乾命)
庚 癸 癸 己
申 未 酉 巳
▶ 모장원, 巳酉가 되지만 酉를 취해 인수격

시 일 월 연 (乾命)
辛 己 壬 甲
未 亥 申 子
▶ 장승상, 申子가 되지만 申을 취해 상관격

③ 삼합의 자가 모두 있는 경우는 월령을 기준으로 격국을 삼았다

시 일 월 연 (乾命)
癸 癸 癸 丁
丑 亥 卯 未
▶ 양승상, 亥卯未가 되고 卯를 취해 식신격

④ 월령이 육합을 이루는 경우는 격국 선정에 고려하지 않았다

❺ 월령이 잡기(雜氣)일 때는 투출한 지장간이나 회합(會合)이 된 것
중 맑은 자로 용신격국을 삼는다

```
시  일  월  연 (乾命)
乙  甲  庚  丁
丑  子  戌  未

癸 甲 乙 丙 丁 戊 己
卯 辰 巳 午 未 申 酉
```

　甲일간이 戌土월령 외에 또 다른 土가 있으면 종재격(從財格)으로 보라고 했지만, 이 사주는 일지에 子인수를 깔고 있고, 시간에 乙木겁재가 있어 종격(從格)으로 보기는 어렵다. 丁火연간이 연월의 未土와 戌土에 뿌리가 있는 중, 丁火를 극하는 水인수가 천간에 투출하지 않고 지지에만 있어 신약한 사주로 분류된다. 용신격국은 戌월 중의 丁火상관이 투출했으므로 신약한 상관격이다. 신약한 상관격이 인수를 필요로 할 때는 인수를 상하게 하는 글자가 바로 피해야 할 기운이다. 위 팔자에서는 未土, 戌土, 丑土 재성이 인수가 피해야 할 글자이다.
　재물과의 인연을 살펴본다. 식상의 활동성과 재성의 저장성은 있지만 甲木일간의 힘이 약해 재물에 대한 장악력이 떨어지고, 재성이 피해야 할 기운이 된다는 단점이 있다. 단, 재물궁인 일지에 팔자에 도움을 주는 子水정인이 있고, 시간에 乙木희신이 있는 중 일시가 乙←甲, 丑←子로 상순(相順) 관계여서 재물과 희신으로 순탄하게 흐르는 장점도 있다. 그러므로 재물 욕심만 조절하면 작은 재물은 만질 수 있다. 명주는 파생금융상

품인 선물 거래를 하는 남성으로, 2001년 辛巳년과 2002년 壬午년은 巳午 식상운으로 재미를 보았다. 2003년 癸未년은 丁火상관을 丁癸충하고 재다신약(財多身弱)으로 변해 재미가 없었다. 2004년 甲申년과 2005년 乙酉년은 申酉관살이 재성의 생조로 신약사주에 칠살로 작용해 손실을 많이 보았다.

㈜ **월령이 잡기일 때 원문에서 용신격국을 정한 예** 사주명식 옆의 성명은 원문에서 예로 다룬 명주의 이름이다.

① 정기 투출, 세력 있는 천간으로 격을 삼은 예

```
시 일 월 연 (乾命)
戊 丙 甲 壬
戌 戌 辰 辰
```
▶ 탈승상, 壬水를 취해 칠살격

② 정기만 투출, 정기로 격을 삼은 예

```
시 일 월 연 (乾命)
壬 辛 戊 丙
辰 未 戌 戌
```
▶ 주상서, 戊土를 취해 인수격

```
시 일 월 연 (乾命)
戊 辛 戊 丙
子 酉 戌 寅
```
▶ 장참정, 戊土를 취해 인수격

```
시 일 월 연 (乾命)
辛 壬 辛 己
亥 寅 未 卯
```
▶ 선참국, 己土를 취해 인수격

```
시 일 월 연(乾命)
戊 丙 壬 戊
戌 子 戌 戌
```
▶ 호회원, 戊土를 취해 식신격

```
시 일 월 연(乾命)
庚 丙 丁 己
寅 寅 丑 卯
```
▶ 진룡도, 己土를 취해 상관격

```
시 일 월 연(乾命)
辛 壬 戊 丙
丑 戌 戌 寅
```
▶ 하참정, 戊土를 취해 칠살격

```
시 일 월 연(乾命)
戊 甲 庚 乙
辰 午 辰 酉
```
▶ 모장원, 戊土를 취해 재성격

③ 중기 또는 여기가 투출했지만 월령으로 격을 삼은 예

```
시 일 월 연(乾命)
壬 丙 丁 壬
辰 寅 未 寅
```
▶ 하각로, 未土 중 己土를 취해 상관격

④ 중기 또는 여기가 투출했지만 세력 있는 천간으로 격을 삼은 예

```
시 일 월 연(乾命)
乙 戊 丁 壬
卯 申 未 戌
```
▶ 미상, 乙木을 취해 정관격

⑤ 지장간이 투출하지 않고, 세력 있는 천간으로 격을 삼은 예

시 일 월 연 (乾命)
壬 辛 辛 甲
辰 酉 未 子

▶ 왕학사, 甲木을 취해 재성격

시 일 월 연 (乾命)
癸 辛 甲 己
巳 未 戌 未

▶ 미상, 己土를 취해 인수격

❻ **월령이 녹겁(祿劫)일 때는 투출한 식재관(食財官)이나 지지의 삼합 오행으로 용신격국을 삼는다**

시 일 월 연 (乾命)
丙 癸 丙 甲
辰 丑 子 子

癸 壬 辛 庚 己 戊 丁
未 午 巳 辰 卯 寅 丑

癸水일간이 子월인 비겁월을 만났으니 용신격국으로 삼을 수 없다. 투출한 식재관(食財官)이나 삼합오행으로 용신격국을 삼아야 한다. 투출한 것이 甲木상관과 丙火재성이다. 천간이 목생화(木生火)의 구조이다. 생의 흐름이 丙火재성에 맺혀 있으니 재성격으로 분류한다.

투출한 丙火재성을 쓰기 위해서는 甲木상관의 역할이 가장 중요하다.

甲木상관이 연간에 있어 일간과는 무정하지만, 연월에 있는 子水의 생조를 받으므로 甲木상관을 쓰는데 문제가 없다. 운의 흐름을 보면 木운인 戊寅운, 己卯운이 가장 좋다.

㊟ **월령 비겁이면 과연 용신격국이 없는가?** 원문에서는 월령이 비겁인 경우 위와 같은 특별한 방법으로 용신격국을 정하라고 하였다. 그러나 뒤에 이어지는 각 용신격국의 자세한 설명에서는 월령이 비겁인 경우를 건록격(建祿格), 월겁격(月劫格), 양인격(陽刃格)으로 나누어 설명하고 있다. 또 건록격과 월겁격을 구분할 필요가 없으므로 녹겁격(祿劫格)으로 묶어 볼 것을 권하고 있다. 이 사항을 표를 만들어보면 다음과 같다.

일간	甲	乙	丙	丁	戊	己	庚	辛	壬	癸
비견	○	○	○	○	辰戌	丑未	○	○	○	○
월겁	○	寅	○	巳	丑未	辰戌	○	申	○	亥
건록	寅	卯	巳	午	巳	午	申	酉	亥	子
양인	卯	○	午	○	午	○	酉	○	子	○

표를 보면 순수하게 월에 비견이 되는 것은 戊己일간에 辰戌丑未월밖에 없다. 戊己일간에 辰戌丑未월인 경우도 잡기월의 용신격국을 정하는 방법이 따로 있다. 그렇다면 월령이 비겁인 경우에 용신격국을 따로 정한다는 원문 내용은 필요 없다. 이에 대한 원문 내용을 종합해보면 월령이 비겁일 때는 용신격국의 명칭은 따로 있지만, 그 격국의 '쓰임[用]'은 따로 정한다고 정리된다. 즉, 월령이 비겁일 때 녹겁격과 양인격으로 구분하되, 격의 쓰임을 볼 때는 식신격, 재성격 등 정격의 기준을 적용한다.

8장 격국의 성패와 변화

1. 격국의 순용과 역용

▧ 원문 ▧

是以善而順用之 則財喜食神以相生 生官以護財 官喜透財以相生 生
시이선이순용지 즉재희식신이상생 생관이호재 관희투재이상생 생

印以護官 印喜官煞以相生 劫才以護印 食喜身旺以相生 生財以護食
인이호관 인희관살이상생 겁재이호인 식희신왕이상생 생재이호식

不善而逆用之 則七煞喜食神以制伏 忌財印以資扶 傷官喜佩印以制
불선이역용지 즉칠살희식신이제복 기재인이자부 상관희패인이제

伏 生財以化傷 陽刃喜官煞以制伏 忌官煞之俱無 月劫喜透官以制伏
복 생재이화상 양인희관살이제복 기관살지구무 월겁희투관이제복

利用財而透食以化劫 此順逆之大路也
이용재이투식이화겁 차순역지대로야

▧ 해설 ▧   용신격국을 가린 후 재관인식(財官印食)의 사길신이면

생으로 순용한다. 다음과 같은 경우이다.
① 재성을 식신이 상생하는 경우.
② 정관이 재성을 보호하는 경우. 정관이 투출한 재성의 생을 받는 경우.
③ 정인을 생하여 정관이 보호될 때 정인이 상관을 극제(剋制)하여 정관이 보호되는 경우.
④ 정인을 관살이 생할 때 정인을 겁재가 보호하는 경우.
⑤ 식신이 신왕한 일간과 상생하는데 식신이 생재하여 식신이 보호되는 경우.
⑥ 인수를 관살이 생할 때 재성이 인수를 공격하는 것을 겁재가 막는 경우.
⑦ 식신이 신왕한 일간으로부터 생을 받고, 식신이 재성을 생하며, 재성은 인수를 극해 식신이 보호되는 경우.

용신격국을 가린 후 살상겁인(殺傷劫刃)의 사흉신이면 극으로 역용한다. 다음과 같은 경우이다.
① 칠살을 식신이 제복(制伏)하는 경우에는 재성이 칠살을 생조하는 것과 인성이 식신을 극제하는 것을 꺼린다.
② 상관을 인성이 제복할 때 상관이 재성을 생하여 재성으로 바뀌는 경우.
③ 양인이 관살을 제복하는 경우. 이 때는 관살이 없는 것을 기피한다.
④ 월지에 겁재가 있는데 투출한 관성이 제복하는 경우.
⑤ 재성을 쓸 때 투출한 식신이 겁재의 기운을 빼는 경우.

원문

財官印食 四吉神也 然用之不當 亦能破格 如食神帶煞 透財爲害 財
재관인식 사길신야 연용지부당 역능파격 여식신대살 투재위해 재

能破格也 春木火旺 見官則忌 官能破格也 煞逢食制 透印無功 印能
능파격야 춘목화왕 견관즉기 관능파격야 살봉식제 투인무공 인능

破格也 財旺生官 露食則雜 食能破格也
파 격 야 재 왕 생 관 노 식 즉 잡 식 능 파 격 야

해설 재관인식(財官印食)인 사길신이라도 쓰임이 적당하지 않으면 패격이 될 수 있다. 다음과 같은 경우이다.

① 식신격에 칠살이 있는 식신대살(食神帶殺)은 재성이 투출하면 해로우니 재성 때문에 패격이 된다.
② 봄의 木일간은 火 기운이 왕성하면 정관이 있는 것을 꺼리니 관성 때문에 패격이 된다.
③ 칠살을 식신으로 제압하는 사주의 경우 투출한 인수는 아무 공로가 없다. 인수로 인해 패격이 된다.
④ 왕한 재성이 관성을 생하는 재성격에 식신이 투출하면 사주가 맑지 못하다. 즉, 식신으로 인해 패격이 된다.

㈜ 원문에서는 패격과 파격을 같이 쓰고 있다. 이 책에서는 패격으로 통일하였다.

원문

是故官用食破 印用財破 譬之用藥 參苓芪朮 本屬良材 用之失宜 亦
시 고 관 용 식 파 인 용 재 파 비 지 용 약 삼 령 기 술 본 속 량 재 용 지 실 의 역

能害人
능 해 인

해설 그러므로 정관을 용신으로 하는 경우에 식신이 있으면 패격이 되고, 인수가 용신일 경우에는 재성이 있으면 패격이 된다. 인삼, 황기, 백출은 좋은 약이지만 능히 사람을 해칠 수 있는 것과 같다.

🕮 원문 🕮

煞傷梟刃 四凶神也 然施之得宜 亦能成格 如印綬根輕 透煞爲助 煞
살상효인 사흉신야 연시지득의 역능성격 여인수근경 투살위조 살

能成格也 財逢比劫 傷官可解 傷能成格也 食神帶煞 靈梟得用 梟能
능성격야 재봉비겁 상관가해 상능성격야 식신대살 영효득용 효능

成格也 財逢七煞 刃可解厄 刃能成格也
성격야 재봉칠살 인가해액 인능성격야

🕮 해설 🕮

살상겁인(殺傷劫刃)은 사흉신이지만, 배합이 적당하면 성격(成格)을 이루는 요소가 될 수 있다. 다음과 같은 경우이다.

① 인수가 뿌리가 없는 경우에 칠살이 이를 도우면, 칠살이 비록 흉신이지만 이 칠살 때문에 성격이 된다.

② 재성이 비겁의 공격을 받는 경우에 상관이 이를 해결하면 상관 때문에 성격이 된다.

③ 식신격에 칠살이 있어서 일간이 약해 편인이 필요한 경우에는 편인 때문에 성격이 된다.

④ 재성이 칠살을 만난 경우 양인이 이를 해결할 수 있으므로 양인이라는 흉신 때문에 성격이 된다.

㈜ 본문에서는 살상효인(殺傷梟刃)을 사흉신으로 보았다. 원문 전체에서 살상겁인(殺傷劫刃)을 사흉신으로 보았고, 인수의 정편을 구분하지 않고 길신으로 본 원문의 취지에 따라 사흉신은 살상겁인으로 통일한다. 이하 동일하다.

📜 원문 📜

是故財不忌傷 官不忌梟 煞不忌刃 如治國長搶大戟 本非美具 而施之
시고재불기상 관불기효 살불기인 여치국장창대극 본비미구 이시지

得宜 可以戡亂
득의 가이감란

📜 해설 📜

그러므로 재성은 상관을, 정관은 편인을, 칠살은 양인을 꺼리지 않는다. 이는 나라를 다스리는 데 큰 창은 좋은 도구가 아니지만 잘 쓰면 그것으로 난을 다스리는 이치와 같다.

📜 강해 📜

원문 내용은 다음과 같이 정리할 수 있다.

① 재관인식(財官印食)은 사길신이다.
② 살상겁인(殺傷劫刃)은 사흉신이다.
③ 사길신은 순용한다.
④ 사흉신은 역용한다.
⑤ 사길신도 패격을 만들 수 있다.
⑥ 사흉신도 성격을 만들 수 있다.

특정 기준을 적용하여 팔자를 분류하는 것은 용신격국을 정하기 위해서이다. 용신격국을 정하고 나면 팔자를 주도하는 육친이 판정된다. 그 육친이 사길신 재관인식(財官印食)인 재성, 정관, 인수, 식신이면 길한 육친이므로 이 때는 생하는 방법을 쓸 수 있어야 성격이 된다. 반대로 사흉신 살상겁인(殺傷劫刃)인 칠살, 상관, 겁재, 양인이면 흉한 육친이니 이 때는 극하는 방법을 쓸 수 있어야 성격이 된다. 이런 기준이 팔자에서 어떻게 적용되는지 사길신을 중심으로 살펴본다.

❶ 재성격에 식신을 순용하여 성격이 되는 경우

```
시  일  월  연(坤命)
丁  丙  辛  戊
酉  戌  酉  午

甲  乙  丙  丁  戊  己  庚
寅  卯  辰  巳  午  未  申
```

　丙火일간이 酉金재성월을 만났으니 재성격이다. 시간에 丁火겁재가 있고 연지에 午火겁재가 있으므로 재성과 비겁을 연결해줄 식신이 필요하다. 마침 戌土일지에 뿌리를 둔 戊土가 연간에 투출해 있다. 그러므로 戊土연간인 식신이 팔자를 성격으로 만든다.

　팔자에 丁火겁재가 일간과 가까이 있어 유정한 상태로 일간을 방조(幇助)하고 있지만, 일간이 식상과 재성을 완전히 감당할 정도의 힘은 없다. 그러므로 운은 신약을 해결하는 木火로 흘러야 한다. 대운의 흐름이 희용신인 木火로 흐르니 좋다.

　실제로 부잣집 자손과 결혼하여 평생을 무탈하게 살았고 무병장수하였다. 양력 2004년 9월(癸丑운 甲申년 癸酉월) 87세의 나이로 잠자던 중 사망하였다. 사망월은 팔자의 신약을 해결해주는 丁火를 丁癸충하고, 金재성을 강화시켜 팔자의 균형이 깨지는 월이다.

❷ 정관격에 재성을 순용하여 성격이 되는 경우

```
시  일  월  연 (乾命)
丁  丙  甲  癸
酉  寅  子  未


丁  戊  己  庚  辛  壬  癸
巳  午  未  申  酉  戌  亥
```

子월 丙火이니 정관격이다. 사길신인 정관이 주도하는 정관격은 순용하라고 하였다. 순용은 생을 쓰는 것이다. 재성으로 정관을 생하는 방법과 정관이 인수를 생하여 성격을 이루는 두 가지 방법이 있다. 재성을 쓸 것인가, 인수를 쓸 것인가?

이 경우는 일간의 왕약을 판단해야 한다. 팔자의 왕약을 부추겨 더 편협하게 하는 것은 무정하게 만드는 요소이고, 무정하면 아무리 성격(成格)이 되어도 쓸모 없기 때문이다. 팔자의 왕약을 보자. 丁火시간과 甲木월간이 丙火일간과 친밀한 상태이고, 일지에 寅木편인을 깔고 있으니 신왕하다. 신왕한 팔자에 인수를 쓰면 무정해지므로 결국 酉金재성을 쓰는 것이 맞다. 그러므로 관인상생(官印相生)이 아닌 재생관(財生官)으로 성격을 만드는 팔자이다.

성격이 되게 하는 酉金재성은 천간의 丁火와 화금상전(火金相戰)을 하고, 酉金이 생하려는 월지 子水 사이에 寅木일지가 끼어 있어 생이 여의치 않다.

운에서 辛酉, 庚申이 왔을 때 子水정관을 생한다. 이 운에 완전한 성격이 되어 꽃피는 시절을 보냈다.

㊟ 동일한 사주에 대해 『사주정설(四柱精說)』에서는 辛酉, 庚申운에 여러 차례 무과에 낙방한 흉운으로 풀이하였다. 『사주정설』의 오기로 보인다.

❸ 인수격에 겁재를 순용하여 성격이 되는 경우

시	일	월	연 (坤命)
甲	乙	己	丙
申	丑	亥	寅

壬	癸	甲	乙	丙	丁	戊
辰	巳	午	未	申	酉	戌

亥水 월령 중에서 지장간 甲木겁재가 시간에 투출했지만, 뿌리가 없이 허투(虛透)하였다. 겁재를 격국용신의 기준으로 삼을 수 없으니 월령을 기준으로 하여 격국을 삼는다. 인수격이다. 용신격국이 사길신이니 인수를 생하는 관살이나, 인수가 생하는 비겁을 써서 순용하는 것이 원칙이다. 관살과 비겁 중 어느 것을 쓸지는 팔자의 왕약을 판단한 후 결정한다.

신왕의 요소를 보자. 亥월 乙木이 丑土를 깔고 있어 水 기운이 유취(類聚)되었고, 지지에서 寅亥합이 되며, 시간에 甲木이 있어 등라계갑(藤蘿繫甲)이 된다. 이들이 신왕 요소이다. 그러나 시간 甲木은 申金 살지(殺地)에 있고, 丑土일지에 뿌리가 있으면서 丙寅연주의 생을 받는 己土가 월간에 투출하여 물을 막는다. 이들은 신약 요소이다. 신왕 요소와 신약 요소

를 비교하면 신약 요소가 강하다. 그렇다면 순용하는 것 중에서 비겁을 써
야 한다. 시간에 甲木겁재가 있으니 인수격의 성격이 된다. 여자 팔자에
성격이 되었지만 남편 역할이 없는 것이 흠이다. 역할이 없는 이유는 남편
궁인 월지가 공망이고, 남편성은 시지인 상관궁에 있어 파성(破星)이 되
었는데, 운의 흐름도 식상으로 이어져 있기 때문이다.

토지의 작가 박경리 선생의 팔자이다. 일생의 흐름을 보면 다음과 같다.

① 1926년 10월 28일(음력) 초저녁 경남 통영에서 출생.
② 한국전쟁에서 남편을 여의고 이어 아들도 잃음.
③ 1955년 김동리의 추천으로 등단, 60년대『김약국의 딸들』등을 발표.
④ 1969년『토지』를 시작하여 1994년 완성.
⑤ 1999년 강원도 원주에 토지문화관 설립.
⑥ 양력 2008년 5월 5일 오후 2시 45분에 사망.

❹ **식신격에 재성을 순용할 수 없어 패격이 되는 경우**

시	일	월	연 (坤命)
丁	丙	甲	壬
酉	午	辰	辰

丁	戊	己	庚	辛	壬	癸
酉	戌	亥	子	丑	寅	卯

辰월에 丙火일간이니 식신격이다. 丙火일간 주변에 木火 인비(印比)가
강하므로 비겁은 쓸 수 없고 식신의 순용자인 재성을 써야 한다. 시지에

酉金재성이 있지만, 위와 옆으로부터 화극금(火剋金)을 당하므로 전혀 역할을 할 수 없다. 마땅히 써야 할 자가 역할을 못하니 식신격의 패격이 되었다.

2009년 현재 58세인 여성이다. 상담시 평생 혼자 살면서도 남자에게 관심이 없었고, 돈을 벌어 사회사업을 할 수 있는지를 물었다. 남자에 관심이 없는 이유들은 다음과 같다.

① 壬水관성이 辰土상관 위에 있으니 살지(殺地)에 있다. 즉, 앉은 자리가 마땅치 않아 壬水가 역량을 발휘할 형편이 안 된다.
② 壬水관성으로 진입이 힘들다. 이는 자공망(自空亡)으로 설명할 수 있다. 일주가 남자 생각이 나는 경우 남자의 별인 관성으로 흘러가는데, 진입한 관성이 있는 壬辰연주를 기준으로 보면 午未가 공망이 된다. 일지 午가 공망이 되니 자신의 터전을 비워놓고 남자로 향할 수 없어 진입이 불가능하다.
③ 관성에 대한 재성의 생조(生助)가 어렵다. 이는 시지 酉金재성의 주변이 온통 火비겁으로 화금상전(火金相戰)이 되어 스스로를 지키기 어려운 판에 壬水관성을 도와줄 여력이 없기 때문이다.
④ 자왕지기(自旺之氣)가 강하다. 丙午는 붉은 말이요, 壬子는 검은 쥐로, 60간지 중 스스로의 기운이 강하여 관살의 간섭을 무시하는 경향이 있다.

2. 격국의 성패와 상신

원문

月令旣得用神　則別位亦必有相　若君之有相　輔者是也　如官逢財生
월 령 기 득 용 신　즉 별 위 역 필 유 상　약 군 지 유 상　보 자 시 야　여 관 봉 재 생

則官爲用 財爲相 財旺生官 則財爲用 官爲相 煞逢食制 則煞爲用 食
즉관위용 재위상 재왕생관 즉재위용 관위상 살봉식제 즉살위용 식

爲相 然此乃一定之法 非通變之妙 要而言之 凡全局之格 賴此一字
위상 연차내일정지법 비통변지묘 요이언지 범전국지격 뇌차일자

而成者 均謂之相也
이성자 균위지상야

▩ **해설** ▩　　월령에서 이미 용신을 얻었으면 팔자의 다른 곳에 반드시 상신(相神)이 있어야 한다. 상신이 있으면 군왕이 재상의 보필을 받는 것과 같다. 예를 들어, 정관격(正官格)에 재성을 만나면 정관이 용신이고 재성이 상신이며, 재성격 중에서 재왕생관(財旺生官)이 되는 경우는 재성이 용신이고 정관은 상신이며, 칠살격(七殺格)에 식신의 제어함이 있는 경우에는 칠살이 용신이고 식신은 상신이다. 이렇게 상신을 정하는 것에 일정한 원칙이 있는 것이 아니므로 통변(通變)의 묘를 알아야 한다. 사주의 격은 하나의 글자에 의해 성격(成格)이 되는 경우가 많은데 이 글자가 상신이다.

▩ **원문** ▩

傷用神甚於傷身 傷相甚於傷用 如甲用酉官 透丁逢壬 則合傷存官以
상용신심어상신 상상심어상용 여갑용유관 투정봉임 즉합상존관이

成格者 全賴壬之相 戊用子財 透甲竝己 則合煞存財以成格者 全賴
성격자 전뢰임지상 무용자재 투갑병기 즉합살존재이성격자 전뢰

己之相 乙用酉煞 年丁月癸 時上逢戊 則合去癸印以使丁得制煞者
기지상 을용유살 연정월계 시상봉무 즉합거계인이사정득제살자

全賴戊之相
전 뢰 무 지 상

▧ 해설 ▧

시	일	월	연
壬	甲	丁	○
○	○	酉	○

팔자의 용신이 상하는 경우 내 몸이 다치는 것이며, 상신이 상하는 경우는 용신이 상한다. 위 사주처럼 甲木일간이 酉월에 생하면 정관격인데, 丁火상관이 투출하니 상관이 정관을 극제(剋制)한다. 여기에 壬水편인이 투출하였다. 丁壬합이 되어 상관이 정관을 극제하는 것을 막고 정관을 보호한다. 이렇게 정관격의 성격(成格)이 되는 것은 오로지 壬水에 의한 것이니, 이 사주에서는 壬水가 상신이 된다.

시	일	월	연
己	戊	○	甲
○	○	子	○

위 사주는 戊土일간이 子월에 생하여 정재격이다. 甲木칠살과 己土겁재가 모두 투출하였다. 甲己합으로 칠살을 합거하여 재성이 살게 되니 정재격의 성격이 된다. 이렇게 성격이 되는 것은 모두 己土겁재가 있기 때문

이니, 己土가 상신이 된다.

시	일	월	연
戊	乙	癸	丁
○	○	酉	○

위 사주는 乙木이 酉월에 생하여 칠살격이다. 연간에 丁火식신과 월간에 癸水편인이 투출하여 丁癸충으로 식신이 충이 되니 패격이다. 그러나 시간에 戊土가 투출하여 戊癸합이 되어 癸水가 丁火를 충하지 못한다. 즉, 연간의 丁火식신은 칠살을 극제할 수 있으므로 칠살격의 성격이 된다. 이와 같이 성격이 되는 것은 결국 시간 戊土가 있기 때문이다. 상신은 戊土가 된다.

㈜ 丁이 연간인 경우는 癸酉월이 될 수 없지만, 원문 그대로 사주를 표시하였다.

원문

癸生亥月 透丙爲財 財逢月劫 而卯未來會 則化水爲木而轉劫以生財
계생해월 투병위재 재봉월겁 이묘미래회 즉화수위목이전겁이생재

者 全賴於卯未之相 庚生申月 透癸泄氣 不通月令而金氣不甚靈 子
자 전뢰어묘미지상 경생신월 투계설기 불통월령이금기불심령 자

辰會局 則化金爲水而成金水相涵者 全賴於子辰之相 如此之類 皆相
진회국 즉화금위수이성금수상함자 전뢰어자진지상 여차지류 개상

神之緊要也
신지긴요야

▨ 해설 ▨

시	일	월	연
○	癸	○	丙
未	卯	亥	○

위와 같이 癸水일간이 亥월에 생하고 丙火정재가 투출하였다. 재성은 월지의 겁재에게 극을 당한다. 그러나 지지에 亥卯未 목국(木局)이 이루어진다. 亥水겁재가 식상으로 변하여 생재(生財)하니 격을 이루게 된다. 이렇게 성격이 되는 것은 전적으로 지지의 卯未에 의한 것이니, 이 사주에서는 지지에 있는 卯未가 상신이 된다.

시	일	월	연
○	庚	○	癸
子	辰	申	○

庚金일간이 申월에 생하였다. 癸水가 투출했지만 癸水가 월령 申에 뿌리가 없어 설기가 원활하지 못하다. 지지에 申子辰 삼합으로 수국(水局)이 이루어진다. 이러면 申은 금수상함(金水相涵)[주]이 되고, 癸水는 설기가 원활해진다. 격이 이루어질 때 지지의 子辰에 의존하므로 상신은 子辰이 된다. 이런 종류는 모두 상신의 중요성을 말해주는 것들이다.

㊟ 금수상함은 건록격 장을 참고한다.

원문

相神無破 貴格已成 相神相傷 立敗其格 如甲用酉官 透丁逢癸印 制
상신무파 귀격이성 상신상상 입패기격 여갑용유관 투정봉계인 제

傷以護官矣 而又逢戊 癸合戊而不制丁 癸水之相傷矣 丁用酉財 透
상이호관의 이우봉무 계합무이부제정 계수지상상의 정용유재 투

癸逢己 食制煞以生財矣 而又透甲 己合甲而不制癸 己土之相傷矣
계봉기 식제살이생재의 이우투갑 기합갑이부제계 기토지상상의

是皆有情而化無情 有用而成無用之格也 凡八字排定 必有一種議論
시개유정이화무정 유용이성무용지격야 범팔자배정 필유일종의론

一種作用 一種棄取 隨地換形 難以虛擬 學命者其可忽諸
일종작용 일종기취 수지환형 난이허의 학명자기가홀제

해설

```
시   일   월   연
癸   甲   丁   戊
○   ○   酉   ○
```

 사주에 상신이 파괴되지 않으면 귀격(貴格)이 되며, 상신이 파괴되면 패격(敗格)이 된다. 위 사주는 甲木일간이 酉월에 생하여 정관격이 된다. 천간에 丁火상관과 癸水편인이 투출하였다. 丁癸충으로 편인이 상관을 충하여 상관이 정관을 해치는 것을 막는다. 즉, 癸水가 이 팔자의 상신이 된다.

 이런 중에 戊土재성이 투출하였다. 戊癸합으로 癸水를 합거하니 상신

이 파괴되었다.

㊒ 위 사주 구조는 간지 배열 원칙상 이루어질 수 없지만, 원문대로 표시하였다.

시	일	월	연
己	丁	癸	甲
○	○	酉	○

丁火일간이 酉월에 생한 편재격이다. 천간에 癸水 칠살만 투출하면 패격이 되지만, 癸水를 극하는 己土가 같이 투출하여 생재(生財)를 할 수 있는 구조이므로 편재격의 성격이 된다. 이 상태에서 다시 甲木이 투출하였다. 甲己합으로 칠살 癸水를 己土가 제압하지 못한다. 즉, 甲木으로 인해 상신인 己土가 파괴되었다. 앞서 예로 든 사주들처럼 유정(有情)함이 무정(無情)으로, 유용(有用)이 무용(無用)으로 변한 격들이다. 팔자를 볼 때는 용신과 상신의 작용을 살핀 후 버릴 것과 취할 것을 살핀다. 팔자마다 그 형태가 다르니 명을 배우는 이는 이를 소홀하게 여기면 안 된다.

▨ 원문 ▨

凡八字排定 必有一種議論 一種作用 一種棄取 隨地換形 難以虛擬
범 팔 자 배 정　필 유 일 종 의 론　일 종 작 용　일 종 기 취　수 지 환 형　난 이 허 의

學命者其可忽諸
학 명 자 기 가 홀 제

▨ 해설 ▨

팔자를 볼 때는 용신과 상신의 작용을 살핀 후 버릴 것과

취할 것을 살핀다. 팔자마다 그 형태가 다르니 명을 배우는 이는 이를 소홀히 말아야 한다.

※ 강해 ※   앞 장에서 사길신은 순용하고, 사흉신은 역용하라고 하였다. 이 때 용신격국에 사용하는 순용자(順用字) 또는 역용자(亦用字)를 방해하여 패격을 만드는 육친을 기신(忌神)이라고 하며, 기신을 제화(制化)나 합거하여 성격을 만드는 천간과 지지의 육친을 상신(相神)이라고 한다. 그리고 상신을 돕는 자는 희신(喜神)이라고 한다. 상신과 희신이 파괴되지 않으면 성격 중에서 귀격이 된다.

정리하면 다음과 같다. ① 용신(用神)은 팔자의 격국(格局), ② 기신(忌神)은 패격을 만드는 육친, ③ 상신(相神)은 성격을 만드는 육친, ④ 희신(喜神)은 상신을 돕는 육친이다.

이러한 개념들이 팔자 해석에 어떻게 사용되는지 예를 통해 살펴본다.

❶ 기신을 해결하는 천간이 없어 패격이 된 경우

시	일	월	연	(乾命)
甲	甲	丁	丙	
戌	午	酉	午	

甲	癸	壬	辛	庚	己	戊
辰	卯	寅	丑	子	亥	戌

酉월 甲木이니 정관격이다. 정관격은 순용한다. 재성과 인수를 만나면

서 형충파해(刑沖破害)가 없는 관봉재인(官逢財印)이면 성격이 되며, 정관이 상관으로부터 극을 당하는 관봉상극(官逢傷剋)이면 패격이 된다. 패격을 만드는 월간의 丁火상관이 기신이다. 여기에 식상의 기운이 워낙 강해 전형적인 패격으로 분류된다. 패격이니 귀함을 이룰 수 없는 천격(賤格)이 된다.

명주는 직장생활을 하고 있지만 수천만 원의 부채가 있어 부모 집에 얹혀살고 있다. 직장에서도 낮은 학력 때문에 직위가 높지 않다. 부인은 1995년경 유방암으로 투병하다가 2003년 양력 3월 14일 아침에 뇌종양으로 사망하였다. 자식으로는 딸이 1명 있다.

❷ 기신을 제화(制化)하는 천간이 상신이 되는 경우

시	일	월	연 (乾命)
丙	甲	戊	壬
寅	戌	申	辰

乙	甲	癸	壬	辛	庚	己
卯	寅	丑	子	亥	戌	酉

申월 甲木이니 칠살격이다. 역용하는 丙火식신이 있어 성격으로 보인다. 연간의 壬水편인이 丙壬충이 되어 기신으로 작용하는 것이 문제이다. 그러나 월간의 戊土재성이 辰戌에 뿌리가 있다. 뿌리가 있어 유력한 재성이 편인을 극제하므로 기신이 해결되어 성격이 되었다. 성격이고, 재성과 일간 모두 뿌리가 있으므로 재명유기(財命有氣)하여 부자로 살았다.

천간 각자의 역할을 요약하면, ① 丙火식신은 역용자, ② 壬水편인은 기신, ③ 戊土재성은 상신이다.

㈜ 『사주첩경(四柱捷徑)』에서는 위 사주에 대해 申 중 壬水가 투출한 것을 취해 인수격으로 보았다. 연간의 壬水인수가 월간 戊土재성의 극을 받고, 아래에서는 辰土재성의 극을 받고 있어 역할이 없다. 이 상태인데도 팔자를 인수의 역할이 크게 작용하는 인수격으로 본 것은 문제가 있다.

❸ 기신을 합거하는 천간이 상신이 되는 경우

시	일	월	연(乾命)
甲	戊	丙	己
寅	辰	子	亥

己	庚	辛	壬	癸	甲	乙
巳	午	未	申	酉	戌	亥

子월 戊土이니 재성격이다. 子辰 수국(水局)을 이룬 재성이 甲木칠살을 밀어주니 재생관왕(財生官旺)으로 성격이 된 듯하다. 그러나 재생관왕일지라도 신약한 경우에는 흉격이 된다. 그러므로 신약을 부추기는 甲木칠살은 기신이다. 기신이 있어 패격이 된 것을 연간의 己土가 甲己합으로 해결해주므로 己土는 상신이 된다. 상신 己土가 亥水 절지(絶地)에 있어 무력한 것이 흠이다. 다행히 월간의 丙火가 화생토(火生土)로 힘을 불어넣고 있다.

위 팔자는 희신인 丙火와 상신인 己土가 있고, 아주 무력하지는 않기 때문에 성격으로 분류된다. 그러나 상신 己土가 약해 대귀(大貴)와는 거리가 있다. 작은 귀함을 얻을 수는 있다. 명주는 교육사업을 하여 주변에서 존경받고 있다.

❹ 기신을 제화하는 지지가 상신이 되는 경우

```
시 일 월 연 (乾命)
丁 癸 己 丙
巳 卯 亥 戌

丙 乙 甲 癸 壬 辛 庚
午 巳 辰 卯 寅 丑 子
```

월에 겁재가 있으니 녹겁격(祿劫格) 중 월겁격(月劫格)이다. 월겁격 중 丙丁재성이 강한데 己土칠살까지 있어 흉하다. 흉한 역할을 하는 칠살은 반드시 제복(制伏)되어야 한다. 일지의 卯木이 亥卯 목국(木局)을 이루어 칠살을 제화(制化)하니 흉함을 해결한다. 그러므로 팔자의 己土칠살은 기신, 卯木식신은 상신이 된다. 운의 흐름이 木으로 이어져 좋다.

명의(名醫)로 불렸던 의사의 명이다. 1989년 지역의원 선거에 출마하여 선거운동을 하던 중 양력 1989년 11월 6일 폭력배가 쏜 총에 맞았다. 큰 부상을 입었지만 생명에는 지장이 없었고, 병상에서 지역의원에 당선되었다. 총상을 입은 시각은 癸卯운 己巳년 甲戌월 庚午일 甲申시이다.

3. 용신격국의 변화

1 용신격국의 변화

원문

變之而善 其格愈美 變之不善 其格遂壞 何謂變之而善 如辛生寅月
변지이선 기격유미 변지불선 기격수괴 하위변지이선 여신생인월

逢丙而化財爲官 壬生戌月逢辛而化煞爲印 癸生寅月 不專以煞論
봉병이화재위관 임생술월봉신이화살위인 계생인월 부전이살론

此二者以透出而變化者也 癸生寅月 月令傷官秉令 藏甲透丙 會午
차이자이투출이변화자야 계생인월 월령상관병령 장갑투병 회오

會戌 則寅午戌三合 傷化爲財 加以丙火透出 完全作爲財論 卽使不
회술 즉인오술삼합 상화위재 가이병화투출 완전작위재론 즉사불

透丙而透戊土 亦作財旺生官論 蓋寅午戌三合變化在前 不作傷官見
투병이투무토 역작재왕생관론 개인오술삼합변화재전 부작상관견

官論也 乙生寅月 月劫秉令 會午會戌 則劫化爲食傷 透戊則爲食傷
관론야 을생인월 월겁병령 회오회술 즉겁화위식상 투무즉위식상

生財 不作比劫爭財論 此二者因會合而變化者 因變化而忌化爲喜 爲
생재 부작비겁쟁재론 차이자인회합이변화자 인변화이기화위희 위

變之善者
변지선자

해설 용신격국이 변화하여 좋아지면 아름다워지며, 변화해 좋지 않으면 그 격은 파괴된다. 변화하여 좋아지는 예는 다음과 같다.
① 辛이 寅월에 나고 丙이 투출하여 정재격이 정관격으로 변화하는 경우.

② 壬이 戌월에 생하고 戌 중의 지장간 辛이 투출하여 칠살격이 인수격으로 변화하는 경우.

이 둘은 지장간으로 인한 용신격국이 변화하는 것이다. 아래는 합으로 인해 용신격국이 변화하는 예이다.

```
시  일  월  연
戊  癸  丙  ○
○  ○  寅  午
```

癸水일간이 寅월에 태어나고 甲木상관 대신에 丙火정재가 투출하거나, 지지에 午戌이 있어 寅午戌 화국(火局)을 이룬 경우에는 상관격이 재성격으로 변화한다. 이 때 戊土정관도 투출하면 甲木상관이 戊土정관을 극하는 상관견관(傷官見官)의 패격으로 보지 않고, 투출한 재성이 관성을 생하는 재왕생관(財旺生官)의 성격으로 본다.

```
시  일  월  연
○  乙  戊  ○
戌  ○  寅  午
```

乙이 寅월에 나고 지지에 午나 戌이 있으면 월의 겁재는 식상으로 변화하고, 戊土정재가 투출한 경우에는 식상생재가 된다. 투출한 재성을 寅木 겁재가 쟁재(爭財)하는 것으로 보지 않는다. 이것이 회합(會合)으로 용신격국이 좋게 변하는 예이다.

원문

何謂變之而不善 如丙生寅月 本爲印綬 甲不透干而會午會戌 則化爲
하 위 변 지 이 불 선 여 병 생 인 월 본 위 인 수 갑 불 투 간 이 회 오 회 술 즉 화 위

劫 丙生申月 本屬偏財 藏庚透壬 會子會辰 則化爲煞 如此之類亦多
겁 병 생 신 월 본 속 편 재 장 경 투 임 회 자 회 진 즉 화 위 살 여 차 지 류 역 다

皆變之不善者也
개 변 지 불 선 자 야

해설

시	일	월	연
○	丙	○	○
○	戌	寅	午

용신격국이 변화하여 좋지 않게 되는 경우가 있다. 丙이 寅월에 생하면 본래는 인수격이다. 그런데 지장간 중에서 甲이 투출하지 않고 지지에 午戌이 있어 寅午戌 화국(火局)을 이루면 인수격이 월겁격으로 변한다.

시	일	월	연
○	丙	壬	○
○	子	申	辰

丙이 申월에 생하면 편재격인데 위 사주처럼 申의 지장간 중 庚이 투출

하지 않고 壬이 투출하거나, 지지에 子辰이 있어 申子辰 수국(水局)을 이루면 편재가 칠살격이 된다. 이러한 예들은 용신격국이 좋지 않게 변하는 경우이다.

원문

又有變之而不失本格者 如辛生寅月 透丙化官 而又透甲 格成正財
우 유 변 지 이 불 실 본 격 자 여 신 생 인 월 투 병 화 관 이 우 투 갑 격 성 정 재

正官乃其兼格也 乙生申月 透壬化印 而又透戊 則財能生官 印逢財
정 관 내 기 겸 격 야 을 생 신 월 투 임 화 인 이 우 투 무 즉 재 능 생 관 인 봉 재

而退位 雖通月令 格成正官 而印爲兼格 癸生寅月 透丙化財 而又透
이 퇴 위 수 통 월 령 격 성 정 관 이 인 위 겸 격 계 생 인 월 투 병 화 재 이 우 투

甲 格成傷官 百戊官忌見 丙生寅月 午戌會劫 而又或透甲 或透壬 則
갑 격 성 상 관 백 무 관 기 견 병 생 인 월 오 술 회 겁 이 우 혹 투 갑 혹 투 임 즉

仍爲印而格不破 丙生申月 逢壬化煞 而又透戊 則食神能制煞生財
잉 위 인 이 격 불 파 병 생 신 월 봉 임 화 살 이 우 투 무 즉 식 신 능 제 살 생 재

仍爲財格 不失富貴 如此之類甚多 是皆變而不失本格者也 是故八
잉 위 재 격 불 실 부 귀 여 차 지 류 심 다 시 개 변 이 불 실 본 격 자 야 시 고 팔

字非用神不立 用神非變化不靈 善觀命者 必於此細詳之
자 비 용 신 불 립 용 신 비 변 화 불 령 선 관 명 자 필 어 차 세 상 지

🔖 해설 🔖

시	일	월	연
丙	辛	甲	○
○	○	寅	○

용신격국이 변화한 듯하지만 원래 격국을 잃지 않는 경우가 있다. 위 사주처럼 辛이 寅월에 생했는데, 丙火정관이 투출하고 甲木정재도 투출했다면 격국은 정재격이다. 단, 정재격이 정관격을 겸하고 있다.

시	일	월	연
戊	乙	壬	○
○	○	申	○

위 사주처럼 乙이 申월에 생하고 壬水인수가 투출하면 본래의 정관격이 인수격이 된다. 다시 戊土재성이 투출하면 戊가 壬을 극하여 인수는 파괴되며, 戊가 비록 월령에 통근했다 하더라도 정관격이 되고 단지 다른 격을 겸할 뿐이다.

㈜ 이는 지지의 영향을 무시하고 천간만 본 것이다.

시	일	월	연
戊	癸	丙	甲
○	○	寅	○

癸가 寅월에 태어난 경우 상관격인데, 丙火재성이 투출하면 정재격으로 변하지만 다시 寅의 정기인 甲이 투출하면 본래의 상관격이 된다. 이 상태에서 천간에 戊土정관이 있으면 상관이 정관을 보는 상관견관(傷官見官)이 되어 좋지 않다.

시	일	월	연
壬	丙	甲	○
○	午	寅	戌

丙이 寅월에 생하고 寅午戌 삼합이 되면 편인격이 겁재로 변화하는데, 壬과 甲이 투출하는 경우에는 다시 편인격이 된다.

시	일	월	연
戊	丙	壬	○
○	○	申	○

丙이 申월에 생하면 편재격인데, 이 때 壬水칠살이 투출하면 편재에서 칠살격으로 변한다. 여기에 투출한 戊土식신은 壬水칠살을 능히 제압하

므로 편재격으로 돌아가게 되어 부귀를 잃지 않는다.

이렇게 본래 격국을 잃지 않는 경우는 많다. 팔자는 용신격국이 없을 수가 없으며, 용신격국의 변화를 보지 못하면 팔자의 숨은 의미를 모른다. 그러므로 명을 해석하는 자는 용신격국의 변화를 자세히 살펴야 한다.

강해   이전 장에서 용신격국이란 무엇인지, 용신격국을 정할 때는 어떤 방법을 사용하는지에 대해 살펴보았다. 용신격국을 정하는 의의는 팔자의 주도자가 어떤 육친인지를 아는 것에 있다. 『자평진전(子平眞詮)』에서는 주도자를 월령으로 본다. 그래서 월령을 기준으로 용신격국을 정하는 것이 원칙이다. 주도하는 육친과 용신격국이 정해지면 사길신과 사흉신으로 나누고, 사길신은 순용하고 사흉신은 역용한다. 순용자(順用字)나 역용자(逆用字)를 돕는 상신이 힘이 있으면 성격이 되고, 순용자나 역용자를 해치는 기신이 설치면 패격이 된다.

용신격국이 영구불변하고, 성격과 패격이 고정된 원칙에 의해 양분되어 있으면 간명이 아주 쉽다. 그러나 용신격국은 팔자에 따라 천변만화하고, 성격과 패격도 무수한 방법으로 바뀐다. 격국과 성패의 근본적인 원인은 팔자의 각 글자가 합을 이루고 지지에 지장간이 존재하기 때문이다. 지지가 삼합을 하는 경우 팔자를 주도하는 육친이 바뀌고, 합거(合去)하는 육친으로 인해 용신격국이 바뀐다. 또 월령의 지장간 중에서 어느 것이 어떤 형태로 투출했는지에 따라 성패가 뒤바뀌고, 운에서 오는 운간(運干)과 운지(運支)에 따라 격국과 성패가 갈라진다. 이 장에서는 격국과 성패의 변화가 어떻게 일어나는지 좀더 자세히 살펴본다.

원문에서 용신격국의 변화가 일어나는 원인으로 본 것은 다음과 같다.
① 월령의 정기 외에 다른 지장간이 투출한 경우.
② 월령을 포함한 지지가 삼합을 이루어 팔자의 주도자가 바뀌는 경우.

이러한 원인으로 재관인식(財官印食)인 사길신격(四吉神格)이 살상효인(殺傷梟刃)인 사흉신격(四凶神格)으로 변하는 것은 나쁘고, 사흉신격이 사길신격으로 변화하는 것은 좋다. 이에 대한 확실한 이해를 위해 사례사주를 살펴보자.

❶ 용신격국이 지장간으로 인해 변화하는 경우

시	일	월	연 (乾命)
己	辛	丙	甲
亥	亥	寅	辰

癸	壬	辛	庚	己	戊	丁
酉	申	未	午	巳	辰	卯

辛金일간이 寅월생이니 재성격으로 볼 수 있지만, 寅 중의 丙火가 월간에 투출하고, 연간 甲木이 목생화(木生火)로 도와 정관격으로 변했다. 그러므로 성격 여부와 운세 길흉은 정관격을 기준으로 한다. 정관격이 성격이 되기 위해서는 정관이 재성과 인수를 만난 관봉재인(官逢財印)이어야 하고, 형충파해가 없으며, 상관이 정관을 훼손하지 않아야 한다.

이 기준으로 팔자를 보자. 언뜻 보면 연의 재성이 강하고 시에 투출한 己土인수가 일간을 도우니 관봉재인 형태를 갖춘 정관격의 성격으로 보인다. 문제는 연간에 투출한 甲木이다. 정관격에 상관이 있어서 인수를 상신으로 할 때는 재성을 보는 것을 싫어한다. 이는 재성이 관성을 생하기 전에 인수를 극해 결과적으로는 상관을 보호해야 하기 때문이다. 이런 작용 외에 甲木재성이 甲己합을 하여 己土인수를 기반하는 것도 눈여겨보아야 한다. 甲己합으로 己土인수가 묶여 일어나는 일은 다음과 같다.
① 인수의 인화(引化) 작용이 줄어 辛金일간이 정관을 사용할 수 없다.
② 정관을 극하는 亥水상관의 작용력을 크게 하여 정관이 상한다.

이렇다면 이 사주는 투출한 지장간으로 인해 재성격에서 정관격으로 변격(變格)이 되었지만, 패격이 되었다. 명주는 2004년 말에 모 증권회사를 거래하며 며칠 만에 8천만 원을 날리고, 다시 5억 원을 가지고 와서 선물옵션 거래를 했던 남성이다. 당시 시기가 좋지 않다는 증권사 지점장의 만류에도 불구하고 거래를 계속하여, 증권사에서 별도로 방까지 마련을 해주었다.

2004년은 庚午운 甲申년이다. 세간(歲干) 甲木은 己土인수와 강하게 합하여 상관이 극관(剋官)하는 환경을 만들고, 세지(歲支) 申金은 월지를 寅申충하여 寅亥합을 못하게 한다. 결과적으로 신약에 상관견관(傷官見官)을 부추기니 돈을 딸 수 없는 해이다. 이 운의 특징을 간단하게 관봉재인(官逢財印)에 신약한 팔자가 신약운을 만나므로 흉하다고 표현할 수도 있다.

❷ 지지의 삼합으로 변화되는 경우

```
시  일  월  연 (乾命)
庚  壬  壬  壬
戌  戌  寅  午

己  戊  丁  丙  乙  甲  癸
酉  申  未  午  巳  辰  卯
```

　壬水일간이 寅월인 식신월을 만났다. 식신격으로 보면 식신이 인수를 만나는 식신봉효(食神逢梟)이니 패격이다. 그러나 지지에 寅午戌 화국(火局)을 이루니 재성격으로 변하였다. 재성격에 인수가 투출하니 재격투인(財格透印)이 되고, 재성과 인수의 거리가 멀다. 여기에 戌土관살이 재성과 인수 사이를 생으로 이어주고 있다. 결과적으로 재성과 인수가 서로 극하지 않는 재인쌍청(財印雙淸)으로 재성격의 성격이 된다.
　운을 볼 때도 식신격과 재성격은 기준이 전혀 다르다. 식신격에 인수가 있으면 인수운은 가장 흉하고 관살운도 흉하다. 그러나 재성격으로 보면 전혀 다르다. 재성격에 재격투인이 되면 관살운이 좋으며, 신약한 경우에는 인수운이 더 좋다. 사주는 연월에 壬水가 있지만 전혀 뿌리가 없어 신약하다. 신약에 초년과 중년이 木火인 식상과 재성의 운으로 흐르니 흉하다. 54세 戊申운은 관살과 인수를 강하게 하여 뜻밖의 인연으로 수억(發財巨萬)의 돈을 모은 명이다.

❸ 용신격국이 변화하여 나빠지는 경우

```
시  일  월  연(乾命)
丙  丙  丙  甲
申  辰  寅  午

癸  壬  辛  庚  己  戊  丁
酉  申  未  午  巳  辰  卯
```

丙火일간이 寅월에 출생하여 인수격이다. 그러나 지지에 寅午 화국(火局)을 이루니 양인격으로 변하였다. 사길신이 주도하는 인수격이 사흉신이 주도하는 양인격으로 변했으니 나쁘게 변화한 것이다. 寅월 중 지장간 甲木인수가 투출했으므로 인수격과 양인격을 겸했다고 볼 수도 있다. 그러나 연간의 甲木인수는 午火인 사지(死地) 위에 있고, 寅午 삼합을 이루었는데 투출한 甲木이 월간의 丙火를 생하므로 인수격을 겸했다고는 볼 수 없다.

양인격인 경우에는 기세가 왕성하므로 관살이 투출해야 성격이 된다. 양인무관(陽刃無官)이면 패격이요, 양인투관(陽刃透官)이면 성격이라. 이는 양인격을 두고 하는 말이다. 위 팔자를 보면 관살이 없으니 패격이다. 운의 흐름도 52세운까지는 木火인 인비(印比)운으로 흐르니 흉하다.

명주는 젊어서 이혼하고 혼자 살고 있다. 50세 이전은 이삿짐센터의 일용잡부로 근근이 생계를 꾸려왔다. 52세 壬申 칠살운에 들어서 민족종교 단체에 입문하여 허드렛일로 살고 있다. 그나마 칠살운이 들면서 정착한 셈이다.

❹ 용신격국이 변화해도 원래 격국을 잃지 않는 경우

```
시  일  월  연(乾命)
壬  丙  戊  壬
辰  申  申  戌

乙  甲  癸  壬  辛  庚  己
卯  寅  丑  子  亥  戌  酉
```

丙火일간이 申월을 만나니 재성격으로 보인다. 여기에 申 중의 壬水칠살이 투출하여 칠살격으로 변했지만 申 중의 戊土식신이 월간에 투출하여 칠살을 제압하고, 시간의 壬水칠살은 살지(殺地)에 있어서 역할을 못하니 칠살이 팔자를 주도하지 못한다. 결국 용신격국의 변화 없이 재성격으로 돌아갔다.

자세히 보면 일간이 의지할 곳이 없음을 알 수 있다. 칠살에 생의 흐름이 맺혀 있어 종살격(從殺格)으로도 볼 수 있고, 칠살을 규제하는 戊土식신이 있어 종재격(從財格)으로도 볼 수 있다. 종재인 경우 식상운과 재성운은 기뻐하며, 신왕운은 싫어한다. 중년운이 亥子丑 수국(水局)으로 관살운이니 운의 흐름은 나쁜 편이 아니다. 명주는 역사를 기록하는 사관(史官) 중 태사(太史) 벼슬을 하였다.

2 성격과 패격의 변화

원문

八字之中 變化不一 遂分成敗 而成敗之中 又變化不測 遂有因成得
팔자지중 변화불일 수분성패 이성패지중 우변화불측 수유인성득

敗 因敗得成之奇
패 인패득성지기

해설

팔자는 성격(成格)과 패격(敗格)으로 나누어지지만 그 변화는 아주 많다. 성격이 패격으로 변하기도 하고, 패격이 성격으로 바뀌는 기묘함이 있다.

원문

是故化傷爲財 格之成也 然辛生亥月 透丁爲用 卯未會財 乃以黨煞
시고화상위재 격지성야 연신생해월 투정위용 묘미회재 내이당살

因成得敗矣 印用七煞 格之成也 然癸生申月 秋金重重 略帶財以損
인성득패의 인용칠살 격지성야 연계생신월 추금중중 약대재이손

太過 逢煞則煞印忌財 因成得敗也 如此之類 不可勝數 皆因成得敗
태과 봉살즉살인기재 인성득패야 여차지류 불가승수 개인성득패

之例也
지례야

해설

```
시  일  월  연
○  辛  丁  ○
○  卯  亥  未
```

상관격이 재성으로 변하면 성격이 된다. 辛일생이 상관월인 亥월에 생하고 지지에 卯未가 있으면, 亥卯未 삼합으로 인해 재성으로 변해 성격이 된다. 그러나 丁火가 투출했다면 합으로 생겨난 재성이 丁火칠살을 생하므로 패격으로 변한다. 이는 성격이 패격으로 변한 예이다.

인수격에 칠살을 쓰면 성격이 된다. 癸水가 申월에 출생하고 사주에 인수인 金이 무거우면 재성인 火를 써서 태과한 金 기운을 조절해야 한다. 이 경우 칠살이 있으면 덜어내는 재성의 기운을 빼내고 한편으론 강한 인수를 생조하므로 패격이 된다. 이런 종류의 사주는 아주 많다. 이들은 모두 성격이 패격으로 변한 예이다.

원문

官印逢傷 格之敗也 然辛生戌戌月 年丙時壬 壬不能越戌剋丙 而反
관인봉상 격지패야 연신생무술월 연병시임 임불능월무극병 이반

能泄身爲秀 是因敗得成矣 如此之類 亦不可勝數 皆因敗得成之例也
능설신위수 시인패득성의 여차지류 역불가승수 개인패득성지례야

其間奇奇怪怪 變幼無窮 惟以理權衡之 隨在觀理 因時運化 由他奇
기간기기괴괴 변유무궁 유이리권형지 수재관리 인시운화 유타기

奇怪怪 自有一種至當不易不論 觀命者母眩而無主 執而不化也
기괴괴 자유일종지당불역불론 관명자무현이무주 집이불화야

해설

```
시 일 월 연
壬 辛 戊 丙
辰 ○ 戌 ○
```

인수격 중에서 관인격(官印格)에 상관이 있는 경우는 패격이다. 그러나 위와 같이 辛이 戊戌월에 출생하고 연에 丙火가 있고 시에 壬水가 있으면, 시간 壬水는 월간 戊土에게 극을 당하기 때문에 멀리 있는 연간 丙火를 극제할 수 없다. 그렇지만 강한 辛金일간의 기운을 덜어내는 좋은 역할을 하므로 패격이 성격으로 바뀐다. 이러한 경우들은 패격이 성격으로 변하는 예이다. 성격과 패격이 서로 변하는 과정은 그 수가 아주 많고, 관계가 기묘하고 변화무쌍하다. 명을 보는 자는 하나에 집착하지 말고 모든 변화를 볼 수 있어야 한다.

원문

八字妙用 全在成敗救應 其中權輕權重 甚是活潑 學者從此留心 能
팔자묘용 전재성패구응 기중권경권중 심시활발 학자종차류심 능

于萬變中融以一理 則於命之一道 其庶幾乎
우만변중융이일리 즉어명지일도 기서기호

◎ **해설** ◎   이상과 같은 예들은 패격에 구응(求應)이 있어 성격이 되는 경우이다. 팔자를 보는 묘함은 이상에서 알아본 성격과 패격, 구응에 있으니 잘 살펴야 한다. 배우는 이가 이 점을 마음에 두면 큰 이치를 깨우칠 것이다.

◎ **강해** ◎   원문에서 성격(成格)과 패격(敗格)의 정의는 다음과 같다. 성격은 본명의 상신이 역할을 하여 격국을 완전하게 만드는 경우, 본명의 격국이 완전치 못할 때 운에서 오는 글자가 격국을 완전하게 이루어 주는 패중유성(敗中有成)인 경우에 이루어진다. 패격은 본명의 상신이 역할을 못하는 경우, 성격이 운에서 오는 기신으로 인해 성중유패(成中有敗)가 되는 경우에 이루어진다.

성격에서 패격으로, 패격에서 성격으로 변화하는 것은 대부분 운의 영향 때문이다. 명이 성격일 때 운에서 기신이 오면 패격이 되며, 명이 패격일 때 운에서 기신을 해결하는 자가 오면 성격이 된다. 원문에서는 팔자 자체에서 성패가 변화되는 것만 설명했지만, 팔자 자체에 성패의 흐름이 있는 것은 아니다. 단지 팔자를 보는 순서에 따라 설명했을 뿐이다. 원문에서 재성격이 칠살격으로 변화되었다는 설명은, 재성격으로 볼 수 있지만 특정 육친의 영향으로 칠살격이 되었다는 뜻이다. 즉, 처음부터 칠살격이라는 뜻이다.

다시 말하면, 용신격국을 정하는 기본 원칙을 적용하면 재성격인데, 팔자의 다른 요소가 개입하여 칠살격이 되었다는 뜻이다. 개입하는 것 중 대표적인 것은 지지의 삼합, 다른 육친의 극제(剋制), 천간합이다. 이런 경우 성패의 변화가 어떻게 일어나는지 예를 통해 살펴본다.

시	일	월	연 (乾命)
壬	辛	戊	丙
辰	未	戌	戌

乙	甲	癸	壬	辛	庚	己
巳	辰	卯	寅	丑	子	亥

戌월 辛金이니 인수격이다. 인수격에 순용자인 丙火관성이 투출하므로 인수용관(印綬用官)에 해당한다. 성격이다. 문제는 시간에 壬水상관이 있어 丙壬충으로 정관을 상하게 할 수 있다는 것이다. 그러므로 壬水상관은 성격을 패격으로 변화시킬 수 있는 기신이다.

그러나 월간에 戊土정인이 투출하여 丙壬충을 막고, 壬水상관과 丙火정관의 거리가 멀어 충을 하기는 어렵다. 패격에서 성격으로 다시 돌아갔다. 요약하면, 壬水상관이 丙火정관을 극할 수 없으므로 인수격의 성격이라는 것이다. 혹 인수가 아주 강하니 정격(正格)이 아닌 종강격(從强格)으로 볼 수도 있다. 그러나 壬水상관이 시간에 있어 일간과 친밀하고, 수고(水庫) 辰土 위에 있으므로 종강이 아니다.

인수격의 성격은 되었지만, 인수가 너무 왕성하고 상관이 투출하여 팔자의 질이 떨어진다. 이를 운에서 해결하고 있다. 寅卯辰 재성운은 壬水식상의 기운을 설기하고, 丙火정관을 생부(生扶)하며, 강한 인수의 기운을 조절할 수 있다. 최고의 운이다. 『자평진전(子平眞詮)』 원문에서 높은 벼슬을 했다고 설명한 주상서(朱尙書)[주]의 명이다.

[주] 상서는 육부의 장관직이다.

子平眞詮

2부 【격국 판단】

1장 녹겁격

1. 녹겁격의 의의

 이전 장까지가 『자평진전(子平眞詮)』의 총론 부분이라면, 이번 장부터는 본론 부분이다. 본론을 읽기 전에 용신격국을 정하는 방법을 되새겨본다. 용신격국을 정하는 원칙은 다음과 같다.
① 월령에서 용신격국을 삼는다.
② 월령에서 투출한 정기(正氣)로 용신격국을 삼는다.
③ 월령에서 정기 외의 지장간이 투출한 경우에는 투출한 지장간으로 용신격국을 삼는다.
④ 월령이 삼합이 되는 경우 합오행(合五行)으로 용신격국을 삼는다.
⑤ 월령이 잡기(雜氣)일 때는 투출한 지장간이나 회합(會合)이 된 것 중에서 맑은 자로 용신격국을 삼는다.
⑥ 월령이 녹겁(祿劫)일 때는 투출한 식재관(食財官)이나 지지의 삼합오행으로 용신격국을 삼는다. 단, 월령이 비겁일 때는 용신격국의 명칭은 건록격, 월겁격, 양인격으로 별도 명칭을 붙이되, 그 격국의 '쓰임[用]'

은 식재관(食財官)으로 한다.

이와 같은 기준에 의해 팔자의 용신격국은 8개의 정격(正格)과 외격(外格)으로 분류된다. 정격은 녹겁격(건록격·월겁격), 양인격, 식신격, 상관격, 재성격, 칠살격, 정관격, 인수격이다. 이들 격국을 녹겁격부터 시작하여 하나씩 살펴본다.

㈜ 『자평진전(子平眞詮)』 원문에서는 각 격에 대한 사항이 곳곳에 흩어져 있다. 원문의 저자인 심효첨 선생이 목적이 있어 이런 방식을 취했을 것이다. 그러나 초학자에게 이러한 원문 구성은 핵심을 잡아내는 것을 방해한다. 이런 이유로 이 책에서는 원문 내용 중에서 각 격국별 관련사항을 한 장으로 모아서 설명하였다.

원문

建祿者 月建逢祿堂也 祿卽是劫 或以祿堂透出 卽可依以用者 非也
건록자 월건봉록당야 녹즉시겁 혹이록당투출 즉가의이용자 비야

故建祿與月劫 可同一格 不必加分 皆以透干支 別取財官煞食爲用
고건록여월겁 가동일격 불필가분 개이투간지 별취재관살식위용

如高尙書命 庚子 甲申 庚子 甲申 卽以劫財之金 化爲生財之水 所
여고상서명 경자 갑신 경자 갑신 즉이겁재지금 화위생재지수 소

謂化劫爲生也
위화겁위생야

해설

건록(建祿)이란 월지가 일간의 건록이 되는 것을 말한다. 건록은 비겁이지만, 지지인 월지에 있는 것이지 천간에 투출했다고 쓰는 것은 아니다. 그러므로 건록격과 월지가 겁재인 월겁격(月劫格)은 한 형태의 격으로, 나눌 필요가 없다. 건록이나 월겁의 간지가 천간에 투출한 경우에는 재성, 관성, 식상을 쓴다. 다음 사주와 같은 경우이다.

```
시 일 월 연(乾命)
甲 庚 甲 庚
申 子 申 子
```

건록인 申金이 재성을 생하는 水식상으로 변했다. 화겁위생(化劫爲生)을 하는 고상서(高尙書)의 사주이다.

㊟ 월과 시에 건록이 있어 왕성한데 申子가 합을 하여 기운을 빼내니 좋다. 건록격으로 되어 있지만, 금수상관격(金水傷官格)으로 보아야 한다. 녹겁격에서 천간에 투출한 식재관이나 지지삼합의 육친으로 격을 정한다는 원문의 다른 언급이 있다.

강해 원문 내용에 비추어 월령에 비겁이 있을 때를 구분하면 다음과 같다.

일간	甲	乙	丙	丁	戊	己	庚	辛	壬	癸
비견	○	○	○	○	辰戌	丑未	○	○	○	○
월겁	○	寅	○	巳	丑未	辰戌	○	申	○	亥
건록	寅	卯	巳	午	巳	午	申	酉	亥	子
양인	卯	○	午	○	午	○	酉	○	子	○

원문에서는 월겁(月劫)과 건록(建祿)이 있을 때는 격국을 구분할 필요가 없어 녹겁격(祿劫格)으로 묶었고, 월령이 양인일 때는 양인격(陽刃格)으로 구분하였다.

정관을 녹(祿)이라고도 한다. 건록격의 녹은 십이운성 중에서 임관(臨

官)이 닿는 자리를 말한다. 원문의 내용 중에 고상서의 사주 풀이만을 보면 건록을 흉하다고 볼 수도 있다. 그러나 건록은 일간이 약할 때는 최고의 명약이 된다. 각 천간의 뿌리는 건록에 있고, 건록의 자리는 일간의 부임지와 같아 각 한 달 동안 명령을 행하는 곳이며, 천간의 3개 비견이 하나의 건록이나 양인을 만나는 것보다 못하다. 이는 건록이 일간을 돕는 힘이 강한 것을 말한다.

　반대로 건록은 일간을 돕는 것이 과도하여 팔자의 균형을 무너뜨리는 요인이 되기도 한다. 십이운성 중에서 가장 강한 상태가 녹왕(祿旺, 건록과 제왕)이다. 기운이 강하면 생하는 것보다 극하는 쪽에 능하다. 바로 원문에서 예로 든 고상서와 같은 경우이다. 이럴 때는 건록이 다른 자와 합하여 변화하든지, 식재관(食財官)을 써서 강한 기운을 설기해야 한다. 즉, 건록은 길흉의 양면성이 있고, 흉하게 작용할 때는 건록이 팔자를 너무 왕성하게 할 때라는 말이다. 이를 사주사례를 통해 살펴본다.

```
시  일  월  연 (坤命)
戊  庚  甲  乙
寅  子  申  卯

辛  庚  己  戊  丁  丙  乙
卯  寅  丑  子  亥  戌  酉
```

　팔자에 木재성이 많아 약해진 팔자이다. 시간에 戊土편인이 있지만 寅木 살지(殺地)에 있으므로 큰 도움이 안 된다. 일간의 의지처가 되는 것은 월에 있는 건록이다.

사주의 주인공은 庚寅운 甲寅년 59세에 사망하였다. 운간(運干) 庚金이 세간(歲干) 甲木을 범하니 흉하고, 일간을 도울 수 있는 戊土를 세간 甲木이 극하며, 유일한 의지처인 건록을 운과 태세에서 쌍으로 寅申충한다. 결국 목다금절(木多金折)로 건록이 꺾이니 사망하고 말았다. 甲寅년은 팔자에 좋은 역할을 했던 건록이 역할을 못하는 해이다.

2. 녹겁격의 성패

원문

何謂成 建祿月劫 透官而逢財印 透財而逢食傷 透煞而遇制伏 建祿
하위성 건록월겁 투관이봉재인 투재이봉식상 투살이우제복 건록

月劫之格成也
월겁지격성야

해설

녹겁격에서 성격(成格)이 되는 경우는 다음과 같다.

① 월령이 건록이나 겁재인데 관성이 투출하고 재성과 인수가 있는 녹겁용관(祿劫用官), 녹겁용재(祿劫用財)인 경우.
② 재성이 투출하고 식상이 있는 녹겁용식(祿劫用食)인 경우.
③ 칠살이 투출한 녹겁용살(祿劫用殺)인 경우.

원문

成中有敗 必是帶忌 敗中有成 全憑救應 何謂帶忌 建祿月劫造官而
성중유패 필시대기 패중유성 전빙구응 하위대기 건록월겁조관이

逢傷 透財而逢煞 是皆謂之帶忌也
봉상 투재이봉살 시개위지대기야

▨ **해설** ▧   녹겁격에 있는 정관을 상하게 하는 상관은 기신이며, 녹겁격에 재성이 투출하고 칠살이 또 투출한 경우 칠살은 기신이 된다. 이 모두가 성격(成格)을 패격(敗格)으로 바꾼다.

▨ **원문** ▧

何謂敗 建祿月劫 無財官 透煞印 建祿月劫之格敗也
하 위 패 건 록 월 겁 무 재 관 투 살 인 건 록 월 겁 지 격 패 야

▨ **해설** ▧   녹겁격의 패격(敗格)이 되는 경우는 재성과 관성이 없거나, 칠살과 인수가 투출한 경우이다.

▨ **원문** ▧

何謂救應 建祿月劫用官 遇傷而傷被合 用財帶煞而煞被合 是謂之救
하 위 구 응 건 록 월 겁 용 관 우 상 이 상 피 합 용 재 대 살 이 살 피 합 시 위 지 구

應也
응 야

▨ **해설** ▧   녹겁격에 구응(求應)이 있어 패중유성(敗中有成)이 되는 것은, 정관을 용신으로 하는데 상관이 정관을 상하게 할 때 상관을 합거하는 경우 또는 재성을 용신으로 삼을 때 칠살을 합거하는 경우이다.

▨ **강해** ▧   녹겁격의 성격(成格)만을 요약하면 다음과 같다.
① 정관을 쓰는 녹겁용관(祿劫用官) : 정관을 상하게 하는 상관이 없어야 하고, 관살혼잡이 되지 않아야 한다.
② 칠살을 쓰는 녹겁용살(祿劫用殺) : 칠살을 돕는 재성이 없어야 한다. 또한

칠살과 인수가 같이 투출하지 않아야 한다.
③ 재성을 쓰는 녹겁용재(祿劫用財) : 칠살이 투출한 경우에는 합거되어야
한다.
④ 식신을 쓰는 녹겁용식(祿劫用食) : 재성이 투출해야 한다.

인수를 쓰지 않고, 관살을 써서 녹겁의 강한 기운으로 다스리는 것이 대표적 방법이다. 그러나 원문 설명과 달리 합 등으로 변격이 되는 부득이한 경우 인수를 상신으로 삼기도 한다. 다음 사주와 같은 경우이다.

시	일	월	연(乾命)
丙	己	丙	戊
寅	卯	辰	寅

癸	壬	辛	庚	己	戊	丁
亥	戌	酉	申	未	午	巳

辰월 己土이니 녹겁격 중에서 월겁격이다. 그러나 지지의 寅卯辰 목국(木局)으로 관살 기운이 강하니 화살(化殺)을 하는 것이 시급하다. 화살로는 인수를 쓰는 방법과 식상으로 관살을 누르는 방법이 있다. 마침 己土일간의 양 옆에 丙火정인이 있으니 상신으로 삼는다.

중년 庚申운·辛酉운은 관살을 극제하는 식상운에 생재(生財)하여 수십만금의 재물을 벌었지만, 壬戌운·癸亥운은 팔자의 기신인 관살을 부추겨 망하여 다시는 일어서지 못했다. 만약 팔자에 丙火가 없었다면 중년의 재물도 없었을 뿐더러, 식상과 관살이 겹쳐서 극설교집(剋洩交集)으로 큰 액난이 일어났을 것이다.

3. 녹겁격과 식상

원문

其祿劫之格 無財官而用傷食 泄其太過 亦爲秀氣 唯春木秋金 用之
기 록 겁 지 격 무 재 관 이 용 상 식 설 기 태 과 역 위 수 기 유 춘 목 추 금 용 지

則貴 蓋木逢火則明 金生水則靈 如張狀元命 甲子 丙寅 甲子 丙寅
즉 귀 개 목 봉 화 즉 명 금 생 수 즉 령 여 장 장 원 명 갑 자 병 인 갑 자 병 인

木火通明也 又癸卯 庚申 庚子 庚辰 金水相涵也
목 화 통 명 야 우 계 묘 경 신 경 자 경 진 금 수 상 함 야

해설

녹겁격에서 재성과 관성이 없는 경우에는 식상으로 설기해야 한다. 설기가 너무 태과하면 비록 식상이 수기(秀氣)라 하지만 귀하지 못하다. 단, 봄의 木일간과 가을의 金일간은 귀하게 되는데, 이는 봄의 木일간이 火식상을 만나면 목화통명(木火通明)이 되고, 가을의 金일간이 水식상을 만나면 금수상함(金水相涵)이 되기 때문이다.

시	일	월	연 (乾命)
丙	甲	丙	甲
寅	子	寅	子

위 장장원(張壯元)의 사주는 목화통명(木火通明)이 된 경우이다.

㊟ 건록격으로 분류되지만 쓰임은 식신격이다. 장원은 문과 또는 무과 수석으로 급제한 자이다.

시	일	월	연(乾命)
庚	庚	庚	癸
辰	子	申	卯

위 사주는 금수상함(金水相涵)이 된 경우이다.

◪ 원문 ◪

祿劫而用傷食 財運最宜 煞亦不忌 行印非吉 透官不美 若命中傷食
녹겁이용상식 재운최의 살역불기 행인비길 투관불미 약명중상식

太重 則財運固利 而印亦不忌矣
태중 즉재운고리 이인역불기 의

◪ 해설 ◪

녹겁격에서 식상을 쓰는 경우는 재성운이 최고이며 칠살운도 꺼리지 않지만, 인수운과 운에서 관성이 투출하는 것은 아름답지 않다. 만약 식상이 태과하면 재성운은 당연히 좋고, 인수운도 꺼리지 않는다.

◪ 강해 ◪

녹겁격은 기세가 강하므로 재관(財官)을 상신으로 하는 것이 원칙이지만, 식상으로 건록과 월겁의 강한 기운을 설기하는 경우도 있다. 녹겁격에서 식상을 상신으로 하는 대표적인 경우가 목화통명(木火通明)과 금수상함(金水相涵)의 팔자이다.

목화통명은 木과 火가 유정한 상태를 말한다. 대표적인 것이 봄에 태어난 신왕한 木일간이 火식상을 만나 일간의 기운을 설기하는 경우이다. 즉, 甲乙木이 寅卯월에 출생하고 火식상이 설기하는 경우이다. 같은 목화통

명이라도 겨울의 木일간이 火식상을 만난 경우는 한목향양(寒木向陽)이
라고 부른다. 금수상함은 金과 水가 서로 유정한 상태를 말한다. 특히 가
을의 金일간이 水를 만날 때이다. 목화통명과 금수상함 모두 관살이 있는
것을 꺼리지 않는 특징이 있다. 사주사례를 통해 살펴본다.

❶ 목화통명(木火通明)의 경우

시	일	월	연(乾命)
乙	甲	丙	甲
亥	戌	寅	戌

癸	壬	辛	庚	己	戊	丁
酉	申	未	午	巳	辰	卯

 정기신(精氣神)의 시각으로 사주를 보자. 水인수가 정(精)이고, 甲木일
간은 기(氣)이며, 丙火식신은 신(神)이다. 정기신의 균형이 맞고 목화통명
(木火通明)이 되니 귀격이다. 군신(君臣) 관계로 팔자를 분석할 때도 丙火
식신은 중요한 역할을 한다. 군은 일간이요 신은 재성이다. 戌土가 둘 있
지만 천간에 있는 甲木으로부터 극을 당해 약한 상태이다. 丙火식신이 약
한 戌土재성을 도와 군신간의 균형을 유지하는 역할을 한다. 그러므로 이
격의 상신은 월간의 丙火식신이다.
 己巳대운에 신(臣)인 戌土를 돕고 상신인 丙火가 역할을 하게 하니 벼
슬길에 올랐다. 庚午운, 辛未운에 크게 출세하였다. 壬申대운은 상신인 丙
火식신을 丙壬충하고, 건록을 寅申충하므로 사망하였다.

❷ 금수상함(金水相涵)의 경우

```
시  일  월  연 (乾命)
庚  庚  庚  癸
辰  申  申  酉

癸 甲 乙 丙 丁 戊 己
丑 寅 卯 辰 巳 午 未
```

金이 너무 왕성하면 두드려도 소리가 나지 않는 법. 金이 너무 많아 소리를 낼 수 없고 성공할 수 없는 격을 완금태철(頑金太鐵, 큰 쇳덩이)이므로 금실무성(金實無聲)의 팔자라 한다. 金이 왕할 때 이를 다루는 방법은 두 가지다. 하나는 火관살로 제련하는 것이니 왕금제련(旺金製鍊)을 하는 것이요, 하나는 水식상으로 설기하여 금수상함(金水相涵), 즉 금수쌍청(金水雙淸)의 상태로 만드는 것이다.

위 팔자를 보면 金이 너무 왕하다. 다행히 申辰은 水로 유취(類聚)되고, 연간에 癸水상관이 있으니 금수상함의 장점을 살릴 수 있다. 문제는 癸水라는 물이 쇠에 비해 너무 약한 것이다. 비유하면, 큰 칼을 종지에 든 물로 씻으려는 형세이다. 이러면 운의 흐름에서 물이 와야 금수상함이 된다. 운을 보면 초반에 물을 막는 土인수운, 다음은 물을 말리는 火관살운, 중년 이후에는 물의 기운을 빼는 木재성운이 온다. 이렇게 운을 못 만나니 평생 칼을 적실 물만 찾다 끝난다. 명주는 평생을 불발탄으로 산 인생이다. 녹겁격에서 식상을 쓰는 경우에는 재성운이 최고라 했지만, 위 사주와 같은 경우는 오로지 식상의 기운이 와야 발전할 수 있다.

4. 녹겁격과 재성

▨ 원문 ▨

至於化劫爲財 與化劫爲生 尤爲秀氣 如己未 己巳 丁未 辛丑 丑與巳
지어화겁위재 여화겁위생 우위수기 여기미 기사 정미 신축 축여사

會 卽以劫財之火爲金局之財 安得不爲大貴 所謂化劫爲財也
회 즉이겁재지화위금국지재 안득불위대귀 소위화겁위재야

▨ 해설 ▨

녹겁격에서 겁재가 합으로 인해 재성이나 식상이 되면 더욱 좋다. 다음 사주와 같은 경우이다.

시	일	월	연(乾命)
辛	丁	己	己
丑	未	巳	未

巳酉丑으로 삼합이 되어 巳火겁재가 金재성으로 바뀌었다.[주] 화겁위재(化劫爲財)로 겁재가 재성으로 변한 예이다.

[주] 子午卯酉 제왕(帝王)의 지지가 없을 때는 삼합은 원칙적으로 이루어지지 않는다. 원문의 설명대로라면 巳未는 방합이 되어 火가 강해진 경우라고도 볼 수 있다.

원문

祿劫用財 須帶食傷 蓋月令爲劫而以財作用 二財相剋 必以傷食化之
녹겁용재 수대식상 개월령위겁이이재작용 이재상극 필이상식화지

始可轉劫生財
시 가 전 겁 생 재

해설

녹겁격에서 재성을 쓰는 사주는 반드시 식상이 같이 있어야 한다. 월령이 비겁이면서 재성을 쓰는 경우는 비겁과 재성의 상극이 있으므로, 식상이 있어야 비겁이 식상을 생하고 식상은 재성을 생할 수 있게 된다.

원문

用財而不透傷食 便難於發端 然干頭透一位而不雜 地支根多 亦可取
용재이불투상식 편난어발단 연간두투일위이부잡 지지근다 역가취

富 但不貴耳
부 단불귀이

해설

녹겁격에 재성을 쓰는데 식상이 투출하지 않으면 발전하기 어렵지만, 재성이 1개만 투출하여 부잡(不雜)하지 않고 지지에 뿌리가 많으면 역시 부를 이룰 수 있다. 그러나 귀한 사주는 아니다.

원문

祿劫用財而帶傷食 財食重則喜印綬 而不書法比肩 財食輕則宜助財
녹겁용재이대상식 재식중즉희인수 이불서법비견 재식경즉의조재

而不喜印比 逢煞無傷 遇官非福
이 불 희 인 비 봉 살 무 상 우 관 비 복

※ **해설** ※ 녹겁격에 재성을 쓰는데 식상이 있는 경우 재성과 식상이 무거우면 인수운이 좋고 비겁운은 꺼리지 않으며, 재성과 식상이 가벼우면 재성을 돕는 운이 좋고 인수와 비겁운은 좋지 않다. 식상이 있는 경우 칠살운을 만나도 상함이 없지만, 정관운을 만나면 복이 없다.

※ **강해** ※ 녹겁격인 경우 건록과 겁재의 왕성한 기운을 쓸 때 가장 바람직한 방법은 재관(財官)을 같이 쓰는 것이다. 부득이하게 재성만을 쓸 때는 식상의 보필이 있어야 한다. 식상의 역할이 없으면 녹겁의 강한 기운이 바로 재성을 치므로 군겁쟁재(群劫爭財) 현상이 일어난다.

군겁쟁재는 군비쟁재(群比爭財)와 동일한 의미다. 용신으로 재성을 쓰려고 할 때 비겁이 많거나 양인이 강하여 재성이 약해진 경우를 말한다. 재성은 재물의 육친이다. 비겁이 많아 재물을 분탈(分奪)하면 가난하다. 군겁쟁재를 일인군주격(一人君主格)이라고도 부른다. 팔자를 군신관계로 볼 때 군(君)은 일간이며, 신(臣)은 재성이다. 재성이 무력한 것은 신하가 없다는 것인데, 이런 중에 일간이 혼자 왕 행세를 한다고 붙여진 이름이다. '일인군주는 거지팔자' 라고 한다.

군겁쟁재는 남자의 명에 한정하여 사용하기도 한다. 군겁쟁재 현상이 있는 여자 팔자는 자매강강(姉妹剛強)으로 부른다. 남자의 경우 겁재와 양인은 처를 쟁탈하는 성분으로, 군겁쟁재 현상이 있는 사주는 부부문제가 따른다. 자매강강도 부부문제가 있기는 마찬가지다. 원리부(元理賦)에 "남다양인 필중혼(男多羊刃 必重婚)이라", 역감(易鑑)에 "양인중중 필극처(羊刃重重 必剋妻)"라 하였다.

군겁쟁재를 해결하는 방법으로는 관살로 비겁을 조절하는 방법과, 식상을 이용하여 비겁의 기운을 빼내 재성을 돕는 방법이 있다. 군겁쟁재는 비겁의 나쁜 역할을 말한 것이다. 비겁이 좋은 역할을 하는 경우로는 득비이재(得比理財)가 있다. 이는 재성이 많아서 신약한 재다신약(財多身弱) 사주에서 비겁의 힘을 얻으면 재물을 관리할 수 있게 되는 것을 말한다. 군겁쟁재와 관련된 사례사주를 살펴본다.

❶ 군겁쟁재인데 식상이 있는 경우

```
시   일   월   연 (乾命)
乙   癸   丙   甲
卯   亥   子   子


癸   壬   辛   庚   己   戊   丁
未   午   巳   辰   卯   寅   丑
```

癸水일간이 子월생이니 녹겁격 중에서 건록격이다. 상신인 丙火정재가 천간에 홀로 떠 있으니 군겁쟁재 현상이 우려된다. 그러나 무리를 이룬 비겁의 기운을 뽑아내는 甲木과 乙卯식상이 있으므로 군겁쟁재를 해결하고 약한 丙火를 돕는다.

또 반가운 것은 팔자에 土金이 없는 것이다. 만약 土가 있으면 상신인 丙火정재의 기운을 뽑아내는 나쁜 역할을 할 것이고, 왕성한 물 기운을 막을 수도 없을 뿐더러 오히려 물을 막으려다가 왕신충발(旺神沖發)로 물이 발동하여 丙火재성이 꺼질 것이다. 팔자에 金이 있으면 군겁쟁재하는 水

비겁을 돕고, 희신 역할을 하는 木식상이 손상될 것이다.

火재성을 상신으로 하는 중, 木식상이 건전하고 이를 훼방하는 土金이 없기 때문에 성격이 되었다. 명주는 평생토록 건강하고 재물과 명예를 이루었다.

❷ 군겁쟁재인데 식상이 없는 경우

```
시  일  월  연 (坤命)
庚  癸  丙  己
申  酉  子  亥


癸  壬  辛  庚  己  戊  丁
未  午  巳  辰  卯  寅  丑
```

子월 癸水이니 녹겁격 중에서 건록격이다. 인비(印比)인 金水가 많아 신왕한 건록격인 경우에는 상신으로 식재관(食財官)을 쓰는 것이 원칙이다. 우선 木식상이 팔자에 없으니 상신의 고려대상에서 제외된다. 남은 火土재관 중에서 상신을 선택한다. 한랭한 子월 癸水를 조후하는 丙火재성이 己土관살을 쓰는 것보다 합리적이다. 그러므로 상신은 丙火재성이 된다.

상신인 丙火재성을 중심으로 팔자를 보자. 가장 큰 문제는 水비겁이 丙火를 분탈하는 것이다. 이를 해결할 수 있는 木식상이 팔자에 없는 것도 문제이다. 己土관살이 水비겁을 막아 丙火재성을 보호할 수 있을까? 강한 金인수가 己土관살의 기운을 빼내고, 己土가 亥子의 물 위에 있어 흙이 풀어지는 상이니 丙火재성을 도울 형편이 못 된다.

군겁쟁재를 해결할 수 있는 丙火재성과 己土관살의 역할이 없으니 건록격의 패격이다. 이런 환경에 2002년(庚辰운 壬午년)이 왔다. 운간(運干) 庚金은 인수운이니 팔자의 불균형을 더 부추기고, 운지(運支) 辰土는 子辰합과 辰酉합을 하여 팔자를 더 강성하게 한다. 흉운이다. 태세(太歲) 중 세간(歲干) 壬水겁재는 팔자의 상신인 丙火를 丙壬충하고, 세지(歲支) 午火편재는 남편궁인 월지를 子午충하는 해이다.

명주는 이 해에 바람을 피우기 시작한 유부녀이다. 2003년(庚辰운 癸未년)에 남편에게 들통나서 가정이 쑥대밭이 되었다. 당시 자식 때문에 이혼할 수 없다고 주장하여 파경까지는 가지 않았지만, 이 때부터 부부는 같은 지붕만 쓰는 원수지간이 되었다.

녹겁격에서 재성과 식상이 가벼우면 재성을 돕는 운이 좋고, 인수와 비겁운은 좋지 않은 것을 확인할 수 있는 사례이다.

5. 녹겁격과 관살

원문

用官煞重而無制伏 運行制伏 亦可發財 但不可官煞太重 致令身危也
용 관 살 중 이 무 제 복   운 행 제 복   역 가 발 재   단 불 가 관 살 태 중   치 령 신 위 야

해설

녹겁격에 제복(制伏)함이 없이 관살이 무거운 경우에 운이 제복하는 운으로 흐르면 재물의 발전이 있을 수 있다. 단, 관살이 너무 무거우면 몸에 액난을 당한다.

원문

祿劫用煞 必須制伏台 如婁參政命 丁巳 壬子 癸卯 己未 壬合丁財以
녹겁용살 필수제복태 여루참정명 정사 임자 계묘 기미 임합정재이

去其黨煞 卯未會局以制伏是也
거기당살 묘미회국이제복시야

해설

녹겁격의 칠살은 반드시 제복(制伏)되어야 한다. 다음 사주는 누참정(樓參政)㈜의 사주로, 월간 壬水와 연간 丁火가 丁壬합이 되어 칠살 己土를 생하지 못하게 하며, 지지가 亥卯未 삼합을 이루어 식상이 되니 칠살이 제복된다.

시	일	월	연(乾命)
己	癸	壬	丁
未	卯	子	巳

㈜ 참정은 참지정사(參知政事)로 종이품 벼슬이다.

원문

更有祿劫而官煞競出 必取清方爲貴格 如一平章命 辛丑 庚寅 甲辰
갱유록겁이관살경출 필취청방위귀격 여일평장명 신축 경인 갑진

乙亥 合煞留這也 如辛亥 庚寅 甲申 丙寅 制煞留官也
을해 합살류저야 여신해 경인 갑신 병인 제살류관야

해설

녹겁격에 관살이 모두 투출하여 관살혼잡이 된 경우 합

살류관(合殺留官)이나 거살류관(去殺留官)이 되어 사주가 맑아져야 귀격이 된다.

시	일	월	연(乾命)
乙	甲	庚	辛
亥	辰	寅	丑

위 사주는 합살류관이 된 한 평장(平章)㈜의 사주이다.

㈜ 평장은 재상의 실권을 장악하던 벼슬로, 평장사(平章事)라 불리기도 한다.

시	일	월	연(乾命)
丙	甲	庚	辛
寅	申	寅	亥

위 사주는 거살류관이 된 사주이다.

▨ 원문 ▨

倘或兩官競出 亦須制伏 所謂爭正官不可無傷也
당 혹 량 관 경 출 역 수 제 복 소 위 쟁 정 관 불 가 무 상 야

▨ 해설 ▨

정관이 2개 투출한 경우에 정관은 극제되어야 한다. 소위 정관이 서로 다툴 때 상관이 없으면 안 된다는 것이 이 말이다.

🔖 원문 🔖

祿劫而官煞竝出 不論合煞留官 存官制煞 運喜傷食 比肩亦宜 印綬
녹겁이관살병출 불론합살류관 존관제살 운희상식 비견역의 인수

未爲良圖 財官亦非福運
미위량도 재관역비복운

🔖 해설 🔖

녹겁격에서 관살이 모두 투출한 관살혼잡의 경우에는 거살류관(去殺留官)이든 거관류살(去官留殺)이든 식상운이 좋고 비겁운도 괜찮지만, 인수운과 재관운은 안 좋다.

㈜ 관살혼잡에 대한 사항은 칠살격에 종합하였다.

6. 녹겁격과 식재관

🔖 원문 🔖

祿格用官 干頭透出爲奇 又要財印相隨 不可孤官無輔 有用官而印護
녹격용관 간두투출위기 우요재인상수 불가고관무보 유용관이인호

者 如庚戌 戊子 癸酉 癸亥 金丞相命是也 有用官而財助者 如丁酉
자 여경술 무자 계유 계해 김승상명시야 유용관이재조자 여정유

丙午 丁巳 壬寅 李知府命是也
병오 정사 임인 이지부명시야

🔖 해설 🔖

건록격에 정관을 쓰는 경우 정관이 천간에 투출하면 기묘한 이로움이 있다. 재성과 인수가 정관을 보필하면 좋지만, 보필함이 없는 외로운 정관은 쓰임이 없다. 또한 '재성과 인수'가 아닌 인수로만 정관

을 보호하는 경우가 있다.^{주1)} 다음 김승상(金丞相)^{주2)} 사주의 경우이다.

시	일	월	연(乾命)
癸	癸	戊	庚
亥	酉	子	戌

시	일	월	연(乾命)
壬	丁	丙	丁
寅	巳	午	酉

위 이지부(李知府)의 사주는 정관을 재성으로 재생관(財生官)하여 보필하는 경우이다.

㊟ 1) 인수가 정관을 보호한다 함은 인수로 식상을 극하여 식상이 관을 치는 것을 방지하는 것을 말한다.
　　2) 승상은 왕을 보필하던 최고관직으로 정일품이다.

원문

有官而兼帶財印者 所謂身强値三奇 尤爲貴氣 三奇者 財官印也 只
유관이겸대재인자 소위신강치삼기 우위귀기 삼기자 재관인야 지

要以官隔之 使財印兩不相傷 其格便大 如庚午 戊子 癸卯 丁巳 王少
요이관격지 사재인량불상상 기격편대 여경오 무자 계묘 정사 왕소

師命是也
사 명 시 야

▧ 해설 ▧

건록격에 정관, 재성, 인수가 있으면 소위 신강치삼기(身强值三奇)가 되어 귀함이 더욱 크다. 삼기는 재관인(財官印)을 말하는데, 정관이 재성과 인수 사이에 위치하여 서로 상함이 없으면 격이 더욱 좋아진다. 아래 왕소사(王少師)^{주)}의 사주와 같은 경우이다.

시	일	월	연 (乾命)
丁	癸	戊	庚
巳	卯	子	午

㈜ 소사는 태자부(太子府)의 종이품 벼슬이다.

▧ 원문 ▧

若夫用官而孤官無輔 格局更小 難於取貴 若透傷食便不破格 然亦有
약 부 용 관 이 고 관 무 보 격 국 경 소 난 어 취 귀 약 투 상 식 편 불 파 격 연 역 유

官傷竝透而貴者 何也 如己酉 乙亥 壬戌 庚子 庚合乙而去傷存官 王
관 상 병 투 이 귀 자 하 야 여 기 유 을 해 임 술 경 자 경 합 을 이 거 상 존 관 왕

總兵命也
총 병 명 야

▧ 해설 ▧

녹겁격에 정관을 쓰는 경우 그 정관이 다른 성분으로부터 보필을 받지 못해 힘이 없으면 격이 낮아 귀함을 이루기 힘들다. 만약

이 상황에 식상까지 있으면 격은 패격이 된다. 그러나 정관과 상관이 같이 투출한 경우에도 귀하게 될 때가 있다.

시	일	월	연 (乾命)
庚	壬	乙	己
子	戌	亥	酉

위 왕총병(王總兵)의 사주는 정관과 상관이 같이 투출했지만, 상관이 乙庚합으로 합거되어 귀하게 되었다.

원문

祿劫用煞食制 食重煞輕 則運宜助煞 食輕煞重 則運喜助食
녹겁용살식제 식중살경 즉운의조살 식경살중 즉운희조식

해설

녹겁격에 칠살을 쓰는데 식상이 있는 경우 식상은 무겁고 칠살이 가벼우면 칠살을 돕는 운이 좋고, 식상이 가볍고 칠살이 무거우면 식상을 돕는 운이 좋다.

원문

至用煞而又財 本爲不美 然能去煞存財 又成貴格 戊辰 癸亥 壬午 丙
지용살이우재 본위불미 연능거살존재 우성귀격 무진 계해 임오 병

午 合煞存財 袁內閣命是也
오 합살존재 원내각명시야

▩ **해설** ▩   녹겁격에 칠살이 있는데 재성까지 있으면 아름답지 못하다. 칠살은 없어지고 재성만 남으면 귀격이 된다.

```
시  일  월  연 (乾命)
丙  壬  癸  戊
午  午  亥  辰
```

위 사주는 戊癸합을 하여 재성인 丙火만 남은 원내각(袁內閣)의 사주이다.

▩ **원문** ▩

若用煞而帶財 命中合煞存財 則傷食爲宜 財運不忌 透官無慮 身旺
약 용 살 이 대 재 명 중 합 살 존 재   즉 상 식 위 의 재 운 불 기 투 관 무 려 신 왕

亦亨 若命中合財存煞 而用食制 煞輕則助煞 食輕則助食則已
역 형 약 명 중 합 재 존 살 이 용 식 제 살 경 즉 조 살 식 경 즉 조 식 즉 이

▩ **해설** ▩   녹겁격에서 칠살을 쓰는데 재성이 있는 경우 사주에서 칠살을 합살(合殺)하고 재성이 남으면 식상운이 좋고, 재운도 꺼리지 않으며, 관성이 투출해도 우려할 바가 없고, 신왕운도 역시 형통하다. 사주에서 재성은 합으로 없어지고 칠살이 남는 경우에는 식상으로 칠살을 극제해야 하고, 칠살이 약한 경우에는 칠살을 돕는 운이 와야 하며, 식상이 약하면 식상을 돕는 운이 와야 한다.

▧ 원문 ▧

祿劫取運 卽以祿劫所成之局 分而配之 祿劫用官 印護者喜財 怕官星
녹겁취운 즉이록겁소성지국 분이배지 녹겁용관 인호자희재 파관성

之逢合 畏七煞這相乘 傷食不能爲害 劫比未卽爲凶
지봉합 외칠살저상승 상식불능위해 겁비미즉위흉

▧ 해설 ▧   녹겁격의 운을 볼 때는 그 격이 이루어진 상태를 잘 보고 운을 보아야 한다. 녹겁격에 정관이 있는 경우에 인수의 보호가 있으면 재성운이 좋고, 관성을 합하는 운은 싫어하며, 칠살이 와서 혼잡되는 운을 꺼리고, 식상운은 해가 되지 않으며, 비겁운도 흉하지 않다.

▧ 원문 ▧

財生喜印 宜官星之植根 畏傷食之相侮 逢財愈見其功 雜煞豈能無礙
재생희인 의관성지식근 외상식지상모 봉재유견기공 잡살기능무애

▧ 해설 ▧   녹겁격에 정관이 있는 경우 재성의 생조가 있으면 인수가 있는 것을 좋아하고, 정관이 뿌리를 내려야 하며, 식상이 극제하는 것을 두려워하고, 재성을 만나면 정관의 공이 더 나타나지만, 칠살과 섞이면 반드시 장애가 있다.

▧ 강해 ▧   원문에서 녹겁격에서 식재관(食財官)을 사용하는 방법을 자세히 설명했지만, 확실하게 이해하기 위해서는 종합적인 안목이 필요하다. 몇 가지 사례사주로 식재관의 쓰임에 대해 보충한다.

❶ 정관을 쓰는데 인수의 보필이 없는 경우

```
시  일  월  연 (乾命)
乙  癸  戊  庚
卯  亥  子  戌

乙 甲 癸 壬 辛 庚 己
未 午 巳 辰 卯 寅 丑
```

 子월 癸水이니 건록격이다. 지지에 亥子 수국(水局)을 만나므로 식재관(食財官) 중에서 월간의 戊土정관을 상신으로 한다. 乙木식신이 뿌리가 있는 상태로 시간에 투출하니 상신을 해치는 기신이 된다. 乙木식신인 기신을 해결하는 것은 庚金정인이다. 乙庚합으로 기신을 해결하기에는 거리가 먼 것이 흠이다. 합하는 자가 너무 떨어져 있으면 완전한 합이 힘들고, 작용력은 정상적인 합의 20~30%에 불과하다. 이런 힘으로 완전히 기반(羈絆)하는 것은 힘들다. 결국 戊土정관에게 도움을 주는 재성이나 인수가 없으므로 고관무보(孤官無補) 상태가 된다. 패격이다.
 부귀를 이루기 어려운 패격임을 염두에 두고 이 남자의 부부관계를 보자. 처성(妻星)은 드러난 것이 없고 戌 중의 丁火인 암부(暗婦)로만 존재하므로 무재(無財) 사주에 가깝다. 그것마저도 戌 중의 丁火와 子 중의 癸水가 丁癸충을 하는 것이 불리하다. 처궁(妻宮)은 일지다. 일지에 亥水겁재가 자리하고 있으니 파궁(破宮)이 되었다. 여기에 연지 戌土는 처의 묏자리인 재고(財庫)가 되는 것도 부부관계에 불리하게 작용한다. 실제로 두 자식을 남겨놓고 부인이 가출하였다. 부인의 가출 후 2008년에 새 여자와 동거를 시작했지만 2009년(己丑년)에 다시 이별하였다. 己丑년은 정관의 고관무보(孤官無補) 상태를 해결하지만, 관살혼잡을 만들고 지장간에 숨어 있는 丁火재성을 丑 中 癸水가 다시 암충하는 해이다.

❷ 칠살용신에 식상이 있는 경우의 운세

시	일	월	연 (坤命)
癸	壬	癸	戊
卯	寅	亥	申

丙	丁	戊	己	庚	辛	壬
辰	巳	午	未	申	酉	戌

건록격에 戊土칠살이 투출했으니 이를 제복(制伏)하는 寅卯식상을 상신으로 하기 쉽다. 그러나 칠살이 흉성 역할을 하는 것은 기세가 있는 경우이다. 기세가 약하여 흉성 역할을 할 수 없는 칠살을 굳이 제복할 필요가 없고, 戊土칠살이 천간에 있는데도 천간에 의해 쓰임을 기다리는 寅卯식상을 상신으로 할 필요는 없다. 따라서 위 사주는 戊土칠살을 상신으로 한다. 단, 지지에 寅亥와 寅卯가 있어 식상은 강하고 戊土칠살은 약한 것이 흠이다.

결혼을 중심으로 운의 흐름을 보자. 명주는 庚申운 丁丑년에 결혼하여 庚申운 壬午년에 이혼하였다. 丁丑년은 약한 戊土칠살을 돕는 운이니 길운이고 결혼에 좋다. 壬午년의 세간(歲干) 壬水는 식상이 강한 팔자에 식상을 도우니 흉운이다. 단지 이런 이유 때문에 이혼했겠는가?

부부관계를 좋지 않게 하는 원국의 특징들을 보자.

① 남편궁에 亥水비견이 위치하니 궁은 손실 상태이지만, 남편성인 戊土 관살이 연간 재성궁에 있어 생왕(生旺) 상태로 크게 흉하지 않다. 그러나 연주인 남편성으로 진입하면 일지가 공망이 되는 자공망(自空亡) 현상이 일어난다. 이는 남편성으로 진입을 불가능하게 만든다.

② 일시 壬寅과 癸卯관계를 보자. 천간은 癸←壬, 지지는 卯←寅로 흐르는 상순(相順) 상태이므로 명주는 심리적으로 寅卯식상으로 잘 흘러가게 된다. 결국 심리의 흐름이 남편을 극하기 쉽다.

③ 戊土칠살의 시각으로 보면 水는 처이다. 드러난 처의 수가 4명으로 너무 많다. 이런 경우를 자매강강(姉妹剛强) 또는 군비쟁관(群比爭官) 사주라고 한다. 남편에게 눈돌림현상, 즉 분산현상이 생겨 부부관계가 나빠진다.

❸ 재관인 삼기가 있는 경우의 운세

시	일	월	연	(乾命)
丁	癸	戊	庚	
巳	未	子	寅	

乙	甲	癸	壬	辛	庚	己
未	午	巳	辰	卯	寅	丑

원문에서 삼기(三奇)는 재관인(財官印)이며, 정관이 재성과 인수 사이에 위치하여 서로 상함이 없으면 격이 더욱 좋다고 하였다. 위 사주는 庚

金인수에 戊土정관과 丁火재성이 구비되고, 위치도 서로 상하지 않는 위치에 있으므로 완벽하게 귀격을 이룬 듯 보인다.

그러나 자세히 보면 허울뿐인 신강치삼기(身强値三奇)임을 알 수 있다. 삼기가 역할을 하려면 기세가 있어야 하는데 재성을 제외하고는 기력이 없기 때문이다. 이 중에서 庚金인수는 寅木 절지(絶地)에 있어 힘이 없고, 戊土정관은 태지(胎地)에 있으니 무력하다.

건록격임에도 신약하기 때문에 일간을 돕는 庚金인수를 상신으로 써야 한다. 庚金이 연간인 재성궁에 있어 파성(破星)이 되었는데 뿌리가 없어 무력하고, 丁火재성은 지지가 巳未 유취(類聚)에 뿌리도 든든하다. 재성으로부터 인수가 손상당하는 형상이다. 상신 무력으로 패격이다.

패격 팔자에 2006년(癸巳운 丙戌년)이 왔다. 운간(運干) 癸水는 戊癸합을 하여 庚金상신의 젖줄을 묶는다. 운지(運支) 巳火는 기신인 丁火재성을 강하게 한다. 태세인 丙戌도 기신인 재성의 기운을 북돋는 해이다. 흉운이요, 흉한 해이다. 명주는 이 해에 갑자기 발견한 위암으로 수술을 받았다. 암은 이미 다른 장기로 전이된 상태였다.

2장 양인격

📖 원문 📖

陽刃者 劫我正財之神 乃正財之七煞也 祿前一位 惟五陽有之 故爲
양인자 겁아정재지신 내정재지칠살야 녹전일위 유오양유지 고위

旭刃 不曰劫而曰刃 劫之甚也
욱인 불왈겁이왈인 겁지심야

📖 해설 📖

양인(陽刃)은 정재를 겁탈하는 성분으로, 정재의 칠살이다. 양인은 건록의 다음 자리로, 천간 중에서 양간(陽干)만 해당한다. 또 육친 구조상 겁재에 해당하는데도 양인이라고 부르는 이유는 일반적인 겁재보다 재성을 극하는 것이 극심하기 때문이다.

㈜ 양인은 다음 표와 같다. 즉, 양간(陽干)이 겁재월을 만나면 양인이고, 음간(陰干)이 겁재월을 만나면 녹겁격 중에서 월겁격이 되는 것이 원칙이다. 양인을 '양인(羊刃)'으로 쓰기도 한다. 이 책에서는 양간에만 해당하므로 '양인(陽刃)'으로 통일하여 쓴다.

천간	甲	乙	丙	丁	戊	己	庚	辛	壬	癸
양인	卯	○	午	○	午	○	酉	○	子	○
월겁	○	寅	○	巳	丑未	辰戌	○	申	○	亥

1. 양인격의 성패

※ 원문 ※

何謂成 陽刃透官煞而露財印 不見傷官 陽刃格成也
하위성 양인투관살이로재인 불견상관 양인격성야

※ 해설 ※   양인격(陽刃格)에 관살이 투출한 양인투관(陽刃透官), 양인투살(陽刃透殺)에 재성과 인수가 있으면서 상관을 보지 않으면 성격이 된다.

※ 원문 ※

成中有敗 必是帶忌 陽刃透官而又被傷 透殺而又被合
성중유패 필시대기 양인투관이우피상 투살이우피합

※ 해설 ※   양인격에 정관이 투출하면 성격이 되지만 상관으로부터 극제당하는 경우는 성중유패(成中有敗)가 되고, 칠살이 투출하여 성격이 된 경우 칠살이 합을 당하면 성중유패로 패격이 된다.

※ 원문 ※

何謂敗 陽刃無官煞 刃格敗也
하위패 양인무관살 인격패야

▧ 해설 ▧　　양인격인데 관살이 없는 양인무관(陽刃無官)은 패격이 된다.

▧ 원문 ▧

何謂救應 陽刃用官煞帶傷食 而重印以護之
하 위 구 응　양 인 용 관 살 대 상 식　이 중 인 이 호 지

▧ 해설 ▧　　양인격의 패격이라도 구응(求應)이 있는 경우에는 패중유성(敗中有成)이 되어 성격으로 변한다. 상신인 관살을 식상이 극할 때 인수가 식상을 극제하여 관살을 보호하면 패중유성이 된다. 그러므로 이 경우 패중유성을 만드는 구신(救神)은 인수가 된다.

▧ 원문 ▧

煞刃逢食 格之敗也 然庚生酉月 年丙月丁 時上逢壬 則食神合官留
살 인 봉 식　격 지 패 야　연 경 생 유 월　연 병 월 정　시 상 봉 임　즉 식 신 합 관 류

煞 而官煞不雜 煞刃局清 是因敗得成矣
살　이 관 살 부 잡　살 인 국 청　시 인 패 득 성 의

▧ 해설 ▧

시	일	월	연
壬	庚	丁	丙
午	○	酉	○

양인격에 칠살과 식신을 모두 만나면 패격이 된다. 그러나 앞 사주와 같이 庚金일간이 丁酉월에 생하여 연간에 丙火칠살이 있고 시간에 壬水식신이 있으면, 丁壬이 합하여 칠살만 남으니 격이 깨끗해져서 패격이 성격으로 변한다.

강해

원문에서 말한 양인격이 성격이 되는 경우를 요약하면 다음과 같다.
① 관살투출이 되어야 한다. 즉, 양인투관(陽刃透官), 양인투살(陽刃透殺)이 되어야 한다.
② 투출한 관살을 극제하는 상관이 없고 재인(財印)의 보좌가 있어야 한다.
③ 투출한 칠살은 합이 되지 않아야 한다.
④ 식상이 있을 때는 식상을 인수가 극제하거나 합을 해야 한다.
사례사주를 통해 이를 살펴본다.

시	일	월	연(乾命)
丙	庚	己	壬
戌	午	酉	寅

丙	乙	甲	癸	壬	辛	庚
辰	卯	寅	丑	子	亥	戌

酉월 庚金이니 양인격이다. 왕성한 庚金을 극제하는 丙火칠살이 시간에 있고, 丙火칠살이 午戌의 뿌리를 가지고 있다. 양인투살(陽刃透殺)로 양인격의 성격이 되었다. 문제는 투출한 丙火칠살을 충하는 壬水식신이

다. 그러나 壬水식신은 寅木 병지(病地)에 있어 무력하고, 월간의 己土정인의 극을 받아 충의 기세가 떨어진다. 여기에 丙火칠살과 壬水식신이 연과 시에 있어 거리가 멀다. 이 정도면 충의 작용력이 없다고 볼 수 있다.

사주에서 각자의 역할을 보면, 丙火칠살은 성격을 만드는 상신이고, 壬水식신은 성중유패(成中有敗)를 만드는 기신이며, 己土정인은 패중유성을 만드는 구신(救神) 또는 구응(救應)의 자이다. 결론은 식상이 있지만 양인격의 성격이라는 것이다.

명주는 일찍 과거에 급제한 후 사헌(司憲)을 거쳐 형부상서(刑部尙書)를 지냈다.

2. 양인격과 식상·재성

▧ 원문 ▧

更若陽刃用財 格所不喜 然財根深而用傷食 以轉刃生財 雖不比建祿
경약양인용재 격소불희 연재근심이용상식 이전인생재 수불비건록

月劫 可以取貴 亦可就富 不然 則刃與財相搏 不成局矣
월겁 가이취귀 역가취부 불연 즉인여재상박 불성국의

▧ 해설 ▧

양인격에 재성을 쓰는 것은 좋지 않다. 그러나 재성의 뿌리가 깊고 식상이 재성을 생하면 결과적으로 양인이 재성을 생하는 상태가 된다. 이 경우 건록격(建祿格)이나 월겁격(月劫格)보다는 못하지만 부귀함을 얻을 수 있다. 만약 식상이 없으면 양인과 재성이 서로 싸워 국(局)을 이루지 못한다.

원문

然亦有官煞制刃帶傷食而貴者 何也 或是印護 或是煞太重而裁損之
연역유관살제인대상식이귀자 하야 혹시인호 혹시살태중이재손지

官煞輕而取淸之 如穆同知命 甲午 癸酉 庚寅 戊寅 癸水傷寅午之官
관살경이취청지 여목동지명 갑오 계유 경인 무인 계수상인오지관

而戊以合之 所謂印護也 如賈平章命 甲寅 庚午 戊申 甲寅 煞兩透
이무이합지 소위인호야 여가평장명 갑인 경오 무신 갑인 살량투

而根太重 食以制之 所謂裁損也 如丙戌 丁酉 庚申 壬午 官煞競出
이근태중 식이제지 소위재손야 여병술 정유 경신 임오 관살경출

而壬合丁官 煞純而不雜 況陽刃之格 利於留煞 所謂取淸也
이임합정관 살순이부잡 황양인지격 이어류살 소위취청야

해설

양인격에 관살을 쓸 때 관살을 상하게 하는 식상이 있는데도 불구하고 귀한 경우가 있다. 이는 인수가 있어 식상을 극제하거나, 식상을 합하여 관살을 보호하거나, 칠살이 태과한 상태인데 식상이 이를 극제하거나, 관살이 식상과 합이 되어 사주가 맑아지는 경우이다.

시	일	월	연 (乾命)
戊	庚	癸	甲
寅	寅	酉	午

위 목동지(穆同知)의 사주는 월간의 癸水상관이 午火정관을 손상하기 전에 시간 戊土가 戊癸합을 하였다. 소위 인수의 합으로 정관을 보호한 경우이다.

```
시   일   월   연 (乾命)
甲   戊   庚   甲
寅   申   午   寅
```

위 가평장(賈平章)의 사주는 2개의 칠살이 천간에 투출하고 뿌리가 깊은데, 庚金식신이 칠살을 극제하고 있는 경우이다.

```
시   일   월   연 (乾命)
壬   庚   丁   丙
午   申   酉   戌
```

위 사주는 관살이 모두 천간에 나와 있지만, 壬水식신이 丁壬합을 하기 때문에 丙火칠살이 홀로 남는다. 합으로 관살혼잡이 해결되었다. 양인격은 정관이 남는 것보다 칠살이 남는 것이 좋은데, 이는 사주가 맑아지기 때문이다.

▨ 원문 ▨

月令陽刃而透官煞 官煞以制刃成格 若又透傷食 則剋泄交集 須視四
월 령 양 인 이 투 관 살   관 살 이 제 인 성 격   약 우 투 상 식   즉 극 설 교 집   수 시 사

柱之配合如何 未可一定 如本篇穆同知造
주 지 배 합 여 하   미 가 일 정   여 본 편 목 동 지 조

▨ 해설 ▨

월령이 양인인데 관살이 투출하면 이 관살이 양인을 극

제하므로 성격이 된다. 여기에 식상까지 함께 투출하면 극제와 설기가 함께 있는 극설교집(剋泄交集)이 된다. 이 때는 사주 구성을 잘 살펴야 하니 일정한 방법이 없다. 앞서 설명한 목동지(穆同知)의 사주가 이런 경우이다.

원문

其於丙生午月 內藏己土 可以剋水 尤宜帶財佩印 若戊生午月 干透
기 어 병 생 오 월   내 장 기 토   가 이 극 수   우 의 대 재 패 인   약 무 생 오 월   간 투

丙火 支會火乙 則化刃爲印 或官或煞 透則去刃存印其格愈淸 倘或財
병 화   지 회 화 을   즉 화 인 위 인   혹 관 혹 살   투 즉 거 인 존 인 기 격 유 청   당 혹 재

煞竝透露 則犯去印存煞之忌 不作生煞制煞之例 富貴兩空矣
살 병 투 로   즉 범 거 인 존 살 지 기   부 작 생 살 제 살 지 례   부 귀 량 공 의

해설

丙일간이 午월에 생하면 월의 午에 지장간 己土상관이 있으므로 水관살의 기운을 극할 수 있다. 이 때는 金재성이나 木인수가 있어야 한다. 만약 戊일간이 午월에 생한 경우 천간에 丙火가 투출하고 지지 火局이면 양인격이 변해 인수격이 되는데, 정관이나 칠살이 투출하여 양인을 제거하고 인수가 남으면 격이 더 맑아진다. 혹 재성과 칠살이 모두 투출하면, 인수가 제거되고 칠살만 남아서 꺼리는 상황이 되어 생살(生殺)이나 제살(制殺)의 예가 되지 못하여 부귀를 이룰 수 없다.

강해

양인격은 관살을 상신(相神)으로 하는 것이 원칙이고, 식상은 관살인 상신을 극하는 기신 역할을 하여 양인격을 패격으로 만든다. 그렇지만 양인격에 식상이 있어도 성격이 될 수 있다. 다음과 같은 경우이다.

① 식상이 있는데 여기에 재성이 있어 양인 생(生) 식상, 식상 생(生) 재성

으로 양인의 기운이 흘러 재물을 만드는 경우.
② 식상이 너무 강한 칠살의 기운을 조절하는 경우.
③ 식상이 있지만 인수의 극제를 받는 경우.
④ 식상이 있지만 합으로 기반되는 경우.
이어지는 사례사주를 통해 이를 살펴본다.

❶ **식상과 칠살이 같이 있는 경우**

시	일	월	연 (乾命)
壬	丙	丙	壬
辰	午	午	辰

癸	壬	辛	庚	己	戊	丁
丑	子	亥	戌	酉	申	未

1988년(庚戌운 戊辰년)의 운세를 살펴본다. 午월 丙火이므로 양인격이다. 조열하고 火土가 많다. 투출한 壬水칠살을 상신으로 삼는다. 壬水가 수고(水庫)인 辰土에 뿌리를 내리고, 2개의 壬水칠살이 천간에 뜬 양살경출(兩殺競出)의 상이지만, 辰土식신 위에 있는 칠살을 결코 강하다고는 할 수 없다.

운의 흐름을 보자. 酉운은 辰酉합을 하여 金生水로 칠살을 도우니 귀함을 이룬다. 이 운은 庚金재성운까지 이어진다. 戌운은 ① 寅午戌 화국(火局)을 이루어 화기(火氣)가 강왕해져서 몸을 상징하는 재성을 극하고, ② 辰을 辰戌충으로 흔들며, ③ 이 중 1988년 戊辰년은 대운과도 충하여 충발

(沖發)이 더욱 심해지고, 상신인 壬水칠살을 제압함이 태과(太過)하다. 결국 이 해에 사망하였다.

이 사주와 같이 식상으로 칠살을 지나치게 제압하는 것을 제살태과(制殺太過)라고 한다. 이런 경우는 재성을 써서 약한 살을 돕는 재자약살(財滋弱殺)의 방법과, 인수를 써서 칠살을 제압하는 식상을 막는 방법이 있다. 위 사주는 양인격이 왕성하므로 재자약살의 방법을 써야 한다. 이 말에 대해 식신을 용신으로 삼으면 될 일이니 구태여 제살태과 운운할 필요가 없지 않느냐고 질문할 수도 있다. 그러나 위 사례를 보면 식상을 용신으로 하는 것이 얼마나 위험한 일인지 알 수 있다.

❷ 식상이 너무 강한 칠살의 기운을 조절하는 경우

시	일	월	연 (乾命)
甲	戊	庚	甲
寅	寅	午	寅

丁	丙	乙	甲	癸	壬	辛
丑	子	亥	戌	酉	申	未

戊土일간이 午월을 만나 양인격으로 보인다. 그러나 지지의 寅午 화국(火局)으로 인해 양인이 인수로 바뀌니 인수격(印綬格)이다. 인수격에 인경봉살(印輕逢殺)은 성격이며, 인중투살(印重透殺)은 패격이다(인수격을 참조한다). 인경봉살로 성격이 되었지만 庚金식신의 역할이 떨어지는 것이 흠이다. 庚金식신이 연간의 甲木칠살을 충으로 해결하지만, 午火 살지

(殺地)에 있어 무력하기 때문이다. 다행이 운의 흐름이 金水로 흐른다. 金 식상운은 약한 庚金식상을 돕고 水재성운은 午火인수를 극해 庚金식신이 역할을 하게 한다. 명주는 명리가 모두 갖춰 부귀를 누리고, 평생 동안 재난이 없었으며, 자식이 성공하였다.

❸ 식상이 있지만 인수의 극제를 받는 경우

```
시 일 월 연 (坤命)
壬 庚 己 丁
午 寅 酉 未

丙 乙 甲 癸 壬 辛 庚
辰 卯 寅 丑 子 亥 戌
```

酉월 庚金일간이니 양인격이다. 시간의 壬水식신이 丁壬합으로 양인격의 상신인 정관을 합하는 것이 병이다. 그러나 丁壬합은 거리가 먼 요합(遙合)으로 영향력이 떨어지고, 아울러 未土에 뿌리가 있는 己土인수가 壬水식신을 극제하므로 己土는 팔자의 약이 된다.

2001년(壬子운 辛巳년)은 어떤 영향이 있을까? 운간(運干) 壬水는 상신인 丁火정관을 합으로 기반하고, 운지 子水는 丁火정관의 터전인 午火를 子午충한다. 양인격을 패격으로 만드는 운이다. 태세(太歲) 辛巳는 양인을 더 강화시키는 운이므로 양인격의 강함을 해결하지 못한다. 명주는 35살인 2001년에 3년 동안 사귀던 남성과 헤어진 후, 2009년 현재까지 결혼을 못하고 있는 여성이다.

3. 양인격과 관살

원문

刃宜伏制 官煞皆宜 財印相隨 尤爲貴顯 夫正官而財印相隨美矣 七
인의복제 관살개의 재인상수 우위귀현 부정관이재인상수미의 칠

煞得之 夫乃甚乎 豈知他格以煞能傷身 故喜制伏 忌財印 陽刃用之
살득지 부내심호 기지타격이살능상신 고희제복 기재인 양인용지

則賴以制刃 不怕傷身 故反喜財印 忌制伏也
즉뢰이제인 불파상신 고반희재인 기제복야

해설

양인은 극제해야 하므로 관살을 써야 하고, 재성과 인수로 보좌하면 더욱 귀하게 된다. 정관이 재성과 인수의 보좌를 받는 것은 당연한데 칠살까지 재성과 인수의 보좌를 필요로 하는 이유는, 양인격에서는 칠살이 양인을 극제해도 일간을 상하게 하지 않기 때문이다. 그러므로 재성과 인수의 보좌를 기뻐한다. 그러나 양인격이 아닌 다른 격국의 경우 일간을 진극(眞剋)하는 칠살은 일간을 상하게 하는 성분이므로 재성과 인수를 기피한다.

원문

然同是官煞制刃 而格亦有高低 如官煞露而根深 其貴也大 官煞藏而
연동시관살제인 이격역유고저 여관살로이근심 기귀야대 관살장이

不露 或露而根淺 其貴也小 若己酉 丙子 壬寅 丙午 官透有力 旺財
불로 혹로이근천 기귀야소 약기유 병자 임인 병오 관투유력 왕재

生之 丞相命也 又辛丑 甲午 丙申 壬辰 透煞根淺 財印助之 亦丞相
생지 승상명야 우신축 갑오 병신 임진 투살근천 재인조지 역승상

命也
명 야

※ 해설 ※   양인격에 관살로 양인을 극제하는 경우에도 격국의 고저가 다르다. 예를 들어, 관살이 천간에 노출되고 뿌리가 깊으면 귀함이 높고, 관살이 지지에 있고 투출되지 않았거나 투출되었다 해도 뿌리가 얕으면 귀함이 낮다.

```
시  일  월  연 (乾命)
丙  壬  丙  己
午  寅  子  酉
```

위 사주는 정관 己土가 천간에 투출하고, 왕성한 재성이 정관을 생하는 어느 승상의 사주이다.

```
시  일  월  연 (乾命)
壬  丙  甲  辛
辰  申  午  丑
```

위 사주는 천간에 투출한 壬水칠살의 뿌리가 얕지만, 연간의 辛金정재가 칠살을 생하고 있는 승상의 명이다.

원문

陽刃用煞　煞不甚旺　則運喜助煞　煞若太重　則運喜身旺印綬　傷食亦
양인용살　살불심왕　즉운희조살　살약태중　즉운희신왕인수　상식역

不爲忌
불 위 기

해설

양인격에 칠살을 쓰는 경우 칠살이 왕성하지 않으면 칠살을 돕는 운이 좋고, 칠살이 강하면 신왕운과 인수운이 좋고 식상운도 꺼리지 않는다.

원문

陽刃用官　則運喜助官　然命中官星根深　則印綬比劫之方　反爲美運
양인용관　즉운희조관　연명중관성근심　즉인수비겁지방　반위미운

但不喜傷食合官耳
단 불 희 상 식 합 관 이

해설

양인격에 정관을 쓰는 경우는 정관을 돕는 운이 좋다. 만일 사주 중에 정관의 뿌리가 깊으면 오히려 인수운과 비겁운이 좋다. 단, 식상운은 정관을 합하므로 좋지 않다.

원문

陽刃用官　透刃不慮　陽刃露煞　透刃無成　蓋官能制刃　透而不爲害　刃
양인용관　투인불려　양인로살　투인무성　개관능제인　투이불위해　인

能合煞　則有何功　如丙生午月　透壬制刃　而又露丁　丁與壬合　則七煞
능합살　즉유하공　여병생오월　투임제인　이우로정　정여임합　즉칠살

有貪合忘剋之意 如何制刃 故無功也
유 탐 합 망 극 지 의 여 하 제 인 고 무 공 야

해설   양인격에 정관을 쓰는 사주는 양인이 투출된 것을 염려하지 않아도 된다. 그러나 양인격에 투출한 칠살을 쓰는 양인로살(陽刃露殺)은 양인이 투출하면 이루는 것이 없다. 정관의 경우에는 투출된 양인을 정관이 극제하여 해로움이 없지만, 칠살인 경우 양인이 합살(合殺)하여 그 공을 이룰 수 없다.

예를 들어 丙火일간이 양인월인 午월에 생하고 천간에 壬水칠살이 투출하여 양인을 극제하는데, 양인 丁火가 또 투출했다면 丁壬합이 된다. 壬水칠살은 합을 욕심내어 극제하는 것을 잊는 탐합망극(貪合忘剋)의 상황이다. 이러면 칠살이 午火인 양인을 극제하지 못하니 아무런 공이 없는 것이다.

원문

陽刃而官煞竝出 不論去官去煞 運喜制伏 身旺亦利 財地官鄕反爲不
양 인 이 관 살 병 출   불 론 거 관 거 살   운 희 제 복   신 왕 역 리   재 지 관 향 반 위 불

吉也
길 야

해설   양인격에 관살이 모두 투출한 경우에는 거관(去官)이든 거살(去煞)이든 제복하는 운이 좋으며, 신왕운도 좋지만 재성운과 관성운은 불길하다.

강해   양인격은 왕성함이 지나친 격이다. 그러므로 상신은 관

살 중 칠살이 최고이다. 관살이 있는 양인격일지라도 관살의 힘이 있어야 성격이 된다. 투출한 관살이 상관으로부터 상해를 당하거나, 합을 당해 역할을 못하면 패격으로 변한다. 또한 관살을 재성과 인수가 도와주지 않는 경우도 마찬가지로 패격이 된다.

사례사주를 통해 양인격에 관살의 쓰임을 살펴본다.

❶ 관살이 무력한 경우 1

시	일	월	연(乾命)
丙	庚	己	丁
子	申	酉	亥

壬	癸	甲	乙	丙	丁	戊
寅	卯	辰	巳	午	未	申

酉월 庚金으로 양인격이니 火관살을 상신으로 찾는다. 丙火칠살이 투출하니 양인투살(陽刃透殺)하였고, 팔자의 연간에는 丁火, 시간에는 丙火가 있어서 팔자의 짜임새를 갖춘 듯하다. 관살 중에서 丁火정관은 쇠를 제련하고, 丙火칠살은 조후를 통해 강한 금기(金氣)를 조절한다. 丙丁이 모두 역할이 있으니 관살혼잡으로 보지 않는다.

丙丁관살의 형편을 보자. 丁火정관은 亥水라는 살지(殺地)에 있고, 丙火는 申子 수국(水局) 위에 있다. 그러므로 火가 제련과 조후 역할을 하기 힘들다. 여기에 팔자에 火를 생조하는 木재성이 없고, 월간에는 己土가 불기운을 빼내니 불길이 너무 약하다. 결론은, 庚金일간은 너무 강하고 이를 다스리는 火관살이 약하므로 멋진 그릇을 이룰 수 없다는 것. 관약무재(官弱無財)면 양인합살(羊刃合殺)이라도 귀함을 이룰 수 없는 경우가 이럴 때이다.

명주는 35세 되던 1981년(丙午운 辛酉년)에 위암으로 사망하였다. 丙辛합으로 양인합살(羊刃合殺)하는 운이다.

❷ 관살이 무력한 경우 2

시	일	월	연
庚	庚	丁	辛
辰	戌	酉	丑

庚	辛	壬	癸	甲	乙	丙
寅	卯	辰	巳	午	未	申

(乾命의 대운)

시	일	월	연
庚	庚	丁	辛
辰	戌	酉	丑

甲	癸	壬	辛	庚	己	戊
辰	卯	寅	丑	子	亥	戌

(坤命의 대운)

동일한 사주를 가진 남녀이다. 양인격의 가장 좋은 상신인 칠살 대신 정관이 투출하여 격이 떨어진다. 그래도 정관 하나가 많은 비겁을 감당하고 있으니 일장당관(一將當關)이라 할 수 있다. 장수 한 명이 관문을 지키는 것을 일장당관(一將當關)이라고 한다. 그런데 丁火정관의 형편을 자세히 보면 장수가 아닌 졸병이 팔자를 지키고 있는 형세이니 일졸당관(一卒當關)이라 하겠다. 원국의 졸병은 힘이 없으니 관문을 제대로 지키려면 운에서 힘을 받아야 한다.

인생을 판가름하는 남녀의 세 번째 대운을 보자. 남자에게 세 번째 대운은 甲午대운이다. 졸병에게 힘을 불어넣는 대운이므로 졸병이 역할을 한다. 여자에게는 庚子대운이니 졸병의 기운이 더 빠지는 대운이며, 인생의 황금기가 관문을 지키는 졸병을 주저앉히는 운으로 채워졌다. 이래서 판이 갈라진다.

2009년 현재 49세의 남녀이다. 남자는 모처에서 의원 원장을 하고 있으며 정치판으로 나설 생각을 하고 있다. 여자는 서울에서 살고 있다. 작은 기술이 있어 용돈 정도는 벌고 있지만 중산층에도 미치지 못하는 생활을 하고 있다.

운이 순행과 역행으로 흘러 판이 갈라졌지만, 본래 바탕은 양인격에 관살이 역할이 없는 일졸당관(一卒當關)으로 공통점도 있다. 남자는 이혼 후 재혼하였다. 재혼한 여성은 아이를 낳지 않기로 서면계약을 하고 시집을 왔다. 같은 사주의 여자는 남편을 벌레처럼 징그러워한다. 주말에 부부가 각각 등산하는 취미를 가진 별종 부부이다. 이들의 사주와 구조가 조금 다른 아래 사주를 비교해보면 졸병을 돕는 원군의 중요성을 알 수 있다.

시	일	월	연 (乾命)
丙	庚	丁	辛
戌	戌	酉	丑

庚	辛	壬	癸	甲	乙	丙
寅	卯	辰	巳	午	未	申

위 사주는 앞서 살펴본 사주와 출생시만 달라 庚辰시가 丙戌시로 바뀌었다. 丁火정관인 졸병에게 丙火칠살이 원군으로 온 게 아니라, 丁火 대신

에 丙火칠살을 상신으로 삼아야 할 팔자이다. 丙火를 돕는 1938년(甲午운 戊寅년) 노벨 물리학상을 받은 엔리코 페르미(Enrico Fermi)의 팔자이다.

㈜ 페르미의 출생시를 乙酉시로 보기도 한다.

❸ 양인격에 양인이 투출한 경우

시	일	월	연	(坤命)
辛	庚	辛	戊	
巳	申	酉	子	

甲	乙	丙	丁	戊	己	庚
寅	卯	辰	巳	午	未	申

酉월 庚金일간이니 양인격으로 아주 왕성하다. 양인격의 상신은 칠살을 최고로 치지만, 왕성함을 해결할 수 있는 식재관(食財官) 모두를 상신으로 할 수 있는지 본다. 먼저 연지의 子水상관은 戊土의 극으로 무력하니 상신으로 삼을 수 없다. 다음으로 재성은 어디에도 없으니 巳火칠살을 상신으로 할 수밖에 없다. 巳火칠살은 巳申형합을 하고, 巳 중의 丙火와 申 중의 壬水가 丙壬충을 하므로 상처가 있다. 또 천간에 투출하지 않고 지지에 있어 무력한 것도 흠이다.

이와 같은 상신의 형편을 염두에 두고 2005년(丙辰운 乙酉년)을 살펴본다. 丙辰운의 운간 丙火가 팔자에 들어오면 월시에 있는 辛金양인과 합으로 기반된다. 辛金은 일간의 자매이니 丙火인 남편을 자매가 묶어 무력하게 하는 상이다. 운지 辰土는 양인격의 왕성함을 부추기므로 좋을 수 없다. 태세인 乙酉도 좋은 역할이 없다. 乙木이 약한 巳火를 생하려 해도 떡 버티고 있는 辛金과 乙辛충이 되기 때문이다.

결국 2005년(丙辰운 乙酉년)은 남편을 뺏기는 상황이 될 가능성이 있다. 명주는 이 해에 남편의 외도로 이혼 소송을 준비하였다. 유럽에 사는 교포 여성으로, 바람을 피운 남편은 이민 후 현지생활에 적응하지 못해 무위도식하였고 본인이 가정을 꾸려왔다. 乙酉년에 이어지는 丙戌년도 부부관계에 도움을 주는 기운은 없다. 부부를 파경으로 몰고 간 근본 원인은 남편의 바람이지만, 운기적인 원인은 상신인 巳 중의 丙火칠살이 무력하고, 양인격의 양인(陽刃)인 辛金이 천간에 투출한 것이다.

3장 식신격

　식신(食神)은 일간이 생을 하면서 음양이 동일한 관계이다. 즉, 일간이 가생(假生)을 하는 관계이다. 동일한 생이라도 질적인 측면에서 보면 가생이 진생(眞生)보다 떨어진다. 진생은 양이 음을, 음이 양을 생하는 관계이므로 비유하면 아버지와 딸의 관계이다. 가생은 양이 양을, 음이 음을 생하는 관계이므로 아버지와 아들의 관계와 같다. 일반적인 가족간의 유대관계로 볼 때 아버지와 딸의 관계가 돈독하다.
　진생이 아닌 가생임에도 식신이 재관인식(財官印食)인 사길신 중 하나로 취급받는 이유가 있다. 식신은 칠살을 진극하여 일간을 보호하고, 또 정재를 진생하니 일간의 재물을 만들어주는 좋은 역할을 하기 때문이다. 그러나 사길신이라도 적정한 왕도(旺度)를 넘기면 문제가 된다. 좋은 역할을 하는 육친이 그 도를 넘으면 생보다 극의 역할을 하는 것을 왕자편화(旺者偏化) 현상이라고 한다. 예를 들어, 정재가 많거나 아주 강한 경우에는 편재로 바뀌어 재극인(財剋印)을 하고, 정관이 편화되면 편관, 즉 칠살로 바뀌어 일간을 치는 데 열중하고, 비견이 강하면 일간의 버팀목이 되는 것이 아니라 재물을 극하는 겁재의 작용을 하는 것이 편화현상이다. 식신도 마찬가지다. 식신이 도에 넘치게 강하면 왕자(旺者)가 되고, 왕자는 편화되니 상관의 작용을 하게 된다. 즉, 식신이 생재(生財)를 하는 것이 아니라 극관(尅官)을 하는 것에 몰두하게 된다. 이런 점을 염두에 두고 이 장을 읽어야 한다. 사례사주를 통해 왕자편화 현상을 살펴본다.

시	일	월	연(坤命)
癸	丁	己	戊
卯	亥	未	戌

壬	癸	甲	乙	丙	丁	戊
子	丑	寅	卯	辰	巳	午

未월 丁火일간이니 식신격이다. 월인 未 중에서 정기인 己土식신이 투출하고, 연지 戌土에서 戌土상관이 천간에 투출하므로 식상경출(食傷競出)한 사주이다. 식상이 천간에 투출한 것을 두 가지로 나누어 볼 수 있다. 하나는 뿌리 없이 투출한 허투(虛透)이며, 다른 하나는 뿌리가 있는 상태로 투출한 실투(實透)이다. 식상의 허투는 표현과 설기(泄氣)와 연결되고, 식상 실투는 생재(生財)와 연결된다. 그러나 위 사주는 재성이 없기 때문에 재물을 만들기 힘들다.

식상이 모두 투출하니 왕자편화(旺者偏化) 현상이 발생하고, 식상의 기운을 담을 재성도 없으니 식신은 상관 역할을 할 수밖에 없다. 상관은 말의 쌍권총이요, 질서의 파괴자라 하였다. 상관이 설기가 과하고 극관(尅官)을 하는 것을 강조한 별명이다. 상관이 역할을 하면 명주의 성격이 멋대로 간다는 뜻이기도 하다.

명주는 중학교를 졸업하고 가출한 여성이다. 또한 26세(1985년 丙辰운 乙丑년)에는 남자친구와 혼담이 오갔지만, 본인의 성질에 맞지 않아 그만두었다. 26세 이후 운이 辰土운으로 흐르는 바, 辰土 중에 癸水정관이 있어 결혼은 31세 전에 결정되었을 것이다. 그러나 결혼한 남편이 식상의 직격탄을 어찌 피했는지가 궁금하다.

1. 식신격의 성패

🖁 원문 🖁

用神專尋月令 以四柱配之 必有成敗 何謂成 食神生財 或食帶煞而
용 신 전 심 월 령   이 사 주 배 지   필 유 성 패   하 위 성   식 신 생 재   혹 식 대 살 이

無財 棄食就煞而透印 食格成也
무 재   기 식 취 살 이 투 인   식 격 성 야

🖁 해설 🖁

용신격국은 월령에서 정한다. 팔자의 배치에 따라 성패가 다르다. 식신격(食神格)이 성격이 되는 경우는 다음과 같다.

① 식신생재(食神生財)가 될 때.
② 식신과 칠살이 있는 경우에는 재성이 없어 식신이 칠살을 극제할 수 있을 때.
③ 팔자 구조상 식신을 포기하고 칠살을 상신으로 써야 하는 기식취살(棄食取殺)인 경우에 인수가 투출하여 살인상생(殺印相生)으로 화살(化殺)을 할 때.

원문

成中有敗 必是帶忌 敗中有成 全憑救應 何謂帶忌 食神帶煞印而又
성중유패 필시대기 패중유성 전빙구응 하위대기 식신대살인이우

逢財
봉재

해설

식신격의 성격이라도 팔자에 기신이 있으면 성중유패(成中有敗)가 된다. 식신격에 칠살과 인수가 있는데 재성이 있으면 성중유패가 된다.

㊟ 식신격에 살인상생(殺印相生)으로 용신을 삼으면 인수는 일간을 생하면서 식신은 제살(制殺)하는 역할을 한다. 이 때 재성이 있어 식신의 기운을 빼내면서 칠살을 도우면 재성은 기신이 되어 성중유패가 된다.

원문

何謂敗 食神逢梟 或生財露煞 食神格敗也
하위패 식신봉효 혹생재로살 식신격패야

해설

식신이 편인(별칭은 효인梟印)을 만나는 식신봉효(食神逢梟)이거나, 재성과 칠살이 함께 있는 생재로살(生財露殺)일 때는 식신격의 패격이 된다.

원문

何謂救應 食逢梟而就煞以成格 或生財以護食
하위구응 식봉효이취살이성격 혹생재이호식

◪ 해설 ◪　　식신격의 패격에 구응(求應)의 자가 있으면 패중유성(敗中有成)이 된다. 다음과 같은 경우이다.
① 식신이 편인을 만났는데 칠살이 있어 살인상생(殺印相生)으로 성격을 이루게 하는 경우.
② 식신이 편인을 만났는데 재성이 편인을 극해 식신을 보호하는 경우.

◪ 강해 ◪　　원문에서는 재성, 인수, 칠살 위주로 식신격의 성패를 다루었다. 가장 중요한 말은 식신생재(食神生財)면 성격이요, 식신봉효(食神逢梟)면 패격이라는 것이다.

원문에서 다루지 않은 사항이 있다. 식신생재라도 일간에 힘이 없으면 패격으로 봐야 한다는 점이다. 식신과 재성이 모두 설기자(洩氣者)인데 일간의 힘이 너무 빠져 무력하면 생재(生財)를 할 수 없을 것이며, 일간과 재성의 균형이 맞아야 자연스럽게 쥘 수 있는 재물이 된다. 다음 사례사주를 통해 살펴본다.

시	일	월	연 (乾命)
丙	戊	庚	戊
辰	辰	申	子

丁	丙	乙	甲	癸	壬	辛
卯	寅	丑	子	亥	戌	酉

申월 戊土일간에 庚金식신이 투출했으니 식신격이다. 지지에 申子 水 재성국을 이루므로 식신을 생재(生財)할 수 있다. 식신격의 성격이다. 혹

丙火효인이 시간에 투출했으니 패격으로 보아야 하지 않는지 의문을 가질 수도 있다. 그러나 丙火효인은 辰土에 설기되므로 성격을 이루는 데 문제가 되지 않는다.

성격이 되었음에도 일간과 재성의 균형이 맞지 않는 흠이 있다. 戊土일간은 丙火의 도움과 辰土를 쌍으로 깔고 있어 강하다. 재성은 申子 수국(水局)을 이루었지만 子水재성 위에 戊土가 개두(蓋頭)하여 약하다. 이런 조건이면 명주가 돈을 벌 수 있는 시기는 일간의 기운을 약화시키고 재성의 기운을 강화하는 해가 된다. 이를 바탕으로 어떤 해에 돈을 벌었는지 살펴보자.

① 癸亥운 甲子년 : 팔자에 있는 재성이 甲木관살을 생하고, 관살은 강한 비겁을 극하여 탈재(奪財)를 막아주어서 돈을 벌었다. 또한 대운인 癸亥가 유년 甲木을 생하고, 甲木은 연간의 戊土비견을 극하여 癸水재성이 역할을 하게 한다. 이 해의 수입은 도박으로 인한 것이었다.

② 癸亥운 丙寅년 : 丙寅은 월주인 庚申과 천극지충(天剋支沖)을 한다. 재물의 통로인 식상이 깨지니 재물 방면에서 참패를 당했다. 도박의 결과였다.

③ 甲子운 戊辰년 : 戊辰이 비겁을 강하게 한다. 이 해에 자신의 재물이 깨졌을 뿐 아니라 주변사람에게도 큰 피해를 주었다.

2. 식신격과 재성

원문

至若單用食神 作食神有氣 有財運則富 無財運則貧
지약단용식신 작식신유기 유재운즉부 무재운즉빈

◪ **해설** ◪　　만약 식신격에 단독으로 식신을 쓰는 경우 식신이 기운 있고 재성운으로 흐르면 부자가 되고, 재성운으로 흐르지 못하면 가난해진다.

◪ **원문** ◪

食神本屬泄氣 以其能生正財 所以喜之 故食神生財 美格也 財要有
식 신 본 속 설 기　이 기 능 생 정 재　소 이 희 지　고 식 신 생 재　미 격 야　재 요 유

根 不必偏正疊出 如身强食旺而財透 大貴之格 若丁未 癸卯 癸亥 癸
근　불 필 편 정 첩 출　여 신 강 식 왕 이 재 투　대 귀 지 격　약 정 미　계 묘　계 해　계

丑 梁丞相之命是也 己未 壬申 戊子 庚申 謝閣老之命是也
축　양 승 상 지 명 시 야　기 미　임 신　무 자　경 신　사 각 로 지 명 시 야

◪ **해설** ◪　　식신은 본래 내 기운을 빼앗는 성분이지만 능히 정재를 생하는 성분이니 내가 기뻐한다. 그러므로 식신생재(食神生財) 사주가 되면 아름답다. 재성은 뿌리가 있는 것을 필요로 하고, 편재와 정재가 중첩해서 투출할 필요는 없다. 예를 들어, 신강한 사주에 식신이 왕하고 재성이 투출하면 대귀를 이루는 격이다. 아래의 양승상(梁丞相)의 사주와 같은 경우이다.

시	일	월	연(乾命)
癸	癸	癸	丁
丑	亥	卯	未

시	일	월	연 (乾命)
庚	戊	壬	己
申	子	申	未

위는 사각로(謝閣老)^{주)}의 사주로 식신생재를 이룬다.

㊜ 각로는 재상(宰相)의 별칭이다.

▨ 원문 ▨

食神取運 卽以食神所成之局 分而配之 食神生財 財重食輕 則行財
식신취운 즉이식신소성지국 분이배지 식신생재 재중식경 즉행재

食 財食重則喜幇身 官煞之方 俱爲不美
식 재식중즉희방신 관살지방 구위불미

▨ 해설 ▨

식신격의 운은 격이 어떻게 이루어졌는지 구분해서 본다. 식신생재(食神生財)가 되는 경우 재성은 무겁고 식신이 가벼우면 재성과 식신운이 좋고, 재성과 식신이 모두 무거우면 일간을 돕는 운으로 가야 좋고 관살운은 좋지 않다.

▨ 원문 ▨

若食神帶印 透財以解 運喜財旺 食傷亦吉 印與官煞皆忌也
약식신대인 투재이해 운희재왕 식상역길 인여관살개기야

▨ 해설 ▨

식신격에 인수가 있는데 재성이 투출하여 인수가 식신

을 치는 것을 해결하면 재성운이 가장 길하고, 식상운도 길하며, 관살운은 기피한다.

강해 　　명을 볼 때 가장 중요한 것은 부귀빈천을 판단하는 것이다. 빈부는 재물을 가졌는지를 보고, 귀천은 명예를 가졌는지를 보는 것이다. 일반적으로 재물은 육친 중 재성이 주도하고, 명예는 육친 중 관성이 주도한다고 생각한다. 그러나 재물이든 명예든 팔자를 구성하고 있는 모든 육친이 관여한다. 특히 식신과 재성이 재물과 큰 관련이 있다. 그래서 재물에 대한 삼박자 축복을 다음과 같이 정의하기도 한다.
① 재물을 쥘 수 있는 능력이 있어야 하니 비겁이 왕성해야 한다.
② 재물의 통로가 열려 있어야 하니 식상이 유력해야 한다.
③ 재물을 담을 그릇이 커야 하니 재성이 건전해야 한다.
　요약하면, 신왕에 식신생재(食神生財)가 되면 재물을 쥘 수 있다. 원문에서 언급한 식신과 재성을 보는 방법도 삼박자 축복에서 벗어날 수 없다. 사례사주를 통해 이를 살펴본다.

❶ 식신생재를 하는 경우

시	일	월	연(乾命)
庚	丙	丙	癸
寅	午	辰	巳

己	庚	辛	壬	癸	甲	乙
酉	戌	亥	子	丑	寅	卯

丙火일간이 辰월을 만나니 식신격이다. 식신격은 재성으로 순용하는 것이 원칙이다. 시간에 투출한 庚金재성을 상신으로 삼는다. 상신인 庚金재성은 寅木 절지(絶地)에 있어 무력하고, 월지인 辰土식신이 강한 화기(火氣)를 빨아들여 생금(生金)을 하는 맛이 있지만, 寅午 화국(火局)을 깔고 있어 지지의 도움이 전혀 없는 것이 흠이다.

乙卯운과 甲寅운은 상신인 庚金재성이 절지에 닿고, 金을 극하는 火가 강해지는 운이다. 가난하고 고통스런 운이다. 癸丑운으로 바뀌면서 운간(運干) 癸水는 수극화(水剋火)로 강한 화기를 조절하고, 운지(運支) 丑土는 화기를 빨아들이고 생금(生金)을 하는 기운이다. 식신생재(食神生財)를 하는 이 운에 큰 인연을 만나 엄청난 돈을 벌었다.

❷ **식신생재를 못하는 경우**

시	일	월	연 (乾命)
丙	乙	庚	甲
子	卯	午	寅

丁	丙	乙	甲	癸	壬	辛
丑	子	亥	戌	酉	申	未

乙木일간이 午월을 만나 설기(洩氣)가 심하지만, 앉은 자리인 卯木이 건록(建祿)이고, 시지 子水가 일간을 돕고 연주에는 통근한 甲寅이 있으니 신왕하다. 신왕함을 해결하는 방법으로 庚金관성을 이용하여 일간을 극제하는 방법과, 투출한 丙火상관을 써서 왕성한 기운을 설기하는 방법

을 생각할 수 있다.

첫째로 庚金관성을 쓰는 방법은 어떤가? 甲庚충이 되고, 庚金이 午火인 살지(殺地)에 있어 상하무정(上下無情)한데, 이를 생하는 土재성이 없으니 무력하다. 여기에 궁성론으로 보면 庚金관성이 월간인 식신 자리에 있어 파성(破星)이 된 것도 흠이다. 둘째 방법인 丙火상관을 쓰는 것도 庚金관성을 쓰는 것처럼 무력하긴 마찬가지다. 시간 편인궁에 상관이 있으므로 파성이 된 것도 庚金과 동일하다.

이 둘 중에서 선택한다면 월령의 힘을 받고 있는 丙火상관을 이용할 수밖에 없다. 그러나 丙火상관을 택한다 해도 운이 金水로 흐르기 때문에 신왕을 해결하는 역할을 하기 힘들다. 실제 乙亥운에서 팔자의 신왕함을 부추겨 거지가 되었다.

3. 식신격과 관인

▨ 원문 ▨

至若食神透煞 本忌見財 而財先煞後 食以間之 而財不能黨煞 亦可
지약식신투살 본기견재 이재선살후 식이간지 이재불능당살 역가

就貴 如劉提台命 癸酉 辛酉 己卯 乙亥是也 其餘變化 不能盡述 類
취귀 여류제태명 계유 신유 기묘 을해시야 기여변화 불능진술 유

而推之可也
이 추 지 가 야

▨ 해설 ▨

식신격에 칠살이 투출하면 재성을 보는 것을 꺼린다. 그러나 재성과 칠살의 중간 위치에 식신이 있으면 재성이 칠살을 생하지 못하므로 이 역시 귀하게 된다. 예를 들어, 다음 유제태(劉提台)의 사주와 같

은 경우이다. 그 밖에 여러 변화가 있지만 모두 설명할 수 없으니 각자 유추하길 바란다.

```
시  일  월  연 (乾命)
乙  己  辛  癸
亥  卯  酉  酉
```

㈜ 위 유제태의 사주는 乙木칠살과 癸水재성 사이에 辛金식신이 있으므로 재성이 칠살을 생하지 못한다.

원문

若不用財而就煞印 最爲威權顯赫 如辛卯 辛卯 癸酉 己未 常國公命
약 불 용 재 이 취 살 인 최 위 위 권 현 혁 여 신 묘 신 묘 계 유 기 미 상 국 공 명

是也 若無印綬而單露偏官 只要無財 亦爲貴格 如戊戌 壬戌 丙子 戊
시 야 약 무 인 수 이 단 로 편 관 지 요 무 재 역 위 귀 격 여 무 술 임 술 병 자 무

戌 胡會元命是也
술 호 회 원 명 시 야

해설

식신격에 재성을 쓰지 않고 칠살과 인수를 쓰면 권위가 아주 크다. 다음 상국공(常國公)[주1] 의 사주와 같은 경우이다.

시	일	월	연 (乾命)
己	癸	辛	辛
未	酉	卯	卯

만일 식신격에 인수가 없고 칠살만 투출했다면 재성이 없어야 귀격이 된다. 다음 호회원(胡會元)^{주2)} 의 사주와 같은 경우이다.

시	일	월	연 (乾命)
戊	丙	壬	戊
戌	子	戌	戌

㊟ 1) 국공은 오등작(五等爵)의 첫째 등급으로 정이품이다.
　 2) 향시(鄕試)의 1등은 해원(解元), 회시(會試)의 1등은 회원(會元), 전시(殿試)의 1등은 장원(狀元)이다.

원문

更有印來奪食 透財以解 亦有富貴 須就其全局之勢而斷之 至於食神
갱유인래탈식 투재이해 역유부귀 수취기전국지세이단지 지어식신

而官煞競出 亦可成局 但不甚貴耳
이 관 살 경 출 역 가 성 국 단 불 심 귀 이

해설

인수가 식신을 극하는 탈식(奪食)의 경우 투출한 재성이 이를 해결하면 부귀한 명이다. 그러나 반드시 사주 전체의 기세를 보고 판

단해야 한다. 식신격에 관살이 모두 투출하면 성국(成局)이 될 수 있지만 크게 귀하지는 않다.

🎴 원문 🎴

更有食神合煞存財 最爲貴格
갱 유 식 신 합 살 존 재 최 위 귀 격

🎴 해설 🎴

식신격에서 식신이 칠살을 합살(合殺)하고 재성을 남게 하면 최고의 귀격이다.

🎴 원문 🎴

食用煞印 運喜印旺 切忌財鄕 身旺 食傷亦爲福運 行官行煞 亦爲吉也
식 용 살 인 운 희 인 왕 절 기 재 향 신 왕 식 상 역 위 복 운 행 관 행 살 역 위 길 야

🎴 해설 🎴

식신격에 칠살과 인수를 쓰는 경우에는 인수운을 좋아하고, 재성운은 아주 기피한다. 신왕하면 식상운도 복이고, 관살운으로 가는 것도 길하다.

🎴 원문 🎴

食神帶煞 喜行印綬 身旺 食傷亦爲美運 財則最忌 若食太重而煞輕
식 신 대 살 희 행 인 수 신 왕 식 상 역 위 미 운 재 즉 최 기 약 식 태 중 이 살 경

印運最利 逢財反吉矣
인 운 최 리 봉 재 반 길 의

🎴 해설 🎴

식신격에 칠살이 있는 식신대살(食神帶殺)은 인수운, 신

왕운, 식상운이 좋지만, 재성운은 아주 꺼린다. 만일 식신이 너무 무겁고 칠살이 가벼우면 인수운이 최고이며, 재성운도 오히려 길하다.

원문

食神太旺而帶印 運最利財 食傷亦吉 印則最忌 官煞皆不吉也
식 신 태 왕 이 대 인   운 최 리 재   식 상 역 길   인 즉 최 기   관 살 개 불 길 야

해설

식신이 태왕하고 인수가 있는 경우에는 재성운이 가장 좋으며 식상운도 길하지만, 인수운은 가장 흉하고 관살운도 흉하다.

강해

식신격에서 관성과 인수를 보는 방법을 사례사주를 통해 살펴본다.

❶ 칠살과 식신의 균형을 깨트리는 재성운이 흉한 경우

시	일	월	연 (乾命)
戊	庚	辛	丁
寅	申	亥	巳

甲	乙	丙	丁	戊	己	庚
辰	巳	午	未	申	酉	戌

亥월의 庚金일주로 식신격이다. 庚金일간을 중심으로 주변에 辛金겁재, 戊土편인, 申金비견이 있어 강한 팔자이다. 식신격이 성격이 되려면

먼저 식신생재(食神生財)가 되는지 보는 것이 원칙이다. 식신생재가 될 수 있는지를 기준으로 삼았을 때, 寅木편재가 시지에 있으므로 생재(生財)를 기대할 수도 있다. 그러나 寅申충이 되어 재성이 깨졌다. 또한 식신격에 인수가 있으면 인수가 식신을 치는 식신봉효(食神逢梟)의 형세가 되어 패격으로 본다. 이 때 재성이 재극인(財剋印)으로 인수를 조절할 수 있으면 성격으로 변화될 수 있지만, 위 사주에서는 寅申충이 되어 재성의 역할이 없는 것이 흠이다. 우선 식신생재가 안 되며, 식신봉효로 패격이라는 잠정 결론을 내릴 수 있다.

　식신격에 성격의 기준으로 널리 쓰이는 식신생재를 제외하고, 식신격에 칠살과 인수를 쓰면 귀격(貴格)으로 본다는 기준을 대입해보면 식신격의 성격이 된다. 戊土편인이 시간에 투출하고, 丁火정관이 巳火칠살에 뿌리를 둔 상태로 연간에 투출해 있기 때문이다. 조후론의 기준을 사용해도 차가운 亥월 庚金을 丁火정관으로 제련하고 丙火칠살로 차가운 상태를 해결할 수 있으니 좋다. 여기서 丙火칠살은 월간 辛金과 丙辛합이 되는 약점이 있다. 그러므로 丁火정관이 상신이 된다.

　丁火정관을 상신으로 삼아 성격이 되었다면 기신은 무엇인가? 쉽게 상신을 수극화(水剋火)하는 亥水식신을 기신으로 생각하기 쉽다. 그러나 식신격에 칠살을 상신으로 하는 경우에는 木인 재성이 기신이다. 재성이 기신인 이유는 식신과 칠살의 균형을 깨기 때문이다. 식신격에서 식신의 존재는 일간을 설기하는 수기(秀氣)가 되고 관살은 권위를 가질 수 있게 하지만, 관살은 일간을 극해 질액(疾厄)을 몰고 오는 흉한 요소가 되기도 한다. 재성이 있거나 재성운이 오면 식신의 기운을 약화시켜 관살의 흉함을 해결하는 힘인 치귀력(治鬼力)이 떨어지고, 한편으로는 재성이 관살을 생하니, 관살이 일간을 극할 수 있도록 돕기 때문에 흉하다.

　이 사주는 박정희 전 대통령의 것이다.

① 1961년 5월 18일(丙午운 辛丑년 癸巳월) 혁명을 일으켰다.

② 1974년(乙巳운 甲寅년) 육영수 여사를 잃었다.

③ 1979년 10월 26일 19시 40분경(甲辰운 己未년 甲戌월 丙寅일 戊戌시) 김재규의 총탄에 의해 사망하였다.

사건을 검토해보면 재성운의 흉함을 알 수 있다. 또한 원문에서는 식신격이 칠살과 인수를 쓰는 경우 인수운이 좋다고 말했지만, 박정희 대통령에게는 나쁘게 작용하였다. 土인수는 관인상생의 역할을 하는 점도 있지만, 식신봉효로 亥水식상의 설기를 막는 역할을 하도록 하였다. 인수운이 나쁜 역할을 하는 것에는 巳亥충이 되어 식상이 약해진 측면도 있다.

박정희 대통령의 사주풀이에 대해 참고할 만한 다른 시각도 있다. 다음과 같다.

① 천간에서 庚金과 辛金의 조합은 철추쇄옥(鐵鎚碎玉)이니 강단이 있는 성격으로 볼 수 있다.㈜

② 지지 전체가 寅申巳亥로 이루어진 사위순전격(四位純全格) 중에서 사맹격(四孟格)이다. 지지가 寅申충, 巳亥충으로 모두 충이 되니 삶이 순탄하지 않은 특징을 가지고 있다. 寅申巳亥 사맹은 싹을 틔우는 것에 비유되는데, 싹을 틔운 후에는 나무가 될 수도 있지만 싹을 틔우기 전에 밟히면 빈천한 명이 된다고 하였다.

㈜ 모 역학인이 사주 풀이를 한 사항이다. 庚金과 辛金의 조합에 대한 언급은 기문둔갑의 십간대응결 중 "경가신위 철퇴쇄옥 차절마사 불가원행(庚加辛爲 撤退碎玉 車折馬死 不可遠行)"에서 나온 말이다. 이는 기문둔갑의 의기(儀奇)를 보는 사항이지, 사주팔자의 천간 조합과는 아무 관련이 없다.

❷ 식신대살에 칠살이 무거운 경우

```
시 일 월 연 (乾命)
丁 辛 壬 丁
酉 巳 子 巳

乙 丙 丁 戊 己 庚 辛
巳 午 未 申 酉 戌 亥
```

　식신격 중 칠살이 경출(競出)한 식신대살(食神帶殺)의 사주이다. 식신과 칠살을 모두 가지고 있는 경우 가장 먼저 보아야 할 점은 재성의 유무이다. 재성이 있으면 식신 생 재성, 재성 생 칠살이 되고, 생으로 이어진 강한 칠살이 일간을 극하기 때문이다. 만약 재성이 없는 경우에는 식신과 칠살의 균형을 보아야 한다.

　운의 흐름을 볼 때도 마찬가지다. 원명의 식신이 칠살에 비해 약하면 운은 식상을 돕는 쪽으로 흘러야 좋고, 반대로 칠살이 식신에 비해 약하면 칠살을 돕는 운으로 흘러가야 좋다. 이 사주는 丁火칠살이 식신에 비해 강하므로 식신을 돕는 신왕운과 인수운, 식상운이 좋다. 庚戌운, 己酉운, 戊申운의 흐름은 土金 인비(印比)의 운이므로 좋다. 이 운에 높은 지위에 있었다. 그러나 운이 丁未로 바뀌자 원명의 강한 칠살의 기운을 도와 지위에서 물러났고, 되는 일이 없었다.

❸ 식신격에 관살경출로 귀하지 않은 경우

```
시  일  월  연 (乾命)
庚  甲  辛  乙
午  子  巳  亥

甲  乙  丙  丁  戊  己  庚
戌  亥  子  丑  寅  卯  辰
```

巳월 甲木이 기운이 쇠약한데 土재성이 없어 식신생재(食神生財)도 이루지 못하고, 천간에 庚辛金이 있으니 관살경출(官殺競出)로 관살도 쓰지 못한다. 패격으로 분류된다.

경출(競出)한 관살과 더불어 지지에 설기하는 巳午식상이 있어 금기(金氣)와 화기(火氣)의 극설(剋洩)이 겹쳐 있다. 약한 일간을 고려하면 水인수를 상신으로 삼을 수밖에 없다. 상신인 水인수는 子午충, 巳亥충이 되므로 상신으로서 함량 미달이다. 기준을 달리해도 역시 패격이다.

丁丑대운은 극설이 더해지고, 子丑土가 되어 팔자의 불을 어둡게 하고 물 기운을 막아 사망하였다.

❹ 식신태왕에 인수가 있는 경우

```
시  일  월  연 (乾命)
庚  戊  戊  壬
申  申  申  午

乙  甲  癸  壬  辛  庚  己
卯  寅  丑  子  亥  戌  酉
```

　申월 戊土가 金식상이 많아 종아격(從兒格)이다. 연지 午火가 戊土를 생조하여 종아(從兒)하는 것을 방해하므로 이 사주의 병이 된다. 그러나 申金에 뿌리를 내리고 있으며, 壬水가 수화상충(水火相沖)으로 午火를 다스리고 있으니 사주의 약도 있다. 사주의 병과 약이 같이 있으므로 병약상제(病藥相濟)의 형세이다.

　병약상제 사주에서 병을 강하게 하면 흉하고, 약을 강하게 하면 길하다. 운의 흐름을 보면 辛亥운에 수억 재산을 모으는데, 이는 사주의 약을 강하게 하고 아우우아(兒又遇兒 또는 兒又生兒)로 생재(生財)하기 때문이다. 이후, 甲寅운은 寅申충에 寅午戌 화국(火局)이 되어 사주의 병을 키우니 대흉하였다.

4장 상관격

원문

傷官雖非吉神 實爲秀氣 故文人學士 多於傷官格內得之 而夏木見水
상관수비길신 실위수기 고문인학사 다어상관격내득지 이하목견수

冬金見火 則又爲秀之尤秀者也 其中格局比他格多 變化尤多 在查
동금견화 즉우위수지우수자야 기중격국비타격다 변화우다 재사

其氣候 量其强弱 審其喜忌 觀其純雜 微之又微 不可執也
기기후 양기강약 심기희기 관기순잡 미지우미 불가집야

해설

상관은 길신은 아니지만, 뛰어난 기운이 있어 문인과 학사(學士)에 상관격이 많다. 여름의 木인 목화상관(木火傷官)이 水를 보거나, 겨울의 金인 금수상관(金水傷官)이 火를 보면 뛰어남이 더하다. 상관격은 격국의 형태가 다양하고 변화가 많은 격이다. 상관격을 볼 때 기후, 강약, 희기(喜忌)를 아울러 보아야 하고, 그 종류가 다양하므로 어느 한 가지로 설명할 수 없다.

🕮 강해 🕮

상관은 박관(剝官), 수기(秀氣), 상귀(傷貴)라는 별명들을 가지고 있는 육친이다. 상관이라는 명칭은 일간의 명예가 되는 정관을 상하게 한다는 것에서 나왔다. 정관을 박탈한다는 면에서 박관살(剝官殺)이라고도 한다. 그래서 상관은 육친의 역할을 기준으로 할 때는 사흉신인 살상겁인(殺傷劫刃)의 하나로 분류된다.

상관을 수기(秀氣)라고 부르는 이유는 설기(泄氣)의 기운이 뛰어나기 때문이다. 일간의 기운을 빼는 측면에서 볼 때는 육친 중에서 상관의 설기력이 제일 강하다. 관살은 일간을 극제(尅制)하는 것이요, 식상은 일간을 설기하는 것이다. 식상 중에서 식신은 일간과 동일한 음양이므로 둘 사이에 배척하는 관계가 되고, 상관은 일간과 음양이 다르므로 흡수하는 관계가 된다. 이런 이유로 육친 중 기운을 빼는 강도가 가장 높다. 기운을 뺀다는 것은 표현하고 연기하고 저술하는 것이다. 그러므로 상관이 역할을 하는 팔자 중에는 문인, 연기자, 학사(學士) 등이 많다.

상관은 일간을 설기하는 측면 외에 생재(生財)를 하기도 한다. 고서에 정재가 상귀(傷貴)를 만나는 경우 기이함이 있다고 하였다. 즉, 재물을 상징하는 재성을 돕는 상관의 역할을 좋게 본 경우이다. 상관이 명예를 치고, 설기를 하며, 생재를 하는 복잡한 육친인 만큼 상관격을 보는 방법도 복잡하다.

1. 상관격의 성패

🕮 원문 🕮

用神專尋月令 以四柱配之 必有成敗 何謂成 傷官生財 或傷官佩印
용 신 전 심 월 령　이 사 주 배 지　필 유 성 패　하 위 성　상 관 생 재　혹 상 관 패 인

而傷官旺 印有根 或傷官旺 身主弱而透煞印 或傷官帶煞而無財 傷
이상관왕 인유근 혹상관왕 신주약이투살인 혹상관대살이무재 상

官格成也
관격성야

▨ 해설 ▨　　용신격국은 월령을 기준으로 정한다. 사주의 구조에 따라 성패가 있다. 상관격으로 분류된 사주 중에서 성격(成格)이 되는 경우는 다음과 같다.
① 상관생재(傷官生財)를 하는 경우.
② 상관이 왕성한데 인수가 있는 상관패인(傷官佩印)의 구조에 인수의 뿌리가 있을 때.
③ 상관이 왕하고 신약한데 칠살과 인수가 동시에 투출할 때.
④ 상관격에 재성이 없으면서 칠살이 있는 상관대살(傷官帶殺)인 경우.

▨ 원문 ▨
成中有敗 必是帶忌 敗中有成 全憑救應 何謂帶忌 傷官生財而財又
성중유패 필시대기 패중유성 전빙구응 하위대기 상관생재이재우

逢合 佩印而印又遭傷
봉합 패인이인우조상

▨ 해설 ▨　　상관격 중에서 성격이 된 듯하지만 기신이 있어 성중유패(成中有敗)가 되는 경우가 있다. 상관이 재성을 생하고 있는데 재성을 합거하면, 상관의 기운이 흐르지 않으므로 합거하는 자가 기신이다. 또 상관격에서 신약하여 인수를 용신으로 할 때 인수를 상하게 하는 자는 상관패인(傷官佩印)의 패격을 만드니 기신이 된다.

🕮 원문 🕮

何謂敗 傷官非金水而見官 或生財生帶煞 或佩印而傷輕身旺 傷官格
하 위 패   상 관 비 금 수 이 견 관   혹 생 재 생 대 살   혹 패 인 이 상 경 신 왕   상 관 격

敗也
패 야

🕮 해설 🕮

상관격의 패격이 되는 경우는 다음과 같다.
① 금수상관격(金水傷官格) 외에 정관이 있어 상관견관(傷官見官)이 되는 때.
② 상관이 재성을 생하는데 칠살이 있는 생재대살(生財帶殺)일 때.
③ 신왕에 상관은 약하고 인수가 있는 패인상경(佩印傷輕)일 때.

🕮 원문 🕮

何謂救應 傷官生財透煞而煞逢合
하 위 구 응   상 관 생 재 투 살 이 살 봉 합

🕮 해설 🕮

패격이라도 용신격국에 구응(救應)의 자가 있으면 패격이 성격으로 바뀌는 패중유성(敗中有成)이 된다. 상관격의 예를 들면, 상관이 생재하는데 칠살이 투출했지만 칠살을 합거하는 자가 있는 경우이다.

🕮 강해 🕮

원문 내용을 정리하면 다음과 같다.
① 상관격이 인수를 차고 있는 상관패인(傷官佩印)이면 성격(成格)이 된다. 이 경우 인수는 뿌리가 있어야 하고 상하게 하는 자가 없어야 한다. 대표적으로 인수를 상하게 하는 자는 재성이다. 상관패인이라도 인수가 강하고 상관이 약한 경우에는 인수가 도식(倒食)으로 작용하여 패

격이 된다. 운에서 도식이 올 때를 밥그릇[食]을 뒤엎는[倒] 운이라고 비유하기도 한다.

② 재성을 생하는 상관생재(傷官生財)면 성격이 된다. 재성이 합거되면 패격으로 바뀐다.

③ 신약에 살인이 있는 살인겸용(殺印兼用)이면 성격이 된다. 인수는 상관의 설기를 방지하고, 칠살은 인수를 돕는 경우이다.

④ 재성이 없는 상관대살(傷官帶殺)은 성격이 된다. 재성이 있는 경우에는 생재대살(生財帶殺)로 패격이고, 조후가 급한 木火상관과 金水상관을 제외하고는 상관이 정관을 손상시키는 상관견관(傷官見官)의 경우도 패격이다.

이 중에서 상관격이 성격이 되는 대표적인 경우는 신약에 상관패인, 신왕에 상관생재이다. 상관은 사흉신으로 극을 쓰는 역용(逆用)의 방법이 우선인 것을 감안하면, 가장 중요한 성격의 요소는 상관패인이라 할 수 있다. 상관패인으로 성격이 될 때 이를 파괴하는 것은 재성이다. 재성은 인수를 재극인(財剋印)하는 성분이기 때문이다. 반대로 재성이 있어야 상관생재가 되는 측면도 있다. 결국 재성이 성격을 파괴하는지 아니면 성격을 이루게 하는지를 보려면 팔자의 왕약을 먼저 판단해야 한다. 사례사주를 통해 이를 살펴본다.

❶ 상관격의 성격이 된 경우

```
시   일   월   연 (乾命)
丙   甲   甲   辛
寅   戌   午   亥

丁   戊   己   庚   辛   壬   癸
亥   子   丑   寅   卯   辰   巳
```

午월 甲木일간이니 상관격이다. 성격(成格) 여부를 판단하기 위해 팔자의 왕약(旺弱)을 먼저 판단한다. 지지에 寅午戌 화국(火局)이 있고, 丙火 식신이 시간에 투출하여 신약하다. 신약하니 인수를 차고 있는지를 본다. 亥水인수가 연지에 있고 연간의 辛金에게 생을 받고 있다. 상관패인(傷官佩印)이니 상관격의 성격이 되었다. 아쉬운 것은 水인수가 천간에 투출하지 않은 것이다. 그러나 운의 흐름이 초반 水운인 인수운이고, 중반 庚辛이 있어 인수를 돕는 운이 계속되는 것은 위안이 된다.

49세부터 시작하는 己丑운은 어떨까? 일단 상관패인으로 성격이 된 상관격에 재성운은 좋지 않다는 것에서 출발하자. 상신인 인수를 재극인(財剋印)으로 극하여 재성이 기신으로 작용하기 때문이다. 또한 운간(運干) 己土는 신약한 일간을 돕는 월간 甲木을 甲己합으로 기반하고, 운지(運支) 丑土는 건강궁인 일지를 丑戌형하는 것도 좋지 않다. 이 운 중에서 戊申년 戊午월도 상신인 亥水인수 입장에서는 좋은 시기가 아니다.

명주는 1966년 5월 출판된 『우주변화의 원리』의 저자로 유명한 한의사 한동석(韓東錫)이다. 1967년 말부터 건강을 잃고, 뇌혈관발작으로 혼수상태에 빠져 1968년 음력 6월 5일(己丑운 戊申년 戊午월 辛未일) 새벽에 58세의 나이로 사망하였다.[주]

이 사주에 대해 목화통명(木火通明)을 이루어 밝음에 이르는 상으로 설명하기도 한다. 그러나 봄의 木일간이 식상인 火를 만나는 것이 목화통명이지, 여름에 태어난 나무는 목화통명의 귀격으로 보지 않는다. 여름 나무는 조후를 고려해야 하므로 水인수가 있는지를 먼저 보아야 한다.

[주] 생일인 음력 6월 8일 표시에 사망했다는 설도 있다.

❷ 상관격의 패격이 된 경우

시	일	월	연 (坤命)
丙	乙	辛	乙
戌	亥	巳	未

戊	丁	丙	乙	甲	癸	壬
子	亥	戌	酉	申	未	午

乙木일간이 巳월을 만났으니 상관격이다. 마침 일지에 亥水인수가 있으니 상관패인(傷官佩印)이 되어 성격으로 보인다. 그렇지만 亥水인수는 월지와 巳亥충이 되고, 옆에 戌土재성이 바짝 붙어 토극수(土剋水)를 한다. 戌土는 기신이 된다. 기신이 있으니 성중유패(成中有敗)로 패격이다. 원문에서 말한 패인이인우조상(佩印而印又遭傷)이 바로 이런 경우이다.

상관격의 패격임을 감안하여 부부관계를 보자. 남편별인 辛金칠살이 하나만 투출하여 혼잡되지 않고 맑기는 하지만, 천간에서 乙辛충으로 쟁충(爭沖)이 되고, 丙辛합이 되어 좋지 않다. 또한 남편별이 巳火인 살지(殺地)에 있는 것도 흠이다. 남편궁인 월지에는 상관이 있어서 파궁(破宮)이 되었다. 남편의 궁성(宮星)이 좋지 않으므로 부부복은 없다. 명주는 재주도 좋고 미인이며 학문에 밝은 여성이었으나, 남편복과 자식복이 없어 뜻을 펼 수 없었다.

아래 사주는 위 사례와 월일이 같은 1965년생 여성이다. 2009년 현재 이혼하지 않은 상태로 남편과 별거하고 있다.

시	일	월	연(坤命)
壬	乙	辛	乙
午	亥	巳	巳

戊	丁	丙	乙	甲	癸	壬
子	亥	戌	酉	申	未	午

2. 상관격과 재성

원문

至於化傷爲財 大爲秀氣 如羅壯元命 甲子 乙亥 辛未 戊子 干頭之甲
지 어 화 상 위 재 대 위 수 기 여 나 장 원 명 갑 자 을 해 신 미 무 자 간 두 지 갑

通根於亥 然又會未成局 化水爲木 化之生財 尤爲有情 所以傷官生
통 근 어 해 연 우 회 미 성 국 화 수 위 목 화 지 생 재 우 위 유 정 소 이 상 관 생

306 子平眞詮

財 冬金不貴 以凍水不能生木 若乃化木 不待于生 安得不爲殿元乎
재 동금불귀 이동수불능생목 약내화목 불대우생 안득불위전원호

해설 상관격에 상관생재(傷官生財)가 되면 크게 뛰어난 사주이다.

```
시 일 월 연(乾命)
戊 辛 乙 甲
子 未 亥 子
```

위 나장원(羅壯元)의 사주는 연간 甲이 亥월에 뿌리가 있고, 亥卯未 목국(木局)을 이루어 水가 木으로 변하였다. 상관이 변하여 재성이 되니 유정한 사주이다. 상관생재가 되더라도 겨울의 金은 귀하지 않은데, 이는 얼어붙은 물인 상관이 나무인 재성을 생조하지 못하기 때문이다. 그러나 이 사주는 합으로 인해 물이 나무로 변했으니 장원이 되었다.

원문

至於財傷有情 與化傷爲財者 其秀氣不相上下 如秦龍圖命 己卯 丁
지어재상유정 여화상위재자 기수기불상상하 여진룡도명 기묘 정

丑 丙寅 庚寅 己與庚同根月令是也
축 병인 경인 이여경동근월령시야

해설 재성과 상관이 유정한 것과, 상관이 재성으로 변한 것은 뛰어남에서 별 차이가 없다. 다음 진룡도(秦龍圖)의 사주는 己土상관과

庚金재성이 모두 월령 丑에 뿌리가 있어 유정하다.

```
시  일  월  연(乾命)
庚  丙  丁  己
寅  寅  丑  卯
```

원문

若冬金用官 而又化傷爲財 則尤爲極秀極貴 如丙申 己亥 辛未 己亥
약동금용관 이우화상위재 즉우위극수극귀 여병신 기해 신미 기해

鄭丞相命是也
정승상명시야

해설
만약 겨울의 금이 정관을 쓰는데 상관이 재성으로 변화하면 뛰어나고 귀한 사주가 된다. 다음 정승상(鄭丞相)의 사주와 같은 경우이다.

```
시  일  월  연(乾命)
己  辛  己  丙
亥  未  亥  申
```

원문

故有傷官用財者 蓋傷不利於民 所以爲凶 傷官生財 則以傷官爲生官
고유상관용재자 개상불리어민 소이위흉 상관생재 즉이상관위생관

之具 轉凶爲吉 故最利 只要身强而有根 便爲貴格 如壬午 己酉 戊午
지구 전흉위길 고최리 지요신강이유근 편위귀격 여임오 기유 무오

庚申 史春芳命也
경신 사춘방명야

※ **해설** ※   상관격에 재성을 쓰는 사주는 좋은 점이 많다. 상관은 정관을 극하므로 흉하지만, 상관이 생재(生財)하고 이어서 관성을 생하면 흉이 길로 변하니 좋다. 단, 이 때는 사주가 신강하고 재성의 뿌리가 있어야 귀격이 된다. 아래 사춘방(史春芳)의 사주와 같은 경우이다.

시	일	월	연(乾命)
庚	戊	己	壬
申	午	酉	午

※ **원문** ※

傷官取運 卽以傷官所成之局 分而配之 傷官用財 財旺身輕 則利印
상관취운 즉이상관소성지국 분이배지 상관용재 재왕신경 즉리인

比 身强財淺 則喜財運 傷官亦宜
비 신강재천 즉희재운 상관역의

※ **해설** ※   상관격의 운을 볼 때는 격이 어떻게 이루어졌는지 구분하여 살핀다. 상관격이 재성을 쓰는 상관용재(傷官用財, 傷官生財)의 경우 재성이 왕성하고 일간이 신약하면 인수운과 비겁운이 이롭고, 신왕하고 재성이 약하면 상관운과 재성운이 좋다.

▨ 원문 ▨

傷官而兼用財印 其財多而帶印者 運喜助印 印多而帶財者 運喜助財
상관이겸용재인 기재다이대인자 운희조인 인다이대재자 운희조재

▨ 해설 ▨
상관격에 재성과 인수를 겸하여 쓰는 사주는 재성이 많고 인수가 있으면 인수를 돕는 운이 좋고, 인수가 많고 재성이 있으면 재성을 돕는 운이 좋다.

▨ 강해 ▨
원문의 내용은 이해하기에 문제가 없다. 단, 원문에서 다룬 사춘방(史春芳)의 사주 해석은 문제가 있다. 따라서 먼저 사춘방의 사주를 재해석한 후, 다른 사주로 보충한다.

❶ 사춘방 사주의 재해석

시	일	월	연 (乾命)
庚	戊	己	壬
申	午	酉	午

丙	乙	甲	癸	壬	辛	庚
辰	卯	寅	丑	子	亥	戌

『자평진전(子平眞詮)』의 시각에서는 월의 본기(本氣)로 용신격국을 삼으니 용신은 상관이 되고, 격은 상관격으로 구분한다. 원문에서는 이 사주를 신강하고 재성의 뿌리가 있어 귀격이 된다고 하였다. 壬水재성이 상신

이라는 말이다. 맞는 판단인가? 천간에 있는 壬水재성과 午火인수 중에서 상신을 결정해보자.

상관격이 신왕하면 재성을 쓰고, 신약하면 인수를 쓴다. 그러므로 먼저 왕약을 판단해야 한다. 연지의 午火정인은 개두(蓋頭)되고 일간과 너무 멀어 일간에 도움이 되지 못하고, 일지의 午火정인만의 도움을 받고 있다. 이에 반해 월령은 酉월 상관이고, 시간의 庚辛식상이 강하다. 일간을 중심으로 보면 설기자인 식재관(食財官)이 생조자인 인비(印比)보다 강하니 신약하다. 신약이니 상관생재(傷官生財)보다 상관패인(傷官佩印)을 생각해야 한다. 그렇다면 午火인수가 상신이다. 酉월 戊土는 약하고 차다. 조후의 입장에서도 午火 중 丁火인수를 상신으로 하는 데 문제가 없다.

상신인 丁火정인을 대운에 대입하면 중년의 水재성의 대운이 상신을 극한다. 큰 귀함과는 인연이 없다. 壬水재성을 상신으로 삼은 원문의 결론과는 차이가 있다.

❷ **상관생재가 되는 경우**

시	일	월	연(乾命)
庚	丙	己	庚
寅	午	丑	戌

丙	乙	甲	癸	壬	辛	庚
申	未	午	巳	辰	卯	寅

丑월 丙火일간에 己土상관이 투출하여 상관격이다. 지지는 寅午戌 화

국(火局)을 이루고, 일지에 午火양인이 앉아 있으니 상관의 설기를 감당할 수 있다. 연간과 시간에 있는 庚金재성을 상신으로 삼는다. 상관생재(傷官生財)가 되니 성격이다. 상신 중에서 연간의 庚金은 戌土가 도와 힘이 있지만, 시간 庚金은 寅木인 절지(絶地)에 있어 무력하다. 그러나 일간과 가까이 있어 친밀한 상태이다. 재성이 경출(競出)하여 혼잡한 중 무력한 庚金이 일간과 친밀하니 부부관계가 탁하다.

명주는 40세(癸巳운 己丑년)의 젊은 나이에 잘 나가는 의류 쇼핑몰을 운영하여 큰돈을 벌고 있다. 천하의 바람둥이인 것이 흠이다.

❸ 상관격이 신왕하고 재성의 뿌리가 있는 경우

시	일	월	연 (坤命)
丁	丁	庚	乙
未	巳	辰	巳

丁	丙	乙	甲	癸	壬	辛
亥	戌	酉	申	未	午	巳

丁火가 辰월을 만나니 상관격이다. 일간이 신약하면 상관패인(傷官佩印)으로 인수가 투출해야 좋고, 일간이 신왕하면 상관생재(傷官生財)가 되어 재성으로 상관의 기운을 설기하는 것이 좋다. 이 사주는 巳未가 火의 유취(類聚)를 이룬 중에 丁火가 시간에 투출했으므로 巳午未 화국(火局)이 되어 신왕하다. 신왕한 사주에 庚金정재가 월간에 투출하니 상관격의 성격이 되었다. 단, 뿌리가 없는 乙木이 연간과 乙庚金으로 기반된 것은

작은 흠이다.

부부관계를 살펴보자. 구조 자체가 부부간의 문제를 안고 있음을 알 수 있다. 흐름이 土식상에 몰려 있고, 식상의 기운을 빼내는 庚金재성은 기반되어 역할이 떨어지고, 水관성은 지장간에만 있으니 암관(暗官)밖에 없기 때문이다. 암장된 관성도 양 옆의 巳 중 丙火와 水火상충이 되며, 담긴 辰의 자리에서 극을 당해 자리가 마땅하지 않고, 辰土가 관고(官庫)인 점도 눈에 거슬린다.

성격적인 면도 부부관계에 나쁜 영향을 준다. 일주가 동주(同柱)인데다 음인(陰刃) 일주라서 조급하고 격렬하며 구속을 싫어하는 자유주의자이며, 일지의 지장간인 庚金재성이 월간으로 투출하여 몸에 대한 욕망이 강하다. 여기에 일주는 간여지동(干與支同), 고란과숙(孤鸞寡宿)도 가지고 있다. 이 신살은 독선적인 성품과 재물의 실패수가 있고, 부부 생사이별의 기운을 몰고 온다.

명주는 1993년인 29세(癸未운 癸酉년)인 관살운에 결혼하여, 1999년인 35세(甲申운 己卯년)에 이혼하였다. 상관의 해인 1998년 戊寅년부터 부부불화에 노출되었을 것이다. 이혼한 남편은 2001년 사망하였다. 2002년(壬午년)에 새로운 남자를 만나 살고 있다. 결혼과 재혼의 해는 상관격이 상관 생 정재, 정재 생 관살을 하는 운이다. 만약 이 팔자가 신약하고 재성의 뿌리가 없었다면 부부의 인연을 맺지 못했을 것이다.

❹ 상관격 신약재왕에 재성운이 흉한 경우

```
시  일  월  연 (乾命)
辛  丁  庚  庚
亥  未  辰  子

丁 丙 乙 甲 癸 壬 辛
亥 戌 酉 申 未 午 巳
```

『궁통보감강해(窮通寶鑑講解)』의 용신 원칙을 적용해보자. 辰월 丁火의 용신 원칙에서 甲木인수를 먼저 쓰는 것은, 월령 辰 중의 戊土가 일간을 설기하니 이를 돕는 데 의의가 있다. 또한 庚金재성을 보조로 하는 것은 戊土의 기운을 빼내고, 한편으로는 甲木을 쪼개 丁火를 이끄는 데 뜻이 있다. 甲木인수와 庚金재성 중에 하나만 투출해도 천한 격이 되지 않는다고 하였다. 甲木을 쓰는 경우는 팔자가 신약할 때이고, 庚金을 쓰는 경우는 팔자의 신왕함이 요구된다. 이러한 원칙은 『자평진전(子平眞詮)』에서 신약이면 상관패인(傷官佩印)하고, 신왕이면 상관생재(傷官生財)하는지를 보라는 말과 일치한다.

위 사주는 辰월에 庚金이 투출하여 설기하는 土기운을 조정하는 맛도 있고 귀함을 이끄는 기운도 있지만, 甲木정인이 亥 중에만 숨어 있고 투출되지 않아 신약한 일간이 재다신약(財多身弱)이 되므로 庚金보다는 甲木이 더욱 필요한 사주이다. 즉, 상관패인이 아니니 패격으로 분류된다.

다른 기준으로 보면, 팔자에 庚金정재, 壬水정관, 甲木정인의 삼기(三奇)^{주)}가 있어 귀격으로 설명하지만, 이와 같이 삼기득위(三奇得位)가 있는 경우에도 일간의 신왕함이 요구되는데 위 사주는 신약이니 패격이다. 명주는 金운이 오자 木인수를 극해 전투에서 죽은 군인이다. 원문에서 신약재왕(身弱財旺)이면 식상과 재성의 운이 흉하다고 한 것과 일치한다.

㊟ 삼기(三奇)는 ① 甲戊庚 천상삼기(天上三奇), 乙丙丁 지하삼기(地下三奇), 壬癸辛 인원삼기(人元三奇)를 말하기도 하고, ② 위 예에서와 같이 정재, 정관, 정인이 팔자에 모두 있을 때를 말하기도 한다. 이르기를, "남명신강 우삼기 위일품지귀(男命身强 遇三奇 爲一品之貴)"라 하여 삼기가 있는 자체로 귀함을 이끄는 것이 아니고, 일간의 신왕함에 삼기가 갖춰져야 귀격이 된다고 하였다.

3. 상관격과 관살

▒ 원문 ▒

有傷官用官者 他格不用 金水獨宜 然要財印爲輔 不可傷官竝透 如
유상관용관자 타격불용 금수독의 연요재인위보 불가상관병투 여

戊申 甲子 庚午 丁丑 藏癸露丁 戊甲爲輔 官又得祿 所以爲丞相之格
무신 갑자 경오 정축 장계로정 무갑위보 관우득록 소이위승상지격

若孤官無輔 或官傷竝透 則發福不大矣
약고관무보 혹관상병투 즉발복부대의

▒ 해설 ▒

상관격에 정관을 쓰는 경우가 있다. 다른 경우에는 정관을 쓰지 않지만, 금수상관격(金水傷官格)은 정관을 쓴다. 단, 이런 경우에도 재성과 인수가 정관을 보필해야 하고, 상관이 정관과 같이 천간에 투출하면 좋지 않다.

```
시   일   월   연 (乾命)
丁   庚   甲   戊
丑   午   子   申
```

위 사주는 월령의 지장간에 癸水상관이 있고 丁火정관이 투출하였다. 천간의 戊土편인은 상관을 극제함으로써 丁火정관을 보필하고, 甲木재성은 화기(火氣)를 생하고 수기(水氣)를 설기하여 정관을 보필하고 있는데, 丁火정관은 지지에서 녹(祿)을 얻었다.

어느 승상의 사주이다. 만약 정관에 대한 보필이 없는 고관무보(孤官無補)의 상태이거나, 정관과 상관이 천간에 모두 투출했다면 복이 작았을 것이다.

원문

然亦有非金水而見官 何也 化傷爲財 傷非其傷 作財旺生官而不作傷
연 역 유 비 금 수 이 견 관 하 야 화 상 위 재 상 비 기 상 작 재 왕 생 관 이 부 작 상

官見官 如甲子 壬申 己亥 辛未 章丞相命也
관 견 관 여 갑 자 임 신 기 해 신 미 장 승 상 명 야

해설

금수상관격(金水傷官格)이 아닌데도 정관을 쓰는 경우가 있다. 상관이 변하여 재성이 되어 재왕생관(財旺生官)을 하는 경우이다. 이 때 상관이 관성을 극하는 상관견관(傷官見官)이 되지는 않는다. 다음 장승상(章丞相)의 사주와 같은 경우이다.

시	일	월	연(乾命)
辛	己	壬	甲
未	亥	申	子

원문

至於傷官而官煞竝透 只要干頭取淸 金水得之亦淸 不然則空結構而已
지 어 상 관 이 관 살 병 투 지 요 간 두 취 청 금 수 득 지 역 청 불 연 즉 공 결 구 이 이

해설

상관격에 관살이 모두 천간에 투출한 경우 천간이 맑으면 금수상관격(金水傷官格) 역시 귀하지만, 맑지 않은 경우에는 공허한 구조가 된다.

㊞ 관살병투(官殺竝透)의 경우 천간에 투출한 관살 중 하나를 극제하거나 합거해야 천간이 맑아진다.

원문

傷官帶煞 喜印忌財 然傷重煞輕 運喜印而財亦吉 惟七根重 則運喜
상 관 대 살 희 인 기 재 연 상 중 살 경 운 희 인 이 재 역 길 유 칠 근 중 즉 운 희

傷食 印綬身旺亦吉 而逢財爲凶矣
상 식 인 수 신 왕 역 길 이 봉 재 위 흉 의

해설

상관격에 칠살이 있는 상관대살(傷官帶殺) 사주는 인수운을 기뻐하며, 재성운을 싫어한다. 그러나 상관은 무겁고 칠살이 가벼우

면 인수운과 재성운 역시 길하다. 또한 칠살의 뿌리가 깊으면 식상운으로 흐르는 것을 좋아하고, 인수운과 신왕운이 길하지만 재성운은 흉하다.

🔯 원문 🔯

傷官用官 運喜財印 不利食傷 若局中官露而財印兩旺 則比劫傷官
상 관 용 관   운 희 재 인   불 리 식 상   약 국 중 관 로 이 재 인 량 왕   즉 비 겁 상 관

未給非吉矣
미 태 비 길 의

🔯 해설 🔯

상관격에 정관을 쓰는 사주는 재성운과 인수운이 좋고, 식상운은 불리하다. 만약 사주에 정관이 노출되고 재성과 인수가 모두 왕성하면 비겁운과 상관운이 좋지 않다.

🔯 원문 🔯

有傷官用煞印者 傷多身弱 賴煞生印以邦身而制傷 如己未 丙子 庚
유 상 관 용 살 인 자   상 다 신 약   뇌 살 생 인 이 방 신 이 제 상   여 기 미   병 자   경

子 丙子 蔡貴妃也 煞因傷而有制 兩得其宜 只要無財 便爲貴格 如壬
자 병 자   채 귀 비 야   살 인 상 이 유 제   양 득 기 의   지 요 무 재   편 위 귀 격   여 임

寅 丁未 丙寅 壬辰 夏閣老命是也
인 정 미   병 인   임 진   하 각 로 명 시 야

🔯 해설 🔯

상관격 사주에 칠살과 인수를 쓰는 경우가 있다. 사주에 상관이 많아 신약할 때 칠살이 생조한 인수가 일간을 돕고 상관을 극제하는 경우이다.

시	일	월	연 (坤命)
丙	庚	丙	己
子	子	子	未

위는 채귀비(蔡貴妃)의 사주다. 일간 옆의 丙火칠살은 상관의 극제를 받으니 일간을 상하게 할 수 없고, 칠살의 생을 받는 己土인수가 상관을 극제하는 중, 己土인수를 극제하는 木재성이 없으니 귀격이다.

시	일	월	연 (乾命)
壬	丙	丁	壬
辰	寅	未	寅

위의 채귀비의 사주와 같은 예로 하각로(夏閣老)의 사주이다.

▩ 원문 ▩

傷官而用煞印 印運最利 傷食亦亨 雜官非吉 逢財卽危
상관이용살인 인운최리 상식역형 잡관비길 봉재즉위

▩ 해설 ▩

상관격에 칠살과 인수를 쓰는 사주는 인수운이 최고로 길하고, 식상운은 형통하며, 관성이 혼잡해지면 길하지 않고, 재성운을 만나는 경우는 위험하다.

▩ 강해 ▩

상관격에서 관살을 보는 방법에 대한 원문의 중요 내용

은 다음과 같다.
① 상관용관(傷官用官)은 재성과 인수의 도움이 있어야 한다.
② 재왕생관(財旺生官)은 상관견관(傷官見官)의 흉함이 없다.
③ 살인겸용(殺印兼用)은 상관이 많아 신약한 경우에 사용한다.
이를 사례사주를 통해 살펴본다.

❶ 재성과 인수의 도움이 있는 상관용관

시	일	월	연 (乾命)
甲	庚	庚	丙
申	辰	子	寅

丁	丙	乙	甲	癸	壬	辛
未	午	巳	辰	卯	寅	丑

子월 庚金이니 상관격 중 신약으로 볼 수도 있다. 그러나 자좌(自坐) 辰土가 생금(生金)을 하고, 시지에 건록을 얻어 약화위강(弱化爲强)이 되니 신왕한 사주이다. 丙火관살을 상신으로 삼아 상관격의 성격이 되었다. 신왕한 자라야만 관살을 감당할 수 있다는 신왕적살(身旺敵殺)의 형태이기도 하고, 금수상관희견관(金水傷官喜見官)의 팔자이기도 하다. 팔자 짜임이 좋다. 월령인 子水의 생을 받는 寅木재성이 상신인 丙火관살을 보필하고, 일지 辰土인수가 관살을 인화(引化)하므로 상관용관(傷官用官)을 하는 조건에 맞는다.

혹 상관생재(傷官生財)를 도모하여 시간의 甲木재성을 상신으로 삼아야 한다고 주장할 수도 있다. 그러나 살지(殺地)에 있어 힘없는 甲木재성을 쓰는 것보다는, 재인(財印)의 보필이 있는 丙火관살을 쓰는 것이 훨씬 효과적이다. 여기에 丙火를 쓰는 것은 겨울의 금수상관격(金水傷官格)의 조후에도 어울린다.

명주는 일제 강점기 만석꾼의 아들로 태어나 乙巳운까지 부자로 살았다. 조후와 상신의 힘을 불어넣는 丙午운도 좋다. 이어지는 戊申운은 申子 수국(水局)을 만드니 상신을 깨서 위험한 흉액이 있었을 것이다.

㈜ 1) **금수상관**   庚辛일생이 사주 가운데 임계해자(壬癸亥子)를 만나면 금수상관(金水傷官)이라 한다. 좁게는 겨울의 金일간을 말한다. 즉, 金일간이 水인 상관월을 만났다는 뜻이다. 금수상관희견관(金水傷官喜見官)이라 함은 사주가 金水로 구성되어 관(官)인 화기(火氣)를 만나면 좋다는 뜻이다. 단, 金이 너무 무력하면 조후보다도 생조(生助)가 더 급하므로 土인수를 용신으로 삼는다. 아래 사주 예를 참조한다. 예로 든 사주는 『적천수(適天髓)』에서 발췌하였다.

① 금수상관에 土인수를 쓰는 예 1

```
시 일 월 연 (乾命)
丙 庚 丙 甲
戌 子 子 戌

甲 癸 壬 辛 庚 己 戊 丁
申 未 午 巳 辰 卯 寅 丑
```

丙火가 둘이나 투출하고, 지지의 건조한 戌土가 丙火의 뿌리가 되며, 또 甲木이 丙火를 생조하고 있으니 팔자가 너무 뜨겁다. 그러므로 금수상관의 팔자이지만, 火를 상신으로 쓰지 못한다. 일주가 쇠약하기 때문에 土인수를 쓰는 것이 원칙이다.

명주는 운이 戊寅과 己卯로 흐르면서 가래가 심하게 나오는 담화(痰火) 증세가 있었다. "금수상관 한즉냉수 열즉담화(金水傷官 寒則冷嗽 熱則痰火)"로 겨울 金은 수기(水氣)가 강하면 해수(咳嗽)병이고, 열이 많으면 담화가 끓게 된다는 말과 일치한다. 그러나 약한 庚金일간을 돕는 운으로 병은 약 없이 저절로 나았다. 돈을 내고 벼슬에 나갔고,

辛巳대운에는 일간을 돕는 운간(運干)과 장생(長生)의 지지를 만나 명리를 다 갖추었다.

② 금수상관에 土인수를 쓰는 예 2

```
시 일 월 연 (乾命)
己 辛 己 丙
亥 酉 亥 子

丁 丙 乙 甲 癸 壬 辛 庚
未 午 巳 辰 卯 寅 丑 子
```

겨울의 金은 火가 필요하고, 金水상관은 火를 반긴다. 일주가 앉은 자리에서 비견을 보았으니 반드시 丙火를 용신으로 삼는 것에 대해서 의심할 것이 없다고 할 수 있지만, 이는 水가 강하고 水가 일주의 원기를 빼는 것을 모르고 하는 말이다. 그러므로 관(官)을 쓰는 것이 불가능하고, 관을 용신으로 하더라도 용신인 丙火의 뿌리가 전혀 없으니 용신으로 삼기 불가능하여 己土인수를 용신으로 삼는다.

己土인수를 용신으로 삼으면, 水를 멈추고 金을 생조하며 火를 보호하는데, 그 己土가 亥水에 앉아 역할이 떨어지니 진신(眞神)이 무정하다. 초운인 庚子운과 辛丑운에서는 비겁이 일간을 도와서 부모의 도움이 넉넉하고 풍족하였다. 壬운에는 부모의 어려움이 있었다. 寅木운에 土가 손상돼 유산을 날리고, 처자를 극한 후 가출하여 행방불명이 되었다.

2) **상관견관** "상관견관 위화백단(傷官見官 爲禍百端)"이라는 말이 있다. 상관으로 일간의 옆구리에 구멍을 내 기운을 뽑아내 비실대는데, 관살의 어퍼컷이 겹치는 것에 비유된다. 신약에 상관견관이면 "관장(官長)을 상하게 하고 때리는 경우에 또 관(官)을 보면 관(官)이 필시 용서하지 않는다"고 할 정도로 흉하다. 그러나 신왕한 金일간이 水상관을 만나는 금수상관격(金水傷官格)은 오히려 火관성의 기운이 있어야 좋으니, 상관견관을 반드시 흉하다고 볼 필요는 없다.

❷ 상관대살에 재성운이 흉한 경우

```
시  일  월  연 (乾命)
壬  丙  乙  癸
辰  申  丑  巳

戊  己  庚  辛  壬  癸  甲
午  未  申  酉  戌  亥  子
```

丑월 丙火일간으로 상관격이다. 상관격에서 상신을 정하는 대표적인 방법은 두 가지다. 약할 때는 상관패인(傷官佩印), 왕할 때는 상관생재(傷官生財)를 도모하는 것이다. 또 신왕에 칠살이 투출하면 상관대살(傷官帶殺)의 방법을 쓰기도 한다. 어떤 방법을 쓰든 일간의 왕약을 먼저 판단한다. 지지를 보면 巳丑이 있으니 金재성이 유취(類聚)되고, 일시에 申辰이 있어 水관살국으로 유취된 중 壬癸관살이 투출되어 있으니 삼합이 되어 관살국을 이루었다. 지지에 金水재관의 기운이 이렇게 강하면 신약이 분명하다.

신약한 상관격의 상신을 정하는 큰 원칙은 상관패인이다. 패인(佩印)을 할 것은 乙木인수밖에 없다. 乙木인수가 천간에 투출되어 있지만 무력하여 쓸 수 없다. 丑월 乙木이니 동토(凍土)에 서 있는 초목이요, 丑 중 辛金과 암충(暗沖)이 되고, 乙木의 젖줄인 癸水가 앉은 자리와 水火상충이 되니 도움이 되지 못한다. 乙木인수를 상신으로 온전히 쓸 수 없으므로 상관격의 패격으로 분류된다.

신약한 사주임에도 불구하고 丑 중에서 투출한 癸水정관이나 壬水칠살을 쓸 수 있는가? 癸水정관은 앉은 자리와 水火상충이 되고, 巳火인 절지(絶地, 오행운성을 적용)에 있어 무력하므로 쓰지 못한다. 시간에 있는 壬水칠살도 마찬가지다. 壬水가 앉은 자리인 辰土가 비록 수고(水庫)라고는 하지만 壬水를 토극수(土剋水)하는 자이니 살지(殺地)가 되고, 壬癸관살이 경출(競出)하여 혼잡으로 쓸 수 없다. 상관패인처럼 상관대살의 방법도 적당치 않다. 역시 패격이 된다.

패격인 이 사주에 庚申운의 길흉은 어떨까? 乙木인수에 의지하고 있는 판국에 庚申 재성운이 좋을 수 없다. 명주는 庚申운 중 甲申년에 사망하였다. 원문에서 상관대살(傷官帶殺) 사주는 재성운을 싫어하고, 칠살의 뿌리가 강하면 재성운이 흉하다고 한 것이 이런 경우를 두고 한 말이다.

㈜ 申酉월의 丙火를 일락서산(日落西山)이라 하여 약하게 본다. 이 사주는 申酉월이 아닌 申일이고, 앉은 자리가 申子辰 수국(水局)을 이루니 일락서산보다는 일락강호(日落江湖)라 부를 수 있다. 일락서산의 丙火는 약하기는 해도 미력하나마 돕는 기운이 있으면 종을 하지 않는다. 그러다 흉운에 갑자기 패하거나, 길운에 대발전을 이루는 식으로 성패가 강한 특징을 보인다. 丙火는 양중지양(陽中之陽)으로 그 기운이 강하기 때문이다.

❸ 상관대살에 재성이 없는 경우

시	일	월	연 (乾命)
癸	庚	丙	己
未	辰	子	酉

己	庚	辛	壬	癸	甲	乙
巳	午	未	申	酉	戌	亥

子월 庚金이니 상관격이다. 상관격에 己土인수가 투출하여 상관패인(傷官佩印)이 되고, 金水상관에 조후하는 丙火칠살도 있으니 상관견관(傷官見官)이지만 성격이 된다. 상신은 丙火이다. 丙火가 조후 역할을 충분히 할 수 있는지 보자. 子水인 살지(殺地)에 있어 무력하고, 丙火를 돕는 木재성이 없으니 뿌리가 없다. 여기에 식신궁인 월간에 있으니 파성(破星)이 되었고, 丙火의 거처가 되는 관성궁인 월지에 상관이 있으니 파궁(破宮)이 되었다. 그러므로 丙火는 충분한 조후 역할을 기대하기 힘들다.

약한 丙火를 도와야 할 木재성은 어떤가? 子월의 언 물이 생목(生木)하지 못하니 계절을 얻지 못했다. 木재성은 암재(暗財)의 형태로 辰土와 未土의 지장간에만 있다. 재성궁 일지에 인수가 있어 궁도 손실 상태이다. 이런 木이 丙火를 도울 수 없다.

명주는 그 동안 중국을 왕래하면서 장사를 하다가 2005년(癸酉운 乙酉년)에 중국으로 가족이 모두 이사하였다. 이사 후 운의 흐름이 좋지 않고, 희신과 상신인 木火의 기세가 약해 큰돈을 벌기는 어려운 팔자이다.

4. 상관격과 인수

원문

有傷官佩印者 印能制傷 所以爲貴 反要傷官旺 身稍弱 始爲秀氣
유상관패인자 인능제상 소이위귀 반요상관왕 신초약 시위수기

如辛羅平章命 壬申 丙午 甲午 壬申 傷官旺 印根深 身又弱 又是夏
여패나평장명 임신 병오 갑오 임신 상관왕 인근심 신우약 우시하

木逢潤 其秀百倍 所以一品之貴 然印旺極深 不必多見 偏正疊出 反
목봉윤 기수백배 소이일품지귀 연인왕극심 불필다견 편정첩출 반

爲不秀 故傷輕身重而印綬多見 貧窮之格也
위 불 수 고 상 경 신 중 이 인 수 다 견 빈 궁 지 격 야

해설 　상관격에 인수가 있는 상관패인(傷官佩印)은 인수가 상관을 극제하므로 귀격이 된다. 이 때 상관이 왕성하고 일간은 약해야 뛰어남이 나타난다. 그러나 인수가 왕성하고 뿌리가 아주 깊으면 인수가 많을 필요가 없다. 편인과 정인이 중첩해서 투출되면 오히려 그 빼어남이 없어진다. 인수가 많고 상관이 가벼우면 빈궁한 격이다.

시	일	월	연(乾命)
壬	甲	丙	壬
申	午	午	申

위 나평장(羅平章)의 사주를 보면 상관이 왕성한 중 壬水인수의 뿌리가 깊다. 신약한 중에 여름 나무가 물을 만나 일품(一品)의 귀를 누렸다.

원문

傷官佩印 運行官煞爲宜 印運亦吉 傷食不礙 財地則凶
상 관 패 인 운 행 관 살 위 의 인 운 역 길 상 식 불 애 재 지 즉 흉

해설 　상관격에 인수가 있는 상관패인(傷官佩印)의 격은 관살운과 인수운이 좋고, 식상운은 장애가 되지 않지만, 재성운은 흉하다.

원문

有傷官兼用財印者 財印相剋 本不竝用 只要干頭兩淸而不相礙 又必
유상관겸용재인자 재인상극 본불병용 지요간두량청이불상애 우필

生財者 財太旺而帶印 佩印者印太重而帶財 調停中和 遂爲貴格 如
생재자 재태왕이대인 패인자인태중이대재 조정중화 수위귀격 여

丁酉 己酉 戊子 壬子 財太重而帶印 而丁與壬隔以戊己 兩不礙 且金
정유 기유 무자 임자 재태중이대인 이정여임격이무기 양불애 차금

水多而覺寒 得火融和 都統制命也 又如壬戌 己酉 戊午 丁巳 印太重
수다이각한 득화융화 도통제명야 우여임술 기유 무오 정사 인태중

而隔戊己 而丁與壬不相礙 一丞相命也 反是則財印不竝用而不秀矣
이격무기 이정여임불상애 일승상명야 반시즉재인불병용이불수의

해설

상관격에 재성과 인수를 겸용하는 사주도 있다. 원래 재성과 인수는 상극하는 성분이므로 같이 쓰지 않는다. 그러나 천간의 재성과 인수가 모두 맑고 서로 장애가 되지 않으면 같이 쓴다. 상관이 생재(生財)하여 재성이 태왕한데 인수가 있는 경우와, 인수가 많은 사주에 재성이 있는 경우는 중화를 이룰 수 있으니 귀격이 된다.

시	일	월	연 (乾命)
壬	戊	己	丁
子	子	酉	酉

위 사주는 상관격에 재성이 많은데 인수가 있다. 壬水재성과 丁火인수 사이에 戊己가 있으므로 서로 장애가 되지 않는다. 더욱이 金水가 많아 사

주가 차가운데 화기(火氣)를 얻어서 융화까지 이룬 도통제(都統制)의 사주이다.

```
시  일  월  연 (乾命)
丁  戊  己  壬
巳  午  酉  戌
```

일간 주변에 火인수가 너무 많다. 壬水재성과 丁火인수 사이에 戊己가 있어 서로 장애가 되지 않아 귀격이 된 어느 승상의 사주이다. 만약 이와 같지 않고 재성과 인수가 서로 장애가 되면, 재성과 인수를 겸하여 사용할 수 없으니 뛰어난 사주가 되지 못한다.

▩ 강해 ▩ 원문의 내용 중 특별히 신경을 쓸 부분은 두 가지다.
① 상관격 중 재인겸용(財印兼用)은 재인(財印)이 맑고 장애가 없어야 귀격이다.
② 상관패인(傷官佩印)은 성격이 되지만, 상관이 강하고 신약해야 귀격이 된다.

사례사주를 통해 이를 살펴본다.

❶ 상관패인에 상관이 약해 귀격이 되지 않는 경우

```
시  일  월  연(乾命)
癸  癸  戊  庚
丑  未  寅  戌

丙 乙 甲 癸 壬 辛 庚 己
戌 酉 申 未 午 巳 辰 卯
```

寅월 癸水이니 상관격이다. 土관살의 기운이 강해 신약하므로 상관패인(傷官佩印)을 하는 인수를 찾는다. 연간에 庚金인수가 있어 이를 상신으로 삼아 성격이 되었다. 庚金인수로 인해 성격이 되었지만, 寅木상관이 약해 귀격은 되지 못한다. 庚金이 寅木을 칠 수 있기 때문이다.

운을 보면 중반 巳午未 火재성운은 나쁘긴 하지만, 辛壬癸 인비(印比)의 천간에 있어 크게 대흉하지는 않다. 이 시기에 풍류를 즐기는 것으로 세월을 보냈다. 甲申운과 乙酉운이 오면서 寅木상관과 상신인 庚金인수를 도우니 벼슬을 하였다. 丙戌운은 상신인 庚金을 丙庚충하고, 관살이 무리를 이루니 사망하였다.

❷ 상관패인에 신왕하여 귀격이 되지 않는 경우

```
시  일  월  연 (坤命)
丁  戊  己  丁
巳  辰  酉  卯


丙  乙  甲  癸  壬  辛  庚
辰  卯  寅  丑  子  亥  戌
```

```
시  일  월  연 (乾命)
戊  戊  己  丁
午  辰  酉  卯


壬  癸  甲  乙  丙  丁  戊
寅  卯  辰  巳  午  未  申
```

위 두 사주는 태어난 연월일이 같고 출생시만 다르다. 두 사람 모두 상관패인(傷官佩印)이 되었지만 신왕하여 귀격이 아니다. 그러나 대운을 보면 곤명(坤命)의 흐름이 좋은 것을 알 수 있다. 곤명의 庚戌, 辛亥, 壬子운은 상관운, 재성운으로 신왕을 해결해주기 때문이다. 이에 반해 건명(乾命)의 대운은 중년까지 계속 신왕한 사주를 더 왕성하게 하여 좋지 않다. 곤명은 2003년도에 604명 중 24등을 했고, 건명은 604명 중 537등을 했다.

상관격에 인수가 있는 상관패인은 본래 뛰어나고 귀한 사주이다. 그러나 이 경우에도 일주는 매우 왕하고 상관은 약하며 인수가 너무 무거우면 뛰어남도 귀함도 없다. 이러면 신왕한 일간은 더욱 왕성해지고 약한 상관은 더 약해지니 인수가 좋을 리 없다. 무정한 격국에 속하여 귀하지 않다. 위의 두 사례사주는 사주의 구조는 유사하지만, 곤명은 대운이 무정함을 해결하는 것이 다르다.

❸ 상관패인에 재성운이 흉한 경우

시	일	월	연 (坤命)
己	丙	乙	戊
丑	辰	丑	戌

戊	己	庚	辛	壬	癸	甲
午	未	申	酉	戌	亥	子

丑월 丙火일간이니 상관격이다. 土식상의 설기가 무척 심하다. 乙木인수가 있지만, 상관의 강한 설기를 감당하기에는 역부족이다. 패격으로 분류된다. 초반의 甲子운과 癸亥운은 乙木인수를 도우니 패중유성(敗中有成)이 되지만, 이어지는 나머지 운들은 흉하다. 壬戌운은 土상관이 중중(重重)한데 戌土상관이 더해지는 운이고, 辛酉운은 상신인 乙木인수를 乙辛충하기 때문이다.

정기신(精氣神)^{주1)}을 기준으로 팔자를 보아도 역시 패격이다. 土식상인 신(神)의 기운이 팔자 전체를 장악하고 있으니 丙火인 기(氣)는 다하였고, 丙火일간을 돕는 乙木정인은 丑월 동토(凍土)에 얼어붙어 역할을 할 수 없으니 정(精)의 도움도 기대할 수 없다. 정기(精氣)가 전혀 없으므로 패격이다.

운에서 밀려오는 壬戌은 일간을 丙壬충하고, 일지를 辰戌충하니 천충지충(天沖地沖)이 된다. 이 운의 辛未년은 丙火일간을 돕고 있는 乙木정인을 극하고, 未土는 설기를 부추긴다. 辛未년 9월 허약증세로 사망한 여성이다.주2)

주 1) 일반적으로 정기신(精氣神) 중에 정(精)은 인수, 기(氣)는 비겁, 신(神)은 식상이나 관살을 말한다.
2) 아래 사주는 예로 든 사주와 시간만 다르다. 남성으로 대운이 순행한다. 2009년 현재 52세로 국영기업체 직원으로 근무하고 있다. 건강에는 아무 문제가 없다.

```
시 일 월 연 (乾命)
戊 丙 乙 戊
戌 辰 丑 戌

壬 辛 庚 己 戊 丁 丙
申 未 午 巳 辰 卯 寅
```

5장 재성격

▧ 원문 ▧

財爲我剋 使用之物也 以能生官 所以爲美 爲財帛 爲妻妾 爲才能 爲
재위아극 사용지물야 이능생관 소이위미 위재백 위처첩 위재능 위

驛馬 皆財類也
역마 개재류야

▧ 해설 ▧

재성은 내가 극하면서 내가 사용하는 물건이다. 재성은 관성을 생하니 아름답고, 재물과 처첩이며, 재능이며, 역마(驛馬)가 된다.

▧ 강해 ▧

『자평진전(子平眞詮)』에서 용신격국을 정할 때는 보통 정편(正偏)을 구분한다. 예들 들면 정관격과 편관격(칠살격)을 구분하고, 식신격과 상관격을 구분한다.

이와 같이 정편을 구분하지 않고, 정편을 하나의 육친으로 묶어 용신격국을 정하는 경우가 재성격과 인수격이다. 이 중 재성은 일간이 극을 하는 육친이다. 내가 극한다는 것은 장악하는 것이니 사물로는 재물이고, 인사로는 남자의 처첩이다. 또한 재성은 재생관(財生官)으로 남편을 도우면서, 관살인 명예를 만들어주는 재능이다. 재성은 역마(驛馬)라는 별칭으로 불린다. 이 사항들을 항목으로 구분하여 살펴본다.

❶ 재성은 재물이다

```
시  일  월  연 (乾命)
戊  戊  辛  丁
午  子  亥  巳


甲  乙  丙  丁  戊  己  庚
辰  巳  午  未  申  酉  戌
```

재성은 일간이 규제하고 지배하는 것으로 재물에 해당한다. 재물을 내 것으로 하기 위해서는 세 가지 축복이 있어야 한다. 첫째, 일간이 힘이 있어야 한다. 둘째, 재물로 가는 통로가 열려 있어야 한다. 셋째, 재물을 상징하는 자가 건전해야 한다. 이 팔자를 보면 辛金식상이라는 재물의 통로가 천간에 투출하여 문제가 없고, 亥子재성을 지지에 두고 있어 재물을 상징하는 글자도 문제가 없다. 흉한 것은 지지가 子午충과 巳亥충이 되어 일간을 돕는 기운이 상해 있는 것이다.

운이 申酉戌 金운으로 흐를 때는 亥子재성을 생한다. 재극인(財剋印)이 되므로 나를 생조하는 기운이 무력해진다. 고통이 있는 운이다. 이어지는 丁未운과 丙午운은 화생토(火生土)로 일간의 장악력을 돕는 운이다. 이 시기에 사업을 경영하여 수억의 재물을 모았다.

❷ 재성은 처성이다

```
시  일  월  연 (乾命)
丁  辛  庚  丙
酉  未  寅  申

丁  丙  乙  甲  癸  壬  辛
酉  申  未  午  巳  辰  卯
```

팔자의 육친을 제거하여 그 육친을 쓰려는 것을 거용(去用)이라고 한다. 내가 얻으려 하고 필요로 하는 것을 제거하는 과정을 거쳐 획득한다는 개념으로 거용득용(去用得用)이라고도 한다. 대표적인 경우가 식신제살(食神制殺)을 하는 경우이다.

위 사주는 시지의 酉金과 酉金에서 투출한 庚金이 寅木재성인 처첩을 제거하는 거용구조이며, 주위(主位)에 있는 酉金 건록이 빈위(賓位)의 寅木재성을 제거하는 비겁거재격(比劫去財格)으로 처첩과 인연은 있다. 그러나 연월에 寅申충이 있고, 처첩인 재성이 未土에 입묘(入墓)되므로 일찍 결혼하는 것은 불리한 팔자이다.

명주는 처첩을 상징하는 재성의 해인 1974년(壬辰운 甲寅년)에 결혼했지만, 25세인 庚申년에 문제가 생겨 26세 辛酉년에 이혼하였다. 庚申년, 辛酉년은 처첩인 재성을 금극목(金剋木)하는 해이다. 또한 월지 寅木 중에 甲木은 甲庚충으로, 일지 未土 중에 乙木이 乙辛충, 乙庚金으로 손상당하는 해이다. 이후 28세(1983년 癸巳운 癸亥년) 재혼하고, 32세(1987년 甲午운 丁卯년) 첩을 들였다. 첩을 들인 甲午운은 처성인 월지, 처궁인 일지와 같이 합이 되어 처첩에 문제가 생기는 운임을 알 수 있다. 아울러 운간 甲木, 태세 卯木은 처첩을 뜻하는 글자이기도 하다.

❸ 일지는 처첩궁이다

```
시   일   월   연 (乾命)
丁   甲   壬   癸
卯   辰   戌   未


乙   丙   丁   戊   己   庚   辛
卯   辰   巳   午   未   申   酉
```

젊어서 바람을 피워 문제가 되었던 남성이다. 팔자에서 부부관계를 나쁘게 하는 요소를 찾아보자. 먼저 처첩의 궁성(宮星)을 본다. 처첩의 성(星)은 재성이요, 궁(宮)은 일지다. 처의 별은 재성이며, 처의 자리는 일지를 보라는 의미다. 처의 별을 보자. 己土정재를 담고 있는 연지 未土가 戌未형이 되니 처궁인 일지로 진입하기 어렵다. 또한 명 중에 있는 편재인 戌 중 戊土, 辰 중 戊土는 己土정재보다 일간에 가까이 있다. 이는 정재인 처보다 편재인 첩이 일간과 유정(有情)하다는 것을 말한다. 다음으로 처궁을 보면, 일지 처궁은 辰戌충이 되었다. 팔자의 처궁(妻宮)과 처성(妻星)이 부부관계에 문제가 있을 징조이다.

또한 명주의 성정을 보면, 새로운 것을 좋아하고 낭만적인 성향이 있음을 알 수 있다. 이는 戌 중 丁火상관이 투출하고, 丁火상관은 卯木에 뿌리가 있어 유력한데 일간을 중심으로 한 역삼각(친밀의 역삼각)에 있어 甲木

일간과 왕래가 잦기 때문이다. 상관은 새로운 것을 좋아하는 성분이다. 아울러 연간과 월간의 인수는 살지(殺地)에 있어 무력하고, 재성혼잡(財星混雜)이 된 것도 명주의 부부관계를 혼탁하게 하는 요소이다. 팔자에서 인수가 필요한데 재성의 극제를 받거나 기반되는 재인불청(財印不淸)의 경우는 처에 문제가 될 수 있다.

명주는 42세인 1984년(戊午운 甲子년)에 바람을 피웠다. 그 이유를 어디에서 찾을 수 있는가? 33세부터 시작하는 戊午운은 홍염(紅艷)의 운이다. 홍염은 월지 戌土와 합하고 연지 未土와도 합하니, 합으로 명 중에 인동(引動)이 된다. 1984년 甲子년 중 子水는 甲木일간 기준으로 보면 운성으로 목욕(沐浴)이고, 연지 기준으로 십이신살을 따지면 도화(桃花)에 해당한다. 또한 일지와 子辰합을 하니 이는 명 중에 목욕과 도화가 인동됨을 말한다. 이와 같이 운과 명에서 홍염, 목욕, 도화가 인동되는 것은 명주가 바람을 필 수 있는 충분한 운기적 이유가 된다.[주]

[주] 홍염살(紅艷殺)은 허영과 사치가 심하고, 음란하며 외정(外情)을 통하게 하는 작용을 한다. 구조는 다음과 같다.

일간	甲	乙	丙	丁	戊	己	庚	辛	壬	癸
홍염	午	午	寅	未	辰	辰	戌	酉	子	申

❹ 재성은 관성을 돕는 육친이다

```
시  일  월  연 (坤命)
己  丙  辛  癸
亥  子  酉  卯

戊 丁 丙 乙 甲 癸 壬
辰 卯 寅 丑 子 亥 戌
```

신약에 관살혼잡(官殺混雜)이 되었고, 연간의 癸水정관은 앉은 자리인 卯木이 사지(死地, 오행운성을 적용함)이며, 투출한 己土상관이 癸水정관을 극하며, 남편궁인 월지가 卯酉충이 되어 부부관계가 나쁠 것으로 판단할 수 있는 여성이다.

그러나 酉金재성에서 투출한 辛金재성이 己土상관이 토극수(土剋水)하는 것을 방지하니 작은 귀함을 이룰 수 있고, 월령 酉金이 약한 癸水정관을 도우니 문제가 해결된다. 여기에 운의 흐름도 신약을 돕는 운으로 흘러 관살혼잡의 흉함도 줄어든다.

명주는 1989년(甲子운 己巳년)에 결혼하여 아들 딸 한 명씩을 낳고 아무 문제 없이 해외에 살고 있다. 결혼한 己巳년은 巳酉합이 되어 재성을 강하게 운이다. 만약 이 팔자에 월간에 辛金정재가 아닌 다른 육친이 투출했다면 부부관계에 반드시 문제가 생길 것이다.

❺ 재성은 역마를 별명으로 한다

재성의 별명인 역마를 십이신살(十二神殺)로 따진 역마살(驛馬殺)과 구분하기 위해 재마(財馬)라는 말로 부르기도 하지만, 재마는 다음 두 가지 의미를 가지고 있다.

① 재성의 별칭이 재마이다. 『연해자평(淵海子平)』에서 壬水가 午火에 앉아 있을 때를 '일록마동향(日祿馬同鄕)'이라 하였다. 壬水에게 己土는 관성인 녹관(祿官)이며, 丁火는 재성인 재마(財馬)이다. 午火 속의 지장간에는 己土와 丁火를 모두 가지고 있으므로 '녹마동향'이라고 한 것이다.

② 재성과 역마살이 결합할 때를 재마라고 말하는 경우가 있다. 예를 들어, 丙午일이 丙申시를 볼 때이다. 십이신살로 볼 때 寅午戌일의 역마살은 申에 닿는다. 申金은 丙火일간의 재성이기도 하므로 이를 합쳐 간단히 부를 때 재마라고 한다.

1. 재성격의 성패

원문

用神專尋月令 以四柱配之 必有成敗 何謂成 財生官旺 或財逢食生
용 신 전 심 월 령   이 사 주 배 지   필 유 성 패   하 위 성   재 생 관 왕   혹 재 봉 식 생

而身强帶比 或財格透印而位置妥貼 兩不相剋 財格成也
이 신 강 대 비   혹 재 격 투 인 이 위 치 타 첩   양 불 상 극   재 격 성 야

해설

월령에서 용신격국을 정한다. 격국에 따라 성패가 있는데, 재성격의 성격이 되는 경우는 다음과 같다.

① 재성이 관성을 생하는 재왕생관(財旺生官)의 경우.
② 식신이 재성을 생하는 재용식생(財用食生)에 신강하고 비견이 있는 경우.

③ 재성격에 인수가 투출한 재격패인(財格佩印)이 될 때 재성과 인수의 거리가 멀어 서로가 극하지 않아 재인쌍청(財印雙淸)이 되는 경우.^{주)}

㈜ 예를 들어 재성은 연간에 있고 인수는 시간에 있으면 서로 극하지 못한다.

원문

成中有敗 必是帶忌 敗中有成 全憑救應 何謂帶忌 財旺生官而又逢
성중유패 필시대기 패중유성 전빙구응 하위대기 재왕생관이우봉

傷逢合
상봉합

해설

왕성한 재성이 정관을 생하는 재왕생관(財旺生官)은 성격이 된다. 그러나 상관이 정관을 상하게 하는 경우에 재성이 합을 만나면 재성격에 기신(忌神)이 있으므로 성중유패(成中有敗)가 된다.

원문

何謂敗 財輕比重 財透七煞 財格敗也
하위패 재경비중 재투칠살 재격패야

해설

재성은 약하고 비겁이 강한 재경비중(財輕比重)은 강한 비견이 재성을 치므로 패격이 된다. 재성이 투출하고 칠살이 있는 재투칠살(財透七殺) 또한 재성격의 패격이 된다. 이는 재성이 나에게 장악을 당하는 것이 아니라 나를 극하는 칠살을 돕기 때문이다.

원문

何謂救應 財逢劫而透食以化之 生官以制之 逢煞而食神制煞以生財
하 위 구 응　재 봉 겁 이 투 식 이 화 지　생 관 이 제 지　봉 살 이 식 신 제 살 이 생 재

或存財而合煞
혹 존 재 이 합 살

해설

재성격에 구응(求應)이 있어 패중유성(敗中有成)이 되는 경우는 다음과 같다.

① 재성이 겁재를 만났는데 식신이 투출하여 겁재의 기운을 빼 재성을 돕거나, 정관이 있어 겁재를 극제하는 경우.
② 재성격에서 칠살을 만났는데 식신이 칠살을 다스리거나, 칠살을 합거하여 재성이 역할을 하게 하는 경우.

강해

『자평진전(子平眞詮)』을 잘못 이해하고 이상한 주장을 하는 경우가 있다.

첫째 주장은 『자평진전』에서는 일간의 왕약을 따지지 않는다고 보는 것이다. 이런 주장을 하는 이에게, 왕약을 부추기는 요소는 무정한 격국이니 좋지 않다는 취지의 원문 내용을 보았는지 묻고 싶다. 원문에서는, 상관격에 인수가 있는 상관패인(傷官佩印)은 본래 뛰어나고 귀한 사주이지만 일주가 매우 왕하고 상관은 약하며 인성이 너무 무거우면 뛰어나지도 귀하지도 않게 된다고 하였고, 이어서 신왕한 일간은 더욱 왕성해지고 약한 상관은 더 약해지니 인성이 좋을 리 없다고 지적하였다. 이와 유사한 내용들이 원문 곳곳에 있는데 무엇을 근거로 왕약을 따지지 않는다고 주장하는지 알 수 없다. 이런 주장을 하는 이들은 용신격국은 오로지 월령에서 정한 후 사길신은 순용하고 사흉신은 역용하라는 원문의 시작 부분만 몇 쪽

읽고 책을 덮어버리지는 않았는지 묻고 싶다.

둘째 주장은 『자평진전』은 복잡하기만 할 뿐 실제 사주 판단에는 도움이 안 된다는 것이다. 이들의 주장은 여기서 끝나지 않는다. 조후론의 핵심을 다룬 『궁통보감(窮通寶鑑)』은 여름에는 물을 쓰고 겨울에는 불을 쓰라는 이야기이니 너무 간단하다고 주장한다. 또 『적천수(適天髓)』의 선문답과 같은 내용만으로는 팔자를 볼 수 없다고 말한다. 결국 명리 분야의 기본서인 『자평진전』, 『궁통보감』, 『적천수』를 모두 부정하는 주장이다. 그러면서도 이들 책을 대체할 다른 내용을 제시하지 못하고 있다. 아울러 책을 뛰어넘는 실력이 있는 것도 아니다.

『자평진전』을 복잡하게 생각하는 이유는 용신격국을 판단할 때 나오는 사자성어로 된 많은 규칙 때문이다. 그러나 이들 규칙들은 사주팔자의 다양한 구조와 불규칙성에 비하면 아주 단순하다. 『자평진전』에 제시된 단순한 규칙을 이해하지 못하면서 복잡한 팔자의 세계를 이해할 수는 없다. 『자평진전』의 규칙들은 팔자를 잴 수 있는 최소한의 잣대들로 이루어져 있다. 이 잣대들에 친숙해질수록 팔자를 쉽게 볼 수 있다.

재성격이 성격이 되는 경우를 요약하면 다음과 같다.
① 일간이 왕성할 때는 재용식생(財用食生), 재왕생관(財旺生官)이 되는 경우.
② 일간이 신약할 때는 재격패인(財格佩印)이 되는 경우.

성격과 패격의 특별한 경우에 대해서는 항목을 달리하여 설명한다. 일반적인 원칙이 어떻게 적용되는지 다음 사례사주들을 통해 살펴본다.

❶ 재격패인의 성격

```
시  일  월  연 (乾命)
甲  丁  己  壬
辰  丑  酉  戌

丙 乙 甲 癸 壬 辛 庚
辰 卯 寅 丑 子 亥 戌
```

　월령에 酉金재성이 있으니 용신격국은 재성격이다. 재관인식(財官印食)은 순용하는 것이 원칙이지만, 팔자에 식상이 강해 신약하므로 인수를 찾는다. 시간의 甲木정인은 辰 중 癸水와 乙木에 뿌리가 있고, 재성이 투출하지 않아 재성과 인수 사이에는 장애가 없다. 甲木정인을 상신으로 삼아 성격이 되니 재격패인(財格佩印)의 구조이다.

　신약한 사주이지만, 시각을 달리하여 재왕생관(財旺生官)으로 성격이 될 수 있는지를 검토해보자. 연간에 壬水정관이 있으니 壬水를 상신으로 삼을 수 있다. 그러나 일간이 丁壬합으로 정관을 끌어 쓰려 해도 중간에서 己土식신이 방해한다. 己土가 패격을 만드는 기신이다. 이것만 보면 성중유패(成中有敗)가 된다. 그러나 시간 甲木이 己土를 甲己土로 합하니 결과적으로 재성격의 성격이 된다. 이 때 시간 甲木은 성격을 만들어 패중구응(敗中救應)이 된 격이니 구신(救神)이 된다.

　어떤 시각으로 보아도 일간에게는 甲木인수가 절대적으로 필요한 존재이다. 운이 초년을 제외하고는 甲木인수를 돕는 水木으로 흐르니 좋다. 성격에 운이 좋은데 부귀를 얻을 수 있을까? 부귀 중 귀(貴)를 이룰 수 있는지를 보면, 귀함을 상징하는 壬水정관이 월령을 얻긴 했지만 己土의 극을 받고, 戌土인 살지(殺地)에 있어 인연이 없다. 다음으로 부귀 중 부(富)를 이룰 수 있는지를 보면, 지지에서 酉戌합에 酉丑합을 하여 재성이 힘이 있고, 식상도 유력하다. 여기에 성격이고 운이 좋다. 재물은 이룰 수 있다. 절강성에서 으뜸가는 갑부가 된 유징여(劉澄如)의 명으로, 『자평진전평주(子平眞詮評註)』에서 서락오(徐樂吾)가 소개한 사주이다.

❷ 재격패인이지만 패격

시	일	월	연 (乾命)
戊	甲	乙	戊
辰	子	丑	子

壬	辛	庚	己	戊	丁	丙
申	未	午	巳	辰	卯	寅

丑월 甲木에 戊土재성이 경출(競出)하니 재성격이다. 재성격은 순용하는 육친을 상신으로 하는 것이 원칙이지만, 재성이 너무 많아 신약한 사주이므로 인수를 상신으로 삼는다. 인수의 형편을 보면, 연지의 子水인수는 천간에 있는 戊土에 토극수(土剋水)로 개두(蓋頭)되고, 월지 丑土의 극을 받으니 무력하다. 일지의 子水인수 역시 옆에 있는 辰土와 丑土의 협공을 받으므로 무력하다. 재성과 인수의 간섭이 없는 재인쌍청(財印雙淸)이 아니라 재인불청(財印不淸)의 형국이다. 이렇다면 인수를 상신으로 삼을 수 없다. 그러므로 재성격의 패격이 된다.

丑월 甲木이 한랭하므로 『자평진전』의 잣대 대신에 『궁통보감강해』의 시각을 대입해보자. 丑월 甲木의 용신을 정할 때는 庚金으로 벽갑(劈甲, 갑목인 나무를 쪼갬)하여 丁火를 이끌고, 丙火로 조후하는 것이 궁통의 원칙이다. 혹자는 이런 원칙 때문에 甲木을 자르는 庚金을 우선적인 용신으로 정하기도 하지만, 庚金을 쓰는 이유가 丁火를 이끄는 것에 있으므로 丁火를 용신 선정의 우선 대상으로 본다. 이 팔자는 火식상이 없어 매우 한랭하고, 金관성이 없어 甲木을 다듬지 못한다. 재목을 이루기 어려운 불발 구조이다.

불발구조임을 감안하여 실제 상황을 보자. 戊辰운을 기준으로 할 때 도화 酉金이다. 辰운이 일지와 합을 한다는 것은 도화 酉金도 같이 끌고 온다는 뜻으로, 이런 경우를 합래(合來)한다고 한다. 이같이 辰운에는 처궁이며 욕구궁인 일지에 도화가 합래하고, 子水인수와 합을 하니 계모의 강요로 인해 여러 차례 불륜관계를 맺게 된다. 결혼 후에도 계모와 관계를 유지하던 중 처에게 발각되어 1981년(己巳운 辛酉년) 이혼하였다.

2. 재성격과 비겁

원문

至於劫刃太重 棄財就煞 如一尙書命 丙辰 丙申 丙午 壬辰 此變之又
지 어 겁 인 태 중 기 재 취 살 여 일 상 서 명 병 진 병 신 병 오 임 진 차 변 지 우

變者也
변 자 야

해설

재성격에 겁재와 양인이 너무 강하면 재성을 버리고 칠살을 취한다. 즉, 기재취살(棄財取殺)을 한다. 다음은 상서(尙書)를 지낸

사람의 명으로 변화가 많다.

```
시  일  월  연 (乾命)
壬  丙  丙  丙
辰  午  申  辰
```

▨ **강해** ▨   재성격에 관살을 쓰는 경우는 한정되어 있다. 신왕하면 재왕생관(財旺生官)으로 관(官)을 사용하고, 신약하면 칠살과 인수를 쓰는 재용살인(財用殺印)을 한다. 이 외에 재성격에 칠살을 쓰는 경우는 흉하게 보아 칠살을 합살(合殺)하면 귀격으로 본다. 그러나 예외적으로 재성격에 칠살(칠살이 없을 때는 정관을 대용)을 상신으로 쓰는 경우가 있다. 겁재와 양인의 기운이 너무 강해 식상으로 설기가 불가능할 때이다. 사례 사주를 살펴본다.

❶ 양인 일주의 예

```
시  일  월  연 (乾命)
己  壬  壬  庚
酉  子  午  申

己 戊 丁 丙 乙 甲 癸
丑 子 亥 戌 酉 申 未
```

역술인협회장을 역임하고, 『사주첩경(四柱捷徑)』을 저술하고, 한일역리학원을 열어 역학 발전에 큰 공헌을 한 자강(自彊) 이석영(李錫暎) 선생의 사주이다.

午월 壬水이니 재성격이다. 양인을 깔고 있고, 金水 인비(印比)가 강하니 신왕하다. 식상으로 설기하여 재용식생(財用食生)을 해야 하지만, 설기하는 木이 팔자의 어디에도 없다. 차선으로 신왕함과 양인의 강함을 조절하는 己土정관을 상신으로 삼는다. 己土정관을 상신으로 삼으면 午火 정재는 희신(喜神)이 된다.

운의 흐름을 보자. 丙戌운은 전성기다. 선생은 맹인이었던 김선영 선생에게 상담한 것을 계기로 사주공부를 시작하였다. 김선영 선생에게 가르침을 받은 후 월남하여 청주에서 상담을 시작하였다. 1960년(丙戌운 庚子년)에 서울 정동으로 옮긴 후 유명해져 하루에 50명 넘게 상담하였다. 丙戌운이 전성기가 된 것은 丙火와 조토(燥土)인 戌土가 己土상신을 도왔기 때문이다. 丁亥운은 己土상신의 터전인 午火를 수극화(水剋火)하니 상담 손님이 줄었다. 戊子운에는 午火를 子午충하니 치매에 걸렸다. 1980년(戊子운 庚申년)에 金水가 강해져 패격이 되니 중풍이 왔다. 4년 고생 뒤 1983년(戊子운 癸亥년) 水의 기운이 강해져 64세의 나이로 사망하였다.

❷ 자매강강의 예

```
시   일   월   연 (坤命)
癸   丙   丙   丙
巳   午   申   午


己   庚   辛   壬   癸   甲   乙
丑   寅   卯   辰   巳   午   未
```

양력 2009년 4월 중순에 상담을 요청한 여성이다. 申월 丙火이니 재성격이다. 천간에 丙火가 경출(競出)하고, 양인인 午火를 깔고 있으며, 지지는 巳午 화국(火局)이니 아주 왕성하여 종왕격에 가깝다. 일장당관(一將當關)^{주)}으로 癸水정관을 써야 하지만 무력하다. 패격으로 분류된다.

운을 보자. 癸巳운은 남편궁과 巳申합이 들었고, 정관운이니 결혼하였다. 이어지는 壬辰운 중 壬水는 고관무보(孤官無補)인 癸水를 돕고, 辰土가 수고(水庫)이니 문제가 없는 운이다. 2009년 4월은 辛卯운 己丑년 戊辰월이다. 운간 辛金이 상신인 癸水를 도울 수 있지만, 천간의 丙火가 丙辛합으로 묶어버리니 역할을 할 수 없다. 운지 卯木은 월지 남편궁과 원진(怨嗔), 귀문관살(鬼門關殺)이 된다. 이런 운에 己丑년 戊辰월이 오면 강한 토기(土氣)가 癸水를 완전히 막아버린다.

패격인데다 비겁이 너무 많다. 여자 팔자에 비겁이 많은 경우를 자매강강(姉妹剛强)이라 부른다. 자매가 많다는 것은 남편이 눈을 줄 여자가 많다는 것이니 부부관계에 문제가 생길 소지가 있다. 여기에 대운과 태세, 월운이 모두 남편에게 불리하니 부부문제에 노출되는 운이다. 남편이 명주에게 너무 잘해준다고 상담실에 동행한 친구가 말하자, 당사자는 눈물을 찔끔거린다. 실제 상황은 뻔하나 당사자에게 어떤 부부문제가 있는지 확인하지 못했다.

㈜ 일장당관(一將當關)은 장수 한 명이 관문을 지키는 것과 같다. 이렇게 되려면 장수가 유력해야 하니, 그 장수는 천간에 투출하고 지지에 뿌리가 있어야 한다.

3. 재성격과 식상

▧ 원문 ▧

有財用食生者 身强而不露官 略帶一位比劫 益覺有情 如壬寅 壬寅
유재용식생자 신강이불로관 약대일위비겁 익각유정 여임인 임인

庚辰 辛巳 楊侍郞之命是也 透官身弱 則格壞矣
경진 신사 양시랑지명시야 투관신약 즉격괴의

▧ 해설 ▧

재성격에 식상이 있는 경우, 신강하며 관성이 투출하지 않고 하나의 비겁만 있으면 유정한 사주이다. 다음 양시랑(楊侍郞)㈜의 사주와 같은 경우이다. 그러나 이와 달리 재성격에 식신이 있는데 정관이 투출하고 신약하면 격이 흉하다.

시	일	월	연(乾命)
辛	庚	壬	壬
巳	辰	寅	寅

㈜ 시랑은 당(唐)나라 때에는 중서성과 문하성의 장관이고, 후세에는 육부(六部)의 차관(次官)이다.

🞛 원문 🞛

財用食生 財食重而身輕 則喜助身 財食輕而身重 則仍行財食 煞運
재용식생 재식중이신경 즉희조신 재식경이신중 즉잉행재식 살운

不忌 官印反晦矣
불기 관인반회의

🞛 해설 🞛

재성격 사주에 재성이 식신의 생을 받는 재용식생(財用食生)은 재성과 식상이 강하고 신약하면 신왕운이 좋고, 재성과 식상이 약하고 신왕하면 재성과 식상의 운이 좋으며 칠살운도 꺼리지 않지만, 관성과 인수운은 꺼린다.

🞛 원문 🞛

有財用傷官者 財不甚旺而比強 輅露一位傷官以化之 如甲子 辛未
유재용상관자 재불심왕이비강 노로일위상관이화지 여갑자 신미

辛酉 壬辰 甲透未庫 逢辛爲劫 壬以化劫生財 汪學士命是也 財旺無
신유 임진 갑투미고 봉신위겁 임이화겁생재 왕학사명시야 재왕무

劫而透傷 反爲不利 蓋傷官本非美物 財輕透劫 不得已而用之 旺而
겁이투상 반위불리 개상관본비미물 재경투겁 부득이이용지 왕이

露傷 何苦用彼 徒使財遇傷而死生官之具 安望富貴乎
로상 하고용피 도사재우상이사생관지구 안망부귀호

🞛 해설 🞛

재성격에 상관을 용신으로 쓰는 재대상관(財帶傷官)은

재성이 너무 왕성하지 않고 비겁이 강한데 상관이 하나만 투출하는 경우이다. 아래 사주는 甲木재성이 未土에 뿌리를 가지고 있고, 辛金비겁이 재성을 겁탈하고 있다. 이런 중에 壬水상관이 辛金비견을 인화(引化)하여 甲木재성을 생하고 있는 왕학사(汪學士)의 명이다.^{주)}

시	일	월	연(乾命)
壬	辛	辛	甲
辰	酉	未	子

재성이 왕성하고 비겁이 없는 경우에는 상관이 투출하면 오히려 불리해진다. 상관이란 육친은 원래 아름다운 것은 아니지만, 재성이 가볍고 겁재가 투출하면 부득이 상관을 쓰게 된다. 재성이 왕성한데 상관이 있으면 상관이 관성을 상하게 하므로 부귀를 바랄 수 없다.

㊟ 학사는 종이품 벼슬이다.

▨ 원문 ▨

財帶傷官 財運則亨 煞運不利 運行官印 未見其美矣
재 대 상 관   재 운 즉 형   살 운 불 리   운 행 관 인   미 견 기 미 의

▨ 해설 ▨

재성격에 상관을 가진 사주는 재성운은 형통하지만, 칠살운은 불리하며, 정관운과 인수운도 아름답지 않다.

▨ 강해 ▨

원문의 내용은 간단하다. 재성격에 식신을 쓰는 재용식

생(財用食生)은 신왕이면 좋고 신약이면 흉하다는 것이고, 재성격에 상관을 쓰는 재대상관(財帶傷官)은 비겁이 왕성할 때 부득이 쓴다는 것이다. 결국 재성격에 식신을 쓰든 상관을 쓰든 신왕함이 필요한 것은 마찬가지다. 사례사주를 통해 이 내용을 확인해보자.

❶ 재용식생이지만 식신이 쓸모 없는 경우

시	일	월	연(乾命)
辛	庚	壬	壬
巳	辰	寅	子

己	戊	丁	丙	乙	甲	癸
酉	申	未	午	巳	辰	卯

寅월 庚金이니 재성격이다. 壬水식신이 투출하여 성격이 된 듯하다. 그러나 壬水식신이 경출(競出)하고, 子水를 깔고 있어 식신이 강한 탓으로 신약해졌다. 결과적으로 재용식생(財用食生)의 구조이지만 무정한 재성격이다. 그러므로 상신은 식신이 아닌 辰土인수이다. 시지의 巳火칠살은 상신인 辰土인수가 인화(引化)하므로 일간이 쓸 수 있는 칠살이다. 명주는 칠살을 쓰는 공직생활을 하고 있다. 운의 흐름도 중년에 乙巳, 丙午로 흘러 직장생활을 돕고 있다.

다음 寅木재성의 역할을 보자. 寅木은 상신인 辰土인수를 목극토(木剋土)하고, 巳火칠살을 육해(六害, 相穿이라고도 부름)하므로 좋은 역할이 없다. 역할이 없는 寅木재성을 돕는 壬水식신 또한 쓸모가 없다. 식신이라는 육친은 하염없이 주는 성분이며, 문예, 창작, 연구, 발표 등을 주관하는 육친이다. 명주는 공직생활을 하면서 식신과 관련된 쓸모 없는 취미에 심취해 있다.

❷ 재대상관을 운에서 돕는 경우

시	일	월	연(乾命)
己	丙	己	丁
丑	午	酉	丑

壬	癸	甲	乙	丙	丁	戊
寅	卯	辰	巳	午	未	申

酉월 丙火의 재성격에 己土상관이 투출했으니 재대상관(財帶傷官)격이다. 재대상관은 상관생재(傷官生財)와 같은 말이다. 상관생재든 식상생재(食傷生財)든 식상이 재물을 낳는 의미로 쓰인다. 그러나 상관은 본래 정관을 진극(眞剋)하는 육친으로, 관(官)을 상(傷)하게 한다는 의미를 가지고 있다. 재물을 만드는 것보다는 귀함을 깨는 의미가 강하므로 재성격에서는 일간이 강할 때만 예외적으로 사용한다. 이 사주는 午火양인을 깔고 있는 것 외에는 일간을 강하게 하는 것이 없다. 연간에 丁火겁재가 있지만 멀리 있어 무정하니 도움이 안 된다. 재성격에 상관이 투출했지만 신약하여 패격으로 분류된다.

『자평일득(子平一得)』에 소개된 중국 굴지의 갑부 당자배(唐子培)의 사주이다. 패격임에도 갑부가 된 이유가 무엇인가? 첫째, 신약이긴 하지만,

丙午 양인의 일주이니 일간이 전혀 기운이 없는 것은 아니다. 둘째, 재물의 통로인 식상은 전혀 문제가 없다. 지지에서 丑과 午가 돕고 있다. 셋째, 재물을 담는 그릇도 문제가 없다. 酉丑이 합을 하여 상관이 재성이 변한 것도 좋아 보인다. 문제는 신약한 것인데, 이 문제는 운에서 해결해준다. 젊은 시절부터 木火운으로 흘러 약세인 일간 丙火를 돕기 때문이다.『자평진전(子平眞詮)』의 시각으로 보면 재대상관에 신약으로 패격이지만, 운이 성격으로 만들어서 패중유성(敗中有成)이 된 명이다.

❸ 재대상관과 부부관계

시	일	월	연 (坤命)
庚	甲	丁	甲
午	寅	丑	寅

庚	辛	壬	癸	甲	乙	丙
午	未	申	酉	戌	亥	子

2009년 상담을 청한 1974년생 여성이다. 29살인 2002년(甲戌운 壬午년, 29살)에 지인의 소개로 남편을 만나 임신 후 결혼하였다. 2008년(癸酉운 戊子년)에 그 동안 금전사고를 친 남편을 시댁으로 아이와 함께 보내고, 2009년(癸酉운 己丑년) 현재 혼자서 오피스텔에서 살고 있다. 이런 생활이 과연 잘하는 것인지 봐 달라는 게 상담의 요지였다.

남편과의 이혼이 목표이고 별거 결정을 했다면 잘한 판단이다. 그러나 단순히 남편의 개념 없는 낭비를 고치기 위한 결정이었다면 잘못이다. 별거를 계속하면 남편과 영원히 남남으로 살 수 있는 팔자 구조이기 때문이다. 이유들을 살펴보자.

① 남편성인 庚金칠살이 무력하다. 庚金이 寅午합으로 만들어진 불 위에 있다. 즉, 절각(截脚)[주]이 되어 庚金칠살이 남편 역할을 하기가 힘들어진다.

② 월지 丑이 관고(官庫)가 된다. 丑을 관(官)인 남편의 창고로 보면 안 된다. 庚金칠살의 기준에서 보면 십이운성으로 申에서 녹(祿), 酉에서 왕(旺), 戌에서 쇠(衰), 亥에서 병(病), 子에서 사(死), 丑에서 묘(墓)이다. 丑이 창고(倉庫)가 아닌 묘지(墓地)가 된다. 여자 팔자에 관고가 있으면 부부관계에 문제가 따른다.

③ 상관견관(傷官見官)의 팔자이다. 재성격에 상관이 있는 재대상관(財帶傷官)이 성격이 되는 경우는 비겁이 강하고 재성이 약할 때이다. 그런데 아무리 상관으로 인해 성격이 되었다 해도 관살이 너무 무력하면 부부간에 문제가 생긴다. 팔자를 丁火상관 기준으로 보면, 丁火상관이 연주와 일주의 甲寅을 흡수하여 丑土재성을 돕는 것은 분명하다. 그러나 丑土재성은 양 옆에 있는 寅木의 극을 받아 丁火상관의 모든 도움을 담을 그릇이 되지는 못한다. 이런 중에 일시에 寅午가 합을 하여 丁火상관을 도우니 상관의 기운이 넘친다. 결국 庚金칠살을 치는 것에 열중하게 된다. 바로 상관견관이 되었다. 상관견관은 여자팔자에 부부관계를 해치는 대표적인 경우이다.

이처럼 부부관계에 부정적인 요소에도 불구하고 이 여성에게는 희망이 있다. 시를 寅午합으로 끌어 쓰면 午火 위에 있는 庚金도 일간에게 끌려오기 때문이다. 이런 희망의 싹이 별거라는 방법으로 뭉개져선 안 된다.

다음은 참고 사주로, 위 사주와 연지 한 글자만 다르다. 남편을 잃고 재가한 후, 재가한 남편 역시 잃은 1925년생 여성이다.

시	일	월	연(坤命)
庚	甲	丁	甲
午	寅	丑	子

㊎ 절각(截脚)은 원래 일간에게 필요한 천간을 지지에서 극하는 것을 말한다. 이와 달리 개두(蓋頭)는 일간에게 필요한 지지를 천간에 덮은 상태를 말한다. 예를 들어, 庚寅년 寅木이 희신이나 용신이 된 경우 庚金에게 개두되었다고 말한다. 절각과 개두는 간지 상호간에 무정하다.

이렇게 무정한 상태와 달리 간지끼리 유정한 상태를 표현하는 천부지재(天覆地載)가 있다. 이는 천간에서는 지지를 덮어주고, 지지에서는 천간을 실어준다는 말이다. 일부에서는 覆를 '다시 복' 으로 새겨 천복지재라고 하지만, 覆를 '덮을 부' 로 새겨 천부지재라고 하는 것이 맞다.

4. 재성격과 관살

▧ 원문 ▧

至於壬生午月 癸生巳月 單透財而亦貴 又月令有暗官也 如丙寅 癸
지 어 임 생 오 월 계 생 사 월 단 투 재 이 역 귀 우 월 령 유 암 관 야 여 병 인 계

巳 癸未 壬戌 林尚書命是也 又壬生巳月 單透財而亦貴 以其透丙藏
사 계 미 임 술 임 상 서 명 시 야 우 임 생 사 월 단 투 재 이 역 귀 이 기 투 병 장

戊 棄煞就財 美者存在贈者棄也 如丙辰 癸巳 壬戌 壬寅 王太仆
무 기 살 취 재 미 자 존 재 증 자 기 야 여 병 진 계 사 임 술 임 인 왕 태 복

命是也
명 시 야

§ **해설** §　　壬水일간이 午월에 나거나, 癸水일간이 巳월에 나는 경우 재성이 단독으로 투출되어도 귀함을 누릴 수 있으니, 이는 월령에 정관이 암장되었기 때문이다. 다음 임상서(林尙書)의 명과 같은 경우이다.

시	일	월	연(乾命)
壬	癸	癸	丙
戌	未	巳	寅

또 壬水일간이 巳월에 생하는 경우에는 재성이 하나만 투출되어도 귀격이다. 이는 월지 巳火의 지장간 중에서 재성이 투출하고, 戊土칠살이 감춰져 있으므로 칠살은 버리고 재성을 취하기 때문이다. 아름다운 것은 남기고 미운 자는 포기하는 경우라고 할 수 있다. 다음 왕태복(王太僕)의 사주가 그 예다.

시	일	월	연(乾命)
壬	壬	癸	丙
寅	戌	巳	辰

§ **원문** §

財格之貴局不一　有財旺生官者　身强而不透傷官　不混七煞　貴格也
재 격 지 귀 국 불 일　유 재 왕 생 관 자　신 강 이 불 투 상 관　불 혼 칠 살　귀 격 야

§ **해설** §　　재성격이 귀하게 되는 경우는 한 가지만이 아니다. 재왕

생관(財旺生官)이 되고, 신강하고 상관과 칠살이 투출하지 않으면 귀격이
된다.

원문

財喜根深 不宜太露 然透一位以淸用 格所最喜 不爲之露 卽非月令
재희근심 불의태로 연투일위이청용 격소최희 불위지로 즉비월령

用神 若寅透乙 卯透甲之類 一亦不爲過 太多則露矣 然而財旺生官
용신 약인투을 묘투갑지류 일역불위과 태다즉로의 연이재왕생관

露亦不忌 蓋露不忌 蓋露以防劫 生官則劫退 譬如府庫錢糧 有官守
노역부기 개로불기 개로이방겁 생관즉겁퇴 비여부고전량 유관수

護 卽使露白 誰敢劫之 如葛參政命 壬申 壬子 戊午 乙卯 豈非財露
호 즉사로백 수감겁지 여갈참정명 임신 임자 무오 을묘 기비재로

唯其生官 所以不忌也
유기생관 소이불기야

해설

재성의 뿌리는 깊은 것이 좋으며, 지나치게 노출되면 좋지 않다. 하나만 노출되면 맑게 사용될 수 있으니 가장 좋다. 寅월에 乙이나 卯월에 甲이 투출된 경우는 월령에 뿌리가 있으니 노출된 것으로 보지 않는다. 또한 재성이 하나만 천간에 투출된 경우도 과다하게 노출된 것이 아니다.

재왕생관(財旺生官)인 경우에도 재성이 노출된 것을 꺼리지 않는다. 재성이 천간에 노출되는 경우 비겁이 재성을 치는 것을 막아야 하는데, 재성이 관성을 생하면 관성이 비겁을 막기 때문이다. 이는 창고의 귀한 물건을 관청이 지켜 귀한 물건을 가져갈 수 없는 것과 같다. 아래 갈참정(葛參政)의 사주는 壬水재성이 천간에 노출되었지만, 乙木정관이 있으므로 비겁

이 재물을 겁탈하는 것을 꺼리지 않는다.

```
시  일  월  연 (乾命)
乙  戊  壬  壬
卯  午  子  申
```

원문

財格取運 卽以財格所就之局 分而配之 其財旺生官者 運喜身旺印綬
재격취운 즉이재격소취지국 분이배지 기재왕생관자 운희신왕인완

不利七煞傷官 若生官而後透印 傷官之地 不甚有害 至於生官而帶
불리칠살상관 약생관이후투인 상관지지 불심유해 지어생관이대

食破局 則運喜印綬 而逢煞反吉矣
식파국 즉운희인수 이봉살반길의

해설

재성격 사주는 격국을 자세히 살펴 운을 본다. 왕성한 재성이 정관을 생하는 재왕생관(財旺生官) 사주는 식상운과 인수운이 좋고, 칠살운과 상관운은 좋지 않다. 만일 재왕생관에 인수가 투출하면 상관운도 해롭지 않다. 재왕생관이 되었는데 식신이 있어 격국이 깨졌다면 인수운이 좋고, 칠살운은 길하지 않다.

원문

有財帶七煞者 或合煞存財 或制煞生財 皆貴格也 如毛狀元命 乙酉
유재대칠살자 혹합살존재 혹제살생재 개귀격야 여모장원명 을유

庚辰 甲午 戊辰 合煞存財也 李禦史命 庚辰 戊子 戊寅 甲寅 制煞
경진 갑오 무진 합살존재야 이어사명 경진 무자 무인 갑인 제살

生財也
생 재 야

해설　　재성격에 칠살이 있는 재대칠살(財帶七殺)은 합살(合殺)하여 재성이 남거나, 제살(制殺)하여 재성을 생조하면 귀격이 된다.

시	일	월	연(乾命)
戊	甲	庚	乙
辰	午	辰	酉

위 모장원(毛壯元)의 명은 칠살을 乙庚金으로 합살하여 재성이 남는 경우이다.

시	일	월	연(乾命)
甲	戊	戊	庚
寅	寅	子	辰

위 이어사(李御使)의 명은 庚金식신이 甲庚충으로 제살하면서 재성을 생하는 경우이다.

원문

財帶七煞 不論合煞制煞 運喜食傷身旺之方
재 대 칠 살 불 론 합 살 제 살 운 희 식 상 신 왕 지 방

해설

재성격에 칠살을 가진 사주는 칠살이 합살되든지 제살되든지 간에 운은 식상운과 신왕운으로 향하는 것이 좋다.

원문

有財用煞印者 黨煞爲忌 印以化之 格成富局 若冬土逢之亦貴格 如
유 재 용 살 인 자 당 살 위 기 인 이 화 지 격 성 부 국 약 동 토 봉 지 역 귀 격 여

趙侍郞命 乙丑 丁亥 己巳 乙亥 化煞而卽以解凍 又不露財以雜其印
조 시 랑 명 을 축 정 해 기 사 을 해 화 살 이 즉 이 해 동 우 불 로 재 이 잡 기 인

所以貴也 若財用煞印而印獨 財煞竝透 非特不貴 亦不富也
소 이 귀 야 약 재 용 살 인 이 인 독 재 살 병 투 비 특 불 귀 역 불 부 야

해설

재성격에 칠살과 인수를 쓰는 재용살인(財用殺印)이 있다. 칠살이 많아 기신이 되었는데 인수가 이를 흡수하면 부자의 명이다. 이 경우 겨울에 土를 만나 한랭한 水를 조절하면 귀한 격이다. 만약 재성격에 칠살과 인수를 써야 하는데 이 중 하나만 있거나 재성과 칠살이 모두 투출하면 부귀를 얻지 못하는 명이다.

시	일	월	연(乾命)
乙	己	丁	乙
亥	巳	亥	丑

위 조시랑(趙侍郞)의 명은 丁火인수가 칠살을 흡수하여 해동하고, 재성이 투출하지 않았다. 재성이 인수를 극하지 않으니 귀하게 되었다.

▧ 원문 ▧

財用煞印 印旺最宜 逢財必忌 傷食之方 亦任意矣
재 용 살 인 인 왕 최 의 봉 재 필 기 상 식 지 방 역 임 의 의

▧ 해설 ▧

재성격에 칠살과 인수가 있는 재용살인(財用殺印)은 왕성한 인수운이 가장 좋고, 재성운을 만나는 것을 반드시 기피한다. 식상운으로 가는 것은 팔자에 따라 희기가 다르다.

▧ 강해 ▧

재성격과 관살의 관계를 요약하면 다음과 같다.
① 재왕생관(財旺生官)에 신왕하면 귀격이다.
② 재대칠살(財帶七殺)에 합살하면 귀격이다.
③ 재용살인(財用殺印)에 재성이 투출하지 않으면 귀격이다.
 사례사주를 통해 이를 살펴본다.

❶ 재성투출에 관살이 암장된 경우

```
시  일  월  연 (坤命)
癸  壬  甲  丙
卯  寅  午  午

丁  戊  己  庚  辛  壬  癸
亥  子  丑  寅  卯  辰  巳
```

 원문에서 壬癸일간이 巳午월생인 재성격이면 투출한 재성을 써서 귀함을 이룬다고 하였다.
① 巳월 壬水이면 巳월에 있는 戊土칠살을 버리고 재성을 써서 귀함을 이룬다.
② 午월 壬水이면 午월에 있는 己土정관을 써서 귀함을 이룬다.
③ 巳월 癸水이면 巳월에 있는 戊土정관으로 귀함을 이룬다.
④ 午월 癸水이면 午월에 있는 己土칠살을 버리고 재성을 써서 귀함을 이룬다.
 이 같은 원문 내용은 귀함을 이룰 가능성이 있다는 것인지, 필시 귀함을 이룬다는 것인지 의미가 아리송하다.
 위 사주도 午월 壬水로 재성격에 丙火재성이 투출한 경우이다. 원문 기준대로 풀이하면 午火 속에 있는 지장간 丁己丙 중에 己土정관이 있고, 투출한 丙火재성이 己土정관을 생하여 귀함을 이룰 수 있다고 판단할 수도 있다. 명주는 1999년(庚寅운 己卯년) 이혼한 후 두 딸을 키우는 여성이다. 2009년 현재 식당에서 주방보조를 하며 생계를 꾸리고 있으니 분명 귀함을 이룬 경우는 아니다. 원인을 찾아본다.

• 재물복이 없는 이유

　돈이 아무리 좋아도 내가 쥘 수 있어야 내 것이 된다. 이 팔자는 지지에 寅午 火재성국을 이루고, 丙火재성이 투출하여 재물의 기운이 강하다. 또 재물의 통로가 되는 甲木식신도 비록 午火의 사지(死地)에 있지만, 지지의 寅卯가 도우니 문제가 없다.

　그러나 일간을 돕는 기운이 없다. 사지에 앉은 癸水겁재가 바짝 일간 옆에 있지만, 식상과 재성의 설기를 감당할 만큼 보탬이 되지는 않는다. 만약 癸水겁재가 없다면 종아격(從兒格)이나 종재격(從財格)으로 볼 정도로 약하다. 이런 힘을 가지고는 재물을 잡지 못한다. 간단히 재용식생(財用食生)에 태약이니 패격으로 복이 없다고 정리할 수도 있다.

• 남편복이 없는 이유
① 남편궁인 월지가 午午자형이 된다.
② 명관(明官)이 없는 무관사주(無官四柱)이다.
③ 己土정관이 월간의 甲木식신과 암합이 된다.
④ 일지 寅木 중의 甲과 午 중의 己土정관과도 암합이 된다.
⑤ 남편성인 午 중 己土 정관이 좋은 역할을 하지 못한다. 팔자의 태약함을 더 부추기기 때문이다.

　다음 사주는 위 여성과 생시(生時)만 다른 남성의 사주로, 소규모 회사를 경영하고 있다. 부부간 오랫동안 별거생활을 하고 있는 것은 사례사주와 유사하다.

```
시  일  월  연 (乾命)
庚  壬  甲  丙
子  寅  午  午
```

❷ 재대칠살에 합살이 안 되는 경우 1

```
시  일  월  연 (乾命)
甲  戊  癸  癸
寅  午  亥  亥

丙 丁 戊 己 庚 辛 壬
辰 巳 午 未 申 酉 戌
```

亥월 戊土이니 재성격으로 칠살을 시에 차고 있는 재대칠살(財帶七殺) 사주이다. 강한 재성의 생을 받는 칠살 중에서 寅木은 寅午합으로 합살(合殺)되었지만, 甲木칠살이 있으니 패격이다. 그러나 甲木은 己未운에 甲己합으로 합살되어 패중유성이 된다. 이후 운의 흐름도 신왕한 운으로 흐르니 좋다.

팔자에 재살(財殺)이 강하므로 부건파처(夫健怕妻)이고, 午火인성이 재성에게 손상을 입어 공부를 못했지만, 일지 午火가 寅午합이 되어 칠살을 인동(引動)하니 무관으로 발전한 명이다.

㈜ **부건파처(夫健怕妻)** 일주도 강하고 재성도 강한데, 재성이 관살을 도와 재성이 두려워진다는 뜻이다. 여기서 부(夫)는 일주를 말한다. 일주가 강하여 처를 핍박하는데 처는

관살인 자식과 합세하여 나를 치니 공처가의 팔자로도 본다. 이 경우 운에서 일간을 돕는 운이 오면 큰 발전을 하게 된다. 『적천수(適天髓)』에서 "부건하위우파처(夫健何爲又怕妻)"라 한 것은 이를 두고 한 말이다.

❸ 재대칠살에 합살이 안 되는 경우 2

```
시  일  월  연 (坤命)
己  乙  戊  己
卯  丑  辰  酉


乙  甲  癸  壬  辛  庚  己
亥  戌  酉  申  未  午  巳
```

辰월 乙木이 酉金칠살을 가졌으니 재대칠살(財帶七殺)이다. 酉金을 辰土가 辰酉합으로 합한다고 해서 성격이 된다고는 할 수 없다. 戊土가 덮어주고 있는 辰土는 합을 안 한다. 혹 합을 한다 해도 辰酉는 합하여 金이 되므로 酉金칠살이 합살(合殺)이 된다고 보기 어렵다. 그렇다면 패격이다.

용신격국도 왕약과 조후로부터 자유롭지 못하다. 『자평진전』 원문에서도 왕약을 벗어나면 무정하다고 했고, 조후가 긴요(緊要, 꼭 필요함)한 경우를 많이 언급해놓았다. 辰월 乙木을 왕약 기준으로 보면, 봄의 나무에게 흙이 두터우면 뿌리를 튼실하게 뻗을 수 있지만, 흙이 너무 많으면 나무의 힘이 오히려 손상되므로 나무의 도움을 받아 흙을 헤쳐야 한다. 또한 나무의 힘을 키워주는 癸水라는 물도 있어야 한다. 조후 기준을 보면 봄의 乙木은 지초요, 난초이며, 쑥이므로 햇빛을 봐야 자람이 있다. 그래서 丙火

도 있어야 한다. 위 사주는 일간인 나무는 너무 약하고 흙인 재성이 과하게 두터우니 재다신약(財多身弱)으로밖에 볼 수 없다. 왕약과 조후의 잣대를 모두 고려하면 위 팔자의 상신은 卯木이다. 이 기준을 적용해도 卯木의 의지처가 없으니 패격이다.

운의 흐름을 보면 壬申운, 癸酉운에 두터운 흙의 기운을 뽑아내며, 상신인 卯木을 돕는 물의 기운이 오므로 희망이 있다. 이어지는 甲戌운은 좋지 않다. 甲木은 일간을 돕기 전에 연간과 甲己합이 되고, 戌土는 재다신약을 더 부채질하기 때문이다. 이 운 중 2026년(丙午, 58세)과 2027년(丁未, 59세)이 특히 흉하다. 2009년(41세) 상담시 이런 언급을 하자 이를 피해갈 수 있는 방책이 없는지를 물었던 여성이다.

이 여성은 소규모 사업을 하는 사업가와 재혼하였다. 친자식은 없고 전처 소생의 자식만을 키우고 있다. 자식이 없는 이유를 살펴본다. 전통 명리 시각에서 자식을 볼 때 고려할 사항은 다음 세 가지다. ① 시주가 자식궁이다. ② 희용기구한신 중 용신(『자평진전』에서 희신과 유사한 개념)이 자식이다. ③ 육친 중 식상이 자식이다. 이 시각으로 보면, 시주에 용신인 卯木비겁이 있으니 자식에 문제가 없다고 판단할 수도 있고, 육친 중 식상이 없어 자식과는 인연이 없다고 판단할 수도 있다. 이와 같이 어느 이론을 따르는지에 따라 자식에 대한 판단이 달라진다. 여기에 오행의 속성 자체를 대입하면 자식과 인연이 없는 쪽으로 결론을 낼 수 있다.

팔자를 보면 土가 강하고 水는 아주 약하니 土인 비·위장은 실증(實症)이고, 水는 허증(虛症)에 노출되었다. 이는 인체의 음기인 자궁, 신장, 방광, 비뇨기 등이 약한 것을 말한다. 팔자의 오행 구성이 자식을 담을 수 없는 그릇임을 나타낸다.

5. 재성격과 인수

▧ 원문 ▧

有財格佩印者 蓋孤財不貴 佩印幇身 卽印取貴 如乙未 甲申 丙申 庚
유재격패인자 개고재불귀 패인방신 즉인취귀 여을미 갑신 병신 경

寅 曾參政之命是也 然財印宜相竝 如乙未 己卯 庚寅 辛巳 乙與己兩
인 증참정지명시야 연재인의상병 여을미 기묘 경인 신사 을여기량

不相能 卽有好處 小富而已
불상능 즉유호처 소부이이

▧ 해설 ▧

재성격에 인수가 있는 재격패인(財格佩印)의 경우 재성이 혼자 있으면 귀할 수 없지만, 인수가 일간을 돕는 아래 증참정(曾參政)의 사주와 같은 경우는 귀할 수 있다.

시	일	월	연(乾命)
庚	丙	甲	乙
寅	申	申	未

그러나 재격패인이라도 재성과 인수는 극하지 않아야 한다. 다음 사주에서는 乙木재성과 己土인수가 서로 극하므로 작은 재물만을 모을 수 있었다.

시	일	월	연 (乾命)
辛	庚	己	乙
巳	寅	卯	未

▩ 원문 ▩

財格佩印 運喜官鄕 身弱逢之 最喜印旺
재격패인 운희관향 신약봉지 최희인왕

▩ 해설 ▩

재성격에 인수가 있는 재격패인(財格佩印)은 관성운이 좋다. 일주가 신약하면 인수운이 더 좋다.

▩ 원문 ▩

有用食而兼用印者 食與印兩不相礙 或有暗官而去食護官 皆貴格也
유용식이겸용인자 식여인량불상애 혹유암관이거식호관 개귀격야

如吳榜眼命 庚戌 戊子 戊子 丙辰 庚與丙隔兩戊而不相剋 是食與印
여오방안명 경술 무자 무자 병진 경여병격량무이불상극 시식여인

不相礙也 如平江伯命 壬辰 乙巳 癸巳 辛酉 雖食印相剋 而欲存巳戊
불상애야 여평강백명 임진 을사 계사 신유 수식인상극 이욕존사무

官 是去食護官也 反是則減福矣
관 시거식호관야 반시즉감복의

▩ 해설 ▩

재성격에 식상과 인수가 같이 투출하여 재용식인(財用食印)이 된 경우는 식상과 인수가 서로 장애를 주지 않는 위치에 있거나, 관성이 암장되고 식상을 극하여 관성이 보호되면 귀격이다. 다음 오방안

(吳方案)의 명은 庚金식상과 丙火인수가 멀리 있어 장애를 주지 않는 경우이다.

```
시 일 월 연 (乾命)
丙 戊 戊 庚
辰 子 子 戌
```

```
시 일 월 연 (乾命)
辛 癸 乙 壬
酉 巳 巳 辰
```

위 평강백(平江伯)의 명은 辛金편인이 乙木식신을 상극하여 巳 중 지장간으로 있는 戊土정관이 보호되어 결과적으로는 복이 있었던 명이다.

원문

財用食印 財輕則喜財食 身輕則喜比印 官運有礙 煞反不忌也
재용식인 재경즉희재식 신경즉희비인 관운유애 살반불기야

해설

재성격에 식신과 인수를 쓰는 재용식인(財用食印)의 경우 재성이 약하면 재성운과 식신운이 좋고, 신약하면 비겁운과 인수운을 기뻐하며 정관운도 꺼리지 않지만, 칠살운은 반대로 꺼린다.

강해

재성격에 인수가 있는 경우를 요약하면 다음과 같다.

① 재격패인(財格佩印)은 귀격이다.
② 재용식인(財用食印)도 귀격이다.

단, 재격패인은 재성과 인수 사이에 장애가 없어야 하며, 재용식인의 경우도 식상과 인수 사이에 장애가 없는 식인쌍청(食印雙淸)이 되어야 한다. 사례사주를 통해 이를 살펴본다.

❶ 재격패인 사주 1

```
    시  일  월  연 (乾命)
    丙  乙  壬  戊
    戌  酉  戌  子

   己 戊 丁 丙 乙 甲 癸
   巳 辰 卯 寅 丑 子 亥
```

乙木일간이 살지(殺地)인 酉金칠살의 자리에 있고, 팔자에 火土인 식상과 재성의 기운이 강하다. 일간이 아주 약하여 종격으로도 볼 수 있지만, 子水연지에 뿌리가 있는 壬水정인이 투출하여 신약한 사주로 분류된다. 신약을 해결하는 인수의 형편을 보자. 연지에 子水인수가 있고, 월간에 壬水인수가 있어 재격패인(財格佩印)이라 할 수 있다. 그러나 연지 子水는 천간의 戊土와 월지의 戌土가 극하니 기력이 없다. 월간에 투출한 壬水인수도 아래와 옆에 있는 재성에게 극을 받는다. 원문에서 말한 재인쌍청(財印雙淸)과는 거리가 먼 재인장애(財印障碍)의 형세로 패격이 되었다.

패격을 해결하는 것은 재성을 막는 木비겁이나 일간을 돕는 水인수이다. 운에서 이들 육친이 와야 하지만, 중년 이후 운의 흐름이 식상과 재성으로 흐른다. 2009년(戊辰운 己丑년)도 온통 재성의 기운이니 패격을 해결하는 것과는 거리가 멀다. 팔자체도 패격이요, 운의 도움도 없으니 영원한 패격이 되었다. 명주는 소규모 무역업을 하고 있는데, 2006년부터 수입이 거의 없고 부채만 늘어 폐업 여부를 고려하고 있다.

　재물복만을 따로 떼어 팔자를 살펴보자. 재물 축복의 삼박자는 장악력, 활동력, 보관력이다. 이 중 장악력은 일간의 힘을 본다. 일간은 오로지 투출한 壬水정인에 기대고 있는데, 壬水는 살지(殺地)에 자리하고, 원신(源神)인 子水는 주변의 土가 압박하니 힘을 발휘할 수 없으며, 정인이 식신궁에 있어 파성(破星)이 되니 역할이 떨어진다. 다음으로 활동력은 식상을 본다. 丙火식상이 조토(燥土)인 戌土에 뿌리가 있는 듯하지만, 편인궁에 있어 그 역할을 하기에는 부족하다. 결국 장악력과 활동력이 없고 재성만 강한 재다신약(財多身弱)으로, 부옥빈인(富屋貧人)의 형세가 되어버렸다. 즉, 재물에 대한 욕심을 일간과 식상이 채워주지 못하는 팔자이다.

❷ 재격패인 사주 2

	시	일	월	연 (乾命)
	庚	丙	甲	庚
	寅	午	申	辰

辛	庚	己	戊	丁	丙	乙
卯	寅	丑	子	亥	戌	酉

명주는 가난한 집에 태어나서, 공장직공으로 생계를 유지하던 중 1971년(丁亥운 辛亥년)에 32살의 젊은 나이로 요절하였다. 요절한 이유를 살펴본다.

申월 丙火이니 재성격이다. 천간에 월령을 얻은 庚金재성이 경출(競出)하여 신약하다. 지지에 寅午 삼합이 되고 투출한 甲木이 있으니 신왕한 사주가 아닌지 의심할 수 있다. 그러나 시지 寅木은 庚金에게 개두(蓋頭)되고, 甲木은 申월에 절각(截脚)이 되는 중에 甲庚충이 되어 일간을 생조할 수 없다. 즉, 재인장애(財印障碍)로 인해 신약이 되었다. 신약한 재성격에 인수가 역할을 못하니 패격이다.

패격과 신약을 해결할 수 있는 것은 어떤 육친인가? 원문에서는 재성격 중에 재격패인(財格佩印)은 신왕이면 관성이 좋고, 신약이면 인수운이 좋다고 하였다. 신왕인 경우 관성은 재성과 인수를 통관시켜서 좋고, 신약인 경우는 인수가 일간을 생조하기 때문이다. 그렇다면 위 사주와 같이 인수가 재성으로 인해 역할을 할 수 없는 신약한 경우에도 인수운이 좋을까? 인수운이 좋기는 하지만 비겁운이 더 좋다. 왜냐하면 비겁은 약한 일간을 방조하고 인수를 해치는 재성을 극제하기 때문이다. 비겁을 치는 관살은 당연히 흉으로 작용한다. 이것이 명주가 丁亥운 辛亥년에 요절한 이유이다. 요절의 근본적인 이유는 팔자체에 인수가 재성에 의해 깨진 재인장애(財印障碍)에 있다.

❸ 식인쌍청 사주

```
시  일  월  연 (坤命)
丙  己  戊  庚
寅  巳  子  申

辛  壬  癸  甲  乙  丙  丁
巳  午  未  申  酉  戌  亥
```

　　2005년 2월 22일(丙戌대운 乙酉년 戊寅월 丁丑일) 26살의 젊은 나이로 자살한 영화배우의 사주이다. 자살의 원인을 살펴본다.

　　子월 己土로 재성격이다. 丙火인수와 庚金상관이 천간에 투출하였고, 丙과 庚의 거리가 멀어 서로 장애를 주지 않는다. 원문에서 말한 식인쌍청(食印雙淸)에 준하는 격으로 성격이 되었다. 丙火인수가 투출했지만, 丙火의 기반이 되는 寅巳가 형이 되어 약간 신약해진 사주이다. 성격에 신약하지만, 자살한 丙戌운은 신약을 해결하는 운으로 나쁘지 않다.

　　丙戌운 중에 乙酉년은 乙庚金이고 申酉戌 금국(金局)을 이루어 상관의 기운이 강해지는 해이다. 식상 중에서 식신은 일간과 음양이 같아 하염없이 주는 육친이며, 상관은 칭찬을 바라며 주는 이기적인 육친이다. 또한 상관은 육친 중에서 가장 설기가 강하고, 정관이 상징하는 질서를 깨는 육친이기도 하다. 이러한 상관운이 왔을 때는 인수가 조절해주어야 한다. 인수가 위치상 무정하니 조절할 수 없고, 혹 조절하려 해도 월간의 戊土겁재가 흡수하니 庚金상관까지 영향력이 닿을 수 없다. 인수와 상관이 멀리 있어 장애를 주지 않아 성격을 이루었지만, 자살한 乙酉년처럼 상관의 영향력이 커지는 운에서는 간섭하지 못하는 것이 오히려 병이 되었다.

　매스컴에서는 자살 이유를 영화의 흥행 실패로 인한 압박감과 우울증으로 보았지만, 운기로는 상관의 기운이 강해지는 해에 인수가 역할을 못한 것으로 설명된다. 또한 거의 중화에 가까운 사주이지만, 신약한 팔자에게 상관인 해가 흉한 것도 분명하다.

6장 칠살격

원문

煞以攻身 似非美物 百大貴之格 多存七煞 蓋控制得宜 煞爲我用 如
살이공신 사비미물 백대귀지격 다존칠살 개공제득의 살위아용 여

大英雄大豪傑 似難駕馭 而處之有方 則驚天動地之功 忽焉而就 此
대영웅대호걸 사난가어 이처지유방 즉경천동지지공 홀언이취 차

王侯將相所以多存七煞也
왕후장상소이다존칠살야

해설

칠살(七殺)인 편관은 나를 공격하는 것으로, 아름다운 성분은 아니지만 큰 귀함을 만들 수도 있다. 나를 치는 칠살도 극제가 잘 되면 나를 위해 사용할 수 있는 성분이 된다. 이는 영웅호걸을 다스리기는 어렵지만 맞는 자리에 쓰면 큰 공을 세우는 것과 같다. 왕후장상의 명에 칠살격이 많다.

강해

다음과 같이 지위가 높은 사람의 팔자 특징을 통해 칠살의 의의를 살펴본다.

① 일간이 왕성하고, 비겁이 손상되지 않았다. 이래야 남의 이론에 대항하고 자신을 주장할 수 있다.

② 상관이 득기해야 기존 질서를 재편하고 승부를 걸며, 자신을 표현하는 일을 가능하게 해준다.

③ 칠살이 왕성해야 수용하며 인내하며 헌신할 수 있게 해준다. 칠살과 일간은 극을 받으면서 일간과 음양이 동일하여 배척하는 관계로, 규율과 질서를 수용하지만 배척하는 심리가 되기도 한다. 힘든 일을 받아들이면서도 이를 이겨내려고 하고, 인내를 넘어서 자신의 관념에 헌신하며, 의리가 있는 속성을 가지게 만드는 육친이다.

다음 사례사주를 보자.

시	일	월	연(乾命)
丁	甲	庚	戊
卯	寅	申	申

丁	丙	乙	甲	癸	壬	辛
卯	寅	丑	子	亥	戌	酉

申월 甲木이 약세이지만, 지지에 목국(木局)을 이루었으므로 甲일간이 전혀 힘이 없다고 할 수는 없다. 유력한 甲木일간은 시간에 있는 丁火상관의 설기로 자신의 영화를 드러내는 한편, 丁火는 강한 庚金칠살을 제련하니 정기신(精氣神)의 짜임새가 묘하다. 申월 甲木이 한랭하여 壬癸水인 인수를 꺼리지만, 이 사주는 약간 신약하므로 관인상생(官印相生)을 하는

인수가 필요하다. 인수가 운에서 들어올 때 혹 음기를 더 강화하여 사주를 편협하게 한다고 염려할 수 있다. 그러나 水 중 壬水가 들어올 때는 시간의 丁火와 丁壬합이 되어 유정하게 일간을 돕는 기운이 되며, 癸水가 들어올 때는 연간에 戊土가 있어 戊癸火를 할 수 있으므로 팔자의 짜임이 더욱 돋보인다.

운의 흐름도 인비(印比)인 水木으로, 초년부터 중년 이후까지 아름답다. 이 사주는 미국의 존슨 대통령의 것이다. 子丑대운에 여러 차례 상원의원에 당선되었으며, 1963년(癸卯년)에 케네디 암살 후 대통령을 맡았고, 1964년(甲辰년)에 대통령에 당선되었다.

1. 칠살격의 성패

원문

用神專尋月令 以四柱配之 必有成敗 何謂成 身强七煞逢制 煞格
용신전심월령 이사주배지 필유성패 하위성 신강칠살봉제 살격

成也
성야

해설

용신격국은 월령에서 구한다. 사주의 배치에 따라 성패가 있기 마련이다. 칠살격의 경우 팔자가 신강한데 칠살이 식신으로부터 극제를 당하는 식신제살(食神制殺)[주]이 되면 성격이 된다.

[주] 원문의 칠살봉제(七煞逢制)는 일반적으로 많이 사용되는 용어인 식신제살로 바꾸었다. 이하 모두 동일하다.

🕮 원문 🕮

成中有敗 必是帶忌 何謂帶忌 七煞逢食制而又逢印
성중유패 필시대기 하위대기 칠살봉식제이우봉인

🕮 해설 🕮

성격이 패격으로 변화하는 것은 기신이 있기 때문이다. 칠살격에서는 칠살이 식신의 극제를 받는데 인수가 있으면, 인수가 식신을 파괴하므로 인수는 기신이 된다.

🕮 원문 🕮

何謂敗 七煞逢財無制 七煞格敗也
하위패 칠살봉재무제 칠살격패야

🕮 해설 🕮

칠살이 재성을 만났는데 식신의 극제가 없으면 칠살격의 패격이 된다.

🕮 원문 🕮

何謂救應 煞逢食制 印來護煞 而逢財以去印存食
하위구응 살봉식제 인래호살 이봉재이거인존식

🕮 해설 🕮

칠살격(七殺格)에 구응(求應)이 있어 패중유성(敗中有成)이 되는 경우는 다음과 같다.

① 칠살이 식신의 극제를 받는 중에 인수가 식신을 극하여 칠살을 보호하는 경우.
② 재성이 있어 인수를 극제하여 식신이 역할을 하게 하는 경우.

🅱 원문 🅱

至書有制煞不可太過之說 雖亦有理 然運行財印 亦能發福 不可執一
지 서 유 제 살 불 가 태 과 지 설 수 역 유 리 연 운 행 재 인 역 능 발 복 불 가 집 일

也 乃若棄命從煞 則於外格詳之
야 내 약 기 명 종 살 즉 어 외 격 상 지

🅱 해설 🅱

책에서는 칠살을 크게 극제하는 제살태과(制殺太過)는 좋지 않다고 하였다. 일리는 있지만, 운이 재성과 인수로 갈 때 복을 이룬 경우도 있으니 한 가지에만 집착해선 안 된다. 칠살이 너무 강해 칠살에 따르는 기명종살(棄命從殺)은 외격의 장을 참고한다.

🅱 강해 🅱

성격이 되는 경우를 요약하면 다음과 같다.
① 신왕이면 식신의 극제가 있어야 한다. 식신제살(食神制殺)의 경우이다.
② 신약이면 인수를 써서 화살(化殺)해야 한다. 살인상생(殺印相生) 또는 칠살용인(七殺用印)의 경우이다.

원문에 칠살격의 성패에 대한 많은 언급이 있지만, 가장 기본이 되는 것은 위 두 가지다. 이 두 요약사항을 기둥으로 하여 성패에 관한 변화들이 일어나므로, 먼저 왕약을 구분한 후 식신과 인수를 쓸 수 있는지 검토하는 것이 칠살격을 보는 첫걸음이다.

❶ **식신을 쓰는 경우**

```
시  일  월  연 (乾命)
乙  癸  丁  己
卯  丑  丑  卯


庚  辛  壬  癸  甲  乙  丙
午  未  申  酉  戌  亥  子
```

丑월 癸水이니 칠살격이다. 칠살은 살상겁인(殺傷劫刃)의 사흉신에 속하므로 역용하는 것이 원칙이다. 마침 시간의 乙木식신이 칠살을 목극토(木剋土)하므로 성격을 이룰 수 있다. 식신제살(食神制殺)을 하는 乙木식신은 성격을 만드는 상신이 된다. 지지에 卯木을 깔고 있으니 유력하여 칠살을 충분히 제어할 수 있다.

문제는 있다. 첫째, 일간이 너무 약하다. 칠살격이 신왕하면 식신제살(食神制殺)이 필요하고, 신약하면 칠살용인(七殺用印)을 하는 것이 원칙이다. 위 사주와 같이 신약에 식상을 쓰면 극설교집(剋洩交集)이 될 우려가 있어 무정한 격국이 되기 쉽다. 그러나 사주 구조상 시간에 투출한 乙木식신을 쓸 수밖에 없다. 둘째, 칠살을 생하는 丁火편재를 乙木이 생할 수 있다는 것이다. 팔자 자체에 乙木과 丁火 사이에 癸水일간이 있어서 직접적인 생은 되지 않는다. 그러나 운에서 丁火를 생하는 기운이 들어오면 용신격국을 완전한 패격으로 몰고 갈 수 있다. 丁火편재는 잠재적 기신이 된다.

명주는 51세인 1930년(壬申운 庚午년)에 뇌졸증으로 사망하였다. 사망한 壬申운 중에서 申金은 卯木을 극해 이를 터전으로 하고 있는 상신인 乙木을 무력하게 하고, 庚午년의 庚金을 도와 상신 乙木을 기반하여 역할을 못하게 한다. 연운 午火는 丁火기신을 돕는다. 사망한 庚午년은 잠재적 기신이 실제적 기신으로 변해 성중유패(成中有敗)가 되는 운이다.

❷ 인수를 쓰는 경우

시	일	월	연 (乾命)
壬	壬	丙	戊
寅	申	辰	戌

癸	壬	辛	庚	己	戊	丁
亥	戌	酉	申	未	午	巳

辰월 壬水이니 칠살격이다. 火土재관이 강하여 신약으로 분류되므로 화살(化殺)하며 일간을 돕는 인수가 상신이 된다. 申金인수가 일지에 있어 성격으로 보이지만, 寅申충으로 깨지고 인수가 재성의 자리에 있어 파성(破星)이 되어 무력하다. 패격이다.

인수가 상신이면 이를 극하는 재성이 기신이다. 재성이 기신이고, 처궁인 일지궁이 寅申충으로 흔들리며, 지지가 모두 충으로 이루어져 있으니 부부관계에 문제가 있다.

명주는 1989년(己未운 己巳년) 결혼했지만, 그 다음 해인 1990년(己未운 庚午년) 이혼하였다. 결혼한 己巳년은 巳申합으로 처궁에 합이 들고, 일간이 화오행(化五行)인 水의 생조를 받아 결혼하였다. 이혼한 庚午년은 寅

午戌 화국(火局)이 되고, 상신인 庚金은 회두극(回頭剋)을 당해 무력해져 역할을 할 수 없었다.

2. 칠살격과 관살혼잡

▩ 원문 ▩

有煞而雜官者 或去官 或去煞 取淸則貴 如嶽統制命 癸卯 丁巳 庚寅
유살이잡관자 혹거관 혹거살 취청즉귀 여악통제명 계묘 정사 경인

庚辰 去官留煞也 夫官爲貴氣 去官何如去煞 豈知月令偏官 煞爲用
경진 거관류살야 부관위귀기 거관하여거살 기지월령편관 살위용

而官非用 各從其重 若官格雜煞而去官留煞 不能如是之淸矣 如沈郎
이관비용 각종기중 약관격잡살이거관류살 불능여시지청의 여심낭

中命 丙子 甲午 辛亥 辛卯 子沖午而剋煞 是去煞留官也
중명 병자 갑오 신해 신묘 자충오이극살 시거살류관야

▩ 해설 ▩

칠살격에 관살혼잡(官殺混雜)은 정관이나 칠살 중 하나를 제거하면 사주가 맑아져 귀격이 된다.

시	일	월	연 (乾命)
庚	庚	丁	癸
辰	寅	巳	卯

위 악통제(岳統制)의 사주는 거관류살(去官留殺)이 되었다. 정관은 귀한 기운인데, 정관이 제거되고 칠살이 남는 것을 귀하게 본 이유는 가신

(假神)인 정관은 제거되고, 월령을 얻은 진신(眞神)인 칠살은 남아 있기 때문이다.

  정관격에 관살혼잡이 된 경우 정관이 제거되고 칠살이 남으면 맑은 사주가 되지 못한다. 아래 심낭중(沈郞中)^{주)}의 사주는 子午충으로 칠살이 제거되어 거살류관(去殺留官)이 된 경우이다.

시	일	월	연 (乾命)
辛	辛	甲	丙
卯	亥	午	子

㈜ 낭중은 정오품의 직이다.

원문

煞帶正官 不論去官留煞 去煞留官 身輕則喜助身 食輕則喜助食 莫
살 대 정 관   불 론 거 관 류 살   거 살 류 관   신 경 즉 희 조 신   식 경 즉 희 조 식   막

去取淸之物 無傷制煞之神
거 취 청 지 물   무 상 제 살 지 신

해설

  칠살격인데 정관이 있는 사주는 거관류살(去官留殺)을 하든지 거살류관(去殺留官)을 하든지 간에 신약하면 일간을 돕는 운이 좋고, 식신이 가벼우면 식신을 도와주는 운으로 가야 한다. 이 경우 사주를 맑게 하는 성분과 제살(制殺)하는 것을 손상하지 말아야 한다.

강해　　원문에서 언급한 관살혼잡(官殺混雜)을 보충한다. 관살혼잡은 정관(正官)과 칠살(七殺)이 팔자에 같이 있다는 의미다. 팔자에 정관과 칠살이 뒤섞여 있어 일간이 신약해진 경우도 관살혼잡이라고 한다. 『자평진전(子平眞詮)』 원문에서는 정관 2개가 투출한 양관경출(兩官競出)이나 칠살이 2개 투출한 양살경출(兩殺競出)도 관살혼잡과 유사한 작용을 한다고 보았다.

관살혼잡과 유사한 말로 명암부집(明暗夫集)과 살장관로(殺藏官露)가 있다. 명암부집은 천간에 투출된 관살인 명부(明夫)와 지장간에 있는 관살인 암부(暗夫)가 뒤섞인 경우를 말하며, 남편 외에 다른 남자를 숨겨놓은 상으로 본다. 살장관로는 칠살은 지장간에 있고 정관은 천간에 투출된 경우이다. 흉성인 칠살이 숨어 있으니 같은 관살혼잡이라도 좋게 볼 때 이 용어를 사용한다. 『자평진전』에서는 암부라는 개념을 사용하지 않고 있다.

관살혼잡의 첫째 영향은 부부관계에 나쁜 영향을 준다는 것이다. 여자에게 정관은 남편이고 칠살은 애인 또는 정부(情夫)이다. 남편과 애인이 같은 지붕을 쓰는 짝이니 부부관계가 좋을 리 없다. 특히 팔자에 홍염(紅艶)이 있는데 관살혼잡이 되고 상관이 관성을 만나는 상관견관(傷官見官)은 음란사가 있어서 몸을 굴리는 명으로 본다.

관살혼잡의 둘째 영향은 단명한다는 것이다. 이는 신약하고, 거관류살(去官留殺)이나 거살류관이 안 되는 경우이다. 사망 시기를 볼 때 관살혼잡에 살이 왕하고, 일간이 묘궁(墓宮)에 들면 수명을 연장하기 어렵다.

관살혼잡의 형태이지만 실제로는 관살혼잡의 영향이 나타나지 않는 경우가 있다.

첫째는 신왕한 경우이다. 정관과 칠살이 뒤섞여 있어 일간이 신약해진 경우를 관살혼잡으로 보는 입장에서 신왕한 경우는 관살혼잡의 영향이 덜한 것으로 본다. 이어지는 사례사주를 참조한다.

둘째는 관살 중 하나가 제거된 경우이다. 즉, 거관류살(去官留殺)은 합이나 식상의 극제로 칠살이 제거되고 정관만 남은 상태이거나, 거살류관(去殺留官)으로 칠살이 역할을 못하고 정관만 남은 상태이다. 또 거관서배(去官舒配)로 정관 하나에 칠살 2개, 또는 정관 둘에 칠살이 하나인 팔자에서 관살 2개는 합이나 극충(剋沖)으로 제거되고 하나의 관살만 남아 있는 경우도 관살혼잡으로 보지 않는다.

셋째로 관살병용(官殺幷用)이나 관래조살(官來助殺)일 때는 관살혼잡으로 보지 않는다. 관살병용을 관살양정(官殺兩停)이라고도 하는데, 정관과 칠살을 모두 쓴다는 의미다. 관래조살은 약한 칠살이 정관의 도움을 받는 경우이다. 녹겁격(祿劫格)에서 관살혼잡은 거관(去官) 또는 거살(去殺)이 되어야 성격이 되지만, 관살병용과 관래조살에는 해당되지 않는다. 이 역시 이어지는 사례사주를 참조한다.

❶ 관살혼잡의 경우 1

시	일	월	연 (坤命)
辛	辛	丙	壬
卯	卯	午	子

己	庚	辛	壬	癸	甲	乙
亥	子	丑	寅	卯	辰	巳

명주는 2002년(癸卯운 壬午년) 바람을 피웠다. 2006년(癸卯운 丙戌년) 남편이 눈치를 채 이혼 직전까지 갔다. 2009년(癸卯운 己丑년) 부부관계는 어

느 정도 수습되었지만, 남편의 의심으로 시한폭탄 같은 인생을 살고 있다.

대운과 태세가 명주에게 어떤 영향을 끼쳤는지는 생략한다. 팔자 자체에 바람을 피울 소지가 있는지만 알아본다. 부부관계가 나쁘거나 바람을 피우는 명의 일반적인 특징들과 결합하여 하나씩 점검해보자.

• 남편성과 부인성의 상황이 좋지 않은 경우

남자는 부인성에 해당하는 재성을 본다. 재성이 무력하거나 혼잡되어 투출한 경우, 재성이 없는 무재(無財)사주, 재다신약(財多身弱)과 같이 재성이 일간에게 좋지 않은 역할을 하는 기신인 경우 부인성의 상황이 좋지 않다. 여자는 남편성인 관살을 본다. 관살무력, 관살혼잡 투출, 무관(無官)사주, 관살이 기신인 경우이다.

이 사주는 午월 辛金으로 칠살격이다. 식상, 재성, 관살만 있으니 신약하여 칠살용인(七殺用印)의 방법을 써 일간을 돕고 칠살을 인화(引化)해야 한다. 그러나 이러한 역할을 할 인수가 없는 것이 큰 흠이다. 다음으로 재성이 약하여 상관견관(傷官見官)의 팔자가 된 것도 흠이다. 일시에 재성이 있지만 午월 卯木은 사지(死地)가 되며, 천간에서 辛金이 극하니 상하무정(上下無情)하다. 재성의 역할이 떨어지면 결국은 상관이 관살을 보는 상관견관이 된다. 팔자의 결론은 칠살격의 패격이다.

이 사주는 칠살격에 丙火관성이 투출하였다. 연주 壬子와 월주 丙午가 쌍충을 하니 관살 모두가 위태롭다. 그렇지만 관살 중 어느 하나가 남아 맑음을 유지할 수 있는 구조는 아니다. 투출한 정관은 가신(假神)인데 진신(眞神)인 칠살이 투출한 것보다는 좋지 않다. 아울러 관살은 일간의 신약함을 더 부채질하니 좋은 역할을 하지 않는다.

• 남편궁과 부인궁의 상황이 좋지 않은 경우

남자에게는 일지가 부인궁이고, 여자에게는 월지가 남편궁이다. 궁이 형충으로 깨지거나 파궁(破宮)이 되면 상황이 좋지 않다. 파궁은 성(星)이 궁(宮)을 극하는 경우이다. 예를 들어, 일지인 부인궁(재성의 궁)에 겁재가 있거나, 월지인 남편궁(관살의 궁)에 상관이 있으면 파성이 된 첫째 경우이며, 여자에게 남편궁이 있는 월지를 기준으로 공망을 따져 일지가 공망이 되는 자공망(自空亡)일 때도 파궁이 된 경우로 본다. 자공망은 해당 궁으로 진입할 수 없기 때문이다.

이 사주는 남편궁인 월지에 남편성인 칠살이 있는 조왕(助旺) 상태로 보인다. 그러나 丙午월주를 기준으로 공망을 따지면 寅卯가 공망으로 일지가 공망이다. 이런 경우가 자공망으로, 명주는 자신의 하반신을 비워놓고 남편성으로 진입하는 것을 꺼린다.

• 상관과 재성이 강하며 친밀한 경우

이 경우는 남녀 팔자에 상관 없이 공통적으로 부부관계에 참고하는 사항이다. 상관은 새로운 것을 좋아하게 만드는 육친이며, 재성은 육친의 신호에 민감하게 작용하게 만드는 육친이다. 상관을 극제(剋制)하는 것이 없으면 방종으로 흐른다. 또한 재성을 극제하는 것이 없으면 음란하고 천하니 재다음천(財多淫賤)이라고 한다. 바람을 피운 2002년(癸卯운 壬午년)은 식상의 기운이 강하고 남편궁을 충하는 해이다.

• 지지에 형충파해 등이 얽혀 있는 경우

지지는 집이며 천간은 거주자이다. 흔들리는 집에서는 거주자가 올바른 생활을 할 수 없는 법이다. 집을 흔들리게 하는 대표적인 요소가 형충파해(刑沖破害)이다. 보통 지지를 흔드는 요소를 형 〉 충 〉 파 〉 해 순서로 생각한다. 그러나 이혼부부를 명리적으로 연구한 논문 분석에 따르면 해 〉 파 〉 충 〉 형의 순서로 부부관계에 나쁜 영향을 준다고 한다. 참고할 만한 사항이다. 이 사주는 남편궁이 子午충이 되고, 午卯는 육파가 되고, 또 子 卯형이 되었다. 지지 모두가 형충파해로 얽혀 있다.

• 부부관계를 해치는 신살이 많은 경우

괴강(魁罡), 양인살(陽刃殺), 홍염살(紅艶殺), 도화(桃花), 고신과숙(孤 神寡宿), 원진(怨嗔), 공망(空亡) 그리고 남자에게 재고(財庫), 여자에게 관고(官庫) 등이 부부관계에 좋은 않은 영향을 미치는 신살이다. 이 사주 는 子午卯酉가 다 있고, 일지를 중심으로 보면 子水가 도화이다.

❷ 관살혼잡의 경우 2

시	일	월	연 (坤命)
丙	甲	庚	辛
寅	子	寅	酉

丁	丙	乙	甲	癸	壬	辛
酉	申	未	午	巳	辰	卯

명주는 첫 결혼에 실패하고, 다시 2번 결혼하여 가정의 생계를 책임지다 가 결국은 버림받은 여자이다. 결혼생활이 파탄에 이른 이유를 살펴본다.
① 寅월 甲木은 초춘(初春)의 나무이니 조후를 참고하고, 건록격에 신왕 한 것을 고려한다. 丙丁식상으로 상신을 삼는다. 주위(主位, 일시)에 丙

火가 투출하였고, 丙←甲, 寅←子로 상순(相順)이 이루어져 일간과 친밀하다. 언뜻 보면 문제가 없어 보지만, 연간의 辛金정관이 丙辛합으로 기반을 하니 정관이 묶인다. 첫 남편과의 불행을 설명해준다.

② 庚金칠살은 초춘의 寅월 甲木에 흉한 역할을 하는 酉金과 투출한 辛金의 생조를 받고 있다. 그러나 앉은 자리인 寅木이 절지(絶地)인 중 식신의 자리에 있어 파성(破星)이 되었다. 이런 상태로는 영향력의 삼각형(일간·월지·시지)에 있는 강력한 甲木을 제어할 수 없다. 이는 허울뿐인 남편의 상을 말해준다.

③ 일간의 감정 흐름은 주위(主位)에 있는 丙火에 모인다. 丙火식상은 관살을 거용(去用, 제거하여 용신으로 쓰는 것)함으로써 관살을 쓰려는 목적을 갖게 된다(去用得用). 그러나 관살혼잡이 되어 완전한 제거를 못한다. 이 또한 결혼생활 파탄의 한 원인으로 작용한다.

④ 건록격은 재관인(財官印)을 쓰는 것에서 떠나지 못한다. 혹 관살을 쓴다 하면 인수가 식상을 제어하여 관성을 보호해야 함에도 불구하고, 이 팔자는 구조적으로 일지의 子水가 수생목(水生木), 목생화(木生火)를 통해 오히려 식상을 돕고 있다. 아울러 식상의 기운을 설기하는 재성도 없다. 결론적으로 식상은 관살을 극하고, 관살은 일간을 극하는 부부불화의 구조이다. 참고로 식상, 관성, 일간을 선으로 이으면 삼각형이 되는데 이를 '부부불화의 삼각형'이라 부른다. 이 사주는 이런 삼각형의 형세가 이루어진 경우이다.

❸ 관살병용의 경우

```
시  일  월  연 (乾命)
丙  辛  己  丁
申  酉  酉  酉

壬 癸 甲 乙 丙 丁 戊
寅 卯 辰 巳 午 未 申
```

일간 辛金은 강하고 丙丁관살은 약하다. 辛金일간이 酉金인 건록에 앉아 있다. 연간의 丁火칠살은 제련하여 쇠를 만들고, 시간의 丙火정관은 酉월 辛金을 조후하니 관살병용(官殺幷用)이다. 또한 丙丁관살이 己土인수를 생하여 관인상생(官印相生)이 되니 태수(太守) 벼슬을 하였다.

❹ 관래조살의 경우

```
시  일  월  연 (乾命)
壬  甲  庚  辛
申  子  寅  亥

癸 甲 乙 丙 丁 戊 己
未 申 酉 戌 亥 子 丑
```

지지에 申子 수국(水局)을 이루었는데 壬水편인이 투출하여 甲木일간을 돕고, 연월이 寅亥합을 하여 일간을 돕는다. 왕성한 일간을 제어하기 위해선 庚金칠살을 써야 한다. 그러나 庚金칠살은 寅木 절지(絶地)에 있어 무력하다. 옆에 있는 辛金정관의 도움을 받아야 그나마 상신 역할을 할 수 있다.

원문에서 투출한 칠살은 제복(制伏)해야 하고 관살혼잡은 흉하다고 하였다. 그러나 이 사주에는 맞지 않는다. 이런 경우를 관래조살(官來助殺)이라고 한다.

3. 칠살격과 식상

📖 원문 📖

七煞之格局亦不一　煞用食制者　上也　煞旺食强而身健　極爲貴格　如
칠 살 지 격 국 역 불 일　살 용 식 제 자　상 야　살 왕 식 강 이 신 건　극 위 귀 격　여

乙亥　乙酉　乙卯　丁丑　極等之貴也
을 해　을 유　을 묘　정 축　극 등 지 귀 야

📖 해설 📖

칠살격도 한 가지 종류만 있는 것이 아니다. 칠살에 대한 식신의 극제(剋制)가 있을 때 상급인 사주이며, 칠살·식신·일간이 모두 왕성하면 아주 귀한 사주가 된다. 다음 사주는 모두 왕성한 경우로, 극히 귀한 사주이다.

시	일	월	연(乾命)
丁	乙	乙	乙
丑	卯	酉	亥

원문

煞無食制而用刃當煞 煞輕刃重則喜助煞 刃輕煞重 則宜制伏 無食可
살무식제이용인당살 살경인중즉희조살 인경살중 즉의제복 무식가

奪 印運何傷 七煞旣純 雜官不利
탈 인운하상 칠살기순 잡관불리

해설

칠살격인데 식신으로 극제함이 없이 오직 양인(陽刃)으로 칠살을 감당하는 경우 칠살이 약하고 양인이 강하면 칠살을 돕는 운이 좋고, 양인이 약하고 칠살이 강하면 칠살을 극제하는 운이 좋다. 본명에 식신의 탈기가 없으면 인수운이 좋다. 칠살이 순수하면 운에서 정관이 섞이는 것은 좋지 않다.

원문

煞用食制 不要露財透印 以財能轉食生煞 而印能去食護煞也 然而財
살용식제 불요로재투인 이재능전식생살 이인능거식호살야 연이재

先食後 財生煞而食以制之 或印先食後 食太旺而印制 則格成大貴
선식후 재생살이식이제지 혹인선식후 식태왕이인제 즉격성대귀

如脫脫丞相命 壬辰 甲辰 丙戌 戊戌 辰中暗煞 壬以透之 戊坐四支
여탈탈승상명 임진 갑진 병술 무술 진중암살 임이투지 무좌사지

食太重而透甲印 以損太過 豈非貴格 若煞强食泄而印露 則破局矣
식태중이투갑인 이손태과 기비귀격 약살강식설이인로 즉파국의

해설　　칠살격인데 식신의 극제를 쓰는 경우는 재성과 인수가 투출하지 말아야 한다. 이는, 재성은 식상을 설기하여 칠살을 돕고, 인수는 식신을 무력하게 하고 칠살을 보호하기 때문이다. 그러나 재성이 앞에 있고 식신이 뒤에 있는 경우(예를 들어 재성은 연에 있고, 식신이 시에 있는 경우)는 재성이 생한 칠살을 뒤에 있는 식신이 극제하므로 괜찮고, 인수가 앞에 있고 식신이 뒤에 있는 경우는 식신이 인수를 극제하므로 대귀(大貴)를 이룰 수 있다.

시	일	월	연 (乾命)
戊	丙	甲	壬
戌	戌	辰	辰

위는 탈승상(脫丞相)의 사주인데, 辰월 중에서 壬水가 투출했으며, 戊土식신이 지지에 뿌리를 내려 식신이 태왕하지만, 투출한 甲木인수가 식신의 태과함을 덜어내므로 귀격이 되었다. 만일 칠살이 강하고 식신이 약한데 인수가 투출하면 파국(破局)이 된다.

원문
偏官取運 卽以偏官所成之局分而配之 煞用食制 煞重食輕則助食 煞
편관취운 즉이편관소성지국분이배지 살용식제 살중식경즉조식 살

輕食重則助煞　煞食均而日主根輕則助身　忌正官之混雜　畏印綬
경식중즉조살　살식균이일주근경즉조신　기정관지혼잡　외인수

之奪食
지탈식

▧ **해설** ▧　편관격의 운을 볼 때는 그 격이 어떻게 이루어졌는지를 잘 보고 운을 살펴야 한다. 식신으로 제살(制殺)하는 경우에는 칠살과 식신 중 어느 것이 가벼운지를 보고, 가벼운 것을 돕는 운이 와야 한다. 칠살과 식신이 균형을 이루었는데 일간이 뿌리가 없는 경우에는 일간을 돕는 운이 와야 하고, 정관이 섞여 혼잡하게 하는 운과 식신을 탈기하는 인수운을 두려워한다.

▧ **강해** ▧　칠살격이 귀격이 되기 위한 조건은 칠살과 식신 그리고 일간이 모두 왕성한 것이다. 왜 식신이 왕성해야 하는가? 식신은 칠살을 진극(眞剋)하는 육친으로, 칠살의 살기를 가장 효율적으로 규제하고 조절할 수 있기 때문이다. 또한 일간이 약한데 식신을 쓰면 칠살은 일간을 극제하는 자가 되고, 식신은 일간을 설기하는 자가 되어 극설교집(剋洩交集)의 상태가 되기 쉬워진다. 극설을 감당하기 위해서는 일간의 왕성함이 필요하다. 이같이 식신과 일간이 왕성한데 칠살도 왕성하면 칠살은 귀함을 불러오는 요소가 된다.

　칠살격에 식신이 있으면 운의 길흉을 볼 때도 칠살과 식신, 일간의 균형을 본다. 만약 식신과 칠살 중 약한 것이 있으면 이를 돕는 운이 좋으며, 일간이 약하면 일간을 돕는 운이 길한 운이다.

　칠살격은 반드시 식신을 상신으로 하는가? 상관과 양인도 상신이 될 수 있다. 甲일간의 양인은 乙木이고 乙木과 합을 하는 것은 庚金칠살이다. 乙

일간의 상관은 丙火이고 丙火와 합을 하는 것은 辛金칠살이다. 이처럼 양간(陽干)의 양인과 음간(陰干)의 상관은 칠살과 합을 하여 칠살과 대항한다. 또한 상관도 식신을 도울 수 있고, 양인은 일간의 의지처가 될 수 있으므로 모두 칠살격의 상신이 될 수 있다. 칠살격에 양인이 있으면 살격봉인(煞格逢刃)이라 하여 길하게 본다. 살격봉인과 구분되는 개념으로 양인로살(陽刃露煞)이 있다. 이는 양인격에 칠살이 투출한 것으로, 양인의 강함을 칠살이 제어한다는 의미로도 사용되고, 신약의 경우는 양인이 약인데 칠살이 투출하여 이를 방해하므로 좋지 않다는 의미로도 사용된다.

칠살격에 식신을 상신으로 할 때 재성과 인수는 흉하다. 식신이 제살(制殺)을 해야 하는 구조에서 재성은 식신의 기운을 빼고 칠살을 돕기 때문이며, 인수는 식신을 극하여 식신의 제살력을 떨어뜨리기 때문이다. 재성도 인수가 칠살의 기운을 뺄 때 상신으로 사용되고, 인수도 칠살이 강하고 일간이 약할 때 사용되지만, 식신을 상신으로 할 때는 재성과 인수는 흉한 역할을 한다. 식신과 칠살의 관계를 사례사주를 통해 살펴본다.

❶ 칠살과의 균형을 보는 경우

시	일	월	연 (坤命)
丙	乙	乙	乙
戌	亥	酉	巳

壬	辛	庚	己	戊	丁	丙
辰	卯	寅	丑	子	亥	戌

이 사주는 시간에 있는 丙火상관을 쓸 수 있는 칠살격 사주이므로 칠살과 식상, 일간의 균형이 이루어졌는지를 살펴본다. 酉金칠살은 巳酉삼합이 되어 강하고, 일간은 일지에 있는 亥水인수의 생조를 받는 중에 연월간에 있는 乙木비견의 도움을 받으니 약하지 않다. 丙火식상도 戌 중 丁火의 뿌리가 있는 상태이다. 언뜻 보면 칠살과 식상, 일간이 모두 왕성해 성격으로 보인다.

그러나 일주와 시주가 선전(旋轉)이 되어 丙火식상을 쓰기 어려운 것이 문제이다. 선전이 되는 기둥끼리는 분열성이 커진다. 일시의 관계에서 丙←乙, 戌→亥와 같이 꽈배기처럼 꼬여 있는 것이 선전의 관계이다. 위 사주와 같이 한 칸으로 꼬여 있는 경우 1급선전이라 부르며, 분열성을 더 크게 본다.

일간이 丙火식상을 쓸 수 없으면 칠살은 일간을 치는 기신으로 작용한다. 여기에 乙亥일주를 기준으로 보면 남편궁인 월지가 공망이고, 남편성인 酉金칠살도 공망이다. 또 酉金칠살의 입장에서 보면 乙木은 재성이니 처가 많은 상이다. 이런 점들이 명주의 부부관계를 나쁘게 하는 요소이다. 명주는 2001년(戊子운 辛巳년)부터 남편의 외도가 있었고, 2002년(戊子운 壬午년) 이혼하였다.

이혼 후 작은 가게를 하고 있지만 입에 풀칠을 하는 정도로, 2009년(己丑운 己丑년)에 어떤 장사를 할지 물었다. 통상 재물을 모을 수 있는 명은 식상, 편재, 편관이 팔자 내에서 조건이 좋아야 한다. 식신이 좋은 경우는 손님에게 아낌없이 베푸는 방식으로 돈을 벌고, 상관이 좋은 경우는 활력이 있고 표현에 능해 접객업에 좋으며, 편재의 조건이 좋은 경우는 실질적인 수입을 만드는 것에 능하다.

위 사주와 같이 편관의 기운이 강한 경우는 근면함으로 한 푼 두 푼 모으는 방법으로 돈을 벌어야 한다. 이 여성의 경우 2009년 현재 己丑대운을 지나고 있어 편관의 기운을 강화시키고 있다. 어떤 장사를 하든 큰 욕심을 접고 근면을 최고의 미덕으로 삼아야 할 팔자다.

❷ 식신의 위치를 보는 경우

시	일	월	연 (乾命)
辛	己	乙	癸
未	卯	卯	卯

戊	己	庚	辛	壬	癸	甲
申	酉	戌	亥	子	丑	寅

卯월 己土이니 칠살격이다. 지지가 亥卯未로 木이고, 乙木칠살이 월간에 투출하니 칠살의 기운이 아주 거세어 신약하다. 종살격(從殺格)으로 볼 수 있을 정도이지만, 시지 未土에 일간의 뿌리가 있어 정격이다. 칠살격이 신약이면 칠살용인(七殺用印)이 원칙이고, 신왕이면 식신제살(食神制殺)이 원칙이다. 신약임에도 火인수가 없으니 차선으로 辛金식신을 상신으로 삼는다. 辛金식신은 일간의 자식으로 적인 칠살을 극하여 일간을 돕는 아능생모(兒能生母)가 되게 하고, 식신제살도 한다.

辛金은 일간과 친밀하고, 未土의 생을 받으므로 상신 역할을 할 수는 있지만, 木관살의 세력을 감당하기는 역부족이다. 운이 도와주기 전에는 완전한 성격이 될 수 없다. 명주는 중년 辛운인 癸酉년에 辛金상신이 건록을 만나 낮은 시험에 합격하고, 이어지는 庚戌운에 벼슬을 하였다. 비록 운이 상신을 돕는 운으로 흘렀지만, 강한 관살을 제어하지 못해 맑게 사는 데 그쳤다.

 이 사주에 대해 연간에 있는 癸水의 역할을 좋게 볼 수도 있다. 未土에는 丁火가 있는 조토(燥土)이므로 辛金상신을 생금(生金)하는 맛이 떨어지지만, 연간에 있는 癸水가 자윤(滋潤)하니 문제가 없다고 보는 것이다. 그러나 연간과 시지의 거리가 먼데 영향을 준다고 보는 것은 문제가 있고, 癸水는 팔자의 병인 木관살을 도와 흉한데 이를 좋게 본 것 역시 문제이다. 癸水재성이 연간에 있으니 초년운은 좋지 않고, 상신인 辛金식신이 시간에 있으니 근묘화실(根苗花實)의 개념을 대입하여 말년운이 좋았다. 이런 판단이 팔자에 비추어볼 때 더 자연스럽다.

4. 칠살격과 재성

▩ 원문 ▩

有煞而用財者 財以黨煞 本非所喜 而或食被制 不能伏煞 而財以去
유살이용재자 재이당살 본비소희 이혹식피제 불능복살 이재이거

印存食 便爲貴格 如周丞相命 戊戌 甲子 丁未 庚戌 戊被制不能伏煞
인존식 편위귀격 여주승상명 무술 갑자 정미 경술 무피제불능복살

時透庚財 卽以淸食者 生不足之煞 生煞卽以制煞 兩得其用 尤爲
시투경재 즉이청식자 생부족지살 생살즉이제살 양득기용 우위

大貴
대귀

▩ 해설 ▩ 칠살격에 재성을 쓸 때가 있다. 본래 재성은 칠살과 무리를 지으니 기쁜 것은 아니지만, 식신이 인수에 의해 극제(剋制)를 당하고 있어 칠살을 조절하지 못하는 경우에는 재성을 쓴다. 재성을 쓰면 인수가

제거되고, 결과적으로 인수의 극을 받는 식신이 힘을 받기 때문에 귀격이 된다.

시	일	월	연 (乾命)
庚	丁	甲	戊
戌	未	子	戌

위 사주는 주승상(周丞相)의 명이다. 戊土식신이 甲木인수에게 극을 당해 칠살을 잠재우지 못하는데, 시에 투출한 庚金재성이 이러한 인수를 충하니 식신이 맑아졌다. 즉, 庚金재성이 약한 칠살을 금생수(金生水)로 도우면서, 한편으로는 식신을 맑게 해 제살(制殺)하는 두 가지 일을 하므로 대귀(大貴)하였다.

원문

又有身重煞輕 煞又化印 用神不淸 而借財以淸格 亦爲貴格 如甲申
우유신중살경 살우화인 용신불청 이차재이청격 역위귀격 여갑신

乙亥 丙戌 庚寅 劉運使命是也
을해 병술 경인 류운사명시야

해설

신왕하고 칠살은 약한데 인수가 칠살의 기운을 빼서 용신이 맑지 못한 경우에는 재성을 써서 인수를 극제하여 격을 맑게 하면 귀격이 된다. 다음 유운사(劉運使)의 사주와 같은 경우이다.

시	일	월	연(乾命)
庚	丙	乙	甲
寅	戌	亥	申

원문

七煞用財 其以財而去印存食者 不利劫財 傷食皆吉 喜財怕印 透煞
칠살용재 기이재이거인존식자 불리겁재 상식개길 희재파인 투살

亦順
역순

해설

칠살격에 재성을 쓰는 경우 재성의 용도가 인수를 극제하여 식신을 보존하는 것이면 비겁운은 불리하고, 식상운은 대체로 길하며, 재성운을 기뻐하고, 인수운을 두려워하며, 칠살이 운에서 투출하면 순조롭다.

원문

其以財而助煞不及者 財已足 則喜食印與幇身 財未足 則喜財旺而
기이재이조살불급자 재이족 즉희식인여방신 재미족 즉희재왕이

露煞
로살

해설

칠살격인데 재성이 칠살의 부족함을 돕는 경우 재성이 이미 채워져 있으면 식신운과 인수운과 일간을 돕는 운이 좋고, 재성이 부족하면 재성운과 칠살운이 좋다.

▧ 원문 ▧

更有雜氣七煞 干頭不透財以淸用 亦可取貴
갱 유 잡 기 칠 살 간 두 불 투 재 이 청 용 역 가 취 귀

▧ 해설 ▧

잡기칠살격(雜氣七殺格)은 천간에 재성이 투출하지 않아야 용신이 맑아 귀격이 된다.

▧ 강해 ▧

칠살격에 재성을 쓸 때는 다음과 같다.
① 식신을 상신으로 하는데 인수가 극하는 경우.
② 칠살에 대한 인수의 설기가 과도한 경우.
③ 상신으로 삼은 칠살이 무력하여 재성의 도움이 필요한 경우.
어떤 경우든 칠살격에 재성을 쓸 때는 일간의 신왕함이 필요한 것이 원칙이다. 사례사주를 보자.

시	일	월	연 (乾命)
庚	庚	丙	己
辰	申	寅	酉

己	庚	辛	壬	癸	甲	乙
未	申	酉	戌	亥	子	丑

寅월 庚金에 丙火칠살이 투출하여 칠살격이다. 팔자 전체에 土金 인비(印比)가 강하고, 庚金일간이 지지에 申金건록과 酉金제왕을 만나니 신왕하다. 칠살격이 신왕이면 식신제살(食神制殺)을 하는 것이 큰 원칙이다.

그러나 이 사주에는 식상이 없으니 투출한 丙火칠살을 상신으로 삼아 신왕함을 해결한다.

상신인 丙火와 寅木은 협력관계를 유지하고 있다. 寅木재성은 丙火칠살이 없으면 寅申충으로 부서지고 말 것이며, 丙火칠살도 寅木재성의 생조가 없으면 무력하여 상신 역할을 할 수 없다. 이같이 재성이 약한 칠살을 돕는 관계를 재자약살(財滋弱殺)이라고 한다.

운의 흐름을 보자. 甲子운은 寅木재성을 돕는 운이므로 만사가 뜻대로 되었다. 癸亥운 중에서 癸운은 상신인 丙火칠살을 극하지만 연간 己土가 막아 흉이 없었고, 亥운은 월지 寅木재성과 寅亥합이 되어 절처봉생(絶處逢生)으로 무과에 합격하였다. 그러나 壬戌운 중에서 壬운은 丙火칠살을 극하고, 戌운은 土金인 기신을 강하게 하여 어려움이 있었다. 辛酉운은 신왕한 팔자를 더 신왕하게 하므로 흉하다. 또 辛은 상신인 丙火를 丙辛합으로 기반을 하고, 상신을 돕는 寅木을 금극목(金剋木)하여 벼슬에서 물러났다.

5. 칠살격과 인수

▒ 원문 ▒

亦有煞重身輕 用食則身不能當 不若轉而就印 雖不通根月令 亦爲無
역 유 살 중 신 경　용 식 즉 신 불 능 당　불 약 전 이 취 인　수 불 통 근 월 령　역 위 무

情而有情 格亦許貴 但不大耳
정 이 유 정　격 역 허 귀　단 부 대 이

▒ 해설 ▒

칠살이 무거운데 일간이 신약하면 약한 일간은 식신의 설기를 감당하지 못한다. 이 때 식신을 쓰지 않고 인수를 쓰면 인수가 비

록 월령에 뿌리가 없다고 해도 무정한 것이 유정하게 된다. 이런 경우 귀하기는 하지만, 그 귀함이 크지는 않다.

원문

有煞無食制而用印當者 如戊辰 甲寅 戊寅 戊午 趙員外命是也
유살무식제이용인당자 여무진 갑인 무인 무오 조원외명시야

해설

칠살격에 식신이 없으면 인수를 쓰는 것은 당연하다. 아래 조원외(趙員外)[주]의 사주와 같은 경우이다.

시	일	월	연 (乾命)
戊	戊	甲	戊
午	寅	寅	辰

[주] 원외는 상서성에 속했던 정육품 벼슬이다.

원문

有七煞用印者 印能護煞 本非所宜 而印有情 便爲貴格 如何參政命
유칠살용인자 인능호살 본비소의 이인유정 편위귀격 여하참정명

丙寅 戊戌 壬戌 辛丑 戊與辛同通月令 是煞印有情也
병인 무술 임술 신축 무여신동통월령 시살인유정야

※ 해설 ※　　칠살격에 인수를 쓰는 경우는 인수가 칠살의 귀함을 빼내면서 보호하는 것이니 좋은 것은 아니다. 그러나 칠살과 인수가 유정하면 귀격이다. 아래 하참정(何參政)의 사주는 투출한 戊土칠살과 辛金인수가 戊土월령에 뿌리가 같이 있으므로 살인유정(煞印有情)한 경우이다.

시	일	월	연(乾命)
辛	壬	戊	丙
丑	戌	戌	寅

※ 원문 ※

煞用印綬 不利財鄕 傷官爲美 印綬身旺 俱爲福地
살용인수　불리재향　상관위미　인수신왕　구위복지

※ 해설 ※　　칠살격에 인수를 쓰는 사주는 재성운이 이롭지 않고, 상관운은 좋으며, 신왕운은 복을 이룬다.

※ 강해 ※　　칠살격이 귀격이 되기 위한 조건은 칠살과 식신, 일간이 모두 왕성한 것이다. 인수는 칠살의 귀함을 설기하는 성분이므로 쓰지 않는 것이 원칙이지만, 살중신경(殺重身輕)으로 칠살은 강하고 일간이 약하거나, 식신이 없는 경우 부득이 인수를 쓴다. 팔자의 예를 보자.

❶ 인수운에 대발(大發)하는 경우

```
시  일  월  연 (乾命)
甲  辛  丙  丁
午  丑  午  巳


己  庚  辛  壬  癸  甲  乙
亥  子  丑  寅  卯  辰  巳
```

午월 辛金으로 칠살격이다. 관살이 너무 강해 종살(從殺)이 될 듯하지만, 일지 丑土가 양금지토(養金之土)로 辛金을 배양하므로 신약한 사주이다. 신약에 인비(印比)를 사용하므로 土인수는 상신, 金비겁은 희신이 된다. 특히 丑土는 팔자의 강한 화기(火氣)를 흡수하여 辛金을 돕는 관인상생(官印相生) 역할을 하므로 상신이 되기에 부족함이 없고, 한편으로는 丑 중의 辛金이 일간에게 힘이 되므로 더욱 좋다.

운세의 흐름을 보면, 생금(生金)을 하는 辰운에 재물을 모아 결혼하였고, 寅卯운에 성패가 많았다가, 辛丑운에 부동산에 투자하여 큰 재물을 모았다. 만약 팔자에 丑土가 없었다면 寅卯운이 강한 관살을 생조하고, 결과적으로 辛金일간을 쳐서 반드시 패함이 있었을 것이다.

㊟ 습토(濕土)인 辰丑土는 금기(金氣)를 생하여 자양지토(滋養之土)라고 하고, 조토(燥土)인 戌未土는 자체적으로 화극금(火剋金)이 되어 생금(生金) 능력이 떨어진다고 본다. 이러한 시각은 토생금(土生金)의 원칙으로는 문제가 있으니 주의한다. 未土의 지장간은 丁9·乙3·己18일인데, 乙木은 바람, 己土는 습기가 있는 음토로 午火의 맹렬한 화기(火氣)의 방향을 돌려 申金을 불러오므로, 단지 未 중 丁火만을 보고 화극금 때문에 생금을 할 수 없다는 것은 문제가 있다. 물론 습토인 辰丑보다는 생금 능력이 떨어진다.

❷ **살인유정(殺印有情)하지만 인수를 쓸 수 없는 경우**

```
시  일  월  연 (乾命)
丁  壬  戊  辛
未  午  戌  亥

辛  壬  癸  甲  乙  丙  丁
卯  辰  巳  午  未  申  酉
```

　　명주는 2006년(乙未운 丙戌년)에 바람이 났다. 바람을 피운 상대는 부인과 절친한 친구였다. 2007년(甲午운 丁亥년) 부인에게 발각된 후 2009년(甲午운 己丑년) 현재까지 부부간에 한마디 말 없이 지옥 같은 하루하루를 보내고 있다. 바람을 피운 까닭은 어디에서 찾을 수 있는가?

① 재성이 기신이 되고 혼잡되었다. 火土재관이 강한 신약사주이므로 火재성은 기신이 된다. 丁火재성이 戌, 午, 未에 지장간으로 들어 있고, 시간에도 있다. 아주 탁한 팔자이다.

② 인수가 파성(破星)되었다. 칠살격에 신약하므로 이를 해결하는 연간의 辛金인수를 써야 한다. 辛金인수와 戊土칠살이 월령 戌土에서 동시에 투출되어 살인(殺印)이 유정하지만, 辛金이 연간에 있어 일간이 쓰기에는 너무 멀고, 辛金인수가 연간인 재성궁에 있어 파성되므로 상신 역할을 하기에는 역부족이다. 만약 辛金이 시간에 있다면 살인(殺印)이 유정하고, 일간과 친밀하며, 시지 未土의 생을 받아 상신 역할을 할 수 있을 것이다.

③ 인수가 무력하다는 것은 식상의 기운이 왔을 때 이를 제어하지 못함을

의미한다. 바람을 피운 2006년 丙戌년의 丙火는 연간의 辛金인수를 기반하여 역할을 못하게 하고, 대운에 있는 乙木상관운을 발동하게 한다. 상관은 새로운 것을 좋아하게 하는 육친이다.

④ 재성궁인 일지에 재성이 있어서 조왕(助旺)하고, 팔자 전체에 재성이 강하여 육신(肉身)의 신호에 민감하다. 즉, 색욕에 흐를 가능성이 높아진다.

7장 정관격

🌿 원문 🌿

官以剋身 雖與七煞有別 終受彼制 何以切忌刑衝破害 尊之若是乎
관 이 극 신 수 여 칠 살 유 별 종 수 피 제 하 이 절 기 형 충 파 해 존 지 약 시 호

豈知人生天地間 必無矯焉自尊之理 雖貴極天子 亦有天祖臨之 正
기 지 인 생 천 지 간 필 무 교 언 자 존 지 리 수 귀 극 천 자 역 유 천 조 림 지 정

官者分所當尊 如在國有君 在家有親 刑衝破害 以下犯上 烏乎可乎
관 자 분 소 당 존 여 재 국 유 군 재 가 유 친 형 충 파 해 이 하 범 상 오 호 가 호

🌿 해설 🌿

정관은 나를 극하는 성분이다. 나와 음양이 같은 것 중에서 나를 극하는 것은 칠살이고, 나를 극하는 것 중에서 음양이 다른 것은 정관이다. 관살은 다른 점이 있지만, 나를 극하는 것은 동일하다.

　정관은 존귀함을 뜻하는 기운이기 때문에 형충파해(刑沖破害)를 기피한다. 사람도 교만함을 고쳐야 하고, 천자의 자리에 있는 이도 하늘의 이치를 거슬릴 수 없듯이, 정관은 존귀함을 이끄는 육친이다. 나라의 임금과 가정의 부친과 같은 것이 정관이다. 그러므로 정관을 형충파해하는 것은 하극상(下剋上)이 되므로 기피한다.

❚ 강해 ❚ 정관은 일간과 음양이 다르고 일간을 극하는 오행이다. 예를 들어, 양목(陽木)인 甲木일간과 이를 극하는 음금(陰金)인 辛金의 관계이다. 음양이 다른 것은 서로 흡수력이 작용하고, 음양이 동일한 것은 배척력이 작용한다. 흡수력이 작용하는 극의 관계를 가극(假剋)이라 한다. 육친으로는 정관이다. 한편 배척력이 작용하는 극의 관계는 진극(眞剋)이라 하고, 육친으로는 편관(偏官), 즉 칠살이다.

　일간을 가극하는 정관의 대표적인 상징은 남자에게는 명예이며, 여자에게는 남편이다. 정관은 정인·정관·정재인 삼반귀물(三般貴物)로 불리며 팔자의 귀함을 이끄는 성분이고, 삼반귀물 모두 기운이 있으면 삼기득위(三奇得位)를 했다 하여 귀격으로 본다. 다음 사례사주들을 통해 이를 살펴본다.

❶ 정관은 명예다

```
시 일 월 연 (乾命)
乙 乙 庚 癸
酉 丑 申 未

癸 甲 乙 丙 丁 戊 己
丑 寅 卯 辰 巳 午 未
```

申월 乙木이므로 정관격이다. 팔자의 未土와 丑土재성이 재생관(財生

官)을 하는 정관봉재(正官逢財)로, 성격이라고 볼 수도 있다. 그러나 정관이 아무리 명예를 불러오는 귀한 성분이라고 해도 왕약(旺弱)을 떠나 무조건 재성으로 생조하는 것이 능사는 아니다. 이 사주는 일간이 아주 약하므로 재성으로 정관을 생하는 것보다 인수를 쓰는 것이 좋다. 인수는 강력한 정관의 기운을 설기하고, 한편으로는 약한 일간을 도울 수 있기 때문이다. 팔자를 보면 신약을 해결할 수 있는 癸水인수는 未土재성의 극을 받고 있으므로 재인장애(財印障碍)의 상태요, 또 일간을 방조(幇助)하는 乙木비견은 酉金인 살지(殺地)에 있어서 역할이 없다. 정관격의 패격이다.

　운의 흐름을 보자. 火土인 식상과 재성으로 이어지는 49세 이전은 패격을 해결하지 못한다. 49세 이후 乙卯, 甲寅비겁운이 신약한 일간을 돕긴 하지만, 완전히 해결하지는 못한다. 평생 정관의 강한 기운을 해결하지 못하므로 명주의 성품은 정관의 지배를 받는다. 정관이 불러오는 성품은 다음과 같이 요약된다.

① 감정의 발산을 막는다. 정관은 일간을 극하는 성분이기 때문이다.
② 질서를 지킨다. 상관이 작용하면 이 성품이 줄어든다.
③ 타인의 시선을 의식한다. 사회적인 신분 등을 중시하고 명분을 중요하게 생각한다.
④ 봉사하고 희생한다. 정관이 강하면 강할수록 희생정신이 증가한다.

　2009년 현재 명주는 67세이다. 젊어서 직장생활로 인연이 되어 정년퇴직 후 작은 하청공장을 운영하고 있다. 직장생활을 시작하면서 새벽 헬스클럽을 빠진 적이 없고, 퇴근시간을 하루도 어긴 적이 없는 남성이다. 가정 분위기를 군대처럼 끌고 가서, 부인이 숨이 막혀 최근까지도 몇 번 이혼을 결심한 적이 있다.

❷ 정관은 남편이다

```
시  일  월  연 (坤命)
丙  壬  辛  丙
午  午  丑  辰

甲  乙  丙  丁  戊  己  庚
午  未  申  酉  戌  亥  子
```

2009년 현재 34세 여성으로, 2000년(己亥운 庚辰년) 9살 연상의 남자(1967년 丁未년생)를 만나 2002년(己亥운 壬午년) 결혼하였다. 2003년(己亥운 癸未년) 아들을 출산하고, 2004년(戊戌운 甲申년) 성격차이로 이혼하였다. 부부관계에 흉하게 작용하는 요소들을 보자.

• 패격이다

丑월 壬水이니 정관격이다. 정관격인데 재성이 많아 신약하므로 정관패인(正官佩印)의 방법을 찾아야 한다. 월간에 辛金인수가 있어 관인상생(官印相生)을 해주니 성격으로 보이지만, 연간의 丙火재성이 丙辛합으로 묶으니 패격이다. 일반적으로 정관은 귀함을 가져오는 요소로, 정관을 설기하는 인수를 사용하는 것보다는 재성으로 재생관(財生官)을 해주는 것을 더 좋게 본다. 그러나 위 사주와 같이 신약한 경우에는 인수를 쓰는 것이 맞다. 상신 역할을 하는 인수를 합으로 기반하는 丙火재성은 팔자를 패격으로 만들므로 기신이다.

또한 丑午[주1]가 육해(六害, 相穿이라고도 함)[주2]가 된 점, 귀함을 가져오는 정관이 辰丑파가 된 것도 패격을 만드는 요소이다. 패격이므로 운의 도움이 없이는 귀함을 이루기 어려운 팔자이다.

- 명암부집으로 남편성이 혼잡하다

남편성은 관살이다. 辰 중 戊土, 丑 중 己土, 午 중 己土가 둘로, 남편성이 모두 4개이다. 드러난 남편인 명부(明夫)와 지장간에 숨은 남편인 암부(暗夫)가 뒤섞였다. 남편성의 혼잡은 부부관계에 나쁜 영향을 미친다. 명부와 암부가 뒤섞인 명암부집(明暗夫集)은 원래 천간에 투출된 관살인 명부와 지장간 속의 관살인 암부가 함께 있는 경우를 말한다. 이 장에서는 지장간 중 정기에 있는 남편을 명부, 여기나 중기에 숨어 있는 남편을 암부로 보았다.

- 남편성이 좋은 역할을 하지 못하고, 운의 흐름이 좋지 않다

이 사주팔자가 패격이 된 근본원인은 신약함에 있다. 신약의 원인은 火土재관이다. 재성과 관살이 팔자의 중화를 해치므로 관살이 상징하는 남편이 좋은 역할을 하지 못한다.

운의 흐름도 좋지 못하다. 초년에 들어온 庚子운은 金水의 희신운으로 일시적인 패중유성(敗中有成)을 만들지만, 이어서 들어오는 己亥(운 자체에서 토극수로 역할이 떨어진다), 戊戌운은 관살운으로 패격을 치료하는 운이 절대 아니다. 신약함을 더 부추기기 때문이다.

- 성격이 감각적이고 충동적이다

성격을 볼 때는 일간을 중심으로 역삼각형을 이루는 월간, 일지, 시간을 본다. 일지와 시간에 재성이 있고, 월간에 辛金인수가 있지만 연간과 丙辛 합으로 기반되어 역할을 못한다. 결국 일간과 친밀한 역삼각형 안에서는

재성이 주도한다. 재성은 일간이 극하면서 음양이 달라 흡수력이 작용하는 육친이다. 이러한 재성이 주도하는 성격은 감각적이고, 자신의 욕구에 민감하다. 이러한 점이 강해지면 탐재괴인(貪財壞印)의 형태가 되어 후안무치(厚顔無恥)로 발전한다. 재성의 감각이 인수의 직관과 깨달음을 깨트리기 때문이다.

궁성론(宮星論)을 기준으로 하여 재성과 인수의 형편을 보아도 마찬가지다. 연간인 편재궁에 丙火편재성이 있으므로 조왕(助旺), 일지인 정재궁에 午火정재성이 있으므로 조왕한 상태이다. 이에 반해 辛金인수성은 월간인 식신궁에 있으므로 손실상태이다. 재성이 성격을 주도하는 것을 확인할 수 있다.

㈜ 1) 丑午는 우증마불경(牛增馬不耕, 소는 말이 일을 하지 않는 것을 미워함)이다. 丑午의 관계는 원진이며, 귀문관살이기도 하다.
  2) 육파(六破)는 지지의 삼분류와 연결된다. 子午卯酉 속에는 子酉파와 午卯파, 寅申巳亥 속에는 寅亥파와 巳申파, 辰戌丑未 속에는 辰丑파와 戌未파가 있다. 『명리약언』에서는 육파의 형성원리가 분명하지 않으므로 쓰지 않아도 된다고 했지만, 『자평진전』에서는 형충파해를 모두 쓰고 있다.

1. 정관격의 성패

원문

用神專尋月令 以四柱配之 必有成敗 何謂成 如官逢財印 又無刑衝
용 신 전 심 월 령 이 사 주 배 지 필 유 성 패 하 위 성 여 관 봉 재 인 우 무 형 충

破害 官格成也
파 해 관 격 성 야

해설

용신은 월령에서 구한다. 사주마다 배치가 다르므로 성패가 있다. 성격은 정관격에 재성과 인수가 있는 관봉재인(官逢財印)으로, 형충파해(刑沖破害)가 없는 경우이다.

원문

成中有敗 必是帶忌 敗中有成 全憑救應 何謂帶忌 如正官逢財而又
성중유패 필시대기 패중유성 전빙구응 하위대기 여정관봉재이우

逢傷 透官而又逢合
봉상 투관이우봉합

해설

성격이 되었다가 패격으로 변화하는 것은 기신이 있기 때문이며, 패격이 되었다가 성격으로 변화하는 것은 구응(救應)이 있기 때문이다. 정관격에 기신이 있어서 성중유패(成中有敗)가 되는 경우는 다음과 같다.

① 재성을 만나 정관격의 성격이 된 정관봉재(正官逢財)에 상관이 있어서 정관이 파괴되는 경우.
② 투출한 정관이 합을 당하는 경우.

원문

何謂敗 官逢傷剋刑沖 官格敗也
하위패 관봉상극형충 관격패야

해설

정관이 상관으로부터 극을 당하는 관봉상극(官逢傷剋), 정관이 형충을 당하는 관봉형충(官逢刑沖)일 때는 정관격의 패격이 된다.

🖾 원문 🖾

何謂救應 如官逢傷而透印以解之 雜煞而合煞以清之 刑沖而會合以
하 위 구 응 여 관 봉 상 이 투 인 이 해 지 잡 살 이 합 살 이 청 지 형 충 이 회 합 이

解之
해 지

🖾 해설 🖾

정관격의 패격을 성격으로 만드는 구응(求應)에는 다음과 같은 것들이 있다.
① 정관이 상관을 만났을 때 인수가 상관을 제압하는 경우.
② 관살혼잡(官殺混雜)인데 살을 합하여 사주를 맑게 하는 경우.
③ 형충이 있는데 회합(會合)으로 이를 해결하는 경우.

🖾 강해 🖾

원문 내용을 요약해본다. 정관격의 성격은 정관봉재(正官逢財), 정관패인(正官佩印)이 될 때 이루어진다. 정관격의 패격은 관봉형충(官逢刑沖), 관봉상극(官逢傷剋), 관살혼잡(官殺混雜), 투관봉합(透官逢合)이 될 때 이루어진다. 자세한 사항은 항목을 달리하여 설명한다. 정관격의 성패(成敗)만을 기준으로 다시 정리하면 다음과 같다.

① 정관봉재(正官逢財) : 재성이 있으면 성격이다. 상관이 있으면 패격으로 변한다.
② 정관패인(正官佩印) : 인수를 차고 있으면 성격이다. 정관격의 고저(高低) 중 고(高)의 상태는 재성과 인수가 투출하고, 재성과 인수 사이에 장애가 없는 경우이다. 인수의 설기가 심해 정관에게 의지처가 없는 고관무보(孤官無補) 상태이면 패격이 되기 쉽다.
③ 관봉형충(官逢刑沖) : 정관이 형충파해를 당하면 패격이다. 그러나 형충파해하는 것을 회합(會合)하면 성격으로 변한다.

④ 관봉상극(官逢傷剋) : 정관이 상관으로부터 극을 당하면 패격이다. 이 때 인수가 있어 상관을 극제하면 성격으로 바뀐다.
⑤ 관살혼잡(官殺混雜) : 정관격에서 정관과 칠살이 혼잡되면 패격이다. 칠살을 합하면 성격으로 변한다.
⑥ 투관봉합(透官逢合) : 투출한 정관이 합이 되면 패격이다.
사례사주를 통해 정관격의 성패를 살펴본다.

❶ 정관패인으로 성격이 되는 경우

시	일	월	연 (乾命)
辛	己	丙	甲
未	巳	寅	子

癸	壬	辛	庚	己	戊	丁
酉	申	未	午	巳	辰	卯

寅월 己土이므로 정관격이다. 왕약 여부를 판단할 수 없을 정도로 중화된 팔자이므로 재성이나 인수 중 하나를 쓴다. 정관격인데 丙火인수가 투출하고 巳火의 뿌리를 가지고 있으니 정관패인(正官佩印)으로 성격이 되었다. 甲木정관과 辛金식신이 같이 투출하여 극제(剋制) 관계가 되므로 패격으로 볼 수도 있다. 그러나 위치상 멀리 있고, 월간에 있는 丙火가 丙辛합으로 식신을 묶기 때문에 문제가 안 된다.
정관격의 고저를 볼 때 가장 이상적인 것은 재성과 인수가 동시에 투출하고, 서로 장애가 없는 경우이다. 재성은 귀함을 가져오는 정관을 생하

고, 인수는 관살을 인화(引化)하여 일간을 보좌하여 재물과 명예를 감당할 수 있도록 해주기 때문이다. 이 팔자는 재성과 인수의 장애는 없지만, 인수에 비해 재성의 힘이 부족한 것이 흠이다. 이는 중년 庚午운부터 金水 식재(食財)운이 계속되므로 해결된다. 팔자의 결론은 용신격국은 성격이요, 운의 흐름이 격국의 질을 높여준다는 것이다. 명주는 과거에 합격한 뒤 벼슬이 극품(『적천수』원문에서는 仕至極品로 표현)에 이르도록 귀함이 끊어지지 않았으며, 부부화목하고 자손이 번창하였다.

㈜ "시기소시 종기소종 복수부귀 영호무궁(始其所始 終其所終 福壽富貴 永乎無窮)."『적천수(適天髓)』에 나온 말로 줄여서 '시종득소(始終得所)'라고도 한다. 팔자의 천간과 지지가 시작할 곳에서 시작하고 끝날 곳에서 끝나면 큰 귀함을 얻는다는 의미다.
이 사주의 지지는 子水 생(生) 寅木, 寅木 생(生) 巳火, 巳火 생(生) 未土를 하고, 未土는 시간 辛金을 생한다. 그리고 천간은 甲木 생(生) 丙火, 丙火 생(生) 己土, 己土 생(生) 辛金을 한다. 팔자의 시작과 끝이 절묘하게 자리를 얻었다. 여기에 팔자의 모든 지지는 천간을 생하고 있다. 천지의 흐름이 생으로 이어져 있고 시작과 끝을 얻어 귀함을 얻은 구조이다.

❷ 정관패인이지만 패격인 경우

시	일	월	연 (乾命)
戊	庚	丙	壬
寅	申	午	午

癸	壬	辛	庚	己	戊	丁
丑	子	亥	戌	酉	申	未

午월 庚金으로 정관격이다. 시간에 戊土인수가 투출하여 성격으로 볼 수 있지만, 戊土가 살지(殺地)에 앉아 무력하므로 관인상생(官印相生)의 역할을 할 수 없어 패격이다. 혹 寅木의 지장간에 戊土가 있고, 일지 申金 중에 지장간 戊土가 있으므로 뿌리가 있다고 주장할 수 있다. 그러나 戊寅 시주를 기준으로 공망을 따지면 申酉가 공망이므로 일간은 戊土인수를 쓸 수 없다. 일지를 공망으로 만드는 경우에는 해당 기둥으로 일간이 진입할 수 없는 것을 자공망(自空亡)이라 부른다.

자공망이 되는 것은 연주인 壬午도 동일하다. 午월 庚金은 화기(火氣)가 강하니 壬水도 조후 역할을 해야 한다. 壬水는 丙火와 丙壬충하고, 앉은 자리인 午火가 태지(胎地)로 무력하다. 戊土정인과 마찬가지로 일간에게는 쓸모가 없다. 이와 같이 팔자 자체가 불발 구조이므로 운세의 덕을 전혀 보지 못해 평생 발전이 없었다. 아래 사주는 이 사주와 비슷하지만, 팔자 자체가 일간을 돕는 구조여서 재상까지 올랐다.

시	일	월	연 (乾命)
庚	庚	丙	壬
辰	午	午	申

2. 정관격의 운세

원문

以刑衝破害爲忌 則以生之護之爲喜矣 存其喜而去其忌則貴 而貴之
이 형 충 파 해 위 기 즉 이 생 지 호 지 위 희 의 존 기 희 이 거 기 기 즉 귀 이 귀 지

中又有高低者 何也 以財印竝透者論之 兩不相礙 其貴也大 如薛相公
중우유고저자 하야 이재인병투자론지 양불상애 기귀야대 여설상공

命 甲申 壬申 乙巳 戊寅 壬印戊財 以乙隔之 水與土不相礙 故爲大
명 갑신 임신 을사 무인 임인무재 이을격지 수여토불상애 고위대

貴 若壬戌 丁未 戊申 乙卯 雜氣正官 透干會支 最爲貴格 而壬財丁
귀 약임술 정미 무신 을묘 잡기정관 투간회지 최위귀격 이임재정

印 二者相合 仍以孤官無輔論 所以不上七品
인 이자상합 잉이고관무보론 소이불상칠품

해설 　정관의 기신은 형충파해(刑沖破害)이고, 정관의 희신은 정관을 생하는 재성과 호위하는 인수의 성분이다. 사람이 귀하게 되는 것은 정관의 기신을 제거하고, 정관의 희신을 존속시킬 때이다. 명주가 귀하게 됨에도 고저가 있다. 고저는 재성과 인수의 투출 여부로 판단한다. 재성과 인수가 서로 해치지 않으면 크게 귀한 사주가 된다.

시	일	월	연 (乾命)
戊	乙	壬	甲
寅	巳	申	申

위 사주는 설상공(薛相公)^{주)}의 사주이다. 壬水 인수와 戊土 재성 사이에 일간이 있어 서로 해치지 못하므로 크게 귀하게 되었다.

주) 상공은 재상(宰相)의 높임말이다.

시	일	월	연(乾命)
乙	戊	丁	壬
卯	申	未	戌

 위 사주는 잡기정관격(雜氣正官格)이다. 투출한 시지의 정관이 亥卯未 목국(木局)의 힘을 받아 아주 귀한 사주로 보이지만, 천간에 있는 인수 丁火와 재성 壬水가 丁壬합을 하여 고독한 관성을 도울 수 없으므로 칠품 이상의 벼슬은 할 수 없는 명이다.

원문

如正官取運 卽以正官所統之格分而配之 正官而用財印 身稍輕則取
여정관취운 즉이정관소통지격분이배지 정관이용재인 신초경즉취

助身 官稍輕則助官 若官露而不可逢合 不可雜煞 不可重官 與地支
조신 관초경즉조관 약관로이불가봉합 불가잡살 불가중관 여지지

刑沖 不問所就何局 皆不利也
형충 불문소취하국 개불리야

해설

정관이 격을 통솔하는 정관격은 운에서 재성과 인수를 쓴다. 만약 내가 약하면 나를 돕는 운이 좋고, 정관이 약하면 관을 돕는 운이 오는 것이 좋다.

 정관이 천간에 노출되어 있는데 합을 하는 운, 칠살과 섞이는 관살혼잡 운, 정관이 거듭 있는 중관(重官)운, 지지에 형충을 하는 운 등은 모두 좋지 않다. 정관격뿐만 아니라 격국이 어떠한 형태이든 이런 경우들은 좋지 않다.

원문

正官而帶煞 傷食反爲不礙 其命中用劫合煞 則財運可行 傷食可行 身
정관이대살 상식반위불애 기명중용겁합살 즉재운가행 상식가행 신

旺 印綬亦可行 只不過複露七煞 若命用傷官合煞 則傷食與財俱可行
왕 인수역가행 지불과복로칠살 약명용상관합살 즉상식여재구가행

而不宜逢印矣
이불의봉인의

해설
정관격에 칠살이 섞여 있으면 식상운이 나쁘지 않다. 원명에 겁재와 칠살이 합하여 있으면 식상과 재성운도 좋고, 신왕운과 인수운도 좋다. 단, 칠살이 또 노출되는 것을 꺼린다. 만약 본명에서 상관과 칠살이 합을 하고 있으면 식상과 재성운은 좋고, 인수운은 좋지 않다.

원문

此皆大略言之 其八字各有議論 運中每遇一字 各有研究 隨時取用
차개대략언지 기팔자각유의론 운중매우일자 각유연구 수시취용

不可言形 凡格皆然 不獨正官也
불가언형 범격개연 부독정관야

해설
이상은 운을 보는 대략을 말한 것이므로 팔자마다 특징에 따라 서로 다르게 운을 보아야 한다. 운에서 오는 한 글자를 한 형태로 볼 것이 아니라 각자 연구하여 활용한다. 이렇게 운을 보는 것은 정관격에만 해당하는 것이 아니라 다른 격국이 모두 그러하다.

원문

取運之道 一八字則有一八字這論 其理甚精 其法甚活 只可大略言之
취 운 지 도 일 팔 자 즉 유 일 팔 자 저 론 기 리 심 정 기 법 심 활 지 가 대 략 언 지

變化在人 不可泥也
변 화 재 인 불 가 니 야

해설

운을 보는 방법은 팔자마다 다르다. 보는 이치가 정교하고 팔자에 따라 적용하는 방법도 많으므로 이 장에서는 운을 보는 대략만을 말했다. 변화는 각 사람에게 있는 것이므로 어느 한 가지에 매달려서는 안 된다.

강해

정관격의 운세를 보는 방법을 요약하면 다음과 같다.
① 정관격은 재성과 인수가 보필해야 한다. 재성과 인수의 장애를 해결하는 운은 길운이다.
② 일간과 정관의 균형을 맞춰주면 길운이다.
③ 정관을 맑게 해주면 길운이다. 그러므로 투출한 정관을 합하는 운, 관살혼잡운, 중관(重官)운은 흉운이다.
④ 관살혼잡을 해결해주는 운은 길운이고, 칠살이 다시 오거나 합살하는 상관을 치는 인수는 흉운이다.
이어지는 사례사주들을 통해 이를 살펴본다.

❶ 정관을 보필하는 재성을 막는 운

시	일	월	연 (乾命)
丁	己	壬	丁
卯	巳	寅	酉

乙	丙	丁	戊	己	庚	辛
未	申	酉	戌	亥	子	丑

원문에 소개된 범태부(范太傅)와 월주, 일주가 같은 사주이다. 원문에서는 관성이 맑아 귀함을 이룰 수 있다고 풀이하였다. 위 사례사주는 월간에 있는 壬水재성에 초점을 두고 운세를 풀이한다.

寅월 己土이므로 정관격이다. 정관은 연지 酉金의 극제를 받으며 일지의 巳火인수를 생하고, 시간 丁火인수는 卯木이라는 뿌리를 가진 채 투출했으므로 신왕하다. 신왕한 정관격일 때 상신은 재성이다. 재성을 쓰면 귀함을 가져오는 정관을 생조(生助)하면서, 한편으로는 왕성한 일간을 설기할 수 있기 때문이다. 그러므로 상신은 壬水재성이 되고, 壬水를 합으로 기반하는 丁火인수는 기신이 된다.

1998년(戊戌운 戊寅년)과 1999년(戊戌운 己卯년)의 운세를 본다. 戊戌운은 합으로 약해진 壬水재성을 극하므로 흉하다. 세지 寅木과 卯木은 관살 혼잡을 부추기고, 기신 丁火를 도우며, 신왕한 사주를 더 왕성하게 하므로 역시 흉한 역할을 한다. 이 두 해에 명주는 증권에 손을 대 집 한 채(2009년 시세로 5억 상당)를 날렸다.

❷ 투출한 정관을 합하는 운

```
시  일  월  연 (坤命)
丁  乙  庚  戊
丑  亥  申  戌


癸  甲  乙  丙  丁  戊  己
丑  寅  卯  辰  巳  午  未
```

신왕인지 신약인지를 먼저 보자. 팔자에 火土金인 식상, 재성, 관살이 강하므로 신약사주이다. 정관격에 신약이면 인수를 차고 있는 정관패인(正官佩印)인지 살피는 것이 우선이다. 亥水인수가 일지에 있지만, 丁火의 생을 받는 丑土가 극을 하고 있다. 재인(財印)이 간섭하고 있으므로 재인쌍청(財印雙淸)이 되지 못한다. 신약에 인수가 필요한 정관격 사주인데 인수가 극을 받고 있으니 패격이다. 혹 亥丑이 모여 있으므로 수국(水局)이 되지 않는지 의문을 가질 수 있다. 그러나 丑土가 생을 받고 있는데 子水 제왕(帝王)이 빠진 방합이 제대로 이루어진다고 볼 수 없다.

패격에 2005년(乙卯운 乙酉년)이 왔다. 운세는 어떨까? 乙木은 정관격에 투출한 庚金정관을 합하는 운이므로 흉하다. 운지(運支) 卯木은 卯戌합이 되고, 유년은 申酉戌 金관살국이 된다. 신약을 더 부추기는 운이므로 흉운이다. 2005년에 남편이 갑자기 요절한 주부이다. 남편이 사망한 후 생계를 위해 2008년(乙酉운 戊子년) 오리고기식당을 개업하였다. 조류독감 파동으로 망하고, 2009년 현재 삼겹살로 바꾸어 영업중이다. 매출 부진으로 폐업을 생각하고 있다.

❸ 관살혼잡을 강화시키는 운

시	일	월	연(坤命)
癸	丙	壬	壬
巳	申	子	寅

乙	丙	丁	戊	己	庚	辛
巳	午	未	申	酉	戌	亥

子월 丙火이므로 정관격이다. 정관격에 투출한 癸水정관은 巳火 절지(絶地) 위에 있어 무력하고, 壬水칠살은 연월에 나란히 투출하였다. 관살혼잡에 정관이 무력하므로 패격이다. 혹 시지에 巳火건록이 있어 귀록격(歸祿格)의 귀함을 가진 팔자라고 주장할 수도 있다. 그러나 귀록이 아무리 귀해도 관살이 너무 강하면 일간을 돕지 못한다.

정관격의 패격을 바탕으로 2004년(戊申운 甲申년) 운세를 살펴보자. 관살이 기신이고 혼잡되었다. 이러면 칠살을 합살(合殺)하는 운이나 극제하는 운 또는 일간과 관살의 균형을 맞춰주는 인수운이 좋다. 운 중에서 戊土식신운은 申金재성을 생하고, 甲申년의 甲은 절각(截脚)이 역할을 못한다. 2004년은 申金재성이 주도하니 申金의 역할에 초점을 맞추어 운을 해석한다.

申金재성은 제일 먼저 일간을 살려주는 寅木을 寅申충하고, 금생수(金生水)로 관살혼잡을 부추겨 신약한 일간을 더 옥죄니 흉으로 작용한다. 이 해에 남편이 몰래 주식도박을 하여 7천만원의 손실을 보았다. 명주는 빚을 청산하기 위해 집을 팔고 셋방으로 가는 것이 잘한 결정인지를 물었던 주부이다. 결혼 후 스웨터공장 직공으로 힘겹게 돈을 모아 집을 장만한 여성이다.

```
시    일    월    연 (乾命)
癸    丙    壬    壬
巳    申    子    辰

己   戊   丁   丙   乙   甲   癸
未   午   巳   辰   卯   寅   丑
```

위 사주는 참고사주로, 『자평진전평주(子平眞詮評註)』에 소개된 소일보(小日報) 사장의 명이다. 사례사주와는 연지가 다르고, 남자이므로 대운이 순행하여 일간과 관살의 균형을 맞춰주는 흐름인 것이 다르다.

3. 정관격과 식상·재성

▨ 원문 ▨

然而遇傷在於佩印 混煞貴乎取清 如宣參國命 己卯 辛未 壬寅 辛亥
연이우상재어패인 혼살귀호취청 여선참국명 기묘 신미 임인 신해

未中己官透干用清 支會水局 兩辛解之 是遇傷而佩印也 李參政命
미중기관투간용청 지회수국 양신해지 시우상이패인야 이참정명

庚寅 乙酉 甲子 戊辰 甲用酉官 庚金混雜 乙以合之 合煞留官 是雜
경인 을유 갑자 무진 갑용유관 경금혼잡 을이합지 합살류관 시잡

煞而取淸也
살 이 취 청 야

※ 해설 ※   상관과 칠살은 정관의 귀함을 떨어뜨리는 성분이지만, 상관이 있으면 인수가 있거나 칠살이 섞여 있어도 사주가 맑아질 수 있다.

시	일	월	연(乾命)
辛	壬	辛	己
亥	寅	未	卯

위는 선참국(宣參國)의 사주로, 상관이 있지만 인수가 있어 사주가 맑아진 예이다. 월령 未土 중 지장간 己土가 투출하여 정관격인데, 지지에 亥卯未 목국(木局)을 이루니 상관을 만났다. 그러나 천간에 인수 辛金이 둘 있어 사주가 맑아졌다.

시	일	월	연(乾命)
戊	甲	乙	庚
辰	子	酉	寅

위는 이참정(李參政)의 사주로, 甲일간이 酉金정관을 쓰는데 천간에 庚金이 있어 관살혼잡(官殺混雜)이 되었다. 그러나 乙庚합으로 합살류관(合殺留官)이 되어 사주가 맑아진 경우이다.

원문

至於官格透傷用印者 又忌見財 以財能去印 未能生官 而適以護傷故
지어관격투상용인자 우기견재 이재능거인 미능생관 이적이호상고

也 然亦有逢財而反大貴者 如范太傅命 丁丑 壬寅 己巳 丙寅 支具巳
야 연역유봉재이반대귀자 여범태부명 정축 임인 기사 병인 지구사

丑 會金傷官 丙丁解之 透壬豈非破格 卻不知丙丁竝透 用一而足 以
축 회금상관 병정해지 투임기비파격 각부지병정병투 용일이족 이

丁合壬而財去 以丙制傷而官清 無情而愈有情 此正造化之妙 變幻無
정합임이재거 이병제상이관청 무정이유유정 차정조화지묘 변환무

窮 焉得不貴 至若地支刑沖 會合可解 已見前篇 不必再述 而以後諸
궁 언득불귀 지약지지형충 회합가해 이견전편 불필재술 이이후제

格 亦不談及矣
격 역부담급의

해설

정관격에 상관이 있어 인수를 용할 때 재성을 보는 것을 싫어하는데, 이는 재성이 관성을 생하기 전에 인수를 극해 결과적으로는 상관을 보호하기 때문이다. 그러나 재성을 보는 이러한 경우에도 대귀(大貴)를 이룰 때가 있다. 다음 범태부(范太傅)의 사주가 그러하다.

시	일	월	연 (乾命)
丙	己	壬	丁
寅	巳	寅	丑

지지에 巳酉丑 삼합을 이루므로 상관국이지만, 천간의 丙丁이 화극금

(火剋金)을 하여 이를 해결할 듯 보인다. 또 壬水 재성이 투출하여 丙丁이 해결하는 것을 수극화(水剋火)로 극하니 패격 사주로 보인다. 그러나 丙과 丁이 투출하여 화기(火氣)가 둘인데 하나만 있어도 충분하므로 丁火는 丁壬합으로 사라지지만, 丙火는 화극금(火剋金)으로 상관을 극제하여 정관격이 맑아졌다. 이로써 관성혼잡으로 무정했던 사주가 유정해져서 큰 귀함을 이루었다. 변화가 무궁한 사주가 된 것이다.

지지에 형충이 있을 때 회합(會合)이 이를 해결하는 경우는 이전에 설명하였으므로 다시 설명하지 않는다. 이후에도 설명을 생략한다.

㈜ 태부는 왕의 고문을 맡는 정일품 벼슬이다.

▨ 원문 ▨

正官用財 須分身旺身弱 二者截然不同 身弱喜印綬身旺之地 忌行食
정관용재 수분신왕신약 이자절연부동 신약희인수신왕지지 기행식

傷 身旺則喜行財官旺地 參閱上兩造自明
상 신왕즉희행재관왕지 참열상량조자명

▨ 해설 ▨

정관격에 재성이 있으면 왕약(旺弱) 여부에 따라 좋아하는 운이 다르다. 신약하면 인수운과 신왕하게 하는 운이 좋고, 식상운은 좋지 않다. 신왕하면 재성과 관성운이 좋다.

▨ 강해 ▨

원문 내용 중 어려운 부분은 없다. 두 부분에 대해서 보충하고, 사례사주를 통하여 정관격과 식상과 재성의 관계를 살펴본다.

❶ 칠살을 합하는 육친은 상관과 겁재이다

　일간이 양간(甲丙戊庚壬)이면 겁재와 칠살이 합하고, 일간이 음간(乙丁己辛癸)이면 상관과 칠살이 합한다. 예를 들어, 甲의 칠살인 庚金을 합하는 자는 乙木겁재이고, 乙의 칠살인 辛金을 합하는 자는 丙火상관이다.

❷ 정관봉재에 신왕하면 재성과 관성운이 길하다는 원문 언급에 대해

　원문에는 용신격국마다 무수한 상신을 정하는 원칙들이 있다. 정관격 중 정관봉재(正官逢財, 正官用財와 같은 말), 정관패인(正官佩印), 관봉상극(官逢傷剋), 정관대살(正官帶殺) 등이 상신을 정하는 힌트이다.

　팔자가 복잡한 만큼 많은 힌트가 있지만, 상신의 원칙은 억부(抑扶)를 떠날 수 없다. 정관격도 마찬가지다. 정관격이 신왕하면 정관봉재로 재성을 쓰는 것이 원칙이고, 신약하면 정관패인이 되는지를 보는 것이 원칙이다. 원문에서 정관격 중 정관봉재가 되는 팔자의 운세를 볼 때 신약하면 인수운과 신왕운이 길하고 신왕하면 재성운과 관성운이 길하다는 언급을 보고, 신약한 정관격이 재성으로 인해 성격이 되었다고 생각해선 안 된다. 신약한 정관격의 상신을 정하는 원칙은 인수를 쓰는 것이지, 재성을 쓰는 것은 일반적인 방법이 아니기 때문이다.

❸ 인수가 식신과 합을 하는 경우

```
시  일  월  연 (乾命)
戊  辛  癸  辛
子  亥  巳  酉


丙  丁  戊  己  庚  辛  壬
戌  亥  子  丑  寅  卯  辰
```

巳월 辛金이므로 정관격이다. 정관격을 패격으로 만드는 대표적인 요소는 관봉상극(官逢傷剋)과 관봉형충(官逢刑沖)이다. 巳亥충이 되었지만 관봉형충은 되지 않는다. 巳亥충이 될 듯하지만, 亥子 방합이 되고 巳酉 삼합으로 정관이 충이 되지 않기 때문이다. 그러나 巳火정관 위에 癸水식신이 있어 관봉상극으로 패격이다. 癸水식신은 연간의 뿌리 있는 辛金에게 생조를 받고, 지지에서 亥子 방합의 도움이 있으므로 왕자(旺者)가 된다. 왕자편화(旺者偏化)의 원칙에 의해 상관으로 작용한다.

이 같은 패격이 성격으로 바뀌려면 癸水식신을 합하거나 극제하는 것이 필요하다. 마침 시간에 戊土인수가 투출하였다. 戊土는 신약을 해결하고 癸水식신을 戊癸합으로 묶는 역할을 한다. 흠이라면 戊土가 亥子 자리에 있어 무력하고, 辛金일간이 중간에 있어 합의 작용력이 많이 떨어지는 점이다. 패격을 성격으로 바꾸지는 못하지만 戊土를 상신으로 삼아 운의 도움을 기대해야 한다. 만약 戊土인수가 연간 자리에 있고 지지에서 도움을 받으면 패격인 팔자를 완전한 성격으로 바꿀 수도 있다.

2008년(辛卯운 戊子년)의 운세는 어떤가? 辛卯운은 패격의 개선에 도움이 되지 않는다. 운간 辛金은 癸水식신을 더 강화시켜 패격을 더 패격답게 하고, 운지 卯木은 원국의 酉金에 회두극(回頭剋)을 당해 巳火정관을 돕지 못한다. 戊子년의 기운도 마찬가지다. 한편으론 연간 辛金을 돕고, 한편으론 원국의 기신인 水를 돕기 때문이다.

명주는 2009년 현재 29세인 일본인으로, 2004년 결혼하고 그 해에 딸을 얻었다. 2008년부터 부인이 자식을 팽개치고 밖으로만 도는 반 가출생활을 하고 있다. 처갓집으로부터 생활비를 얻어 쓰며 자식을 돌보고 있다.

❹ 정관격에 식신을 강화시키는 운

	시	일	월	연 (乾命)
	辛	癸	壬	辛
	酉	巳	辰	卯

乙	丙	丁	戊	己	庚	辛
酉	戌	亥	子	丑	寅	卯

왕약을 구분하기가 어려운 사주이다. 지지가 卯辰 목국(木局)인데 일지에 巳火재성을 깔고 있는 것은 일간의 신약요소이며, 巳酉 금국(金局)에 辛金인수가 시간에 투출되었고 연간의 생조를 받는 壬水가 일간을 돕는 것은 일간을 왕하게 하는 요소들이다.

왕약이 불분명하니 월령과 시를 중시하는 택묘론(宅墓論)을 대입한다. 택(宅)인 월령에서는 투출한 것이 없고, 묘(墓)인 酉金에서 辛金이 투출하였다. 택묘에서 투출한 것을 강하게 본다는 택묘론의 입장에서 보면 이 사주는 왕성하다.

  왕성한 정관격은 정관봉재(正官逢財)가 원칙이므로 火재성이 상신이다. 火를 상신으로 하는 경우 火가 너무 많으면 물이 고갈될 염려는 있지만, 봄에 있는 물과 어우러져 수화기제(水火旣濟)를 이룰 수 있는 장점이 있다. 상신인 巳火가 지지에 있어 불씨는 있지만, 천간에 타오르는 불이 없는 것은 흠이다. 혹 운에서 丙丁火가 들어온다 해도 제대로 역할을 할 수 없는 점도 문제이다. 丙火가 들어오면 丙辛합으로 묶여버리고, 丁火가 운에서 들어온다 해도 丁壬합으로 묶이기 때문이다. 이런 이유로 이 팔자는 질이 떨어진다.

  팔자가 귀격이 아님을 기억하고 1974년(庚寅운 甲寅년)과 1975년(庚寅운 乙卯년)의 운세를 살펴보자. 74년과 75년 모두 木식상이 강해진다. 원래 원국에서는 상신인 火재성이 무력하여 이를 돕는 木식상은 좋은 역할을 한다. 그러나 시각을 달리하면 木식상은 辰土정관의 귀함을 해치는 흉한 역할도 한다. 원국에서 卯木은 辛金에게 수극(受剋)되므로 辰土를 해치는 힘에는 한계가 있다. 그러나 74년과 75년과 같이 卯木식상이 운과 연에서 겹쳐 들어오면 정관을 치게 된다. 질서궁이며 정관궁(正官宮)인 월지를 극하고, 명예의 상징인 정관성이 극을 당하여 1974년에 범법자로 처벌받았다.

4. 정관격과 인수

▓ 원문 ▓

若財印不以兩用 則單用印不若單用財 以印能護官 亦能洩官 而財生
약 재 인 불 이 량 용　즉 단 용 인 불 약 단 용 재　이 인 능 호 관　역 능 설 관　이 재 생

官也 若化官爲印而透財 則又爲甚秀 大貴之格也 如金狀元命 乙卯
관야 약화관위인이투재 즉우위심수 대귀지격야 여김장원명 을묘

丁亥 丁未 庚戌 此竝用財印 無傷官而不雜煞 所謂去其忌而存其喜
정해 정미 경술 차병용재인 무상관이부잡살 소위거기기이존기희

者也
자야

해설 　정관격에 재성과 인수를 모두 쓸 수 없는 경우에는 인수를 쓰는 것이 재성을 단독으로 쓰는 것보다 못하다. 인수가 능히 정관을 보호한다고 하지만, 정관 입장에서 보면 인수는 자신의 기운을 빼 가는 성분이고, 재성은 재생관(財生官)으로 자신을 돕는 성분이기 때문이다. 만약 인수로 관인상생(官印相生)을 하여 화관(化官)하는데 재성이 투출했다면 크게 귀한 사주가 된다.

시	일	월	연(乾命)
庚	丁	丁	乙
戌	未	亥	卯

위 사주는 김장원(金狀元)의 명이다. 정관격에 乙木인수와 庚金재성을 같이 쓰는 사주로, 상관이 없고 칠살이 섞이지 않았으므로 기신이 없고 희신이 남았다.

원문

正官佩印 運喜財鄉 傷食反吉 若官重身輕而佩印 則身旺爲宜 不必
정관패인 운희재향 상식반길 약관중신경이패인 즉신왕위의 불필

財運也
재 운 야

해설

정관격에 인수가 있는 정관패인(正官佩印)은 재성운이 좋고 식상운도 나쁘지 않다. 만약 관성이 강해 신약한데 인수가 있으면 재성운은 좋지 않다.

원문

正官帶傷食而用印制 運喜官旺印旺之鄉 財運切忌 若印綬疊出 財運
정관대상식이용인제 운희관왕인왕지향 재운절기 약인수첩출 재운

亦無害矣
역 무 해 의

해설

정관격에 식상이 있어서 인수가 식상을 극하는 것이 용신이면 관성과 인수가 왕성해지는 운이 좋고, 재성운은 흉하다. 그러나 인수가 중첩되어 투출한 경우에는 재성운도 해롭지 않다.

강해

원문의 내용에 이해하기 어려운 부분은 없다. 정관격과 인수의 관계를 운세 판단을 중심으로 하여 살펴본다.

❶ 정관격에 인수를 쓸 때의 재성운 판단

```
시  일  월  연 (乾命)
乙  己  庚  丙
亥  未  寅  午

丁  丙  乙  甲  癸  壬  辛
酉  申  未  午  巳  辰  卯
```

2008년(戊子년, 43세)은 子水편재가 들어오는 운이다. 이 영향을 받아 여자관계가 생길 수 있는지 살펴보자.

寅월 己土이므로 정관격이다. 寅木정관 위에 庚金상관이 있어 패격이다. 천간에서 乙庚金이 되어 상관이 기반될 듯하지만, 화(化)오행인 金을 밀어주는 기운이 약해 온전한 합은 되지 않고 느슨한 묶임이 된다. 상관을 제어하는 것은 乙庚합보다는 연에 있는 丙午가 더 효과적이다. 이 팔자에 戊子년이 오면 세간(歲干) 戊土는 연에 있는 丙火의 기운을 빼내고, 세지(歲支) 子水는 연지를 子午충한다. 태세의 기운이 丙午의 기운을 무력하게 하면 庚金상관은 강해진다.

庚金상관이 강해지면 어떤 일이 일어날까? 식상 중에서 식신은 연구성과 전문성을 대표하고, 상관은 활동성과 표현성을 대표하고 새로운 것을 좋아하는 성분이다. 이런 이유로 바람을 피우는 남자의 특징을 다음과 같이 보기도 한다.

① 이성에 대한 흥미가 있다. 정재, 편재가 일간에 친림(親臨)해 있다.
② 옛 것을 싫어하고 새로운 것을 좋아한다. 상관이 일간 가까이에 있다.

③ 성욕이 비교적 강하다. 정재가 일간에 가까이 있다.

그렇다면 상관이 강화되고 편재가 들어오는 2008년 戊子년은 바람을 피울 확률이 높아진다. 이 남성은 대기업에 다니는데, 2008년 직장의 부하 여직원과 오피스텔을 얻어 살림하듯 바람을 피우다가 부인에게 발각되었다. 2009년 현재 자식들 때문에 이혼은 못하고 무늬만 부부로 살고 있다.

시	일	월	연(乾命)
戊	己	庚	丙
辰	未	寅	午

위 사주는 참고 사주로, 앞의 사례사주와 시주만 다르다. 명주는 일류대학을 나와 판사를 하고 있다.

❷ 정관패인의 식상운 판단

시	일	월	연(乾命)
丙	庚	甲	丙
戌	子	午	午

辛	庚	己	戊	丁	丙	乙
丑	子	亥	戌	酉	申	未

2002년 양력 10월(丁酉운 壬午년 庚戌월)에 3억원을 빌려 한의원을 확

장 이전한 한의사의 팔자이다. 2002년의 결정에 운기의 도움이 있을지 살펴본다. 먼저 팔자의 특징을 보자.

① 午월 庚金이니 정관격이다.
② 丙火칠살이 병출(竝出)하니 관살혼잡이다.
③ 아주 신약하다. 戌土인수가 있어 종살격(從殺格)은 되지 않는다.

이런 특징을 가진 팔자에 壬午년이 들어왔다. 壬午년 중 午火정관은 팔자를 더 약하게 하고, 관살혼잡을 부추기니 흉하다. 壬午년의 壬水식신은 관살을 조절하기 때문에 길한 작용을 한다고 생각하기 쉽다. 그러나 아주 약한 팔자에 식신의 설기는 관살의 극제(剋制)와 합쳐져 극설교집(剋洩交集)이 되어 길함이 없다. 또 壬水식신이 강한 관살을 조절할 수 있다고 생각하는 것도 순진한 생각이다. 쇠신(衰神)인 壬水가 왕신(旺神)인 丙火를 충하면 왕자노발(旺者怒發)이 된다.[주] 왕한 관살은 칠살이요, 칠살의 발동은 일간에게 흉액이 된다.

명주는 2003년 8월(丁酉운 癸未년 庚申월)에 한의원이 망하고 빚만 남았다. 원문에서는 정관패인(正官佩印)에 식상운은 평운(平運, 원문에서는 傷食反吉로 표현)으로 보았지만, 위 사주와 같은 경우는 식상운이 아주 흉하다.

[주] **왕자노발(旺者怒發)** 왕자발(旺者發), 왕자충발(旺者沖發), 왕자대발(旺者大發)과 같은 말이다. 『적천수(滴天髓)』의 "왕자충쇠쇠자발 쇠신충왕왕신발(旺者沖衰衰者拔 衰神沖旺旺者發)"에서 나온 말이다. 왕성한 자가 쇠약한 자를 충극하면 쇠약한 자는 뿌리가 뽑히고, 쇠약한 자가 왕성한 자를 충극하면 왕성한 자는 극제를 당하는 것이 아니라 오히려 발동한다는 의미다. '왕자충형 노발지화(旺者沖刑 怒發之禍)'라고도 한다. 왕신 노발로 비겁이 발동하여 재성을 치거나, 칠살이 발동하여 일간을 치면 사망에 이를 정도로 흉하다.

8장 인수격

1. 인수격의 성패

▨ 원문 ▨

用神專尋月令 以四柱配之 必有成敗 何謂成 印輕逢煞 或官印雙全
용 신 전 심 월 령 이 사 주 배 지 필 유 성 패 하 위 성 인 경 봉 살 혹 관 인 쌍 전

或身印兩旺而用食傷泄氣 或印多逢財而財透根輕 印格成也
혹 신 인 량 왕 이 용 식 상 설 기 혹 인 다 봉 재 이 재 투 근 경 인 격 성 야

▨ 해설 ▨   용신격국은 월령에서 정한다. 팔자의 배치에 따라 성패가 있다. 인수격(印綬格)이 성격이 되는 경우는 다음과 같다.

① 약한 인수가 칠살의 생조를 받는 인경봉살(印輕逢殺)인 경우.

② 관성이 인수를 생하여 서로 온전한 관인쌍전(官印雙全)인 경우.

③ 일간과 인수가 모두 왕성한데 식상으로 설기가 되는 신인양왕(身印兩旺)에 식상설기(食傷泄氣)인 경우.

④ 인수가 많은데 재성이 투출했지만 재성의 뿌리는 약한 인다봉재(印多

逢財)이고 재투근경(財透根輕)인 경우.

🪧 원문 🪧

成中有敗 必是帶忌 何謂帶忌 印透食以泄氣 而又遇財露 透煞以生
성중유패 필시대기 하위대기 인투식이설기 이우우재로 투살이생

印 而又透財 以去印存煞
인 이우투재 이거인존살

🪧 해설 🪧
성격이 패격으로 바뀌는 것은 기신이 있기 때문이다. 인수격의 왕성함을 설기하는 식신을 용신으로 삼았는데 재성이 투출하면 재성이 기신이다. 또 칠살이 투출해 인수를 생하는데, 재성이 또 투출하여 인수가 없어지고 칠살만 남아도 재성이 기신이다.

🪧 원문 🪧

何謂敗 印輕逢財 或身强印重而透煞 印格敗也
하위패 인경봉재 혹신강인중이투살 인격패야

🪧 해설 🪧
인수격이 패격이 되는 경우는 다음과 같다.
① 약한 인수가 재성을 만나는 인경봉재(印輕逢財)의 경우.
② 인수가 무거워 신강한데 칠살이 투출한 인중투살(印重透殺)의 경우.

🪧 원문 🪧

何謂救應 印逢財而劫財以解之 或合財而存印
하위구응 인봉재이겁재이해지 혹합재이존인

▧ **해설** ▧   인수격에 구응(求應)이 있어 패중유성(敗中有成)이 되는 경우는 다음과 같다.

① 인수를 극하는 재성을 만났는데 겁재가 이를 해결하는 경우.
② 인수를 극하는 재성을 합거하여 인수가 역할을 하게 만드는 경우.

▧ **강해** ▧   인수격이 성격이 되는 경우를 요약하면 다음과 같다.
① 식상설기(食傷洩氣) : 일간과 인수가 강할 때 사용한다.
② 재투근경(財透根輕) : 인수가 무거울 때 사용한다.
③ 관인쌍전(官印雙全) : 투출한 정관이 맑으면 귀격이 된다.
④ 인경봉살(印輕逢殺) : 인수가 가벼운 경우에 사용한다.
  사례사주를 통해 인수격의 성패를 살펴본다.

❶ 식상으로 설기하는 경우 1

```
  시   일   월   연 (乾命)
  乙   庚   壬   戊
  酉   申   戌   申

  己 戊 丁 丙 乙 甲 癸
  巳 辰 卯 寅 丑 子 亥
```

지지의 申酉戌 금국(金局)에, 庚金일간이 일지에 申金을 둔 일좌전록(日坐專祿)으로 일간이 몹시 강하다. 상신은 왕자극설(旺者剋洩)의 원칙에 따라 일간을 극제(剋制)하는 관살이 되지만, 일간을 설기하는 식상 중에서 찾아야 한다. 관살이 없으니 월간에 있는 壬水식신을 상신으로 삼는다. 壬水식신이 있지만 조건은 좋지 않다. 연간에서 토극수(土剋水)하고, 앉은 자리가 조토(燥土)인 戌土로 살지(殺地)이기 때문이다.

운의 흐름을 보자. 癸亥, 甲子운은 壬水상신이 운의 도움을 받는다. 丙寅운은 상신인 壬水식신을 충하고, 일간을 천충지충(天沖地沖)한다. 아울러 원국의 왕성한 금기(金氣)를 극하여 왕자노발(旺者怒發)하게 한다. 발동한 金은 육신을 상징하는 재성을 사정없이 극한다. 丙寅운에 아주 가난하게 살다가 결국 목을 매 자살하였다.

㊟ 상신을 정하는 원칙에 방조설상(幇助泄傷)의 원칙이 있다. 이는 신약한 자는 비겁으로 방(幇)하고 인수로 조(助)하며, 신왕한 자는 식상으로 설(泄)하고, 관살로 상(傷)하게 하라는 원칙이다. 상신법의 대강은 다음과 같다.
① 방(幇) : 신약에 재성이 강하면 비겁을 쓰고 인수를 쓰지 않는다.
② 조(助) : 신약에 관살이 강하면 인수를 쓰고 비겁을 쓰지 않는다.
③ 설(泄) : 신왕에 비겁이 강하면 식상을 쓰고 관살을 쓰지 않는다.
④ 상(傷) : 신왕에 재관이 미약하면 재관을 쓰고 식상을 쓰지 않는다.

❷ 식상으로 설기하는 경우 2

시	일	월	연 (乾命)
壬	庚	乙	戊
午	寅	丑	申

壬	辛	庚	己	戊	丁	丙
申	未	午	巳	辰	卯	寅

위 사주는 丑월 庚金이므로 인수격이다. 丑월에 뿌리가 있는 戊土인수가 연간에 투출하여 일간을 돕고, 지지에서는 寅午 火국이 土인수를 생한다. 일간과 인수가 모두 왕성하므로 신인양왕(身印兩旺)의 상태다. 인수격에 신인양왕이면 식상의 설기가 필요하다. 壬水식신이 시간에 있지만 앉은 자리의 午火와 수화상충이 되어 힘을 받을 데가 없는 것이 문제다. 인수격의 패격이다.

투출한 戊土가 壬水식신을 극제하는 것을 乙木재성이 막아준다고도 볼 수 있다. 그러나 재성은 약한 상신인 壬水식신의 역할을 줄이고, 신인양왕을 부추기는 관살을 도우니 乙木은 기신이 될 뿐이다.

명주는 1999년(戊辰운 己卯년) 결혼한 남성이다. 성격이 괴팍하고 자기중심적이며, 수시로 부인에게 욕설과 폭력을 일삼아 부인이 눈물로 보내고 있다. 만약 출생시가 壬午시가 아니라 壬申시나 壬子시이면 식상의 설기가 높아져 가정문제가 줄어들 것이다.

2. 인수격과 비겁

▩ 원문 ▩

至於化印爲劫 棄之以就財官 如趙知府命 丙午 庚寅 丙午 癸巳 則變
지어화인위겁 기지이취재관 여조지부명 병오 경인 병오 계사 즉변

之又變者矣
지우변자의

▩ 해설 ▩

인수격에 인수가 비겁으로 변하면 인수를 포기하고 재관(財官)을 취한다. 다음 조지부(趙知府)의 사주와 같은 경우로, 변화가 무궁한 명이다.

```
시  일  월  연(乾命)
癸  丙  庚  丙
巳  午  寅  午
```

▩ 원문 ▩

更有印透七煞 而劫財以存煞印 亦有貴格 如庚戌 戊子 甲戌 乙亥是
갱 유 인 투 칠 살   이 겁 재 이 존 살 인   역 유 귀 격   여 경 술 무 자 갑 술 을 해 시

也 然此格畢竟難看 宜細詳之
야 연 차 격 필 경 난 간 의 세 상 지

▩ 해설 ▩

인수격에 칠살이 투출한 경우 겁재가 있어 칠살과 인수가 남으면 귀한 명이다. 다음과 같은 사주는 보기가 어려우므로 상세하게 관찰한다.

```
시  일  월  연(乾命)
乙  甲  戊  庚
亥  戌  子  戌
```

※ **강해** ※   인수격과 비겁의 관계를 사례사주를 통해 살펴보자.

❶ 인수합으로 재성을 쓰는 경우

```
시  일  월  연 (乾命)
甲  丙  庚  辛
午  午  寅  未

壬 癸 甲 乙 丙 丁 戊 己
午 未 申 酉 戌 亥 子 丑
```

평생 기문둔갑(奇門遁甲)을 하고 수많은 저서를 남긴 수봉(粹峯) 이기목(李奇穆) 선생의 팔자이다. 寅월 丙火로 인수격이다. 인수격에 寅午합을 하여 정인이 비겁으로 변하므로 재관(財官)을 상신으로 한다. 庚金편재는 寅木에 앉아 약한데 甲庚충이 되니 상신에서 제외하고, 연간의 辛金정재는 未土의 생을 받으면서 재성궁인 연간에 있어 조왕(助旺)하므로 상신으로 삼을 수 있다. 따라서 성격이다. 전체적인 운의 흐름을 보면 중년운이 상신을 돕는 운으로 문제가 없다.

사망 일시는 양력 2006년 5월 9일(壬午운 丙戌년 癸巳월) 아침이다. 壬午운 중에 壬운은 왕성한 불을 충하여 왕신충발(旺神沖發)이 된다.『궁통보감강해(窮通寶鑑講解)』에서 寅월 丙火에 대해, "혹화다무수 일지수향 필사 불연 정유재구(或火多無水 一至水鄕必死 不然 定有災咎)"라고 설명하였다. 寅월 丙火가 火가 많고 水가 없는데 水운에 이르면, 水가 火를 발동시켜 격렬한 불이 되어 화극금(火剋金)으로 재성인 육신을 치므로 죽거나 재앙이 있다는 의미다. 또한 壬午운 중에서 午운은 일지인 건강궁을 午午자형하고, 신왕한 팔자를 더 왕하게 하는 흉함이 있다. 사망한 丙戌년은 상신인 辛金재성을 丙辛합으로 기반하고, 연에서 오는 戌은 원명과 결합하여 寅午戌 삼합이 된다. 흉운에 흉년이라서 사망과 연결된다.

❷ 비겁이 재성을 극하지 못하는 경우

시	일	월	연(乾命)
甲	甲	戊	庚
子	戌	子	戌

乙	甲	癸	壬	辛	庚	己
未	午	巳	辰	卯	寅	丑

子월 甲木의 정인격이다. 원문에서는 이와 유사한 형태의 사주에 대해, 겁재가 재성을 극하여 칠살과 인수만 남으면 살인상생(殺印相生)이 되어 귀격이 될 수 있다고 설명하였다. 과연 이 사주도 귀함을 이룰 수 있을까? 그 판단은 甲木비견이 월간에 있는 戊土재성을 극할 수 있는지에 따라 달라진다.

연지와 일지에 있는 戌土로부터 힘을 받고 있는 戊土재성은 아주 강하다. 그에 비해 시에 있는 甲木비견은 뿌리인 子水가 일지 戌土에게 극을 받아 약하다. 강한 재성을 약한 비견이 극한다고 보는 것은 무리가 있다. 오히려 강한 재성이 인수를 극하는 탐재괴인(貪財壞印)의 형세로 보는 것이 맞다. 결과적으로 土재성과 庚金칠살이 세력을 얻는다. 즉, 인수는 가볍고 칠살이 무거운 인경봉살(印輕逢殺)에 재성이 있으므로 패격이다.

명주는 2009년 현재 작은 가게를 하고 있다. 40살 노총각으로 결혼을 무척 원하고 있지만, 하지 못하고 있다. 귀함과는 거리가 있다.

㊟ 위 사례사주는 甲子시인데 원문에서 예로 든 사주는 乙亥시이다. 甲木보다 유약한 乙木이 戊土를 극할 수 있다고 본 원문에 대한 서락오(徐樂吾)의 주석은 문제가 있다. 다음이 주석 내용이다.

```
시 일 월 연 (乾命)
乙 甲 戊 庚
亥 戌 子 戌
```

"차조무술지토(此造戊戌之土) 포위자인(包圍子印) 취을목극제무토(取乙木剋制戊土) 이존살인(以存煞印) 이술중갱장정화식신(而戌中更藏丁火食神) 비자인소능탈(非子印所能奪) 을목갱유생화지미(乙木更有生火之美) 길신암장(吉神暗藏) 유병이유구응(有病而有救應) 차기소이위귀여(此其所以爲貴歟)."

戊戌인 土재성이 子인수를 둘러싸고 있다. 시간의 乙木을 취해 월간 戊土를 극하고, 庚金칠살과 子水와 亥水인수를 남겨두었다. 戌土 중의 丁火상관(주석에서는 식신으로 잘못 표기)을 子水 중의 癸水가 충할 수 없다. 또한 乙木겁재는 火식상을 생조한다. 길한 기운이 지지에 암장되어 있고 팔자에 병이 있는데 이를 해결하는 자가 있으니 귀하지 않겠는가?

3. 인수격과 식상

원문

有印而用傷食者 身强印旺 恐其太過 泄身以爲秀氣 如戊戌 乙卯 丙
유인이용상식자 신강인왕 공기태과 설신이위수기 여무술 을묘 병

午 己亥 李狀元命也 若印淺身輕 而用層層傷食 則寒貧之局矣
오 기해 이장원명야 약인천신경 이용층층상식 즉한빈지국의

■ 해설 ■ 인수격에 식상을 쓸 때가 있다. 신강에 인수까지 왕성하면 태과해지므로 설기하는 식상이 필요해 쓴다. 다음 이장원(李壯元)의 사주와 같은 경우이다. 그러나 이장원의 경우와 달리, 인수가 약하고 신약한 사주인데 식상이 중첩되면 빈한한 사람일 뿐이다.

```
시    일    월    연(乾命)
己    丙    乙    戊
亥    午    卯    戌
```

■ 원문 ■

然亦有帶傷食而貴者 則如朱尙書命 丙戌 戊戌 辛未 壬辰 壬爲戊制
연 역 유 대 상 식 이 귀 자 즉 여 주 상 서 명 병 술 무 술 신 미 임 진 임 위 무 제

不傷官也 又如臨淮侯命 乙亥 己卯 丁酉 壬寅 己爲乙制 己不礙官也
불 상 관 야 우 여 임 회 후 명 을 해 기 묘 정 유 임 인 기 위 을 제 기 불 애 관 야

■ 해설 ■ 인수격인데 식상이 있음에도 불구하고 귀한 사주가 될 수 있다. 다음 주상서(朱尙書)의 명은 壬水식상이 戊土인수의 극제를 당해 정관이 상하지 않는 사주이다.

```
시    일    월    연(乾命)
壬    辛    戊    丙
辰    未    戌    戌
```

다음 임회후(臨淮候)의 사주는 己土상관이 乙木인수에게 극제를 당해 정관을 상하게 하지 못한다.

시	일	월	연(乾命)
壬	丁	己	乙
寅	酉	卯	亥

원문

卽或印重財輕而兼露傷食 財與食相生 輕而不輕 卽可就富 亦不貴矣
즉혹인중재경이겸로상식 재여식상생 경이불경 즉가취부 역불귀의

然亦有帶食而貴者 何也 如庚寅 乙酉 癸亥 丙辰 此牛監薄命 乙合
연역유대식이귀자 하야 여경인 을유 계해 병진 차우감부명 을합

庚而不生癸 所以爲貴 若合財存食 又可類推矣 如己未 甲戌 辛未 癸
경이불생계 소이위귀 약합재존식 우가류추의 여기미 갑술 신미 계

巳 此合財存食之貴也
사 차합재존식지귀야

해설

인수격에 인수는 무겁고 재성이 가벼우며 식상이 투출하면, 식상이 재성을 생하여 부자가 될 수 있지만 귀하지는 않다. 그러나 식상이 있는데도 귀한 명이 되는 경우가 있다.

시	일	월	연(乾命)
丙	癸	乙	庚
辰	亥	酉	寅

위 우감부(牛監簿)의 사주는 乙庚합으로 庚金이 묶여 癸水를 생하지 못하니 귀하게 되었다.㈜

㈜ 원문에서 庚金인수를 묶어 귀함을 이루었다는 말은 문제가 있다. 위 사주는 丙火재성과 庚金인수가 모두 왕성하여 부귀를 이룰 수 있다. 재인(財印)이 장애를 가진 것은 문제가 될 수 있고, 乙木식상이 이를 해결한다고 보는 것이 맞다.

시	일	월	연(乾命)
癸	辛	甲	己
巳	未	戌	未

위 사주는 甲己합으로 재성 己土를 합하여 癸水식신이 온전하여 귀하게 된 명이다.

원문

印綬而用傷食 財運反吉 傷食亦利 若行官運 反見其災 煞運則反能
인수이용상식 재운반길 상식역리 약행관운 반견기재 살운즉반능

爲福矣
위 복 의

※ **해설** ※   인수격에 식상을 쓰면 재성운과 식상운이 길하다. 만약 정관운으로 가면 재앙이 있고, 칠살운은 오히려 복이 된다.^{주)}

㈜ 인수격에 식신과 상관을 쓰는 이유는 일간이 왕성하기 때문이다. 그러므로 재성운과 식상운이 길한 것은 당연하다. 정관과 칠살운은 길흉이 왜 다른가? 서락오는 이에 대한 주석에서 정관운이 흉한 이유를 정관이 식신과 합하기 때문이라고 하였다. 상신으로 쓰는 식신이 합이 되니 당연히 좋지 않다는 논리다. 이런 논리라면, 음간인 경우 칠살이 상관과 합하기 때문에 복이 될 이유가 없다. 다음 합의 관계를 참조한다.

음양	정관의 합의 관계	칠살의 합의 관계
甲木	辛金 / 丙辛합(식신과 합)	庚金 / 乙庚합(겁재와 합)
乙木	庚金 / 乙庚합(비견과 합)	辛金 / 丙辛합(상관과 합)

※ **원문** ※

印用食傷 印輕者亦不利見財也
인 용 식 상 인 경 자 역 불 리 견 재 야

※ **해설** ※   인수격에 식상이 있는데 인수가 약하면 재성운은 나쁘다.

※ **강해** ※   인수는 재성과 마찬가지로 정편을 구분하지 않는다. 일간을 생하면서 음양이 동일한 편인이든 일간과 음양이 다른 정인이든, 일간을 생하는 육친으로서 길한 역할을 한다고 본다. 원문의 한 군데에서 살상효인(殺傷梟刃)을 흉신으로 언급했지만, 원문의 전체적인 논리는 재관인식(財官印食)인 재성, 정관, 인수, 식신을 사길신으로 보았다.

사길신 중의 하나인 인수격(印綬格)은 생(生)으로 순용하는 것이 원칙이다. 생으로 순용하는 대표적인 방법은 관살로 인수를 돕는 것이다. 문제는 인수를 관살로 도우면 일간이 너무 왕성해져 무정한 격국이 되는 점이다. 그래서 원문에선 인수가 가볍고 칠살이 강한 인경봉살(印輕逢殺)에만 칠살을 쓰도록 하고 있다. 반대로 인수가 무겁고 일간도 강한 신인양왕(身印兩旺)은 식상으로 설기하는 것이 성격이 된다. 사례사주를 통해 인수격에서 식상의 용도를 살펴본다.

❶ 신인양왕에 식상의 설기가 없는 경우 1

```
시   일   월   연 (坤命)
丙   庚   丙   戊
戌   戌   辰   午


己   庚   辛   壬   癸   甲   乙
酉   戌   亥   子   丑   寅   卯
```

辰월 庚金으로 인수격이다. 월간과 시간에 丙火칠살이 있지만, 지지의 土인수가 워낙 강하다. 화생토(火生土)→토생금(土生金)으로 이어지므로 신왕하다. 인수도 강하고 일간도 강하니 신인양왕(身印兩旺)의 상태로 식상의 설기가 시급하다. 원국에 설기하는 水식상이 없어서 패격이다.

초반운은 乙卯와 甲寅 재성운으로 팔자의 강한 인수를 다스리므로 문제가 없었다. 이어지는 癸丑운 중에서 癸水식상운이 오니 패중유성(敗中有成)을 이룰 듯하다. 그러나 연간에 戊土가 있어 戊癸합을 하므로 역할을 할 수 없다. 癸丑운 중에서 丑土인수운은 팔자의 왕성함을 더 부추기는 기신운으로 흉하다. 패격을 해결할 기운이 운에서도 오지 않는다.

명주는 양력 2009년 5월 1일 午시(癸丑운 己丑년 戊辰월 丙午시)에 아들을 칼로 찔러 죽이고 자신도 칼로 찔러 자살한 주부이다. 2009년 현재 32세로, 서울 송파의 모 아파트에서 일어난 사건의 주인공이다. 당시 친어머니가 있었지만 자살을 막지 못했고, 일주일 전에도 자살을 시도했었다. 남편과 관계나 평소 무슨 질병이 있었는지는 확인되지 않았다.

❷ 신인양왕에 식상의 설기가 없는 경우 2

시	일	월	연(乾命)
丁	丙	乙	癸
酉	午	卯	未

戊	己	庚	辛	壬	癸	甲
申	酉	戌	亥	子	丑	寅

卯월 丙火로 인수격이다. 乙卯월로 木인수가 강하며, 丙火가 午火양인의 자리에 앉아 있고, 丁火겁재가 일지 午火에 뿌리가 있어서 木火 인비(印比)가 강하다. 전형적인 신인양왕(身印兩旺)의 팔자이다. 신인양왕이므로 이를 해결하는 식상이 성격을 이루는 상신이 된다. 未土상관이 있지만, 卯未 목국(木局)으로 합으로 묶이니 역할이 없다. 패격이다.

癸丑의 丑土운은 일간의 설기를 돕는 운으로 문제가 없다. 壬子운 중에서 壬水칠살운에는 작은 벼슬을 했지만, 인수가 무거운데 칠살이 오는 인중봉살(印重逢殺)의 운이라서 기본적으로는 흉운이다. 이 시기에 아주 가난하였다. 壬子운 중에서 子水운은 子午충이 되고 팔자의 왕성한 불기운을 극하여 왕자충발(旺者沖發) 현상이 일어난다. 화극금(火剋金)으로 金

에 속하는 처를 극한다. 辛亥운 중에서 亥水운은 亥卯未 목국(木局)이 되어 신왕한 팔자를 더 왕성하게 한다. 아울러 상신을 묶어 팔자의 치료약이 없어지므로 결국 사망하였다. 쉰을 넘기지 못한 나이였다.

❸ 식상을 쓸 때의 인수운 판단

```
시  일  월  연 (乾命)
戊  丙  甲  癸
戌  午  寅  卯

丁  戊  己  庚  辛  壬  癸
未  申  酉  戌  亥  子  丑
```

寅월 丙火이므로 인수격이다. 지지에 寅午戌을 깔고 있어 신왕한 사주임에 틀림없다. 상신을 정하는 일반 원칙인 왕자극설(旺者剋洩)을 적용해 보자. 극제(剋制)하는 자를 찾아보면 연간 癸水가 있다. 그러나 癸水관성을 쓰는 것은 문제가 있다. 인수가 너무 강해 관인상생(官印相生)으로 일간이 오히려 더 왕성해질 우려가 있기 때문이다. 또 癸水를 설기하는 木기운이 많아 뿌리 없는 물이 되어 상신으로 하기에는 부적합하다. 극제하는 자 다음으로 설기(洩氣)하는 戊土를 보자. 戊土는 戌에 뿌리를 두고 있어 유력하다. 일간과도 가까이 있어 유정하므로 상신으로 쓰기에 적합하다. 戊土를 상신으로 삼으면 신왕사주에 상관을 용하는 가상관(假傷官) 사주로 분류된다.

운세를 보자. 辛운 중 癸酉년 31세에 팔자의 기신인 木인수를 조절한다.

급제하여 궁중에 출입한다. 亥운 중 甲戌년 32세는 기신인 甲木이 亥에 뿌리를 내리고, 운과 월령이 寅亥합하여 木인수가 강해진다. 목극토(木剋土)로 인수가 상관을 극하므로 상관상진(傷官傷盡)이 된다. 이 해에 사망하였다. 사망한 해는 『연해자평(淵海子平)』 중에 "상관이 파괴되면 수명이 준다는 파료상관 손수원(破了傷官 損壽元)", 『명리정종(命理正宗)』의 상관론에서 언급한 "가상관이 인수운으로 가면 필사(必死)요 진상관(眞傷官)이 상관운으로 가면 필멸(必滅)한다"는 말과 일치한다. 가상관은 신왕사주에 상관을 두고 하는 말이며, 진상관은 신약에 상관을 두고 하는 말이다. 일부에서는 상관이 월령에 뿌리가 없으면 가상관이며 월령에 뿌리가 있으면 진상관이라고 하지만, 팔자의 신왕·신약에 따라 상관의 진가(眞假)를 구분하는 것이 맞다.

4. 인수격과 재성

▨ 원문 ▨

有印多而用財者 印重身强 透財以抑太過 權而用之 只要根深 無防
유인다이용재자 인중신강 투재이억태과 권이용지 지요근심 무방

財破 如辛酉 丙申 壬申 辛亥 汪侍郞命是也 若印輕財重 又無劫財以
재파 여신유 병신 임신 신해 왕시랑명시야 약인경재중 우무겁재이

救 則爲貪財破印 貧賤之局也
구 즉위탐재파인 빈천지국야

▨ 해설 ▨

인수격에 인수가 많아 재성을 쓸 때가 있다. 인수가 무겁고 신왕하여 투출한 재성이 태과함을 억제하는 용신이 되는 경우이다. 인수의 뿌리가 깊으면 재성이 인수를 치는 것도 무방하다. 예를 들어, 다음

왕시랑(汪侍郞)의 사주와 같은 경우이다. 만약에 인수가 가볍고 재성이 무거우면 겁재를 써서 인수를 구해야 한다. 그렇지 않으면 탐재괴인(貪財 壞印) 현상이 일어나 빈천한 사주가 된다.

시	일	월	연 (乾命)
辛	壬	丙	辛
亥	申	申	酉

원문

印綬遇財 運喜劫地 官印亦亨 財鄕則忌
인 수 우 재   운 희 겁 지   관 인 역 형   재 향 즉 기

해설
인수격에 재성이 있으면 겁재, 관성, 인수운은 좋고 재성운은 기피한다.

강해
인수격에서는 인수와 재성의 경중에 따라 상신의 원칙이 달라진다.
① 인수가 가볍고 재성이 무거우면 겁재를 쓴다.
② 인수가 무겁고 재성이 가벼우면 재성을 쓴다.
  이를 사례사주를 통해 살펴보자.

❶ 재성의 역할이 없는 경우

```
시  일  월  연 (坤命)
壬  壬  丙  辛
寅  申  申  酉

癸 壬 辛 庚 己 戊 丁
卯 寅 丑 子 亥 戌 酉
```

원문에서 예로 든 왕시랑(汪侍郎)의 사주와 시주가 다르다. 여자이므로 대운이 순행하는 것도 다르다. 명주는 2009년(己亥운 己丑년) 남자측 집안에서 완강하게 반대해 결혼을 못하고 있는 여성이다. 반대 이유는 궁합이 맞지 않고, 잡된 기질이 있다는 것이다. 팔자가 과연 그런지 살펴본다.

申월 壬水이므로 인수격이다. 지지에 申酉인수가 있어 신인양왕(身印兩旺)하므로 寅木식신으로 설기하는 방법이 있다. 그러나 상신으로 쓰려는 寅木이 寅申충이 되어 쓰지 못한다. 또한 위 팔자와 같이 인수가 강하면 인수가 도식(倒食) 작용을 하여 식신을 쓰는 효과가 줄어든다. 다음으로 인수가 무거운 것을 해결하기 위해 재극인(財剋印)을 하는 방법을 선택할 수 있다. 하지만 이것도 丙辛합으로 기반되어 역할이 떨어진다. 여기에다 2009년 이후 대운이 亥子丑으로 흐르니, 丙火가 힘을 받아 金인수를 해결하는 것은 기대할 수 없다. 왕성한 일간을 식신으로 해결하는 것도 어렵고, 무거운 인수를 재성으로 다스리는 것도 불가능하니 패격이다.

패격임을 감안하여 부부관계를 보자. 먼저 남편성을 본다. 남편의 글자 중에 드러난 土관살이 없다. 즉, 명관(明官)이 없는 무관사주(無官四柱)이다. 전통적으로 무관사주는 남편과 관계가 좋지 않다. 전통이론 대신 맹파명리(盲派命理)를 적용해도 남편과 관계가 좋지 않다. 맹파(盲派)에서는 팔자 중에서 가장 강한 기운을 기준으로 하여 인간관계를 살핀다. 이 여성의 팔자 중에 가장 강한 기운은 인수다. 그렇다면 남편은 강한 쇠를 녹이는 丙이다. 丙辛합으로 묶여졌고, 연월일에 쇠 기운이 너무 강하여 중과부적(衆寡不敵)이므로 남편이 역할을 못한다.

남편성이 이러면 이 여자는 운의 흐름에서라도 남편의 기운을 얻어야 한다. 그러나 이마저도 얻지 못했다. 26살 이후 水비겁의 흐름이 계속 이어진다. 남편의 별을 土관살로 보든 火재성으로 보든, 물 기운에 실리면 절(絶), 태(胎), 양(養)의 상태가 되므로 과히 좋은 상태는 아니다.

다음으로 남편이 사는 자리인 남편궁을 보자. 남편궁은 申이 있는 자리다. 남편궁이 둘 있어서 복음(伏吟)이라 하여 흉한데, 남편궁이 팔자 전체의 기운에서 나쁜 역할을 하는 자리(즉 기신궁)이니 남편의 품질도 좋지 않다. 부부관계의 결론은 남편성도 문제이고, 남편을 운에 실어도 힘을 못 받아 흉하고, 남편궁의 자리도 좋지 않다는 것이다.

❷ 재성의 역할이 있는 경우

시	일	월	연 (乾命)
丁	乙	乙	己
亥	丑	亥	亥

戊	己	庚	辛	壬	癸	甲
辰	巳	午	未	申	酉	戌

지지에 亥子丑 수국(水局)으로 인수인 수기(水氣)가 범람하여 乙木이 부목(浮木)이 되어버렸다. 기신이 물이 되므로 이를 막아주는 흙인 재성이 상신이다. 신약에 재성과 인수가 같이 있는 사주는 탐재괴인(貪財壞印)의 형세인데, 이 사주는 신왕한 사주에 재성과 인수가 같이 있지만 재성이 반드시 필요하다. 재인불애(財印不碍)에 해당한다.

명주는 사주의 기구신(忌仇神) 운인 癸酉, 壬申운에 고생이 극심하다가, 辛未운부터 발전하기 시작하여 이후 40년간 재물을 모아 큰 부자가 된 남자이다. 단지 운의 흐름만으로 대부가 되었겠는가? 이 팔자를 좀더 자세히 보자.

① **재물의 장악력** : 월간 乙木이 월령에 뿌리를 두고 있어 명주의 장악력에 도움을 준다. 물론 인수가 강한 것도 참조한다.
② **활동력** : 시간 식상이 亥水 자리에 있어 무력할 듯하지만, 亥水는 갑목맹아(甲木萌芽)하고, 丁壬木으로 역할을 할 수 있다. 그러나 활동력은 좀 떨어진다.
③ **보관력** : 궁성이론에 의하면 연간은 편재궁이요 일지는 정재궁인데, 모두 자리를 찾아 있으므로 재궁의 손상이 없다. 바로 재물에 대한 삼박자의 축복이 이루어진 셈이다. 아울러 팔자 자체가 식신생재(食神生財)의 흐름을 보이고 있다.

5. 인수격과 관살

🕮 원문 🕮

印綬之格局亦不一 有印而透官者 正官不獨取其生印 而卽可以爲用
인 수 지 격 국 역 불 일　유 인 이 투 관 자　정 관 부 독 취 기 생 인　이 즉 가 이 위 용

與用煞者不同 故身旺印强 不愁太過 只要官星淸純 如丙寅 戊戌 辛
여용살자부동 고신왕인강 불수태과 지요관성청순 여병인 무술 신

酉 戊子 張參政之命是也
유 무자 장참정지명시야

◈ **해설** ◈   인수격을 보는 것에 하나의 방법만 있는 것은 아니다. 인수격에 정관이 투출하면 인수를 생하는 요소로 정관을 쓰지 않고 정관 자체를 용신으로 하는 경우가 있다. 이 점이 정관과 칠살이 다른 점이다. 그러므로 정관이 맑으면 인수가 많은 것을 근심할 필요가 없다. 다음 장참정 (張參政)의 사주와 같은 경우이다.

시	일	월	연(乾命)
戊	辛	戊	丙
子	酉	戌	寅

◈ **원문** ◈
有用煞而兼帶傷食者 則用煞而有制 生身而有泄 不論身旺印重 皆爲
유용살이겸대상식자 즉용살이유제 생신이유설 불론신왕인중 개위

貴格
귀격

◈ **해설** ◈   인수격에 칠살을 쓰는데 식상이 같이 있으면 칠살이 용신이 되면서 식상으로부터 극제를 당하는 경우이며, 인수는 나를 생하고 식상은 내 기운을 빼는 상태이다. 이런 경우는 신왕하든 인수가 왕성하든

모두 귀격이 된다.

🔲 원문 🔲
印格取運 卽以印格所成之局 分而配之 其印綬用官者 官露印重 財
인격취운 즉이인격소성지국 분이배지 기인수용관자 관로인중 재

運反吉 傷食之方 亦爲最利
운반길 상식지방 역위최리

🔲 해설 🔲
인수격의 운을 볼 때는 인수격이 이루어진 여러 가지 경우를 구분한 뒤 운을 본다. 인수격에 정관을 쓸 때 정관이 노출되고 인수가 무거우면 재성운이 길하지 않으며, 식상운이 가장 길하다.

🔲 원문 🔲
若用官而帶傷食 運喜官旺印綬之鄕 傷食爲害 逢煞不忌矣
약용관이대상식 운희관왕인수지향 상식위해 봉살불기의

🔲 해설 🔲
인수격에 정관이 있으면서 식상도 있으면 관성이 왕성한 운과 인수운이 좋고, 식상운은 해롭다. 칠살운을 만나는 것을 꺼리지 않는다.

🔲 원문 🔲
若用煞而兼帶傷食 運喜身旺印綬之方 傷食亦美 逢官遇財 皆不吉也
약용살이겸대상식 운희신왕인수지방 상식역미 봉관우재 개불길야

🔲 해설 🔲
인수격에 칠살과 식상이 같이 있으면 신왕, 인수, 식상

운이 길하고, 관성운과 재성운은 불길하다.

원문

有用偏官者 偏官本非美物 藉其生印 不得已而用之 故必身重印輕
유용편관자 편관본비미물 자기생인 부득이이용지 고필신중인경

或身輕印重 有所不足 始爲有性 如茅狀元命 己巳 癸酉 癸未 庚申
혹신경인중 유소부족 시위유성 여모장원명 기사 계유 계미 경신

此身輕印重也 馬參政命 壬寅 戊申 壬辰 壬寅 此身重印輕也 若身
차신경인중야 마참정명 임인 무신 임진 임인 차신중인경야 약신

印竝重而用七煞 非孤則貧矣
인병중이용칠살 비고즉빈의

해설

인수격에 칠살을 쓸 때도 있다. 칠살은 본래 아름다운 것은 아니지만 인수를 생조하는 성분이므로 부득이 쓴다. 이런 경우는 일간이 왕하고 인수가 약하거나, 일간이 약하고 인수가 왕성할 때 그 부족을 메우기 위해 쓴다. 만약 일간과 인수가 모두 무거운데 칠살을 쓰는 경우는 고독하지 않으면 빈한한 명이다.

시	일	월	연 (乾命)
庚	癸	癸	己
申	未	酉	巳

위 모장원(茅壯元)의 사주는 일간이 약하고 인수가 왕성한 경우이다.

시	일	월	연 (乾命)
壬	壬	戊	壬
寅	辰	申	寅

위 마참정(馬參政)의 사주는 일간이 강하고 인수는 약한 경우이다.

원문

印用七煞 運喜傷食 身旺之方 亦爲美地 一見財鄕 其凶立至
인용칠살 운희상식 신왕지방 역위미지 일견재향 기흉립지

해설

인수격에 칠살을 상신으로 하면 식상운과 신왕운이 좋다. 만약 재성운이 오면 바로 흉액이 발생한다.

원문

又有印而兼透官煞者 或合煞 或有制 皆爲貴格 如辛亥 庚子 甲辰 乙
우유인이겸투관살자 혹합살 혹유제 개위귀격 여신해 경자 갑진 을

亥 此合煞留官也 壬子 癸卯 丙子 己亥 此官煞有制也
해 차합살류관야 임자 계묘 병자 기해 차관살유제야

해설

인수격에 관살이 투출했는데 합살(合殺)이 되거나 관살을 극제(剋制)하면 귀한 사주이다.

시	일	월	연 (乾命)
乙	甲	庚	辛
亥	辰	子	亥

위 사주는 합살류관(合殺留官)이 된 경우이다.

시	일	월	연 (乾命)
己	丙	癸	壬
亥	子	卯	子

위 사주는 관살을 극제하는 사주이다.

▨ 원문 ▨

印格而官煞競透 運喜食神傷官 印旺身旺 行之亦利 若再透官煞 行
인 격 이 관 살 경 투　운 희 식 신 상 관　인 왕 신 왕　행 지 역 리　약 재 투 관 살　행

財運 立見其災矣
재 운 입 견 기 재 의

▨ 해설 ▨

인수격에 관살이 모두 투출하는 경우에는 식상, 인수, 신왕운이 좋지만, 관살이 투출한 사주는 재성운으로 향하면 바로 재앙을 만난다.

▨ 강해 ▨

재관인식(財官印食)인 재성, 정관, 인수, 식신은 사길신

으로 분류되고, 사길신은 생(生)으로 순용하는 것이 원칙이다. 즉, 인수는 정관과 칠살을 상신으로 삼아 생을 하는 것이 원칙이다. 그러나 무조건 생을 하는 것이 능사는 아니다. 월령으로부터 용신격국을 정한 다음 상신을 결정할 때 사길신인지 사흉신인지 구분하는 것도 중요하지만, 반드시 일간의 왕약 여부를 고려해야 하기 때문이다.

일간의 왕약 여부를 고려하면 인수격과 관살의 관계는 다음과 같이 정리된다.

① 신약한 경우에 약한 인수가 칠살의 생조를 받는 인경봉살(印輕逢殺)은 성격이다.

② 신왕한 경우에 강한 인수가 칠살의 생조를 받는 인중투살(印重透殺)은 패격이다.

③ 왕약에 구분 없이 정관이 맑으면 관인쌍전(官印雙全)으로 성격이다.

원문에서는 관인쌍전의 성격을 설명하면서, 정관이 맑으면 인수가 많은 것을 근심할 필요가 없다(身旺印强, 不愁太過, 只要官星淸純)고 하였다. 그러나 상신을 정하는 원칙은 단순하지 않다. 왕약과 팔자의 구조는 물론 조후와 운의 흐름까지 두루두루 참고해야 하기 때문이다. 사례사주를 통해 인수격과 관살의 관계를 살펴본다.

❶ 정관이 맑은 경우

시	일	월	연 (乾命)
戊	辛	戊	丙
子	酉	戌	寅

乙	甲	癸	壬	辛	庚	己
巳	辰	卯	寅	丑	子	亥

 원문에서 정관이 맑으면 인수가 많은 것을 근심할 필요가 없다는 예로 든 장참정(張參政)의 사주이다. 원문의 다른 부분에는 인수격에 정관을 쓰는 경우에 정관이 노출되고 인수가 무거우면 재성운이 길하지 않으며, 식상운이 가장 길하다고 하였다. 원문 내용만을 보면 상신이 정관인지 식상인지 아리송하다. 정관을 탁하게 하는 가장 대표적인 것이 식상이다. 그런데 정관을 쓰는 경우에 식상운이 가장 길하다는 것이 이해되지 않는다.

 팔자를 보면 戊土인수가 戌월에 뿌리를 두고 있고, 지지에 酉戌 금국(金局)이 되어 일간이 신왕하다. 연간에 투출한 丙火정관은 寅木이라는 뿌리와 戌월 중에 있는 丁火의 세력이 있어 힘은 있지만, 관생인(官生印)→인생신(印生身)으로 흘러 일간의 신왕을 부채질하는 것이 흠이다. 이를 해결하는 방법은 子水식신으로 일간의 기운을 설기하는 것과, 연지에 있는 寅木을 써서 목극토(木剋土)로 무거운 인수를 극하여 조절하는 방법이다. 문제는 子水식신은 수극(受剋)이 되어 약하고, 寅木재성은 주변에 돕는 자가 없다는 점이다. 이 문제는 대운에서 해결해준다. 대운이 중년 壬寅운부터 계속하여 水木의 운으로 흐르기 때문이다.

명주가 귀함을 이룬 것은 정관이 맑은 이유도 있지만, 팔자에 필요한 상신(子水식신)과 희신(寅木재성)이 운에서 힘을 받았기 때문임을 알 수 있다. 이러한 견해는 『궁통보감강해(窮通寶鑑講解)』에서 정한 戌월 辛金에 대한 아래 사항을 참조하면 한결 명확해진다.

① 戌월 辛金은 戌 중 戊土가 사령하니 왕성하다.
② 壬水상관으로 왕성한 金을 설기시키고, 甲木정재로 土를 파헤친다.
③ 壬水와 甲木이 모두 투출하면 도원의 신선과 같은 명이다.
④ 壬水상관은 투출하고 甲木정재는 지장간에만 있는 경우에 庚金겁재를 보면 평상인이다.
⑤ 甲木은 투출하고 壬水, 戊土가 지장간에만 있으면 甲木이 조절하여 壬水를 보호하므로 이로공명(異路功名)의 선비다.

❷ 인수격에 칠살을 상신으로 하는 경우의 운

시	일	월	연(乾命)
丙	壬	戊	丁
午	辰	申	亥

辛	壬	癸	甲	乙	丙	丁
丑	寅	卯	辰	巳	午	未

원문에서 인수격의 운세를 설명하면서 인수격에 칠살을 상신으로 하면 식상운과 신왕운이 좋고, 만약 재성운이 되면 바로 흉액이 발생한다(印用七煞 運喜傷食 身旺之方 亦爲美地 一見財鄕 其凶立至)고 하였다. 인수격

에서 칠살을 상신으로 하는 경우는 일간이 약거나 인수가 약하여 칠살의 생조가 필요할 때이다. 이 사주는 壬水일간이 약하여 申金인수의 도움이 필요하고, 申金인수가 역할을 하도록 돕는 戊土칠살은 상신이 된다.

원문의 기준에 의하면, 木식상운은 좋고, 水비겁운도 壬水일간을 신왕하게 하는 운이니 좋으며, 火재성운에는 흉액이 발생해야 한다. 그러나 壬寅운에 사망했다. 이유를 찾아보자.

① 壬寅운 중에서 寅운은 일간을 신왕하게 하는 申金인수를 寅申충한다.
② 寅운은 寅午합이 되어 화극금(火剋金)하여 팔자를 신약하게 한다.
③ 寅운에 申金인수는 절지(絶地)가 된다.
④ 壬寅운은 연간과 丁壬 합목(合木)과 寅亥 합목이 되고, 강해진 木은 신약을 해결하는 칠살을 극한다.

원문에서 말한 바와 같이 火재성이 위 팔자에 흉한 역할을 하는 것은 분명하지만, 식상운도 좋지 않음을 확인할 수 있는 사례이다. 이같이 인수격에 칠살을 상신으로 하는 경우 운의 길흉을 보는 기준을 기계적으로 대입하는 것은 문제가 된다. 어떤 사주든 왕약 여부를 기초로 하여 팔자의 구조에 따라 운의 영향을 보는 것이 필요하다.

❸ 인수격이 관살혼잡이 된 경우의 운

```
시  일  월  연 (乾命)
丁  丙  癸  壬
酉  子  卯  子


庚  己  戊  丁  丙  乙  甲
戌  酉  申  未  午  巳  辰
```

卯월 丙火로 인수격이다. 신약에 관살혼잡인 것이 흠이다. 壬癸관살이 천간에 투출하고 지지에 壬癸의 건록, 제왕지인 子水가 있어 관살이 아주 강하다. 시간 丁火가 丁壬합으로 칠살을 제거하고 정관을 남기는 거살류관(去殺留官)의 상태를 만든다고 볼 수도 있지만, 丁癸충이 되는 중 壬水 칠살의 기운이 강해 합으로 묶이지 않는다. 치료약으로 관살혼잡 상태를 월지 卯木이 흡수하여 화살(化殺)을 하는 방법이 있다.

그러나 화살을 해야 할 卯木인수는 子卯형에 卯酉충이 되어 능력을 발휘하지 못한다. 인수가 약한데 칠살을 만난 인경봉살(印輕逢殺)이면 인수격의 성격이지만, 위 사주는 관살혼잡이라서 패격이다. 또 화살을 해치는 酉金재성도 패격을 만드는 성분이다. 관살혼잡에 패격이므로 팔자의 바탕은 빈천함을 만드는 상이다.

운의 흐름을 보자. 관살혼잡에 신약하므로 식상·인수·신왕운은 좋고, 재성운은 흉하다. 식상은 관살을 극제하고, 인수는 관살을 화살하며, 신왕운은 관살을 일간이 감당할 수 있게 하기 때문이다. 그러나 재성운은 관살의 흉함을 돕고 일간을 더 신약하게 하므로 병이 된다. 실제로 관살혼잡의 천한 명으로, 도적의 명이다. 丙午, 丁未의 신왕운에 운이 좋아 우두머리가 되었다. 이어지는 戊申운 중에서 戊운은 戊癸합으로 관살혼잡을 해결하지만, 申金재성운은 관살의 기운을 부추기는 재성운이며, 申子 水관살국인데다 卯木인수를 금극목(金剋木)하고, 申酉합으로 아주 흉한 운이다. 이 운에 사망했을 것이다.

子平眞詮

3부 【격국 변화】

1장 용신격국과 억부·조후

▨ 원문 ▨

論命惟以月令用神爲主 然亦須配氣候而互參之 譬如英雄豪傑 生得
논 명 유 이 월 령 용 신 위 주 연 역 수 배 기 후 이 호 참 지 비 여 영 웅 호 걸 생 득

其時 自然事半功倍 遭時不順 雖有奇才 成功不易
기 시 자 연 사 반 공 배 조 시 불 순 수 유 기 재 성 공 불 이

▨ 해설 ▨
명을 볼 때는 월령인 용신격국을 위주로 하되 기후를 참조한다. 영웅호걸이 때를 만나면 절반의 힘으로 일을 이루고, 때를 못 만나면 아무리 탁월한 인재라 해도 성공이 쉽지 않은 것처럼, 때가 중요하다.

▨ 강해 ▨
이제까지 월령에서 정한 용신격국을 기준으로 팔자를 볼 때는 중화를 위해 마땅히 이런 방식으로 상신을 정해야 한다는 식이었다. 즉, 이치에 의한 접근인 주리론(主理論)이라 할 수 있다. 이에 반해 한여름 뜨거운 계절에는 시원한 소나기가 필요하고, 겨울 나무에게는 불 기운이 있어야 좋다는 것은 계절의 기운을 고려한 접근이므로 주기론(主氣

論)이라 할 수 있다.

팔자 공부를 자연 공부라고도 한다. 자연을 공부하는 데 이치를 따지든 계절을 고려하든 구분이 있을 수 없다. 단지 어느 것을 우선하는지가 다를 뿐이다. 주리론의 입장인 억부(抑扶)의 이치를 우선하는 대표적인 명리책이 『자평진전(子平眞詮)』이라면, 주기론인 계절에 대응하는 조후(調候)를 중심으로 팔자를 분석하는 대표적인 책이 『궁통보감(窮通寶鑑)』이다. 궁통보감의 핵심사항인 '계절별 일간의 조후용신'은 이 책의 부록을 참고한다. 조후에 대한 자세한 내용은 『궁통보감강해(窮通寶鑑講解, 동학사, 이을로)』에 나와 있다. 조후의 내용을 참고할 때 팔자 자체에만 조후의 기준을 적용하여 모 아니면 도라는 식으로 단순하게 보는 이분법도 팔자를 엉뚱하게 볼 수 있다. 반드시 전체적인 운의 흐름도 참조해야 한다. 아래의 사례사주를 참조한다.

시	일	월	연(乾命)
辛	丙	乙	丁
卯	申	巳	亥

戊	己	庚	辛	壬	癸	甲
戌	亥	子	丑	寅	卯	辰

조후론의 기본서로 간주되는 『궁통보감(窮通寶鑑)』은 위 사주에 대해 다음과 같이 설명한다. 巳月 丙火는 壬水, 庚金, 癸水를 쓰며, 庚金이 도와주므로 戊土가 壬水의 제극(制剋)함을 꺼리고, 壬水가 없으면 癸水를 쓴다. 壬이 투출하면 청관(淸光)이 되므로 부귀하고, 壬癸가 모두 없으면 우

둔하고 완고하니 승려가 되거나 요절한다. 그런데 巳월 丙火에 대한 이런 설명이 맞는 말인가?

억부 관점에서 보면 신왕하고 비겁의 기운이 강하므로 이를 극하는 水 관살이 상신이고, 이를 생조하는 金재성이 희신이다. 상신을 보면 연주 자체에서 수화상충이 되고 연월에서 巳亥충이 되니 무력하다. 희신을 보면 전체 사주 구조에 土식상이 없어 희신을 생조하는 맛이 없으며, 시간에 투출한 辛金은 그릇이 되는 일지가 巳申형으로 깨져 힘이 없다. 즉, 희신과 상신의 형편이 안 좋다.

그러나 운의 흐름을 보면 14세 대운인 1960년 11월부터 水가 시작되며, 金水가 중년에 들고, 말년은 土식상의 흐름이므로 나쁘지 않다. 명을 보면 조후나 억부의 원칙에 비추어 과히 좋은 사주는 아니지만, 운은 아름답게 흘러가는 팔자이다. 명주는 2009년 현재 국내 굴지의 대기업에 상무로 재직하고 있다.

이 책의 부록과 마찬가지로 『궁통보감』에도 뜨거우면 찬 물을 쓰라는 단순한 조후론만 있는 것이 아니다. 마찬가지로 『자평진전』도 무조건 용신격국에 따른 억부를 사용하라고 하지 않는다. 『자평진전』 원문에서 조후를 참조하라고 특히 강조한 것은 여름 나무[夏木], 겨울 나무[冬木], 겨울 쇠[冬金]이다. 내용을 보면 다음과 같다.

① 목화상관희견수(木火傷官喜見水) : 여름 나무는 물을 만나면 좋다.
② 동목봉화(冬木逢火) : 겨울 나무에 불이 있으면 뛰어나다.
③ 금수상관가견관(金水傷官可見官) : 겨울 쇠는 불을 봐야 한다.

위 내용이 무엇을 의미하는지 하나씩 구분하여 살펴본다.

1. 여름 나무

🅱 원문 🅱

至於食神忌印 夏火太炎而木焦 透印不礙 如丙午 癸巳 甲子 丙寅 錢
지어식신기인 하화태염이목초 투인불애 여병오 계사 갑자 병인 전

參政命是也
참 정 명 시 야

🅱 해설 🅱

식신격에 水인수는 기신이지만, 여름의 火는 너무 뜨거워 나무가 말라버리므로 水인수가 투출해도 장애가 되지 않는다. 아래 전참정(錢參政)의 사주와 같은 경우이다.^{주)}

시	일	월	연 (乾命)
丙	甲	癸	丙
寅	子	巳	午

㈜ 위 사주와 동일한 다른 인물에 대해 『궁통보감』에서는 다음과 같이 전혀 다른 설명을 하였다.
 "이 팔자는 火土가 癸水를 극하므로 午운에 이르러 눈을 상하고, 후일에 거지가 되었다. 子寅 사이에 丑土를 협래(夾來, 끼고 있는 글자를 불러들인다는 의미)하여 子水를 합거(合去)해서 子丑이 합화토(合化土)를 하므로 癸水가 무근(無根)하여 원국이 편고(偏枯)하게 되었다. 癸水는 사람의 눈으로 보는 것이므로 甲午운 중 午운에 癸水가 상하고, 甲木으로 인해 설기가 너무 심하다. 원국에 병이 있고 약이 없어져버린 팔자이다."

원문

傷官用財 即爲秀氣 而用之夏木 貴而不甚秀 燥土不甚靈秀也
상관용재 즉위수기 이용지하목 귀이불심수 조토불심령수야

해설

본래 상관격 중에서 상관용재(傷官用財) 사주는 귀한 사주이지만, 겨울의 金일간이나 여름의 木일간은 귀하지 못하다. 여름의 木일간은 재성인 흙이 여름의 마른 흙이 되므로 뛰어남이 줄어들어 상관용재라 해도 그리 아름다운 사주는 아니다.

원문

春木逢火 則爲木爲通明 而夏木不作此論 氣有衰旺 取用不同也 春
춘목봉화 즉위목위통명 이하목부작차론 기유쇠왕 취용부동야 춘

木逢火 木火通明 不利見官
목봉화 목화통명 불리견관

해설

봄의 木일간이 火를 만난 식신·상관격이면 목화통명(木火通明)으로 좋다. 여름철의 木일간은 그렇지 않다. 기운에도 왕쇠가 있듯 용신을 취하는 것도 왕쇠에 따라 다르다. 식신·상관격 중 봄의 木일간에 火가 있는 목화통명은 金관성을 보는 것이 불리하다.

원문

傷官用財 即爲秀氣 而用之夏木 貴而不甚秀 燥土不甚靈秀也
상관용재 즉위수기 이용지하목 귀이불심수 조토불심령수야

해설

상관격 중에서 상관용재격(傷官用財格)은 뛰어남이 있

지만, 여름의 목화상관격(木火傷官格)은 그리 귀하지 않다. 이는 여름의 마른 흙이 용재(用財)의 작용을 못하기 때문이다.

🗒 원문 🗒

食神雖逢正印 亦謂奪食 而夏木火盛 輕用之亦秀而貴 與木火傷官喜
식 신 수 봉 정 인   역 위 탈 식   이 하 목 화 성   경 용 지 역 수 이 귀   여 목 화 상 관 희

見水同論 亦調候之謂也 此類甚多 不能悉述 在學者引伸觸類 神而
견 수 동 론   역 조 후 지 위 야   차 류 심 다   불 능 실 술   재 학 자 인 신 촉 류   신 이

明之而已
명 지 이 이

🗒 해설 🗒

식신이 탈식(奪食)되는 것은 편인뿐 아니라 정인을 만날 때도 마찬가지지만, 화기(火氣)가 왕성한 여름 나무는 가벼운 水인수를 만나야 귀격이 된다. 이는 상관격의 목화상관(木火傷官)이 水를 좋아하는 조후의 원칙에 따랐다. 이런 종류는 아주 많아서 모두 설명하기 힘들다. 배우는 이는 조후를 잘 응용해야 명을 밝게 볼 수 있다.

🗒 원문 🗒

傷官佩印 隨時可用 而用之夏木 其秀百倍 火濟水 水濟火也
상 관 패 인   수 시 가 용   이 용 지 하 목   기 수 백 배   화 제 수   수 제 화 야

🗒 해설 🗒

상관격이 인수를 차고 있는 상관패인(傷官佩印)은 수시로 쓴다. 이 중에서 여름의 木일간에 해당하는 상관패인은 아주 좋다. 차고 있는 인수 물과 상관 불이 조화를 이루기 때문이다. 상관과 칠살이 같이 있는 상관대살(傷官帶殺)도 마찬가지다.

원문

夏木用財 火炎土燥 貴多就武 如己未 己巳 甲寅 丙寅 黃都督之命
하목용재 화염토조 귀다취무 여기미 기사 갑인 병인 황도독지명

是也
시야

해설

식신격 중에서 여름철에 태어난 木일간이 土재성을 쓰면 불은 뜨겁고 흙이 메마른 화염토조(火炎土燥)가 된다. 이 때 무술 방면에서 귀함을 이룬다. 다음 황도독(黃都督)과 같은 경우이다.[주]

시	일	월	연 (乾命)
丙	甲	己	己
寅	寅	巳	未

[주] 도독은 군정을 맡았던 지방관청의 장이다.

※ 강해 ※   춘목(春木)과 하목(夏木)에 대한 조후의 중요성을 이어지는 사례사주를 통해 살펴본다.

❶ 춘목(春木)이 火를 만난 경우

시	일	월	연 (乾命)
庚	甲	丙	甲
午	申	寅	申

癸	壬	辛	庚	己	戊	丁
酉	申	未	午	巳	辰	卯

寅월 甲木은 춘목(春木)으로 건록격(建祿格)이지만, 연일에 있는 申金 칠살이 寅월을 쌍충(雙沖)하고 庚金칠살이 시간에 투출하여 약하다. 일간이 의지할 수 있는 것은 丙火식신이다. 팔자에 丙火를 극하는 水인수가 없으니 상신으로 쓴다. 이러면 식상인 자식이 어미인 일간을 구하는 아능생모(兒能生母)가 되고, 춘목(春木)이 火를 만나므로 목화통명(木火通明) 또한 된다.

己巳운의 巳는 상신인 丙火식신의 건록지(建祿地)가 되어 향방에 합격하고, 庚午운에 1등(發甲)으로 뽑혔으며, 辛未운에 현령이 되었다. 그러나 壬申운은 상신인 丙火를 丙壬충하고 관살의 기운이 강해지므로 대흉한 운이다.

❷ 하목(夏木)에 물이 있는 경우

```
시  일  월  연 (乾命)
丁  甲  壬  庚
卯  辰  午  辰


己  戊  丁  丙  乙  甲  癸
丑  子  亥  戌  酉  申  未
```

午월 甲木이므로 하목(夏木)인 木火상관격이다. 시간에 丁火상관이 있고, 丁火는 지지의 寅卯辰 木의 생조를 받고 있어 설기가 과하다. 신약한 사주이다. 신약하고 조열하므로 水인 인수를 찾는다. 월간의 壬水인수는 상관패인(傷官佩印)으로 신약을 해결하고 조열한 사주를 적셔주므로 상신이 된다. 壬水를 생조하는 庚金은 희신이다. 신약에 살인(殺印)을 쓰는 살인겸용(殺印兼用)으로 성격이 되었다. 인수는 상관의 설기를 방지하고, 칠살은 인수를 돕는 경우이다.

연에 있는 庚金칠살이 중요하지 않다고 볼 수도 있지만, 만약 庚金칠살이 없다면 辰土재성이 바로 壬水인수를 극하는 문제가 생긴다.

운의 흐름을 보면 초반부터 金水 바닥으로 아름답게 흐른다. 단, 중반의 丙戌운은 화기(火氣)가 강하여 문제가 될 수 있다. 명주는 일찍부터 관운이 좋아 관찰사까지 지냈다.

❸ 하목(夏木)에 물이 없는 경우 1

시	일	월	연 (坤命)
戊	乙	庚	甲
寅	卯	午	午

癸	甲	乙	丙	丁	戊	己
亥	子	丑	寅	卯	辰	巳

午월 乙木인 하목(夏木)이 가뭄을 만났으므로 패격이다. 『궁통보감강해(窮通寶鑑講解)』에서 "여름의 乙木은 癸水인수를 우선 쓰고, 丙火와 庚辛金은 참조하여 쓰라"고 하였다. 즉, 癸水로 자윤(滋潤)하고, 丙火로 수기(秀氣)를 나타나게 하는 것이 원칙이다. 또한 丙火를 쓸 때는 木이 타버릴 수 있으므로 불을 단독으로 쓰지 않는다. 이는 火식상의 기운이 많으면 木의 기운이 흩어지고, 지지가 화국(火局)이면 乙木의 설기가 심하므로 반드시 癸水로 적셔주어야 하기 때문이다.

이 사주는 乙木일간을 적셔줄 壬癸인수가 없으므로 격이 떨어진다. 혹 壬癸가 운에서 들어온다 해도 庚金정관이 금생수(金生水)를 해줄 수 없는 형편이다. 庚金이 甲庚충이 되고, 午火인 살지(殺地)에 앉아 있어 무력하기 때문이다. 팔자에도 약이 없고 운에서도 약발을 받을 수 없어 영원한 패격이 되었다.

명주는 건축업을 하던 여성으로 2004년(乙丑운 乙酉년) 들어서 빌린 돈의 이자도 못낼 형편에 처했다가, 2005년(乙丑운 丙戌년) 완전히 망했다. 丙戌년은 상관이 관살을 치므로 상관견관(傷官見官)이면 백 가지 화가 밀

려온다는 위화백단(爲禍百端)을 확인할 수 있는 해이다. 만약 팔자에 水 인수가 있었다면 이 같은 큰 흉액은 피해갔을 것이다. 2009(乙丑운 己丑년)년 현재 빚에 허덕이며 수시로 자살을 생각하고 있다.

❹ 하목(夏木)에 물이 없는 경우 2

```
시 일 월 연 (乾命)
己 甲 己 甲
巳 戌 巳 午

丙 乙 甲 癸 壬 辛 庚
子 亥 戌 酉 申 未 午
```

巳월 甲木에서 조후의 원칙을 보자. 巳월은 왕성했던 木기운이 물러가고 월령 丙火가 세력을 얻는 월이다. 癸水정인을 써서 조후를 하고, 丁火 상관으로 보좌하여 목화통명(木火通明)을 이루도록 하며, 庚金칠살로 보좌하는 것이 원칙이다. 이러한 조후의 원칙을 감안할 때 이 사주는 한 모금의 물이 없는데 한 무리의 火土만 있으므로, 불 기운은 오르고 땅은 메말라 패격으로 분류된다.

격국의 기준을 대입해보자. 격을 구분하면 화기격(化氣格) 중에서 甲己합이 되니 화토격(化土格)이다. 갑기화토격(甲己合土格)은 화신(化神)인 土나 이를 생해주는 火를 상신으로 보는 것이 일반적이다. 이 기준에 의해 운의 흐름을 보면 水木운이 흉하다. 명주는 1983년(壬申운 癸亥년) 급성신장염이 발병하여 만성 신장병으로 이어졌다.[주] 2009년(甲戌운 己丑년)까지 혈액 투석을 받고 있는 여성이다.

🈷 **신장병 환자의 사주** 오행 중에서 水는 인체의 신장, 방광, 비뇨기에 배속된다. 팔자에 火土가 많으면 水가 손상되어 질병이 발생한다. 아래 사주들은 모두 신장병 환자들의 사주이다. 팔자의 火土에 주목하여 살펴보길 바란다.

시	일	월	연(坤命)
丙	癸	庚	乙
辰	卯	辰	未

▶ 1955년생 여성이다. 신장 이식을 받았고 중풍에 걸렸었다.

시	일	월	연(乾命)
丁	戊	戊	辛
巳	戌	戌	未

▶ 폐의 이상과 신장병으로 사망하였다.

시	일	월	연(乾命)
乙	丙	己	庚
未	子	丑	寅

▶ 간장과 신장이 약했던 남자이다. 乙木운에 사망하였다.

시	일	월	연(乾命)
乙	甲	丁	癸
丑	戌	巳	酉

▶ 2009년 현재 77세 남성이다. 신장 투석을 받고 있다.

시	일	월	연(坤命)
乙	丙	戊	己
未	戌	辰	丑

▶ 2009년 61세 여성으로 신장 투석을 받고 있다.

시	일	월	연(坤命)
戊	甲	戊	戊
辰	戌	午	子

▶ 1997년(癸丑운 丁丑년)에 신장 제거 수술을 받았다.

시 일 월 연 (乾命)
己 丙 己 丙
丑 戌 亥 午

▶ 1997년(壬寅운 丁丑년)에 신장 이식 수술에 실패하고 혈액 투석을 받고 있다.

시 일 월 연 (乾命)
丁 戊 丙 丙
巳 辰 申 申

▶ 2009년 현재 54세 남성이다. 1996년부터 신장 투석을 받고 있다.

시 일 월 연 (乾命)
甲 壬 丁 癸
辰 戌 巳 丑

▶ 1980년(丙辰운 庚申년)부터 피오줌이 나오기 시작하여, 1993년(乙卯운 癸酉년)에는 완전히 신장이 망가졌고, 1997년(乙卯운 丁丑년)에 신장이식 수술을 받았다.

2. 겨울 나무

원문

是以印綬遇官 此謂官印雙全 無人不貴 而冬木逢水 雖透官星 亦難
시 이 인 수 우 관 차 위 관 인 쌍 전 무 인 불 귀 이 동 목 봉 수 수 투 관 성 역 난

必貴 蓋金寒而水益凍 凍水不能生木 其理然也 身印兩旺 透食則貴
필 귀 개 금 한 이 수 익 동 동 수 불 능 생 목 기 리 연 야 신 인 량 왕 투 식 즉 귀

凡印格皆然 而用之冬木 尤爲秀氣 以冬木逢火 不惟可以泄身 而卽
범 인 격 개 연 이 용 지 동 목 우 위 수 기 이 동 목 봉 화 불 유 가 이 설 신 이 즉

可以調候也
가 이 조 후 야

해설

인수격(印綬格)에 정관이 있으면 관인쌍전(官印雙全)으

로 귀한 사주이다. 그러나 관인쌍전이라도 인수월인 겨울에 태어난 甲乙
에 정관인 庚辛이 투출하면 귀한 사주가 아니다. 투출한 庚辛金은 차가운
것이어서 더욱 물을 얼게 하기 때문이다. 이렇게 얼어붙은 물이 나무를 생
하지 못하는 것은 당연한 이치다.

 인수격에 신왕하고 인수도 왕성한데 식신이 투출하면 귀한 사주이다.
대부분의 인수격이 이렇게 귀하지만, 겨울 나무에 식신인 火가 투출하면
더욱 아름다워진다. 이는 왕성한 겨울 나무가 식신인 불을 만나면 설기(泄
氣)가 될 뿐 아니라 따뜻해지기 때문이다.

 ▨ **강해** ▨　　겨울 나무와 불의 관계를 다음 사례사주들을 통해 살펴
본다.

❶ 동목(冬木)에 丙火와 庚金이 모두 있는 경우

시	일	월	연(乾命)
丙	甲	戊	庚
寅	寅	子	寅

乙	甲	癸	壬	辛	庚	己
未	午	巳	辰	卯	寅	丑

 동목(冬木)인 子月 甲木이 지지에 3개의 寅木이 있으므로 왕성하다. 왕
성함을 해결하기 위해 庚金이나 丙火를 쓸 수 있다.
 이 중에서 庚金칠살을 쓰는 것은 왕성한 木을 직접 극제(剋制)하는 방

법이다. 그러나 庚金은 寅木 절지(絶地)에 있어 무력하므로 상신 역할을 하기 힘들다. 또한 甲寅은 생목(生木)으로, 사목(死木)과 달리 金을 쓰는 것은 일간을 상하게 할 염려가 있다.

다음으로 丙火식신을 써서 나무의 기운을 설기하고 조후를 해주는 방법이 있다. 이 방법은 인수격 중에서 일간과 인수가 왕한 신인양왕(身印兩旺)이면 식상설기(食傷洩氣)를 우선하라는 『자평진전(子平眞詮)』의 원문 내용에도 맞고, 추운 계절에 있는 甲木을 조후하는 데도 적당한 방법이다. 아울러 丙火식신이 바닥에 있는 寅木의 생을 받아 유력하므로 상신 역할도 충분히 할 수 있는 장점이 있다. 庚金보다 丙火를 상신으로 하는 것이 마땅하다.

戊土재성은 상신으로 삼을 수 있는가? 월간 戊土는 월령이 子水를 극해 왕성함을 해결할 수는 있지만, 팔자를 더 차게 하는 庚金을 생해주므로 한신(閑神)이 될 수 있을 뿐이다. 辛卯운 중 卯운에 팔자의 차가움을 해결하고 丙火식신을 생하여 급제하고, 壬辰과 癸巳운에서는 순탄한 벼슬생활을 하였고, 甲午운과 乙未운에서 丙火상신을 도와 상서를 지냈다.

㊟ **생목(生木)과 사목(死木)** 생목이 金을 보면 상하게 되고, 甲戌과 乙亥는 木의 근원이며, 甲寅과 乙卯는 木의 고향이며, 甲辰과 乙巳는 木의 생지(生地)가 된다. 이상의 木은 생목(生木)이 된다.

사목은 庚辛金을 얻으면 이루어짐이 있어 이롭다. 甲申과 乙酉는 木이 지지의 金으로부터 극을 받으며, 甲午와 乙未는 木의 사지(死地)가 되며, 甲子와 乙丑은 납음오행(納音五行)이 金으로 木을 극한다. 이상의 木은 사목(死木)이 된다.

木 기운이 커져 金과 木의 세력이 대등하면 나무를 깎아 바퀴를 만드는 것과 같아 격이 이루어졌다고 한다. 그러나 木이 가을에 태어나면 도끼로 인해 손상되므로 가을인 金 계절의 출생자는 金이 무거운 것을 꺼린다.

❷ 동목(冬木)에 丙火가 없는 경우

```
시  일  월  연 (乾命)
乙  甲  甲  戊
丑  申  子  寅

辛  庚  己  戊  丁  丙  乙
未  午  巳  辰  卯  寅  丑
```

　동목(冬木)인 子월 甲木이 지지에 申子辰 수국(水局)을 이루고, 월시에서 甲乙이 도우므로 신왕하다. 甲申일주는 사목(死木)으로 金관살을 보면 이룸이 있다고 보지만, 申金은 子水와 합이 되어 동목(冬木)을 더 차갑게 할 뿐이다. 식상설기(食傷洩氣)하면 조후도 맞추고 왕성한 甲木을 해결한다. 寅 중 丙火가 상신이 된다. 丙火는 子 중 壬水에 丙壬충이 되고, 申 중 壬水에도 충이 되니 상신무력(相神無力)으로 패격이 되었다.

　명주는 운전기사로 생활하던 중 1978년(戊辰운 戊午년)부터 과도한 음주로 병을 얻었으나 술을 끊지 못하고, 己巳운에 巳 중 庚金이 왕해져 불치병이 되었다. 만약 丙火상신이 충으로 무력해지지 않았다면 己巳운이 이같이 흉해지지는 않았을 것이다.

❸ 동목(冬木)에 丁火가 있는 경우

```
시  일  월  연 (坤命)
乙  甲  壬  丁
丑  戌  子  亥


己  戊  丁  丙  乙  甲  癸
未  午  巳  辰  卯  寅  丑
```

子月 甲木은 한랭하므로 억부보다는 조후를 우선하여 용신을 정한다. 『궁통보감강해(窮通寶監講解)』의 상신 원칙은 "丁火상관을 먼저 쓰고, 庚金칠살로 甲木을 쪼개주며, 丙火식신으로 보좌"하는 것이다. 위 사주를 보면 상신인 丁火식상이 연간에 있지만, 주변이 온통 水인수로부터 압박을 당하니 역할을 할 수 없다. 戌土일지에 丁火의 뿌리가 있다고 해도 너무 멀리 있고, 월령 子 중 癸水와 암충이 되니 온전한 뿌리도 될 수 없다. 또한 천간 자체에서 丁壬합으로 묶이는 하자도 있다. 즉, 상신무력(相神無力)으로 패격이 되었다.

근묘화실(根苗花實)의 잣대로 전체적인 운의 흐름을 보면, 뿌리와 싹에 기신이 무거우므로 초년과 중년에 어려움이 있었음을 알 수 있다. 부부관계도 다음 다섯 가지 이유로 좋지 않다.
① 남편궁인 월지가 기신궁인데 인수성이 앉아 있어 손실 상태이다.
② 남편성인 관성이 드러난 것이 없어 암관(暗官)만 있다.
③ 남편을 담고 있는 丑戌이 형이 된다.
④ 시지 丑은 관고(官庫)이다.

⑤ 丑 중 辛金으로는 자공망이 되어 진입이 불가능하다. 자공망은 명주가 丑으로 진입한 후 乙丑 기준으로 보면 戌이 공망이 된다는 것이다.

명주는 辰운 중 1985년(乙丑년)에 재혼한 남편을 잃었다. 전체적으로 팔자가 음습한데 용신의 역할이 없고, 운에서 오는 辰이 습토(濕土)요, 연에서 오는 丑은 亥子丑이 되어 팔자의 음습함을 부추기고 상신을 무력하게 하는 해이다.

3. 겨울 쇠

▨ 원문 ▨

傷官見官 爲禍百端 而金水見之 反爲秀氣 非官之不畏夫傷 而調候
상 관 견 관   위 화 백 단   이 금 수 견 지   반 위 수 기   비 관 지 불 외 부 상   이 조 후

爲急 權而用之也 傷官帶煞 隨時可用 而用之冬金 其秀百倍
위 급   권 이 용 지 야   상 관 대 살   수 시 가 용   이 용 지 동 금   기 수 백 배

▨ 해설 ▨

상관격에 정관이 있는 상관견관(傷官見官)은 백 가지 화가 있다고 한다. 그러나 金일간에 水가 상관인 금수상관격(金水傷官格)은 정관이 있어야 좋은 사주이다. 이는 금수상관격은 조후가 급한데 火정관이 그 역할을 해주기 때문이다.

▨ 원문 ▨

若金水食神而用煞 貴而且秀 職丁亥 壬子 辛巳 丁酉 舒尚書命是也
약 금 수 식 신 이 용 살   귀 이 차 수   직 정 해   임 자   신 사   정 유   서 상 서 명 시 야

▨ 해설 ▨

金일간에 水식신인 금수식신격(金水食神格)이 칠살을

쓰면 귀하고 총명하다. 다음 서상서(徐尙書)의 사주와 같은 경우이다.

시	일	월	연(乾命)
丁	辛	壬	丁
酉	巳	子	亥

원문

傷官用財　本爲貴格　而用之冬水　卽使小富　亦多不貴　凍水不能生
상관용재　본위귀격　이용지동수　즉사소부　역다불귀　동수불능생

木也
목야

해설

본래 상관격 중에서 상관용재(傷官用財) 사주는 귀한 사주이지만, 겨울의 金일간이나 여름의 木일간은 귀하지 않다. 겨울의 金일간은 상관인 언 물이 재성인 나무를 생하지 못하므로 약간의 재물을 이룰 수 있지만 그리 귀한 사주는 안 된다.

원문

秋金遇水　則爲金水相涵　而冬金不作此論　而秋金遇水　金水相涵　見
추금우수　즉위금수상함　이동금부작차론　이추금우수　금수상함　견

官無礙　假如庚生申月　而支中或子或辰　會成水局　天干透丁　以爲官星
관무애　가여경생신월　이지중혹자혹진　회성수국　천간투정　이위관성

只要壬癸不透露干頭　便爲貴格　與食神傷官喜見官之說同論　亦調候
지요임계불투로간두　편위귀격　여식신상관희견관지설동론　역조후

之道也 食神忌官 金水不忌 卽金水傷官可見官之謂
지도야 식신기관 금수불기 즉금수상관가견관지위

해설   가을의 金일간이 水를 만나면 금수상함(金水相涵)이라 하여 좋지만, 겨울의 金일간은 水를 만나면 얼어서 좋지 않다. 금수상함에 火관성이 있어도 해가 없다.

시	일	월	연
丁	庚	壬	○
○	子	申	辰

위 사주의 경우 천간에 투출한 丁火는 해가 없으며, 壬癸가 투출하지 않아야 귀격이 된다. 壬癸가 투출하여 丁火정관을 극하면 귀격이 되지 않는다. 금수상관격(金水傷官格)은 관성을 보는 것이 좋다는 이론 역시 조후를 참조한 것이다. 식신격은 관성을 꺼리지만, 금수상관은 관성을 보는 것이 좋다.

▧ 강해 ▧   겨울의 金 일간과 조후하는 불과의 관계를 사례사주를 통해 살펴본다.

❶ 동금(冬金)에 丙丁이 없는 경우

시	일	월	연 (乾命)
庚	庚	壬	壬
辰	子	子	辰

己	戊	丁	丙	乙	甲	癸
未	午	巳	辰	卯	寅	丑

　子월 庚金이니 동금(冬金)이다. 지지에 申子辰 수국(水局)이 되어 신약한 금수상관격(金水傷官格)이다. 신약을 해결하는 辰土인수가 합으로 기반되고, 한랭함을 해결하는 丙丁 불 기운도 없으므로 패격이다.

　명주는 결혼 후 2009년 현재 종교생활을 하는 스님이다. 운이 木火로 흘러 패중유성(敗中有成)이 되었지만, 원국에 金水만 편왕(偏旺)하여 큰 귀함을 이룰 수 없다.

　다음 사주는 참고사주로, 위 사주와 월일이 같지만 조후를 해주는 丁火와 巳火가 있는 것이 다르다. 팔자의 강한 물을 막는 戊운 丙辰년에 우의정에 올랐다.

```
시  일  월  연 (乾命)
辛  庚  壬  丁
巳  子  子  亥


乙  丙  丁  戊  己  庚  辛
巳  午  未  申  酉  戌  亥
```

❷ 동금(冬金)에 丙丁이 있는 경우

```
시  일  월  연 (坤命)
丙  辛  壬  丁
申  巳  子  丑


己  戊  丁  丙  乙  甲  癸
未  午  巳  辰  卯  寅  丑
```

子월 辛금인 동금(冬金)에 조후를 하는 丙丁火가 투출했으므로 성격이 된 듯하다. 그러나 연간 丁火는 丁壬합으로 기반되고, 시간 丙火도 뿌리가 되는 巳火가 깨져서 조후 역할을 하기 힘들다. 巳火가 깨진 이유는 巳申형합(刑合)이 되고, 子水와 수화상충을 하기 때문이다.

팔자의 특징은 상관견관(傷官見官)에 관살혼잡(官殺混雜)인 것이다. 여기에 천간은 丁壬합에 丙辛합이 되고, 지지는 子丑합과 巳申합이 되는 다합사주(多合四柱)이다. 이런 특징들은 명주를 음란함으로 몰고 가는 성분이다.

명주는 18살에 결혼한 후 얼마 안 돼 남편이 허약하여 죽었다. 그 뒤 음란함을 참지 못해 이름에 먹칠을 하고 甲寅운에 자살한 여성이다. 천간에서 丙辛합은 상관합(화신인 水가 일간의 상관)이 되어 남편을 배반할 기미를 품고 있었고, 정임합목(丁壬合木)으로 재성합이 되어 여기에 마음이 가 있었으니 탐합망관(貪合忘官)이 된다. 그러나 합으로 묶여 이러지도 저러지도 못했다.

㊟ **쓴다[用]와 본다[見]** 『자평진전(子平眞詮)』 원문 내용 중에서 목화상관격(木火傷官格)은 木일간이 火상관을 만난 격을 말한다. 예를 들어 甲木일간이 午월을 만나거나, 乙木일간이 巳월을 만나는 경우이다. 금수상관격(金水傷官格)은 金일간이 水상관을 만난 격으로, 庚金일간이 子월을 만나거나, 辛金일간이 亥월을 만난 경우이다. 간단히 여름의 木일간은 목화상관격, 겨울의 金일간은 금수상관격으로 분류한다.

여름의 木일간인 목화상관이 상관용재(傷官用財)를 하면, 土재성은 여름의 마른 흙으로 뛰어남이 줄어든다. 겨울의 金일간인 금수상관은 상관용재가 된다 해도 꽁꽁 언 물이 木을 생하지 못한다. 그러므로 금수상관에 木이 나타내는 재물을 모을 수는 있겠지만 귀한 사주는 안 된다. 이런 이유로 목화상관격과 금수상관격에는 조후를 고려하여 물과 불을 쓴다. 즉, 목화상관은 물인 인수를 써 축축하게 적셔주고, 금수상관은 불인 관살을 써 따뜻하게 해준다.

목화상관과 금수상관의 조후와 관련하여 원문에서는 "하목견수 동금견화(夏木見水 冬金見火)"라 하여 용(用)이 아닌 견(見)을 사용하였다. 그렇기 때문에 조후를 하는 물과 불을 상신으로 하라는 것인지, 아니면 다른 상신을 쓸 때 물과 불이 팔자에 있으면 좋다는 것인지 분명하지 않다. 그러나 식신격에서 "금수식신이용살 귀이차수(金水食神而用煞 貴而且秀)"라고 지적했으므로 상신으로 한다는 의미가 더 강하다고 본다. 물론 금수상관격도 水식상의 설기를 일간이 감당하지 못할 정도면 조후를 하는 불 대신 생금(生金)하는 흙을 써야 한다. 원문에서 "논명유이월령용신위주 연역수배기후이호참지(論命惟以月令用神爲主 然亦須配氣候而互參之)"라 하여 명을 볼 때는 월령인 용신격국을 위주로 하되 기후를 '참조' 하라고 하였다.

위 사례사주는 원문에서 지적한 조후에 초점을 두고 분석하였다. 그러나 일간을 돕는 丑土정인이 일간과 멀리 있어 무정하고, 일간의 뿌리인 申金이 巳申형으로 깨져 있으니 辛金일간은 무력하다. 이런 형편에 일간을 설기하는 丙丁식상을 쓰는 것이 합당한

지 의문이다. 억부가 아리송하면 조후를 쓰라는 말도 있기 때문이다. 만약 억부를 우선한다면 丑土와 申金을 써야 한다. 억부법을 적용해도 격이 떨어지는 것은 조후를 쓰는 것과 동일하다. 억부법을 기준으로 할 때 甲寅운에 자살한 것은, 寅운이 丑土를 목극토(木剋土)하고 寅巳申 삼형이 된 것으로 설명할 수 있다. 또한 甲寅운은 재생살(財生殺)로 일간의 신약을 더 깊게 하는 흉운이기도 하다.

❸ 동금(冬金)에 丙丁을 못 쓰는 경우

시	일	월	연 (乾命)
壬	辛	丙	己
辰	酉	子	丑

己	庚	辛	壬	癸	甲	乙
巳	午	未	申	酉	戌	亥

원문에서는 금수식신격(金水食神格)에 조후를 참조하면 火관살도 나쁘지 않다고 하였다. 과연 이 사주도 이런 기준을 적용할 수 있는가? 사주를 보면 지지가 子丑土, 辰酉金이 되는데 辛金일간이 酉金에 뿌리가 있어 강하다. 강한 일간이면 식상으로 설기하는 방법과 관살로 극제하는 방법을 생각할 수 있다. 火관살로 극제하면 조후도 해결할 수 있어 더욱 좋다. 그러나 월간에 투출한 丙火는 子水 위에 앉아 있고, 丙火를 생조하는 木기운이 전혀 없어 무력하다. 이런 상황에 조후에 맞는다 하여 이를 상신으로 할 수는 없다.

『적천수(適天髓)』에서는 "금수상관인 팔자가 火관살을 용신(상신)으로 하는 경우는 열 명 중 한두 명이고, 水식상을 용신으로 하는 경우는 열 명

중 팔구 명이라 하였다(金水傷官…… 取火爲用者 十無一二 取水爲用者 十有八九)". 위 사주의 경우 丙火는 무력하고, 壬水는 子월의 기운을 얻고, 辰土 중 癸水에 뿌리가 있다. 그러므로 금수식신격(金水食神格)이지만 상신을 壬水로 한다.

   壬水가 상신임을 참조하여 운의 흐름을 보자. 癸酉운부터 공부를 시작해 壬申운에 지현(知縣) 벼슬에 올랐고, 辛未운 丁丑년에는 丁火는 상신을 丁壬합으로 합거하고, 丑土는 상신의 뿌리인 子水를 손상하여 질병으로 사망하였다.

2장 궁성론

1. 전통적 궁성론

원문

命中喜忌 雖支干俱有 而干主天 動而有爲 支主地 靜以待用 且干主
명중희기 수지간구유 이간주천 동이유위 지주지 정이대용 차간주

一而支藏多 爲福爲禍 安不得殊 譬如甲用酉官 逢庚辛則官煞雜 而
일이지장다 위복위화 안부득수 비여갑용유관 봉경신즉관살잡 이

申酉不作此例 申亦辛之旺地 辛坐申酉 如府官又掌道印也 逢二辛則
신유부작차례 신역신지왕지 신좌신유 여부관우장도인야 봉이신즉

官犯重 而二酉不作此例 辛坐二酉 如一府而攝二郡也 透丁則傷官
관범중 이이유부작차례 신좌이유 여일부이섭이군야 투정즉상관

而逢午不作此例 丁動而午靜 且丁巳竝藏 安知其爲財也
이봉오부작차례 정동이오정 차정사병장 안지기위재야

해설

본명 중에 있는 희신과 기신은 천간과 지지가 다르게 작

용한다. 천간은 하늘의 주인이므로 움직임이 있고, 지지는 땅이므로 고요하게 천간에 의해 쓰일 때를 기다린다. 천간은 하나의 오행으로 이루어져 있지만, 지지는 여러 가지 오행의 지장간으로 이루어져 있어서 어느 지장간은 길한 요소가 되고, 어느 지장간은 흉한 요소가 된다. 이 점이 천간과 지지가 다른 점이다.

예를 들어, 甲일간이 酉金정관을 쓸 때 천간에 庚辛이 나타나면 관살혼잡(官殺混雜)이 되지만, 같은 금기(金氣)인 申酉가 지지에 있으면 관살혼잡으로 보지 않는다. 申은 辛을 왕성하게 하는 지지로, 辛이 申酉의 지지에 앉아 있으면 관리가 임명장을 가진 것처럼 힘을 얻는다.

천간에 2개의 辛이 있으면 중관(重官)을 범하는 것이지만, 천간에 하나 있는 辛이 지지에 酉를 2개 보면 하나의 부(府)가 둘의 군(群)을 다스리는 것과 같아서 중관을 범한 것으로 보지 않는다. 또 동적인 丁火가 천간에 투출하면 상관으로 보지만, 지지에 있는 정적인 午火는 상관으로 보지 않는다. 지지 午火는 지장간으로 丁火와 己土를 가지고 있고, 己土가 재성으로 정관을 생하는 것도 살펴야 한다.

㈜ 본문 내용과 달리 지장간에 숨어 있는 관살인 암관(暗官)도 관으로 여기고 관살혼잡으로 보는 경우가 일반적이다. 또한 원문의 다른 부분에서도 지장간의 관살을 인정하였다. 예를 들어 '재성격과 관살'에서 사례로 든 왕태복(王太仆)의 사주에서 월령에 있는 칠살을 인정하였고, '재성격과 인수'에서 사례로 든 평강백(平江伯)의 사주에서 월령에 있는 정관을 인정하였다.

원문

故凡一八字到手 必須逐干逐支 上下統看 支爲干之生地 干爲支之發
고 범 일 팔 자 도 수   필 수 축 간 축 지   상 하 통 간   지 위 간 지 생 지   간 위 지 지 발

用 如命中有一甲字 則統觀四支 有寅亥卯未等字否 有一字 皆甲木
용 여명중유일갑자 즉통관사지 유인해묘미등자부 유일자 개갑목

之根也 有一亥字 則統觀四支 有壬甲二字否 有壬 則亥爲壬祿 以壬
지근야 유일해자 즉통관사지 유임갑이자부 유임 즉해위임록 이임

水用 用甲 則亥爲甲長生 以甲木用 用壬甲俱全 則一以祿爲根 一以
수용 용갑 즉해위갑장생 이갑목용 용임갑구전 즉일이록위근 일이

長生爲根 二者竝用 取運亦用此術 將本命八字 逐干支配之而已
장생위근 이자병용 취운역용차술 장본명팔자 축간지배지이이

해설

팔자를 볼 때는 천간과 지지를 같이 보아야 한다. 지지는 천간의 생지(生地)이며, 천간은 지지의 발용(發用)이기 때문이다. 예를 들어, 본명 천간에 甲이 있을 때 지지에 寅亥卯未 중 하나가 있으면 그것이 천간 甲의 뿌리가 된다.

본명 지지에 亥의 지지가 있으면 천간에 壬이나 甲이 있는지를 본다. 壬이 있으면 亥는 壬의 녹지(祿地)가 되어 쓰임이 있고, 甲이 있으면 亥는 甲의 장생(長生)으로 쓰이므로 지지의 亥는 천간에서 甲과 壬으로 쓰인다. 만약 甲과 壬이 모두 투출했다면 겸하여 쓰인다. 천간과 지지를 배합하여 보는 점에서, 운을 보는 것도 명을 보는 이런 방식과 동일하다.

원문

月令用神 配以四柱 固有每字之生剋以分吉凶 然有同此生剋 而先後
월령용신 배이사주 고유매자지생극이분길흉 연유동차생극 이선후

之間 遂分吉凶者 尤談命之奧也
지간 수분길흉자 우담명지오야

▨ 해설 ▨　월령으로 용신을 정하여 사주가 배합되고 나면 팔자 각자의 생극에 따라 길흉이 달라진다. 이 경우 동일한 생극이라도 생극의 선후에 따라 길흉이 달라지는 묘함이 있다.

▨ 원문 ▨

若命與運二支會局 亦作淸論 如甲用酉官 本命有午 而運逢寅戌之類
약 명 여 운 이 지 회 국　역 작 청 론　여 갑 용 유 관　본 명 유 오　이 운 봉 인 술 지 류

然在年則重 在日次之 至於時生於午 而運逢寅戌會局 則緩而不急矣
연 재 년 즉 중　재 일 차 지　지 어 시 생 어 오　이 운 봉 인 술 회 국　즉 완 이 불 급 의

▨ 해설 ▨　본명과 운에서 오는 2개의 지지가 삼합을 할 때 작용력이 있는 것은 분명하다. 예를 들어, 甲일간이 酉金정관을 쓰고 본명에 午가 있는데 운에서 寅 또는 戌이 와서 삼합을 하는 경우이다. 이 때 본명에 있는 午가 어디에 위치하는가에 따라 작용이 다르다. 연(年)에 있을 때는 상관으로 강하게 작용하고, 일(日)은 그 다음이며, 시(時)에 있을 때는 영향이 가볍다.

▨ 원문 ▨

其由宮分配之者 則年月日時 自上而下 祖父妻子 亦自上而下 以地
기 유 궁 분 배 지 자　즉 년 월 일 시　자 상 이 하　조 부 처 자　역 자 상 이 하　이 지

相配 適得其宜 不易之位也
상 배　적 득 기 의　불 역 지 위 야

▨ 해설 ▨　팔자에서 궁(宮)은 연월일시의 자리를 말한다. 연월일시 중 연은 조상, 월은 부모, 일은 처, 시는 자식의 자리다. 이는 변하지 않는

자리이며, 배합에 마땅함을 얻으면 길하다.

📜 원문 📜

其間有無得力 或吉或凶 則以四柱所存或年月或日時財官傷刃 系是
기간유무득력 혹길혹흉 즉이사주소존혹년월혹일시재관상인 계시

何物 然後以六親配之用神 局中作何喜忌 參而配之 可以了然矣
하물 연후이육친배지용신 국중작하희기 참이배지 가이료연의

📜 해설 📜

육친이 힘이 있는가 없는가, 길한가 아닌가는 모두 사주에 달려 있다. 재성, 관성, 상관, 양인 등의 육친이 사주의 연월일시 어디에 있는지를 본 후에 이를 용신에 배합하고, 사주에 길한 작용을 하는지 흉한 작용을 하는지를 가리면 육친의 힘과 길흉을 명료하게 알 수 있다.

📜 원문 📜

以妻論之 坐下財官 妻當賢貴 然亦有坐財官而妻不利 逢傷刃而妻反
이처론지 좌하재관 처당현귀 연역유좌재관이처불리 봉상인이처반

吉者 何也 此蓋月令用神 配成喜忌 如妻宮坐財 吉也 而印格逢之
길자 하야 차개월령용신 배성희기 여처궁좌재 길야 이인격봉지

反爲不美 妻坐官 吉也 而傷官逢之 豈能順意 妻坐傷官 凶也 而財
반위불미 처좌관 길야 이상관봉지 기능순의 처좌상관 흉야 이재

格逢之 可以生風 煞格逢之 可以制煞 反主妻能内助 妻坐陽刃 凶也
격봉지 가이생풍 살격봉지 가이제살 반주처능내조 처좌양인 흉야

而或財官煞傷等格 四柱已成格局 而日主無氣 全憑日刃幫身 則妻必
이혹재관살상등격 사주이성격국 이일주무기 전빙일인방신 즉처필

能相關 其理不可執一
능 상 관 기 리 불 가 집 일

※ 해설 ※

처에 대해 살펴본다. 좌하(坐下)인 일지에 재관(財官)이 있으면 처는 당연히 현명하고 귀하다. 그러나 일지에 재관이 있는데도 처덕이 없는 경우가 있고, 일지에 상관이나 양인이 있는데도 처덕이 있는 경우가 있다. 이는 월령인 용신을 기준으로 희신과 기신으로 작용하는지에 따라 달라진다.

예를 들어, 일지인 처궁에 재성이 있으면 좋게 봐야 하지만 사주의 격이 인격(印格)이면 오히려 좋지 않고, 처궁에 정관이 있어도 좋겠지만 사주의 격이 상관격(傷官格)이면 이 또한 좋지 않다. 반대로 처궁인 일지에 상관이 있으면 흉하지만 만약 재성격이라면 상관이 재성을 생하니 처덕이 있고, 만약 칠살격(七殺格)이라면 상관은 칠살을 극제하는 성분이므로 처덕이 있다. 처궁에 양인은 흉하지만, 재성격, 정관격, 칠살격, 상관격 등의 격에서 일주가 기력이 없으면 일주는 양인(陽刃)에 의지해야 하므로 처는 나의 의지처가 된다. 이와 같으므로 일지 처궁을 보고 처를 일률적으로 논해서는 안 된다.

※ 원문 ※

旣看妻宮 又看妻星 妻星者 干頭之財也 妻透而成局 若官格透財 印
기 간 처 궁 우 간 처 성 처 성 자 간 두 지 재 야 처 투 이 성 국 약 관 격 투 재 인

多逢財 食傷透財爲用之類 卽坐下無用 亦主內助 妻透而破格 若印
다 봉 재 식 상 투 재 위 용 지 류 즉 좌 하 무 용 역 주 내 조 처 투 이 파 격 약 인

輕財露 食神傷官 透煞逢財之類 卽坐下有用 亦防刑剋 又有妻透成
경 재 로 식 신 상 관 투 살 봉 재 지 류 즉 좌 하 유 용 역 방 형 극 우 유 처 투 성

格 或妻宮有用而坐下刑沖 未免得美妻而難偕老 又若妻星兩透 偏正
격 혹처궁유용이좌하형충 미면득미처이난해로 우약처성량투 편정

雜出 何一夫而多妻 亦防刑剋之道也
잡출 하일부이다처 역방형극지도야

해설

일지인 처궁(妻宮)을 본 뒤에는 재성인 처성(妻星)을 본다. 처성이 천간에 투출하고 성국(成局)이면 비록 일지에 용신이 없어도 내조를 한다. 예를 들어 정관격에 재성이 투출하거나, 인성이 많은 사주가 재성을 만나거나, 식상격에 재성이 투출하여 쓰임이 있는 경우 등이다.

이와 반대로 처성이 투출하여 패격이 되는 경우도 있다. 이 때는 일지에 용신이 있어도 처의 형극(刑剋)을 방지해야 한다. 예를 들어 인수가 힘이 없는데 재성이 투출한 경우, 식상이 있는 사주인데 칠살과 재성이 모두 투출한 경우이다. 또 처성이 투출하여 성격이 되고 일지인 처궁에 용신이 있지만 일지가 형충이 되면 좋은 처를 얻지만 해로하지는 못하고, 처성인 정재와 편재가 뒤섞여 투출하면 한 남편에 처가 여럿이니 이 역시 처의 형극을 방지해야 한다.

원문

至於子息 其看宮分與星所透喜忌 理與論妻略同 但看子息 長生沐浴
지어자식 기간궁분여성소투희기 이여론처략동 단간자식 장생목욕

之歌 亦當熟讀 如長生四子中旬半 沐浴一雙保吉祥 冠帶臨官三子位
지가 역당숙독 여장생사자중순반 목욕일쌍보길상 관대임관삼자위

旺中五子自成行 衰中二子病中一 死中至老沒兒郎 除非養取他之子
왕중오자자성행 쇠중이자병중일 사중지로몰아랑 제비양취타지자

入墓之時命夭亡　受氣爲絕一個子　胎中頭産養姑娘　養中三子只留一
입묘지시명요망　수기위절일개자　태중두산양고랑　양중삼자지류일

男子宮中子細詳是也
남자궁중자세상시야

▦ **해설** ▦　　자식을 보는 방법도 처를 보는 것과 같다. 즉, 자식궁(子息宮)을 본 뒤 투출한 자식성(子息星)이 희신과 기신 중 어느 것으로 작용하는지를 본다. 또한 자식을 볼 때 십이운성의 장생(長生), 목욕(沐浴) 등에 대한 가결(歌訣)이 있으니 이것도 살펴야 한다. 예를 들어, 장생은 아들을 넷 두고 중순이 지나면 반으로 줄어든다. 목욕은 2명을 두고 길하다. 관대(冠帶)는 3명, 임관(任官)도 3명이다. 제왕(帝旺)은 아들 5명이 성공하고, 쇠(衰)는 아들 2명 중 1명은 온전하지 못하고, 사(死)는 늙도록 자식이 없어 양자를 삼고, 묘(墓)는 요절하며, 절(絕)은 아들 1명, 태(胎)는 맏딸을 기르게 되고, 양(養)은 아들 셋 중 1명만 남는다.

㈜ 위 원문의 내용은 참고할 수 있지만 절대적인 것은 아니다.

▦ **원문** ▦

然長生論法　用陽而不用陰　如甲乙日只用庚金長生　巳酉丑順數之局
연장생론법　용양이불용음　여갑을일지용경금장생　사유축순수지국

而不用辛金逆數之子申辰　雖書有官爲女煞爲男之說　然終不可以甲
이불용신금역수지자신진　수서유관위녀살위남지설　연종불가이갑

用庚男而用陽局　乙用辛男而陰局　蓋木爲日主　不問甲乙　總以庚爲男
용경남이용양국　을용신남이음국　개목위일주　불문갑을　총이경위남

辛爲女 其理爲然 拘於官煞 其能驗乎
신 위 녀 기 리 위 연 구 어 관 살 기 능 험 호

▧ 해설 ▧   아울러 자식에 대한 십이운성을 따질 때는 양(陽)을 위주로 하고, 양생음사(陽生陰死)의 방법을 사용하지 않는다. 예를 들어, 甲乙일간은 庚辛의 장생을 아울러 보아 巳酉丑의 순서를 따르고, 음인 辛을 子申辰의 역순으로 쓰지 않는다. 다른 책에서 언급한 것처럼 정관은 딸, 칠살은 아들이라는 방법을 따르면 잘 맞지 않는다. 즉, 甲乙일간 모두 庚은 아들, 辛은 딸로 보아야 한다.

▧ 원문 ▧

所以八字到手 要看子息 先看時支 如甲乙生日 其時果系庚金何宮
소 이 팔 자 도 수 요 간 자 식 선 간 시 지 여 갑 을 생 일 기 시 과 계 경 금 하 궁

或生旺 或死絕 其多寡已有定數 然後以時干子星配之 如財格而時
혹 생 왕 혹 사 절 기 다 과 이 유 정 수 연 후 이 시 간 자 성 배 지 여 재 격 이 시

干透食 官格而時干透財之類 皆謂時干有用 卽使時逢死絕 亦主子貴
간 투 식 관 격 이 시 간 투 재 지 류 개 위 시 간 유 용 즉 사 시 봉 사 절 역 주 자 귀

但不甚繁耳 若又逢生旺 則麟兒繞膝 豈可量乎 若時干不好 子透破
단 불 심 번 이 약 우 봉 생 왕 즉 린 아 요 슬 기 가 량 호 약 시 간 불 호 자 투 파

局 卽逢生旺 難爲子息 若又死絕 無所望矣 此論妻子之大略也
국 즉 봉 생 왕 난 위 자 식 약 우 사 절 무 소 망 의 차 론 처 자 지 대 략 야

▧ 해설 ▧   팔자에서 자녀를 볼 때는 먼저 시지를 본다. 예를 들어, 甲乙일간의 자식인 庚金이 시지에서 생왕(生旺) 또는 사절(死絕)했는지를 살펴 자녀의 많고 적음을 따진다. 시지 다음에는 시간(時干)과 자식성인

관살을 본다. 만약 재성격인데 시간에 식신이 있거나, 정관격이 시간에 재성이 있으면 시간에 용신이 있다. 이 때는 시지 자리에서 자식성인 관살 오행이 사절을 만났다고 해도 자식은 귀하게 되지만, 자식 수는 많지 않다.

만약 시간에 용신이 있고 시지에서 관살이 생왕하면 출세한 자식이 많다. 반대로 시간에 좋지 않은 기운이 있고 자식성이 투출하여 파국되면 자식성이 시지 자리에서 생왕하더라도 자녀를 두기 힘들고, 시지 자리에서 사절까지 되면 자녀를 바라지 말아야 한다. 이상은 처와 자식을 보는 방법의 대략을 말한 것이다.

강해   원문의 내용 중 특별히 설명이 필요한 부분을 보충한다.

1) 궁위의 시간효과

궁성 중에서 궁은 육친궁(六親宮)을 말하고, 성은 육친성(六親星)을 말한다. 전통적으로 팔자에서 각 자리의 상징은 다음 표와 같이 요약된다.

구분	시주	일주	월주	연주
근묘화실	열매[實]	꽃[花]	싹[苗]	뿌리[根]
가족관계	자식	처	부모	조상
원형이정	정(貞)	이(利)	형(亨)	원(元)
인체 배속	발	배	가슴	머리
나이 배속	49~64세	33~48세	17~32세	1~16세

이는 팔자의 각 자리를 어떻게 보는가에 대한 궁위(宮位)의 원칙이다. 엄밀하게 말해 궁이라 하면 팔자 중에서 지지를 말하지만, 보통 팔자의 자리를 궁이라고 한다. 팔자를 구성하고 있는 각각의 글자는 그 위치에서 어떤 상징을 갖는다는 것이 궁위이론이다. 팔자의 위치효과는 크게는 시간

의 흐름과 묶이고, 구체적으로는 육친과 결합한다.

시간의 흐름은 원형이정(元亨利貞)과 근묘화실(根苗花實)로 표현된다. 이 중 원형이정은 만물이 완성되는 원리를 말한다. 원(元)은 만물이 시작되는 봄[春], 형(亨)은 만물이 성장하는 여름[夏], 이(利)는 만물이 이루어지는 가을[秋], 정(貞)은 만물이 완성되는 겨울[冬]이다. 『적천수(適天髓)』에서는 "조화기어원 역지어정 재조정원지회 배태사속지기(造化起於元 亦止於貞 再造貞元之會 胚胎嗣續之機)"라고 하였다. 팔자의 시간흐름은 원(元)인 연주에서 출발하여 정(貞)인 시주에서 멈추고 다시 정에서 일어나 원으로 이어지니, 이는 수태하여 자손으로 연결되는 기틀과 같다는 말이다. 『적천수』에서 말한 원형이정의 개념이 추상적이라면, 근묘화실의 개념은 좀더 구체적이다. 근묘화실은 팔자의 각 기둥을 나무의 생장과정과 결합하여 설명한다. 원형이정으로 팔자를 보는 것처럼, 연주인 뿌리에서 시작하여 시주인 열매로 귀결된다는 것이다.

이러한 근묘화실의 개념을 바탕으로 인체의 몸과 인생의 각 시기를 다음과 같이 배속한다. 연주는 인체로는 머리 부분이며 시기로는 1~16세, 월주는 가슴이며 17~32세, 일주는 배 부분이며 33~48세, 시주는 발이며 49~64세, 64세 이후는 다시 연주로 돌아가 16세씩 배속된다. 나이 구분은 『팔자진결계시록(八字眞訣啓示祿)』에 제시되어 있다. 반드시 이 기준대로 사주를 배속시킬 필요는 없지만, 연주는 초년, 월주는 장년, 일주는 중년, 시주는 말년으로 구분한 것은 어느 역학책이나 비슷비슷하다.

근묘화실은 팔자의 각 자리를 운명의 시간흐름과 결합시키기 위해 많이 사용된다. 만약 연(年)이 희신이면 어려서 발달하고 기신이면 어려서 뜻을 얻지 못하며, 월일(月日)이 희신이면 중년에 발달하고 기신이면 중년에 막히고 지체가 많으며, 시주가 희신이면 말년에 편안하며 영화롭고 기신이면 말년이 흉하다. 진소암(陳素菴)은 『명리약언(命理約言)』에서 이러한 방법이 여러 번 시험해도 잘 맞는다고 확언하였다. 아울러 이 방법의 한계도 지적하였다. 즉, 이 방법은 어릴 때부터 늙을 때까지 대강을 볼 수 있을 뿐이며, 만약 확실히 연을 나누어서 상세히 길흉을 볼 때는 당연히 운을 위주로 하여 보아야 한다는 것이다.

　근묘화실에는 위와 같이 시간효과가 적용된다. 사주에 대한 이러한 시간효과에는 순차효과(順次效果)도 포함되어 있다. 순차효과는 사주에 작용하는 대운이나 세운 등의 객운(客運)이 근·묘·화·실, 즉 연·월·일·시 순서대로 순차적으로 작용하는 효과이다. 이 효과에 의해 합충(合沖)은 일시보다는 연월에 먼저 영향을 미치고, 연월에 미치는 영향은 그 영향이 빠르고, 일시에 작용하는 합충은 영향이 천천히 일어난다고 본다. 이런 효과를 『자평진전(子平眞詮)』에서는 "충년월즉급 충일시즉완야(沖年月則急 沖日時則緩也)"라고 설명하였다. 즉, 연월의 충이 먼저 일어나고 일시의 충은 효과가 천천히 나타난다는 것이다. 팔자의 시간효과와 관련된 예를 보자.

❶ 팔자 자체에서 시간효과를 보는 경우

시	일	월	연 (坤命)
己	戊	辛	癸
未	寅	酉	卯

戊	丁	丙	乙	甲	癸	壬
辰	卯	寅	丑	子	亥	戌

酉월 戊土에 辛金상관이 투출했으므로 상관격이다. 상관격에 癸水재성이 있어 상관생재(傷官生財)로 성격이 될 듯하다. 그러나 癸水재성이 卯木인 사지(死地, 오행운성 적용)에 있어 역할이 거의 없다. 결과적으로 상관격이 칠살과 같이 있는 상관대살(傷官帶殺)의 구조이다. 상관대살이면서 신약하니 인수로 역용하는 것이 최선이고, 재극인(財剋印)으로 역용을 방해하는 재성운은 좋지 않다. 혹 운에서 丙火인수가 들어와도 월간과 丙辛합으로 기반되고, 丁火인수가 들어오면 연간과 丁癸충이 되니 상신인 인수를 제대로 쓸 수 없는 구조이다. 패격이다.

인수운 다음으로 좋은 것은 신약을 해결하는 신왕운(身旺運)이다. 마침 시주에 일간을 방조하는 己未가 있다. 병은 연월에 있고, 약은 시주에 있으므로 팔자의 시간효과로 볼 때 말년운이 좋다. 여기에 중년 이후 丙寅, 丁卯의 희신운이 들어오는 것에서도 초반보다는 말년으로 갈수록 좋아짐을 확인할 수 있다.

명주는 주부로 2007년(丙寅운 丁亥년)에 남편 재산의 일부를 자신의 명의로 돌려놓았는데, 2008년(丙寅운 戊子년) 남편이 소송을 제기했고, 2009년(丙寅운 己丑년) 양력 6월 판결 예정이다. 명과 운의 흐름으로 볼 때 이 주부에게는 운의 도움이 있는 편이다. 2009년 현재 남편은 자신이 색귀(色鬼)에 씌웠다고 생각하며 정상적인 생활을 하지 못하고 있다. 남편은 98% 자신이 승소할 것으로 확신하고 있다.

❷ 대운과 결합하여 시간효과를 보는 경우

```
시  일  월  연 (坤命)
甲  己  己  丙
子  丑  亥  申


壬  癸  甲  乙  丙  丁  戊
辰  巳  午  未  申  酉  戌
```

　남편의 바람으로 양력 2009년 5월 12일에 이혼 확정판결을 받은 여성이다. 아직 정론으로 인정된 것은 아니지만, 대운의 적용기간을 사주에 각각 배분하는 방법을 사용해보자. 이 방법은 근묘화실의 순차효과를 적용한 것으로, 대운의 주된 적용기간을 사주의 연월일시에 배분하여 순차적으로 그 영향을 본다.

　이혼한 대운은 甲午운이다. 甲午운은 양력 2000년 4월에 시작된다. 이 대운기간 10년 중에서 2.5년은 연주인 丙申에 적용되고, 그 다음 2.5년은 월주인 己亥에 주로 적용되며, 나머지 기간도 일주와 시주에 각각 2.5년씩 적용된다. 이 기준에 의하면 2007년 10월부터는 甲午운이 시에 적용된다. 甲子시와 결합하면 甲甲 복음(伏吟)이 되어 배척력이 발생하고, 甲木정관을 돕는 子水가 子午충이 되어 남편의 기운에 문제가 생기는 것을 알 수 있다.

㈜ **복음(伏吟)** 복음은 동일한 천간과 지지를 만나는 것이다. 예를 들어, 甲子의 간지가 甲子의 간지를 팔자나 운에서 만나는 경우이다. 동일한 간지는 상조(相助)보다는 배척하는 힘이 작용하므로 자기 스스로 자신을 배척하는 관계가 되며, 동요가 강해 안정을

이루기 어려운 상이다. 참고할 사항으로 복음살(伏吟殺)이 있다. 이는 생년과 같은 지지가 운에서 들어오는 것으로, 예를 들어 子년생이 子년 세운을 만날 때이다. 눈물을 흘릴 일이 일어나는 해로 본다.

2) 천간과 지지의 관계

원문에서 간지 사이의 관계를 보는 내용을 요약하면 다음과 같다.
① 지지는 정적이고 천간은 동적이다.
② 지지는 그릇이 되고 천간으로 발용(發用)되어야 쓰임이 있다.
③ 천간의 뿌리와 그릇이 되는 것은 지지가 장생지(長生地), 건록지(建祿地), 사고지(四庫地)가 될 때이다.
④ 지지에 있는 지장간이 다르므로 길흉이 혼재되어 있다.

이런 내용에 다음과 같은 오해가 있을 수 있다.

첫째, 오로지 사주의 천간에 투출되어 있어야만 쓰임이 있다고 오해할 수 있다. 이런 생각대로라면 지지는 오로지 천간의 그릇으로만 존재하고, 지지에 있는 것은 쓰임이 없고 운에서 해당 천간이 와야 쓸 수 있다고 주장할 수도 있다. 지지에 관살이 있을 때 이를 관살혼잡으로 보지 않는다는 원문 내용도 지지는 천간의 그릇으로만 존재한다는 논리에 따른 것이다. 여기서 나온 말이 화현(化現)이라는 개념이다. 화현은 지지에만 있는 육친이 역할을 못하고 있는데 운에서 해당 천간이 들어오거나, 지지에 있던 지장간이 들어와 현실화되는 현상을 말한다. 이를 너무 좁게 해석하면, 팔자의 천간에 남편의 글자가 없는 경우에 운에서 남편을 뜻하는 글자가 들어오지 않으면 결혼할 수 없다는 억지가 된다.

둘째, 천간이 지지에서 힘을 받으려면 지지에 장생(長生), 건록(建祿), 사고(四庫)가 있어야만 한다는 오해이다. 그런 오해에 대해 지지에 관대(冠帶), 즉 십이운성으로 제왕(帝旺)이 있을 때 천간은 힘을 못 받는지 되묻고 싶다.

　천간과 지지는 아주 복잡한 방법으로 얽혀 있다. 가장 먼저 생각할 것은, 모든 천간은 월령과 관계를 맺는다는 것이다. 이 책에서 살펴본 용신 격국에 대한 모든 내용은 월령과 일간의 관계가 중심을 이룬다고 할 수 있다. 월령과 일간의 관계를 볼 때 당령(當令)이라는 말이 있다. 이는 월령에 마땅하다는 의미로, 간지가 월령을 얻은 상태를 말한다. 넓은 의미로 甲木이나 乙木이 寅卯월에 출생했다면 당령으로 보지만, 좁게는 甲木일간이 寅월의 지장간 甲丙戊 중에서 甲이 사령(司令)하는 기간에 태어나야 당령한 것으로 본다.

　월령 다음으로 간지관계에 꼭 참고할 것은 십이운성이다. 이는 천간이 지지를 만났을 때 어떤 왕쇠관계를 갖는지를 장생(長生), 목욕(沐浴), 관대(冠帶), 건록(建祿), 제왕(帝旺), 쇠(衰), 병(病), 사(死), 묘(墓), 절(絶), 태(胎), 양(養) 등 12단계로 분류한 것이다. 이는 앞서 상세하게 살펴본 바 있다.

　간지 상호간의 관계는 이러한 월령과 십이운성 외에도 여러 형태로 관계를 맺는다. 예를 들면 뿌리가 있는지 정이 있는지에 따라 유근(有根), 무근(無根), 유정(有情), 무정(無情)으로 나누는 방법도 있다. 유근 여부를 볼 때 뿌리인 근(根)을 근묘화실 중 연주라고 말하기도 하지만, 천간이 지지에서 같은 오행을 만난 경우를 유근(有根)이라 하여 뿌리가 있다고 한다. 범위를 넓혀 천간과 같은 오행이나 생을 하는 지장간이 있는 경우도 유근했다고 하는 경우가 있다.

　『자평진전(子平眞詮)』 원문에서 유정(有情)이란 패격을 만드는 요소를 합이나 극제로 제거하거나 무력하게 하여 성격을 만드는 경우를 말한다. 이와 달리 상하유정(上下有情)은 간지 상호간 서로 해치지 않고 돕는 관계를 말한다. 예를 들어, 신왕한 사주에 천간의 칠살이 약한데 지지의 재성이 돕는 경우이다. 상하유정을 상하정협(上下情協) 또는 상화정화(上下情和)라고 한다. 천간과 지지의 이러한 복잡한 관계를 사례사주를 통해 살펴본다.

❶ 지지의 관살도 관살혼잡으로 보는 경우

	시	일	월	연(坤命)
	辛	壬	癸	乙
	丑	申	未	未

庚	己	戊	丁	丙	乙	甲
寅	丑	子	亥	戌	酉	申

未월 壬水로 정관격이다. 세력이 약하여 수원(水源)인 辛金인수를 시급하게 필요로 한다. 마침 시간에 辛金이 투출하였다. 아울러 일지에 申金이 있어 뿌리가 되고, 일간을 방조(幇助)하는 癸水가 투출하여 약한 팔자가 강해졌다. 이와 같은 경우를 약화위강(弱化爲强)의 팔자라고 한다. 이런 중에 강력하지는 않지만 무리를 이룬 土관살을 제극하는 乙木이 未土에 뿌리를 둔 채 투출하였다. 언뜻 구색이 제대로 갖춰져 티끌을 줍듯 재물을 이룰 수 있는 습개지재(拾芥之財)의 바탕은 있다고 보인다.

　재물 외에 남편은 어떤가? 다음의 이유들로 인해 문제가 있음을 알 수 있다.
① 관살혼잡(官殺混雜)에 이를 극제하는 乙木의 역량이 부족하다. 乙木이 未土에 뿌리를 내렸지만 甲木이 투출한 것보다는 못하다. 원문에서는

지지의 관살은 천간에 관살이 올 때까지 기다리는 성분으로 보아 관살혼잡을 인정하지 않는다. 그러나 지장간에 있는 암관(暗官)도 관살로 인정하는 것이 일반적이다. 일반적인 시각에 의하면 이 사주는 未土 중의 己土가 둘, 申 중의 戊土가 하나, 丑 중의 己土가 하나 있으므로 관살이 총 5개이다. 만약 관살이 천간에 와야 역할을 한다는 시각을 고수하면 운에서 오는 土관살이 엄청난 힘을 가져 1998년 戊寅년의 이혼을 설명할 수 없게 된다.

② 월일 사이에 선전(旋轉)이 되어 남편궁과 교류가 시원치 않다. 壬 → 癸, 申 ← 未으로 흐름이 꽈배기처럼 꼬여 있어 엉키기 때문이다.

③ 남편궁으로는 일간의 진입이 불가능하여 궁은 파궁(破宮)이 되었다. 癸未 월주로 일간이 진입하면 申酉가 공망이 되는 자공망(自空亡) 현상이 일어나기 때문이다.

이제 丁亥운의 흐름을 살펴본다. 명주는 남편과의 다툼으로 1998년(戊寅년)에 이혼하였다. 연에서 들어오는 戊土 관살이 나의 자매인 癸水와 합하니, 남편의 바람이 다툼의 원인이 되었을 것이다. 2001년(辛巳년) 재성운에 빚 대신에 인수한 노래방을 시작하였다. 2003년(癸未년) 관살의 기운이 들어온다. 이 해에 유부남과 동거를 시작하였다.

❷ 길신태로의 경우

시	일	월	연 (乾命)
丁	戊	壬	庚
巳	午	午	寅

己	戊	丁	丙	乙	甲	癸
丑	子	亥	戌	酉	申	未

午月 戊土인데 寅午와 巳午가 지지에 있다. 火土가 강한 신인양왕(身印兩旺)의 상태이다. 신인양왕하므로 식상설기(食傷泄氣)를 찾게 되고, 지지의 寅午삼합에 巳午방합이 있어 조열하므로 물을 찾아야 한다. 그러므로 壬水월간이 상신이고, 庚金연간이 상신을 돕는 희신이다. 상신인 壬水 편재는 태지(胎地)에 있어 무력하고, 희신인 庚金상관도 절지(絶地)에 있어서 힘이 없다.

아울러 壬水와 庚金이 뿌리가 없는 상태로 천간에만 떠 있으니 길신태로(吉神太露)가 되었다. 이러면 운의 흐름에 따라 쉽게 손상당할 수 있다. 『적천수(適天髓)』에 "길신태로 기쟁탈지풍 흉물심장 성양호지환(吉神太露 起爭奪之風 凶物深藏 成養虎之患)"이라는 말이 있다. 길신이 천간에 있으며 지지에 뿌리가 없어 약하면 쟁탈의 바람이 불고, 흉한 기운이 지지에 깊숙이 숨어 있으면 호랑이를 키우는 화가 있다는 말이다.

운의 흐름을 보면 초반 甲申운과 乙酉운은 희신운으로 문제가 없지만, 丙戌운은 상신을 丙壬충하고 지지는 寅午戌 화국(火局)으로 기신운이다. 식상을 치는 운으로 이 시기에 처자식을 극하였다. 丁亥운은 亥水가 壬水

상신의 바탕이 될 듯하지만, 상신을 丁壬합으로 묶어버리고 亥水는 寅亥 합이 되어 역할을 못한다. 이 운에 명주는 출가하여 중이 되었다.

❸ 개두절각인 경우

```
시  일  월  연 (乾命)
癸  辛  壬  庚
巳  酉  午  申


己  戊  丁  丙  乙  甲  癸
丑  子  亥  戌  酉  申  未
```

午월 辛金이니 칠살격(七殺格)이다. 천간이 모두 金水로 구성되고, 지지에도 申酉가 있으니 신왕하다. 칠살격은 칠살, 일간, 식신의 균형이 중요하지만, 칠살을 식신으로 극제하는 식신제살(食神制殺)은 칠살과 식신의 균형을 이루는 것이 중요하다. 위 사주의 경우 일간과 壬水식신이 강하므로 午火칠살이 상신이다.

애석한 것은 午火칠살을 도울 수 있는 시지 巳火가 巳酉합으로 기반되어 역할이 없고, 火를 생조하는 木재성이 없는 점이다. 여기에 午火상신 위에서 壬水가 극하고 있어 개두(蓋頭)되므로 팔자의 질이 떨어진다.

기신을 돕는 申酉운에 고통이 심했고, 丙戌운은 기신을 극하고 상신을 도와 좋은 시절을 보냈다. 亥운에 壬水, 癸水 기신이 뿌리를 얻으니 개두가 지나쳐 午火상신이 꺼지고 말았으며, 집이 망하고 본인도 죽었다. 만약 명주가 癸巳시가 아니고 甲午시였다면 전혀 다른 인생을 살았을 것이다.

㈜ 천부지재(天覆地載)는 천간에서는 지지를 덮어주고, 지지에서는 천간을 실어준다는 말이다. 간지 상호간에 유정하게 도움을 주고받는 관계이다.

반대로 간지가 서로 정이 없는 경우는 개두절각(蓋頭截脚)이 된다. 개두(蓋頭)는 일간에게 필요한 지지를 천간이 극하는 상태, 절각(截脚)은 일간에게 필요한 천간을 지지에서 극하는 상태를 말한다. 예를 들어, 甲申년의 甲木이 상신인데 이를 지지인 申金이 극하는 경우이다.

원문

大凡命中吉凶 於人愈近 其驗益靈 富貴貧賤 本身之事 無論矣 至於
대 범 명 중 길 흉　어 인 유 근　기 험 익 령　부 귀 빈 천　본 신 지 사　무 론 의　지 어

六親 妻以配身 子爲後嗣 亦是切身之事 故看命者 妻財子提綱得力
육 친　처 이 배 신　자 위 후 사　역 시 절 신 지 사　고 간 명 자　처 재 자 제 강 득 력

或年干有用 皆主父母身所自出 亦自有驗 所以提綱得力 或年干有
혹 년 간 유 용　개 주 부 모 신 소 자 출　역 자 유 험　소 이 제 강 득 력　혹 년 간 유

用 皆主父母雙全得力 至於祖宗兄弟 不甚驗矣
용　개 주 부 모 쌍 전 득 력　지 어 조 종 형 제　불 심 험 의

해설

팔자의 길흉은 가까운 가족일수록 잘 적중한다. 부귀와 빈천은 나의 일이니 말할 것도 없고, 처는 나와 가장 가까운 가족이며, 자식은 나의 대를 잇기 때문에 내게 중요한 일들이다. 그러므로 명을 보는 이는 처와 자식이 제강(提綱)인 월령에서 힘을 얻고 있는지를 먼저 보아야 한다.

아울러 나를 낳은 부모의 일도 명에 잘 나타난다. 부모를 볼 때 월령에서 힘을 얻거나 연주에 용신이 있으면 부모가 온전하고 역할을 하게 된다. 그러나 명에서 조상과 형제의 일은 잘 맞지 않는다.

▨ **강해** ▨　궁성에서 육친의 길흉을 보는 원문의 내용을 요약하면 다음과 같다.

① 연(年)은 조상, 월(月)은 부모, 일(日)은 처, 시(時)는 자식의 자리다.
② 자식 중에서 양간(陽干)을 아들, 음간(陰干)을 딸로 본다.
③ 육친의 길흉을 볼 때 궁성(宮星)의 건전성을 본다. 즉, 궁과 성이 용신 격국의 희신이나 상신이면 길하다.
④ 궁은 형충(刑沖)이 되면 좋지 않고, 성은 투출하되 혼잡되면 좋지 않다.
⑤ 자식성의 힘을 볼 때 십이운성은 양순음역(陽順陰逆)을 적용하지 않는다.

이어지는 사례사주를 통해 내용을 살펴본다.

❶ 자식복이 없는 남자

시	일	월	연 (乾命)
辛	癸	己	庚
酉	卯	卯	子

丙	乙	甲	癸	壬	辛	庚
戌	酉	申	未	午	巳	辰

卯월 癸水로 상관격이다. 신약하니 상관패인(傷官佩印)을 하는 辛金편인이 상신이다. 자식의 길흉을 보자. 자식궁은 시지다. 酉金시지가 상신의 뿌리라서 문제가 없어 보이지만, 卯酉충으로 궁이 불안정한 것이 흉하다.
자식성은 관살이다. 己土관살이 월간에 있지만 卯木인 살지(殺地)에 있

고, 월간인 식신궁에 관살성이 있는 궁극성(宮剋星)으로 파성(破星)되어 흉하다. 또 자식성인 관살의 십이운성을 보면 자식궁인 酉金에서 사지(死地)가 되는 것도 좋지 않다. 궁이 형충되고 성도 무력하므로 자식과 인연이 없다. 명주는 재상을 지냈으며, 후손을 보지 못해 처제의 아들을 자식으로 삼았다가 80살 넘어 자식에게 쫓겨나 죽었다.

㈜ 자식성을 남녀 불문하고 식상으로 보기도 한다. 이 방법으로 보아도 식상이 기신이 되어 좋지 않다.

❷ **자식복이 없는 여자**

```
   시   일   월   연 (坤命)
   癸   丁   壬   辛
   卯   酉   辰   卯

 己  戊  丁  丙  乙  甲  癸
 亥  戌  酉  申  未  午  巳
```

양력 1987년 9월(丙辰운 丁卯년 戊申월)에 자식과 여행 중, 자식이 수영을 하다가 익사하였다. 자식이 좋지 않은 이유를 원국에서 찾아보자. 자식성은 辰土상관이다. 卯辰 육해상천(六害相穿)이 되어 상해를 입었고, 신약한 사주에 식상이 좋은 역할을 하지 못하고 있다. 자식궁은 시지다. 연지와 시지가 卯卯 복음이고, 일시는 卯酉충이 되었다. 아들이 사망한 丁卯년은 편인의 해로 탈식(奪食)을 하는 해이며, 유년의 卯木과 원국에 있는 2개의 卯木이 辰土 중에 있는 아들인 戊土를 극해 빼앗아 갔다.

2. 궁성론과 합충

▧ 원문 ▧

他如此類 可以例推 然猶吉凶易者也 至丙生甲寅月 年癸時戊 官能
타여차류 가이례추 연유길흉이자야 지병생갑인월 연계시무 관능

生印 而不怕戊合 戊能洩身爲秀 而不得越甲以合癸 大貴之格也 假使
생인 이불파무합 무능설신위수 이부득월갑이합계 대귀지격야 가사

年月戊癸而時甲 或年甲而月癸時戊 則戊無所隔而合全癸 格大破矣
년월무계이시갑 혹년갑이월계시무 즉무무소격이합전계 격대파의

▧ 해설 ▧

```
시  일  월  연
戊  丙  甲  癸
○  ○  寅  ○
```

위 사주에서 癸水정관은 월의 甲木편인을 생하고 있는데, 戊癸합이 이루어지지 않으므로 戊土가 일간의 기운을 뽑으니 좋다. 戊土가 甲木을 넘어 癸水와 합을 할 수 없으므로 대귀할 수 있다. 반대로 연월에 戊癸가 같이 있고 시가 甲木이거나, 甲년 癸월 戊시인 경우는 戊癸합이 되므로 격국은 완전히 부서지게 된다. 다른 경우도 이런 원리로 생각하면 길흉을 알 수 있다.

원문

辛生申月 年壬月戊 時上丙官 不愁隔戊之壬 格亦許貴 假使年丙月
신생신월 연임월무 시상병관 불수격무지임 격역허귀 가사년병월

壬而時戊 或年戊月丙而時壬 則壬能剋丙 無望其貴矣 如此之類 不
임이시무 혹년무월병이시임 즉임능극병 무망기귀의 여차지류 불

可勝數 其中吉凶似難猝喻 然細思其故 理甚顯然 特難爲淺者道耳
가승수 기중길흉사난졸유 연세사기고 이심현연 특난위천자도이

해설

```
시  일  월  연
丙  辛  戊  壬
○  ○  申  ○
```

위 사주는 戊土정인으로 인해 丙壬충이 되지 않아 시에 있는 정관 丙火가 보호된다. 귀함을 이룰 수 있다.

그러나 다음 경우들은 壬水가 丙火를 극하므로 귀함을 이룰 수 없다. 이런 예들은 수없이 많고 길흉을 자세히 보기가 어렵지만, 깊게 생각하면 이치를 알 수 있다.

```
시  일  월  연
戊  辛  壬  丙
○  ○  申  ○
```

시	일	월	연
壬	辛	丙	戊
○	○	申	○

🖎 원문 🖎

又有同是相冲而分緩急者 何也 冲年月則急 冲日時則緩也
우유동시상충이분완급자 하야 충년월즉급 충일시즉완야

🖎 해설 🖎

동일한 칠충이라도 완급의 구분이 있으니, 연월의 충은 빠르게 작용하고, 일시의 충은 천천히 작용한다.

🖎 강해 🖎

합충에 대한 사항은 앞서 '합형충파해' 장에서 대강을 설명하였다.

이 장에서는 합충 글자들의 위치와 관련된 사항을 이어지는 사례사주들을 통해 살펴본다.

❶ 합하는 자가 가까이 있는 경우

```
시  일  월  연 (乾命)
甲  丙  戊  癸
午  辰  午  酉


辛  壬  癸  甲  乙  丙  丁
亥  子  丑  寅  卯  辰  巳
```

위 사주는 『적천수(適天髓)』에 나와 있는 사주이다. "丙火가 午月 午時에 태어나 좌우에 양인(陽刃)을 끼고 있으니 아주 왕성한 사주이다. 일점(한 방울)의 癸水는 본래 서로 탁하게 하지 않는데, 戊土와 戊癸합을 하여 일주를 왕성하게 하는 火의 맹렬함을 돕는다. 연지의 酉金은 본래 유정하고 辰酉합도 되어 있는데, 또 午火에게 이간질당하고 있으니 합하려고 해도 얻을 수 없어 은혜 가운데 원한이 일어난다. 운의 흐름을 보면, 운이 동남의 木火로 흐르니 일생 동안 온갖 애로를 겪었다. 재성이 차라리 없었다면 오히려 기쁜 일이다. 세 처와 일곱 아들을 극하고 화재를 네 번이나 만난 다음 寅운에 죽었다." 이상이 『적천수』의 원문 내용이다.

이 팔자를 용신격국의 잣대로 보자. 신왕한 양인격(陽刃格)이므로 양인투관(陽刃透官) 또는 양인투살(陽刃透殺)이 필요하다. 관살이 투출한 경우 식상이 같이 투출하면 좋지 않고, 관살을 보필하는 재성과 인수가 있어야 성격이 된다. 이 사주는 연간에 癸水정관이 투출하였다. 성격이 된 듯하다. 그러나 戊土식신이 같이 투출하여 토극수(土剋水)로 癸水를 극하고, 또한 戊癸합으로 기반하니 패격이 되었다. 여기에 癸水정관을 보필하는 酉金재성 옆에는 午火가 있어 화금상전(火金相戰)이 되어 형편이 좋지 않고, 甲木인수는 午火인 사지(死地)에 있어 역시 癸水를 보필하지 못한다. 완전한 패격이 되었다. 패격의 근본 원인은 첫째 癸水인 귀기(貴氣)가 戊癸합으로 역할이 없어지고, 둘째 辰酉합을 하려는데 午火가 끼어들어 훼방하는 것이다. 이 같은 경우를 귀기불통(貴氣不通)[주]이라 한다.

[주] **귀기불통(貴氣不通)** 귀기(貴氣)란 정관, 정재, 천을귀인 등을 말하는 것이 아니라 꼭 써야 할 육친을 말한다. 이 육친 오행이 월주나 시주에 있으면 대개 불통은 일어나지 않는다. 단지 극을 받으므로 무력함이 있을 뿐이다. 불통(不通)은 쓸모 있는 육친이 연주에 있고 해당 육친을 극하거나 합거해버릴 때 일어난다. 귀기불통이 되면 명주는 평생 답답하고, 운에서 불통을 해결하는 기운이 오면 형통해진다.

이에 대한 『적천수』 원문은 다음과 같다. "양의정통중유매 수연요립의심추 유정각피인이간 원기은중사부회(兩意情通中有媒 雖然遙立意尋追 有情却被人離間 怨起恩中死不灰)." 팔자의 두 자가 뜻이 서로 통하려면 중간에 매개체가 필요하다. 그렇게 바라보고 있으면서도 마음으로만 합하려고 한다. 정이 있는데 중간에서 다른 성분이 이간질하면 은혜 가운데에서도 원한이 일어나며, 이럴 때는 죽어서 재가 되어도 이간질의 원한을 잊지 못한다. 이런 의미다.

❷ 충하는 자가 떨어져 있는 경우

시	일	월	연	(乾命)
丙	庚	戊	壬	
子	戌	申	申	

乙	甲	癸	壬	辛	庚	己
卯	寅	丑	子	亥	戌	酉

申월 庚金으로 건록격이다. 申戌이 유취(類聚)되었고, 申 중 戊土가 투출하여 신왕하다. 신왕한 건록격은 식상, 재성, 관살을 모두 상신으로 삼을 수 있다. 이 중에서 시간에 있는 丙火칠살은 일지 戌 중의 丁火에 뿌리가 있지만, 살지(殺地)인 子水에 있어 쓰지 못한다. 따라서 월령과 자리를 얻어 힘이 있는 壬水식신을 상신으로 삼는다.

戊土편인의 역할을 보자. 상신인 壬水를 극하여 문제라고 생각할 수 있다. 그러나 지지에 있는 申金으로 인해 토생금(土生金), 금생수(金生水)의 생으로 이어지므로 문제가 없다. 또한 戊土는 丙壬충 사이에서 충을 해소하는 역할을 한다. 원래 丙과 壬은 거리가 멀어서 충의 영향력이 거의 없는 충이다. 이 충 사이에 戊土가 끼어 있으니 丙壬충이 이루어지지 않는다. 戊土로 인해 결과적으로 丙火칠살을 쓸 수 있는 명이다. 여기에 운의 흐름이 상신을 돕는 운으로 흘러서 사성장군(四星將軍)까지 지냈다.

❸ 충하는 자가 가까이 있는 경우

시	일	월	연	(坤命)
戊	辛	壬	丙	
戌	亥	辰	戌	

乙	丙	丁	戊	己	庚	辛
酉	戌	亥	子	丑	寅	卯

앞에 예로 든 사성장군의 사주와 비교하면 戊土가 월간에서 시간으로 이동하였다. 이동의 결과로 丙壬충이 되어 丙火관살을 쓰지 못하므로 귀

함과는 거리가 있는 명이다. 명주는 1985년(戊子운 乙丑년) 무당이 된 여성이다.

❹ 떨어져 있어도 충이 되는 경우

시	일	월	연(坤命)
壬	辛	丙	戊
辰	酉	辰	戌

己	庚	辛	壬	癸	甲	乙
酉	戌	亥	子	丑	寅	卯

辰월 辛金으로 인수격이다. 신인양왕(身印兩旺)의 상태이므로 식상으로 설기하는 것이 원칙이다. 壬水상관이 상신이다. 壬水가 살지(殺地)에 있어 무력해 보이지만 토생금(土生金), 금생수(金生水)로 역할에는 문제가 없다. 水식상에 기운이 모여 있지만 木재성이 없어 관살을 치는 문제가 있다.

부부관계를 보면 丙火정관이 있지만, 土인수가 너무 많아 무력하고, 丙壬충이 되어 쓰지 못한다. 여기에 남편궁에 辰土기신이 있으니 기신궁이고, 丙火관성은 월간의 식신궁에 있어서 파성(破星)이 된 약점도 있다.

명주는 결혼해서 2009년(辛亥운 己丑년)까지 부부의 정을 모르고 살아온 여성이다. 辛亥운은 丙辛합으로 丙火정관을 기반하고, 2009년 己丑년은 기신의 운이다. 2009년 현재 심각하게 이혼을 생각하고 있다. 만약 戊戌년 丙辰월생이 아니라 丙辰년 戊戌월생이었다면 戊土가 중간에 끼어 丙壬충을 해결해주므로 부부관계의 문제가 덜했을 것이다.

3. 궁성론과 상신의 선후 위치

🗒 원문 🗒

食神同是財梟竝透 而先後有殊 如壬用甲食 庚先丙後 晩運必亨 格
식신동시재효병투 이선후유수 여임용갑식 경선병후 만운필형 격

亦富而望貴 若丙先而庚在時 晩運必淡 富貴兩空矣
역부이망귀 약병선이경재시 만운필담 부귀량공의

🗒 해설 🗒

식신격에 재성과 편인이 투출한 경우 위치의 선후에 따라 길흉의 차이가 있다. 예를 들어, 아래 사주처럼 壬水일주에 庚金편인은 앞에, 丙火편재는 뒤에 있는 구조는 노년운이 형통하여 부유하며 귀하게 된다. 반대로 丙火편재는 앞에, 庚金편인이 뒤에 있으면 만년운이 좋지 않을 뿐만 아니라 부귀하지 않다.

시	일	월	연
丙	壬	甲	庚
○	○	○	○

🗒 원문 🗒

丙生辛酉 年癸時己 傷因財間 傷之無力 間有小貴 假如癸己產竝而
병생신유 연계시기 상인재간 상지무력 간유소귀 가여계기산병이

中無辛隔 格盡破矣
중무신격 격진파의

▨ **해설** ▨　　아래와 같이 丙火일간이 辛酉월에 생하고 연(年)에 癸水 관성이 있고 시(時)에 己土상관이 있으면, 재성인 辛이 정관과 상관 사이에 있으므로 상관이 정관을 극하는 것이 무력하여 작은 귀함은 이룰 수 있다. 그러나 정관과 상관 사이에 재성 辛이 없으면 己土상관이 癸水정관을 극하여 패격이 된다.

시	일	월	연
己	丙	辛	癸
○	○	酉	○

▨ **원문** ▨

七煞同是財食竝透 而先後大殊 如己生卯月 癸先辛後 則爲財以助用
칠 살 동 시 재 식 병 투　이 선 후 대 수　여 기 생 묘 월　계 선 신 후　즉 위 재 이 조 용

而後煞用食制 不失大貴 若辛先而癸在時 則煞逢食制 而財轉食黨
이 후 살 용 식 제　불 실 대 귀　약 신 선 이 계 재 시　즉 살 봉 식 제　이 재 전 식 당

煞 非特不貴 後運蕭索 兼難永壽矣
살　비 특 불 귀　후 운 소 색　겸 난 영 수 의

▨ **해설** ▨　　칠살격에 재성과 식신이 모두 투출하면 위치의 선후에 따라 차이가 있다. 다음과 같이 己土일간이 卯월에 생하여 칠살격이 된 경우 癸水편재는 앞에, 辛金식신은 뒤에 있으면 편재가 칠살을 도와주는 점은 있지만, 후에는 식신이 칠살을 제압하여 대귀를 이룰 수 있다.

```
시 일 월 연
辛 己 ○ 癸
○ ○ 卯 ○
```

그러나 아래와 같이 辛金식신이 앞에, 癸水재성이 시에 있으면 식신이 칠살을 극제하지만, 시에 있는 재성이 식신의 기운을 흡수하여 칠살과 한 패가 된다. 따라서 귀하지 않고 말년운이 흉하며 수명도 짧다.

```
시 일 월 연
癸 己 ○ 辛
○ ○ 卯 ○
```

원문

如正官同是財傷竝透 而先後有殊 假如甲用酉官 丁先戊後 後則以財
여정관동시재상병투 이선후유수 가여갑용유관 정선무후 후즉이재

爲解傷 卽不能貴 後運必有結局 若戊先而丁後時 則爲官遇財生 而
위해상 즉불능귀 후운필유결국 약무선이정후시 즉위관우재생 이

後因傷破 卽使上運稍順 終無結局 子嗣亦難矣
후인상파 즉사상운초순 종무결국 자사역난의

해설

동일한 정관격에 재성과 상관이 모두 투출한 경우 그 위치에 따라 영향이 다르다. 즉, 정관격인데 사주 천간에 재성과 상관이 모두 투출했을 때 앞뒤 위치에 따라 차이가 생긴다.

시	일	월	연
戊	甲	○	丁
○	○	酉	○

위 사주에서 丁火상관은 일간 앞에 있고, 戊土재성은 일간 뒤에 있다. 이 경우 초년에는 상관의 방해로 귀하게 되지 못하지만, 말년은 재성이 상관의 상해를 해결하므로 귀하게 된다.

시	일	월	연
丁	甲	○	戊
○	○	酉	○

반대로 위와 같이 재성이 앞에 있고 상관이 뒤에 있는 경우 초년은 관성이 재성의 도움을 받으므로 좋은 운이지만, 말년은 정관이 상관에 의해 파괴되므로 자식이 대를 잇지 못한다.

원문

印格同是貪格壞印 而先後有殊 如甲用子印 己先癸後 卽使不富 稍
인 격 동 시 탐 격 괴 인   이 선 후 유 수   여 갑 용 자 인   기 선 계 후   즉 사 불 부   초

順晩境 若癸先而己在時 晩景亦悴矣
순 만 경   약 계 선 이 기 재 시   만 경 역 췌 의

해설

동일한 인수격에 식신과 재성이 투출하여 인수를 훼손

하는 경우 선후에 따라 차이가 있다. 아래 사주는 부유하지 못해도 말년이 순탄하지만, 반대로 癸水가 앞에 있고 己土가 시(時)에 있다면 말년이 초라하다.

시	일	월	연
癸	甲	○	己
○	○	子	○

※ **강해** ※   원문에서는 용신격국에 따라 귀함을 이룰 수 있는지를 육친의 위치에 따라 설명하였다.

요약하면, 연월에 상신이 있고 시에 기신이 있으면 선길후흉(先吉後凶)하고, 연월에 기신이 있고 시에 상신이 있으면 선흉후길(先凶後吉)하다는 것이다.

단, 이러한 판단방법은 팔자 자체에서 운명 흐름의 대강을 보는 방법임을 주의한다. 이 점을 감안하여 사례사주를 보길 바란다.

❶ 재성격의 예

```
시  일  월  연 (坤命)
乙  丙  癸  己
未  辰  酉  亥

庚  己  戊  丁  丙  乙  甲
辰  卯  寅  丑  子  亥  戌
```

酉월 丙火로 재성격이다. 일시의 土식상이 강하므로 신약하다. 일간을 돕는 乙木인수가 상신이고, 乙木을 생하는 癸水가 희신이다.

이 여성은 1985년(丙子운 乙丑년) 결혼하였다. 丙子운의 丙은 일간의 신약을 해결하고, 子는 관살을 돕고 일지인 욕구궁과 子丑합이 되는 운이다. 乙丑년의 乙은 상신이고, 丑은 기신인 己土의 그릇도 되고 酉丑합으로 관살을 돕는 해이기도 하다. 1997년(丁丑운 丁丑년) 성격차이로 이혼하였다. 丁丑의 丁은 관살과 丁癸충하는 해이다.

연간의 己土상관이 癸水희신을 토극수(土剋水)하므로 기신이 되고, 상신 乙木이 시주에 있으므로 천간만을 보면 선흉후길(先凶後吉)의 상으로 보인다. 그러나 일시의 지지에 未, 辰의 기신이 있어서 길함을 온전하게 이룰 수 없다. 2009년 이후 운의 흐름도 戊寅, 己卯로 천간과 지지에 길흉이 뒤섞여 있어 보통 정도의 운이 이어진다.

❷ 정관격의 예

```
시   일   월   연 (乾命)
戊   甲   己   丁
辰   子   酉   卯

壬  癸  甲  乙  丙  丁  戊
寅  卯  辰  巳  午  未  申
```

酉월 甲木이므로 정관격이다. 정관격이 재성을 만난 정관봉재(正官逢財)에 상관이 있으면 패격이 되며, 정관이 형충(刑沖)을 당해도 역시 패격이 된다.

진짜 패격이 되는가? 상관이 있으면 패격으로 보는 것은 상관이 정관을 상하게 하기 때문이고, 형충을 꺼리는 이유는 정관의 귀함을 없어지게 하기 때문이다. 사주원국에서 卯木은 丁火를 생하고, 丁火는 己土를 생하고, 己土는 酉金을 생하니, 생으로 흐름이 이어져 있다. 이런 구조에서는 정관의 상함이 없기 때문에 상관과 형충으로 인한 패격으로 볼 수 없다.

이럼에도 정관격에 丁火상관은 명예를 이루는 데 방해 요소임에 틀림없고, 재성은 재생관(財生官)으로 명예를 생하는 요소이다. 원국에 丁火상관이 앞에 있고 戊土재성이 시에 있으므로 선흉후길(先凶後吉)한 명으로 보아야 한다.

여기에 일시지가 子辰합이 되어 인수화관(印綬化官)으로 관성을 맑게 하는 것도 고려한다. 운의 흐름을 봐도 신약한 사주가 중년 이후 木비겁과 水인수로 흐르기 때문에 나쁘지 않다. 위 사주는 포항제철 박태준(朴泰

俊) 전 회장의 팔자이다.

㊾ 박태준 전 회장의 일시가 丙寅일 壬辰시라는 설도 있다. 甲子일 戊辰시는 대만의 진백유(陳柏諭)가 쓴 『전론기업가팔자학(專論企業家八字學)』을 기준으로 하였다.

4. 궁성론의 새로운 접근

이 부분의 내용은 『멀대도사의 사주팔자이야기(늘품플러스, 이을로)』 pp. 497~527을 원본으로 하였다. 원본 내용을 기준으로 일부 내용을 수정 보완하고, 사례사주는 새롭게 마련하였다. 내용의 이해를 돕기 위한 사례사주는 궁성론의 내용을 종합적으로 적용했으므로 여기 본문 전체를 한 번 읽어본 후 사례사주를 읽기를 권한다.

1 궁성의 육친 배치

구분	시주	일주	월주	연주
가족관계	자식	처	부모	조상
근묘화실	열매[實]	꽃[花]	싹[苗]	뿌리[根]
원형이정	정(貞)	이(利)	형(亨)	원(元)

전통적으로 사주의 각 자리는 위와 같은 상징을 가지고 있다고 보았다. 그런데 이 같은 방법은 문제가 있고 정교하지도 않다. 월주가 부모라면 아버지가 월간인지 월지인지 구분할 수 없다. 또한 일주가 처라면 남편도 일주로 보는지 알 수 없고, 시주가 자식의 자리라면 시주 중의 시간인지 시지인지 명확한 구분이 없다. 이러한 문제점에도 불구하고 팔자의 각 자리

에는 육친 배치가 이루어져야 한다.

　육친 배치를 따라 흐름을 짚어 세세한 운세의 길흉을 따지는 것은 꼭 필요하다. 예를 들어, 이 팔자의 주인공이 배고플 때는 음식에 대해 어떤 태도를 보일 것인가? 이 사람은 평소 부인에 대한 의심이 많은가? 이런 질문들에 대해 사주팔자를 통해 판단할 수 있어야 한다. 부귀빈천을 중심으로 팔자를 보는 고서의 큰 시각도 필요하지만, 사주를 간명하는 상담실의 분위기는 사소한 질문에 대해서도 이해할 수 있는 답변들이 필요한 것이 현실이다. 이런 요구에 의해 새로운 팔자의 자리와 흐름을 중시하는 간명법을 찾던 중 발견한 것이 대만의 하건충(何建忠) 선생의 방법이다. 선생은 이미 고인이 되었으며, 『팔자심리추명학(八字心理推命學)』, 『천고팔자비결총해(千古八字秘訣總解)』를 남겼다.

　하건충 선생의 궁성론, 선전이론, 진입원리 등은 운세 추적의 다른 방법을 제시하고 있다. 궁성론(宮星論)은 팔자의 자리 즉 궁위(宮位)에 육친성(六親星)을 결합시키는 이론이다. 보통 궁성론이라고 할 때는 하건충 선생의 이론을 말한다. 궁성론에서 전통적인 방법과 다른 점을 몇 부분으로 나누어 설명한다. 팔자의 각 자리에 어떤 육친이 배치되는지 먼저 살펴보자.

하건충의 궁성론

시간	일간	월간	연간
戊_편인	庚_비견	壬_식신	甲_편재
시지	일지	월지	연지
癸_상관	乙_정재	丁_정관	己_정인

　궁성론에서는 팔자의 각 궁에 위 표와 같이 천간과 육친이 배치된다. 각

궁에 배치된 천간의 중심은 일간이며, 일간에는 천간 중 주체성이 가장 강한 庚金이 배치된다. 庚金을 중심으로 배치되는 지지는 기존 명리이론과 유사하다. 사지(四支)에는 음간(陰干)이 배치되었다. 부모의 자리를 보는 연주에는 모친인 정인이, 월주에는 환경과 남편을 보는 정관이, 처궁인 일지에는 정재가, 자식자리인 시주에는 상관이 자리를 잡았다. 사간(四干)에는 지지에 배치된 음간과 합을 이루는 양간(陽干)이 규칙적으로 배치되었다.

위 사항이 궁성론의 바탕이다. 그러나 기문둔갑을 접했던 이는 庚金이 주체성이 가장 강하다는 것에 의문을 가질 수 있다. 기문에서 홍국수(洪局數)의 성격을 보면 金인 태백성(太白星)은 질액사상(疾厄死傷)을 일으키는 수리로 육친의 역할로 보면 관살에 가깝고, 火인 형혹성(熒惑星)은 구설화란(口舌禍亂)을 몰고 오는 수리로 식상에 가깝다. 土인 천강성(天罡星)은 질병과 도적과 관련되지만 전통적으로는 재물, 토지와 관련되므로 재성과 유사하다. 이를 고려하면 甲木이 일간이 되어야 자연스럽고, 사주에 배치되는 천간을 다음과 같이 바꿀 수도 있다. 하건충의 궁성론 중 육친 배치는 그대로 두고 천간만을 변경하였다.

수정한 궁성론

시간	일간	월간	연간
壬_편인_종교	甲_비견_본인	丙_식신_표현	戊_편재_부친
시지	일지	월지	연지
丁_상관	己_정재	辛_정관	癸_정인

사례사주를 통해 이 이론이 어떻게 사용되는지 살펴보자.

```
시  일  월  연 (乾命)
壬  壬  壬  壬
寅  子  寅  子

己  戊  丁  丙  乙  甲  癸
酉  申  未  午  巳  辰  卯
```

 신로(辛盧)가 지은 『명리실증총담(命理實證叢談)』에 나온 사주로 첫 번째 결혼은 이혼으로 끝났고, 두 번째 결혼은 사별로 끝났으며, 세 번째는 부인이 다른 남자와 눈이 맞아 가출하였다. 명주는 삼십대에 모 회사의 사장직을 맡았지만 계속해서 운이 나빴던 남자이다.

 천간에 비견이 넷이고, 명주가 주로 진입하는 친밀의 삼각형인 월간, 시간, 일지에도 비견만 있다. 결과적으로 극재(剋財)하는 심리가 지배하게 된다. 일간의 지배를 받는 재성궁은 모두 파궁(破宮)되었다. 연간인 편재궁에는 壬水비견이 있어서 파궁이요, 일지인 정재궁에도 子水겁재가 있으니 파궁이다. 부인을 뜻하는 편재성은 寅 중 丙火이다. 寅木이 壬子일주 기준으로 모두 공망을 만났으므로 편재성과도 인연이 없다. 편재궁과 정재궁은 둘 다 희신과 상신의 궁이 아니며, 원국 중 정재가 없으며, 정재와 편재궁이 모두 파궁되고, 편재성 또한 공망되었다. 이런 이유로 명주는 일생 동안 재물복과 처복이 없었다.

㈜ 다음 사주는 위 사주와 구조가 비슷하다. 1995년(乙巳운 乙亥년) 이혼한 후, 2009년 현재까지 결혼에 뜻이 없다. 밤무대 가수를 하고 있다.

```
시 일 월 연 (乾命)
癸 壬 壬 丁
卯 子 寅 未

己 戊 丁 丙 乙 甲 癸
酉 申 未 午 巳 辰 卯
```

2 궁성의 건전성과 자공망

궁성론에 따르면 팔자의 궁과 성의 건전 여부는 조왕(助旺), 생왕(生旺), 손실(損失), 파궁(破宮), 파성(破星)으로 분류된다. 예를 들어 정인의 궁(宮)인 연지에 어느 육친(星)이 자리하는지에 따라 구분하면, ① 정인궁에 비견성이 있으면 정인궁은 비견성을 생하므로 손실이고, 비견성은 정인궁으로부터 생을 받아 생왕의 상태이며, ② 정인궁에 상관성이 있으면 정인궁은 극을 하여 손실이고, 상관성은 수극되니 파성이며, ③ 정인궁에 편재성이 있으면 정인궁은 수극되어 파궁되고, 편재성은 극을 하여 손실이며, ④ 정인궁에 정관성이 있으면 정인궁은 생을 받으니 생왕이고, 정관성은 생을 하여 손실이며, ⑤ 정인궁에 편인성이 있으면 서로가 도우니 정인궁도 조왕이요, 편인성도 조왕의 상태가 된다.

이러한 방법으로 궁성의 상태를 판단하면, 각 궁위에 있는 육친성과 궁위의 역량은 조왕 → 생왕 → 손실 → 파궁·파성의 순으로 줄어든다. 만약 각 궁위에 있는 육친성이 파성되고 그 궁도 파궁되면, 팔자의 주인공은 해당 궁성의 육친과 인연도 떨어진다. 그러나 어느 육친의 역량이 높다고 해서 그 육친이 팔자의 길함을 더 높인다고 볼 수는 없고, 육친의 역량이 높으면 그 육친의 길흉에 대한 영향력이 높아진다. 예를 들어, 처궁인 일지궁에 재성이 있어 조왕하고 사주의 격이 인수격으로 인수가 약할 때는 인경봉재(印輕逢財)가 되어 인수격의 패격이 된다. 이 경우 재성은 흉한 방향으로 역할이 강해진다.

궁성의 건전성을 보는 파궁 중에는 자공망(自空亡)도 포함된다. 일반적으로 일주를 중심으로 공망을 따지지만, 궁성론에서는 연주, 월주, 일주, 시주 각각을 기준으로 공망을 따진다. 특히 일주 외의 기둥을 기준으로 할 때 일지를 공망으로 만드는 경우를 자공망이라 하여 중요하게 취급한다. 자공망이면 파궁되며 진입이 곤란하다. 명주가 자신의 신체궁인 일지를 공망으로 하면서 해당 육친의 자리에 진입하지 않으므로 해당 육친과 인연이 떨어진다. 사례사주를 통해 궁성의 건전성을 보는 방법이 어떻게 이용되는지 살펴보자.

❶ 궁성이 건전하지 않은 경우

시	일	월	연 (乾命)
庚	丙	丁	戊
寅	戌	巳	申

甲	癸	壬	辛	庚	己	戊
子	亥	戌	酉	申	未	午

巳월 丙火이니 건록격이다. 신왕한 건록격은 식상, 재성, 관살을 쓰는 것이 원칙이다. 丁巳월의 丙火일간이므로 조후를 감안하면 水관살을 써야 하지만 팔자에 없다. 혹 운에서 壬癸관살이 들어온다 해도 壬水는 丁壬합으로 묶이고, 癸水는 戊癸합으로 묶이니 역할이 없다. 그러므로 관살을

상신으로 할 수 없다.

차선으로 金재성을 상신으로 쓰면 어떨까? 庚金편재가 천간에 있지만 시간인 편인궁에 있어서 손실 상태이고, 앉은 자리가 寅木 절지(絶地)이니 실투(實透)가 아닌 허투(虛透)가 되었다. 천간이 이렇게 약하면 그릇이 되는 지지에서 지원해주어야 한다. 申金편재는 연지인 인수궁에 있으니 파성되었다. 또한 巳 중 庚金은 巳火에게 극을 받고, 戌 중 辛金은 丙辛합으로 암합된다. 이러한 지지의 형편이 천간에 투출된 庚金을 도울 수 없음을 말해준다. 즉, 재성으로 상신을 정한다 해도 팔자의 균형을 잡기 어려우니 패격이다. 재성이 혼잡되었는데 무력하니 부부관계가 좋을 수 없다. 그럼에도 일간을 중심으로 역삼각형(월간, 일지, 시간)의 심리흐름은 허투한 庚金재성에 흐르게 된다.

명주는 2008년(辛酉운 戊子년)에 부인의 개인적인 부채로 거리에 나앉았고, 2009년 현재 다른 여성과 열애중이다.

❷ 자공망이 되는 경우

시	일	월	연 (乾命)
甲	癸	癸	癸
寅	未	亥	巳

丙	丁	戊	己	庚	辛	壬
辰	巳	午	未	申	酉	戌

비겁이 강하고 처성이 巳亥충이 되었으니 혼자 살 팔자는 아닌가? 연지

巳 중의 丙火재성이 亥 중 壬水와 丙壬충이 되고, 연월에 水비겁이 겹쳐 있어 군겁쟁재(群劫爭財) 현상이 발생하므로 巳火 속의 丙火재성은 쓸 수 없다. 여기에 명주가 癸巳연주로 진입하는 경우, 癸巳연주를 기준으로 보면 午未가 공망으로 자공망을 만들어 명주가 진입할 수 없다. 그러므로 巳 중 丙火와는 인연이 되지 않는다.

그러나 일지 未土 중의 丁火는 처성으로 삼을 수 있다. 처궁(妻宮)인 일지에 처성(妻星)인 丁火가 들어 있으니 처성의 힘이 약하지 않다. 단, 水비겁이 강해 인동(引動)함을 필요로 한다. 1978년(辛酉운 戊午년)의 戊土는 戊癸합으로 비겁의 기세를 누그러뜨리고, 午火는 처궁과 午未합이 되니 처성이 합으로 인동된다. 사귀던 여성이 있었지만 결혼이야기가 나오면서 변고가 발생하여 이루어지지 않았고, 1978년 현재의 처와 결혼하였다. 결혼 후 운의 흐름이 火土인 희신과 상신의 운으로 흘러 문제가 없다. 결혼 후 부인의 권유로 사업을 하였다. 고생은 많이 했지만 돈은 많이 벌었다. 처궁과 처성이 희용신이 되어 좋은 처를 얻었고, 처궁의 지장간에 재물을 차고 있어 창업의 여력은 모두 처로부터 나왔다.

1979년(辛酉운 己未년)에 부인 덕에 집을 사고, 이 해에 딸을 얻었다. 1983년(庚申운 癸亥년)은 유년이 원명과 巳亥충을 하고, 庚申운과 甲寅시가 반음(返吟)되어 오행이 충격되는 시기로 그 동안 번 돈을 전부 날렸다. 그러나 연이어 甲子(1984년)년과 乙丑(1985년)년에는 돈을 많이 벌어 부채를 모두 갚았다.

❸ 파궁과 파성이 겹치는 경우

```
시  일  월  연 (坤命)
癸  癸  己  庚
丑  卯  卯  子


壬  癸  甲  乙  丙  丁  戊
申  酉  戌  亥  子  丑  寅
```

　명주는 이혼한 후 가사도우미와 공양주 일을 겸하고 있다. 2009년(甲戌 운 己丑년)에 앞으로 결혼할 수 있을지를 물었던 50살의 여성이다. 궁성의 건전성을 중심으로 판단해보자. 남편궁인 정관궁은 월지다. 월지에 卯木 식신이 있으므로 파궁되었다. 남편성은 己土정관이다. 己土정관이 식신 궁인 월지에 있으므로 파성되었다. 시에 丑土정관이 있지만, 이것도 상관 궁인 시지에 있으니 마찬가지로 파성되었다.

　심리흐름을 보자. 월간에 있는 남편성으로 십성진입(十星進入)을 한 후에는 상하전입(上下轉入)을 하게 된다. 월지 卯木식신으로 흐르므로 남편을 극하는 흐름이다. 시지에 있는 남편성으로는 진입할 수 없다. 癸丑시주 기준으로 공망은 寅卯이니 일지를 공망으로 만드는 자공망(自空亡)이 되기 때문이다. 남편에 해당하는 궁성이 모두 훼손되었고, 심리흐름도 남편과는 인연이 없다. 이런 조건에 50살이 된 여성임을 감안하면 재혼은 불가능하다.

❸ 선전과 상순

궁성론은 원형이정(元亨利貞)으로 설명되는 팔자의 흐름에 선전(旋轉)과 상순(相順)의 개념을 도입하고 있다. 팔자의 궁위(宮位)에 있는 상하 간지가 비틀림현상을 보이는 것이 선전이며, 순탄하게 배치되어 흐름이 원활한 경우를 상순이라고 한다.

팔자에 선전이 있으면 정신적 혼란과 중독 등에 빠지기 쉽고, 선전이 되는 육친과 친밀하지 않다. 팔자와 대운, 팔자와 세운의 관계에서도 이러한 순전을 따진다.

반대로 상순이면 간지간의 친밀함이 높아진다. 또한 같은 순(旬) 내에 있는 간지의 상순은 친밀함이 더욱 높아지고, 상순되는 간지끼리 어느 한 간지를 공망으로 만들면 친밀함은 떨어진다. 사례사주를 보자.

❶ 상순이 되는 경우

시	일	월	연	(坤命)
庚	乙	丁	戊	
辰	卯	巳	寅	

庚	辛	壬	癸	甲	乙	丙
戌	亥	子	丑	寅	卯	辰

癸丑운에 관성입묘(官星入墓)하고 乙木이 차가운 눈을 만났고, 丁癸충으로 丁火가 파극(破剋)되니 남편이 사망하였다. 이후 운은 乙木일간이 한지(寒地)로 흘렀지만, 戊土의 방벽이 두텁고 丁火가 여유가 있어서 따

뜻한 곳에 있는 상이므로 여생이 넉넉하였다. 이상이 오준민(吳俊民)이 『명리신론(命理新論)』에서 위 사주에 대해 평한 말이다. 과연 맞는 말인지 살펴본다.

① 癸丑운의 癸水는 무계합화(戊癸合火)로 용신 역할을 하지 못하고, 화(化)한 오행이 팔자의 기신이 된다. 丑운은 관성입묘운이다.

② 이어지는 壬子운과 辛亥운은 乙木일간의 상신운으로 해석해야 한다. 巳월 乙木의 상신은 癸水편인으로 조후용신을 삼는 것이 원칙이다. 이는 巳월에 丙火의 지장간이 있고, 水가 운성으로 巳월에 절지(絶地)가 되기 때문이다. 여기에 희신은 수원(水源)이 되는 辛金으로 삼는데, 庚金은 양금(陽金)으로 水를 생하는 것이 서툴고, 乙庚金으로 기반되어 역할을 하기 힘들기 때문이다. 이런 조후상의 원칙을 떠나 지지가 寅卯辰 목국(木局)이 되고, 丁火가 투출하여 양기인 木火가 왕성하고 金水 음기가 무력한데 『명리신론(命理新論)』처럼 丁火를 용신으로 보는 시각은 문제가 있다.

팔자를 보면 乙→丁, 卯→巳로 상순(相順)이고 동순(同旬)이므로 친밀성이 아주 높은데, 이와 연결되어 흡수할 戊土는 살지(殺地)에 있어서 火 식상을 흡수할 여력이 없으니, 식상이 권한을 행사하는 팔자로 남편의 불미(不美)를 예상할 수 있는 명이다.

❷ 선전이 되는 경우

시	일	월	연(乾命)
癸	丁	甲	戊
卯	卯	寅	戌

辛	庚	己	戊	丁	丙	乙
酉	申	未	午	巳	辰	卯

　황산인(黃山人)의 『팔자기담(八字奇談)』에 나와 있는 사주로, 1977년(丙辰운 丁巳년)에 20세의 나이로 자살한 남성이다.

　지지에 木인수가 많은데 甲木정인이 투출하여 신왕하다. 일점 癸水칠살은 지지의 木들에 의해 설기가 심한데, 앉은 자리인 卯木이 사궁(死宮)이고, 관인상생(官印相生)의 우려가 있어 용신으로 할 수 없다. 『궁통보감강해(窮通寶監講解)』에서는 寅월 丁火을 두고 "혹일파갑목 무경제지 비빈즉요(或一派甲木 無庚制之 非貧卽夭)"라고 하였다. 즉, 寅월 丁火에 甲木이 강할 때 庚金의 제지가 없는 경우 가난하지 않으면 요절한다는 말이다. 이 사주도 木인수가 기신이므로 이를 다스리는 庚金재성이 상신이다. 金 중 辛金은 유약하여 쓸 수 없으므로 강력한 庚金을 쓰는 것이 좋다. 그러나 庚金이 없으니 戌 중 辛金을 상신으로 삼는다. 상신의 형편을 보면 월지 寅木 중 丙火와 丙辛합으로 기반되었고, 丁卯일주 기준으로 戌亥가 공망이므로 결합력도 떨어진다.

　운의 흐름을 보아도 초반 乙卯운은 기신운이고, 자살한 丙辰운은 일주와 丁←丙, 卯→辰으로 흘러 선전(旋轉) 현상이 일어난다. 이는 운과 명주 사이에 뒤틀림 현상이 일어남을 말하고, 辰이 비록 팔자의 희신이지만 역할을 할 수 없음을 말해준다. 여기에 辰 중 乙木은 본명의 유일한 재성이면서 용신인 辛金을 암충한다. 또한 운의 丙火와 1977년의 태세인 丁巳는 모두 신왕한 팔자의 기운을 더 강하게 하는 기신의 글자이다.

4 심리의 흐름

궁성론에 따라 명주의 심리를 파악할 수 있는 두 가지 방법이 있다.

첫째는 명주가 대표적으로 어떤 심리를 가지고 있는가를 보는 방법이다. 이는 친밀도가 높은 것에 자주 진입하는 것으로 나타난다. 팔자 중에서 친밀도가 큰 순서는 다음과 같다. 일간 자신 → 일지 자신 → 일간·일지와 합하는 천간 → 월간·시간 → 월간·시간과 합하는 천간 → 그 밖의 천간 → 그 밖의 지지다. 즉, 일간과 거리가 가까울수록 더 친밀하다. 합을 제외하면 일지, 월간, 시간이 역삼각의 형태를 가지므로 '친밀도의 역삼각' 이라 부르기도 한다.

그 밖에 친밀도에 고려할 요소는 다음과 같다.

① 합형충(合刑冲) : 일간과 합하거나 상생하는 것은 친밀한 반면, 일간과 상충 또는 상형이 되는 것은 소원하다.

② 간지 : 천간은 친밀하고, 지지는 소원하다. 이는 천간은 동적이라 일간과 교류하기 쉽기 때문이고, 지지는 정적이라 교류가 원활하지 않기 때문이다.

③ 거리 : 일간과 거리가 가까운 것은 친밀하고, 반대로 거리가 먼 것은 소원하다.

둘째는 어떤 생각이 일어났을 때 구체적인 심리흐름을 아는 방법이다. 심리의 흐름은 가장 먼저 심리에 해당하는 육친 즉 십성(十星)에 진입하고, 그 다음 진입한 육친의 주(柱)에서 상하로 움직이든지 아니면 진입한 육친성의 본래 육친궁으로 움직인다. 간단히 요약하여, 십성진입(十星進入) 후 상하전입(上下轉入) 또는 속궁도입(屬宮跳入)을 한다고 한다.

  십성진입의 예를 들면, 아무 대가 없이 누군가에게 베풀고 싶을 때는 식신으로, 새로운 것을 즐기거나 질서를 깨고 싶을 때는 상관으로, 어떤 사물을 조작하거나 지각력이 있는 일을 할 때는 편재로, 여자에게 욕망을 채우거나 식사를 할 때는 정재로, 의협심을 세우거나 권위를 부릴 때는 편관으로, 남자를 만나거나 단체활동을 할 때는 정관으로, 혼자 고민하고 싶을 때는 편인으로, 어머니 생각이 날 때나 어떤 자료를 정리하고 싶을 때는 정인의 십성으로 진입한다. 사례사주를 통해 심리판단의 내용을 살펴본다.

시	일	월	연 (坤命)
癸	癸	甲	癸
丑	巳	寅	丑

辛	庚	己	戊	丁	丙	乙
酉	申	未	午	巳	辰	卯

  이 여성의 심리 중 대표 심리와 남자에 대한 심리를 살펴본다. 대표 심리는 친밀의 삼각형인 월간, 일지, 시지를 본다. 이 중에서 甲木상관은 寅木의 뿌리를 얻고 월간인 식신궁에 있으므로 조왕(助旺)의 상태이고, 巳火정재는 일지인 정재궁에 있으니 마찬가지로 강하다. 삼각형의 흐름 중 甲木상관은 외부적으로 표출되는 심리다. 팔자에 상관을 규제하는 인수가 없고, 상관이 천투지장(天透地藏)이 되었으니 상관의 장점보다는 단점이 강하게 드러난다. 그러므로 밖으로 드러난 성격은 다음과 같다. 주변에

민감한 환상주의자이며, 타인에게 인정받기를 원한다. 표현력이 아주 뛰어나지만 얽매이는 것을 싫어한다. 또한 자기 주장이 강하고 돌출적인 발언으로 남을 상처 입히기 쉽다. 한편 숨겨진 성격은 일지에 있는 정재로 대표된다. 정재는 육신의 욕망에 강하게 반응하며, 치밀하게 자신의 이익을 취하려는 마음이 강하다. 寅巳형이 되고 월령이 寅월이므로 전체적으로 재성보다는 상관의 속성이 강하게 드러나는 성격이다.

　남자에 대한 심리는 관성을 중심으로 본다. 남자에 대한 생각이 날 때 명주는 가장 먼저 남편성인 정관으로 진입한다. 연지와 시지에 정관이 분산되어 있어서 집중력이 떨어진다. 처음에 지지로 진입했으므로 상하전입(上下轉入)은 지장간으로 하는데, 己土가 정기(正氣)이니 바로 속궁도입(屬宮跳入)을 한다. 정관의 속궁은 월지인 관성궁이다. 이 경우 연주와 시주 중심으로 공망을 따지면 寅卯가 공망이므로 도입하기가 힘들다. 순서를 바꾸어 명주가 관성궁인 월지로 도입한 후 남편성으로 진입하려 해도 甲寅월을 기준으로 공망을 따지면 子丑공망이므로 진입이 힘들다. 남편궁과 남편성을 기준으로 보면 상호공망(相互空亡)이 되었다. 여기에 丑土가 관고(官庫)가 된 점, 밖으로 드러난 심리에서 상관이 강한 것을 감안하면 부부관계에 문제가 있는 명임을 알 수 있다.

　명주는 2009년 현재 국어 교사로 재직하고 있다. 2002년(丁巳운 壬午년)에 남자친구와 헤어진 후, 2008년(戊子년 己丑년) 초에 다시 만났다. 2008년 말에 결혼했지만 2개월 만에 헤어졌다. 헤어진 이유는 결혼 전 남편이 했던 금전 상황에 대한 사소한 거짓말이었다. 남편은 재결합을 원하고 있으나 본인은 요지부동이다.

3장 행운과 용신격국 변화

1. 행운과 희기의 배합

🞤 **원문** 🞤

論運與看命無二法也 看命以四柱干支 配月令之喜忌 而取運則又以
논운여간명무이법야 간명이사주간지 배월령지희기 이취운즉우이

運之干 配八字之喜忌 故運中每運行一字 即必以此一字 配命中干支
운지간 배팔자지희기 고운중매운행일자 즉필이차일자 배명중간지

而統觀之 爲喜爲忌 吉凶判然矣
이통관지 위희위기 길흉판연의

🞤 **해설** 🞤   행운(行運)을 보는 것도 명을 보는 것과 같다. 명은 사주의 간지를 월령의 희기(喜忌)와 배합하여 보고, 운은 운에서 오는 간지를 팔자의 희기와 배합하여 본다. 그러므로 운에서 오는 간지를 팔자 간지와 비교하여 폭 넓게 보아 희기를 살피면 운의 길흉이 저절로 판단된다.

🕰 원문 🕰

何爲喜 命中所喜之神 我得而助之者是也 如官用印以制傷 而運助印
하 위 희 명 중 소 희 지 신 아 득 이 조 지 자 시 야 여 관 용 인 이 제 상 이 운 조 인

財生官而身輕 而運助身 印帶財以爲忌 而運劫財 食帶煞以成格 身
재 생 관 이 신 경 이 운 조 신 인 대 재 이 위 기 이 운 겁 재 식 대 살 이 성 격 신

輕而運逢印 煞重而運助食 傷官佩印 而運行官煞 陽刃用官 而運助
경 이 운 봉 인 살 중 이 운 조 식 상 관 패 인 이 운 행 관 살 양 인 용 관 이 운 조

財鄕 月劫用財 而運行傷食 如此之類 皆美運也
재 향 월 겁 용 재 이 운 행 상 식 여 차 지 류 개 미 운 야

🕰 해설 🕰

행운에서 오는 희기 중 희(喜)는 명국의 희신(喜神)이므로 일간이 얻으면 도움이 되는 자를 말한다. 다음은 좋은 운이다.

① 정관격에 인수를 용신으로 하여 상관을 극제하는데 운에서 인수를 돕는 경우.
② 재생관(財生官)에 신약사주인데 일간을 돕는 경우.
③ 인수 용신에 재성이 기신일 때 겁재운이 오는 경우.
④ 식신과 칠살이 있어 성격이 되고, 신약사주인데 운에서 인수가 오는 경우.
⑤ 칠살이 강한 사주에 식신운이 오는 경우.
⑥ 상관패인(傷官佩印) 사주에 관살운이 오는 경우.
⑦ 양인격에 관성을 쓰는데 재성운이 오는 경우.
⑧ 월지 겁재가 있는 월겁격에 식상운이 오는 경우.

원문

何謂忌 命中所忌 我逆而施之者是也 如正官無印 而運行傷 財不透
하위기 명중소기 아역이시지자시야 여정관무인 이운행상 재불투

食 而運行煞 印綬用官 而運合官 食神帶煞 而運行財 七煞食制 而運
식 이운행살 인수용관 이운합관 식신대살 이운행재 칠살식제 이운

逢梟 傷官佩印 而運行財 陽刃用煞 而運逢食 建祿用官 而運逢傷 如此
봉효 상관패인 이운행재 양인용살 이운봉식 건록용관 이운봉상 여차

之類 皆敗運也
지류 개패운야

해설

행운에서 오는 희기 중에서 기(忌)는 명국이 피하는 것으로 일간에게 손해를 끼친다. 다음과 같다.

① 정관격에 인수가 없는데 행운에서 상관이 오는 경우.
② 재성격에 투출한 식신이 없는데 운에서 칠살이 오는 경우.
③ 인수격에 정관이 용신인데 운에서 정관을 합하는 경우.
④ 식신대살(食神帶殺) 사주에 운에서 재성이 오는 경우.
⑤ 칠살식제(七殺食制) 사주에 운에서 편인이 오는 경우.
⑥ 상관패인(傷官佩印) 사주에 운에서 재성이 오는 경우.
⑦ 양인용살(陽刃用殺) 사주에 운에서 식신이 오는 경우.
⑧ 건록용관(建祿用官) 사주에 운에서 상관이 오는 경우.

원문

其有似喜而實忌者 何也 如官逢印運 而本命有合 印逢官運 而本命
기유사희이실기자 하야 여관봉인운 이본명유합 인봉관운 이본명

用煞之類是也
용 살 지 류 시 야

※ **해설** ※   운이 희신운처럼 보이지만 실제로는 기신인 운이 있다. 예를 들어, 정관이 인수운이 왔을 때 인수가 본명과 합이 되거나, 인수가 정관운을 만났는데 본명의 칠살이 용신인 경우이다.

※ **원문** ※
有似忌而實喜者 何也 如官逢傷運 而命透印 財行煞運 而命透食之
유 사 기 이 실 희 자 하 야 여 관 봉 상 운 이 명 투 인 재 행 살 운 이 명 투 식 지

類是也
류 시 야

※ **해설** ※   운이 기신처럼 보이지만 실제로는 희신인 운이 있다. 예를 들어, 정관격에 상관운이 왔을 때 본명에 인수가 투출하거나, 재성격에 칠살운을 만났는데 본명에 식신이 투출한 경우 등이다.

2. 행운과 성격 · 변격

※ **원문** ※
命之格局 成於八字 然配之以運 亦有成格變格之要權 其成格變格
명 지 격 국 성 어 팔 자 연 배 지 이 운 역 유 성 격 변 격 지 요 권 기 성 격 변 격

較之喜忌禍福尤重
교 지 희 기 화 복 우 중

▨ **해설** ▨   팔자의 여덟 자가 운과 결합한다. 운에 의해 성격(成格)이 되기도 하고 변격(變格)이 되기도 한다. 이러한 작용은 희기(喜忌)나 화복(禍福)보다 더 중요하다.

▨ **원문** ▨

何爲成格 本命用神 成而未全 從而就之者是也 如丁生辰月 透壬爲
하위성격 본명용신 성이미전 종이취지자시야 여정생진월 투임위

宮 而運逢申子以會之 乙生辰月 或申或 子會印成局 而運逢壬癸以
궁 이운봉신자이회지 을생진월 혹신혹 자회인성국 이운봉임계이

透之 如此之類 皆成格也
투지 여차지류 개성격야

▨ **해설** ▨   운에 의해 성격(成格)이 되는 것은 원명의 격국이 완전하지 못할 때 운에서 오는 자가 이를 완전하게 해주는 경우이다. 예를 들어, 丁火일간이 辰월에 생하고 壬水정관이 투출한 경우, 운에서 申子를 만나면 운으로 인해 정관격(正官格)이 완전해진다. 乙木일간이 辰월에 생하고 지지에 申이나 子가 있는데 운에서 오는 壬癸를 만나면 인수격이 완전히 이루어진다.

▨ **원문** ▨

何爲變格 如丁生辰月 透壬爲官 而運逢戌 透出辰中傷官 壬生戌月
하위변격 여정생진월 투임위관 이운봉술 투출진중상관 임생술월

丁己竝透 而支又會寅會午 作財旺生官矣 而運逢戊土 透出戌中七
정기병투 이지우회인회오 작재왕생관의 이운봉무토 투출술중칠

煞 壬生亥月 透己爲用 作建祿用官矣 而運逢卯未 會亥成木 又化建
살 임생해월 투기위용 작건록용관의 이운봉묘미 회해성본 우화건

祿爲傷 如此之類 皆變格也
록위상 여차지류 개변격야

해설

운에 의해 변격(變格)이 되는 예로 다음 경우가 있다.

```
시 일 월 연
○  丁 壬 ○
○  ○ 辰 ○
   (운 : 戊)
```

丁火일간이 辰월에 생하고 壬水정관이 투출한 경우 운에서 戊土가 오면, 월령 辰土 중의 지장간 戊土가 투출한 것이므로 상관격이 된다.

```
시 일 월 연
丁 壬 ○ 己
○  午 戌 ○
   (운 : 戊)
```

壬水일간이 戌월에 생하고 丁火와 己土가 투출하고 지지에 寅이나 午가 있으면, 왕성한 재성이 관성을 생하는 재왕생관(財旺生官)격이 된다. 이 때 운에서 戊土가 오면 戌 중 戊가 투출한 것이니 칠살격으로 변한다.

```
시  일  월  연
○  壬  己  ○
○  ○  亥  ○
 ( 운 : 卯나 未 )
```

壬水일간이 亥월에 생하고 己土가 투출하여 건록용관격(建祿用官格)이 되었는데, 운에서 卯나 未가 와서 삼합을 이루면 건록격이 상관격으로 변한다.

원문

然亦有逢成格而不喜者 何也 如壬生午月 運透己官 而本命有甲乙之
연역유봉성격이불희자 하야 여임생오월 운투기관 이본명유갑을지

類是也
류시야

해설

```
시  일  월  연
○  壬  甲  ○
○  ○  午  ○
 ( 운 : 己 )
```

운이 들어와 성격이 되어도 좋지 않은 경우가 있다. 예를 들어, 壬水일

간에 午월에 생하고 甲이나 乙이 본명에 있는데 운에서 己土정관이 오는 경우이다.

㈜ 甲木식신이 午火정재를 생하는 희신이라면, 운에서 오는 己土정관은 甲己합으로 기반하여 甲木 역할을 못하게 한다.

원문

又有逢變格而不忌者 何也 如丁生辰月 透壬用官 逢戊而命有甲 壬
우유봉변격이불기자 하야 여정생진월 투임용관 봉무이명유갑 임

生亥月 透己用官 運逢卯未 而命有庚辛之類是也
생해월 투기용관 운봉묘미 이명유경신지류시야

해설

시	일	월	연
○	丁	壬	甲
○	○	辰	○

(운 : 戊)

또한 운이 들어와 변격이 되어도 나쁘지 않은 경우가 있다. 위와 같이 丁火가 辰월에 생하고 투출한 壬水정관이 용신인데, 본명에 甲木이 있고 운에서 戊土가 오는 경우이다.[주1)]

시	일	월	연
○	壬	己	辛
○	○	亥	○

(운 : 卯未)

壬水일간이 亥월에 생하고 己土정관이 용신이며 본명에 庚金이나 辛金이 있는데, 운에서 卯未를 만나는 경우 역시 변격이 되어도 나쁘지 않다.^{주2)}

㈜ 1) 이런 구조이면 壬水정관을 甲木정인이 보호하고 있으므로 운에서 오는 戊土상관을 꺼리지 않는다.
2) 운이 만드는 亥卯未 木식상이 정관을 해치는 것을 본명의 辛金인수가 막는다.

원문

成格變格 關係甚大 取運者其細詳之
성 격 변 격 관 계 심 대 취 운 자 기 세 상 지

해설

운으로 인해 성격과 변격이 되는 것은 본명과 배합하여 본다. 본명과 관계가 크기 때문에 운을 보는 이는 이를 자세히 보아야 한다.

3. 행운과 합충

▩ 원문 ▩

然亦有支而能作禍福者 何也 如甲用酉官 逢午酉未能傷 而又遇寅遇
연역유지이능작화복자 하야 여갑용유관 봉오유미능상 이우우인우

戌 不隔二位 二者合而火動 亦能傷矣 卽此反觀 如甲生申月 午不制
술 불격이위 이자합이화동 역능상의 즉차반관 여갑생신월 오불제

煞 會寅會戌 二者淸局而火動 亦能矣 然必會有動 是正與干有別也
살 회인회술 이자청국이화동 역능의 연필회유동 시정여간유별야

卽此一端 余者可知
즉차일단 여자가지

▩ 해설 ▩

동일한 지지라도 그 화복(禍福)이 다른 경우가 있다. 예를 들어, 甲일간이 酉金정관을 쓰는 경우 지지에 午酉未가 있으면 정관을 상하게 할 수 있다. 이 경우 운에서 寅이나 戌이 오면 寅午戌 화국(火局)이 되어 능히 정관을 상하게 한다.

이와 반대로 甲일간이 申월에 생하여 칠살을 쓰는 경우 지지에 있는 午는 제살(制殺)을 할 수 없지만, 운에서 寅이나 戌이 와서 寅午戌 화국(火局)이 되면 제살을 할 수 있다. 즉, 지지는 삼합으로 회국(會局)되면 움직이는 점이 천간과 다르다.

▩ 원문 ▩

若命與運二支會局 亦作淸論 如甲用酉官 本命有午 而運逢寅戌之類
약명여운이지회국 역작청론 여갑용유관 본명유오 이운봉인술지류

然在年則重 在日次之 至於時生於午 而運逢寅戌會局 則緩而不急矣
연재년즉중 재일차지 지어시생어오 이운봉인술회국 즉완이불급의

雖格之成敗高低 八字已有定論 與命中原有者不同 而此五年中 亦
수격지성패고저 팔자이유정론 여명중원유자부동 이차오년중 역

能炒其禍福 若月令之物 而運中透淸 則與命中原有者 不甚相懸 卽
능초기화복 약월령지물 이운중투청 즉여명중원유자 불심상현 즉

前篇所謂行運成格變格是也
전편소위행운성격변격시야

해설

본명과 운에서 오는 2개의 지지가 삼합을 하면 작용력이 있는 것은 분명하다. 예를 들어, 甲일간이 酉金정관을 쓰고 본명에 午가 있을 때 운에서 寅 또는 戌이 와서 삼합을 하는 경우이다. 이 때 본명의 午가 어디 있는가에 따라 작용이 다르다. 연에 있으면 상관으로 강하게 작용하고, 일은 그 다음이며, 시에 있을 때는 영향이 가볍다.

운에서 오는 영향은 급하지 않고 완만하지만, 운의 기운이 투출하고 맑으면 본명에 원래 있던 것과 유사하다. 성패와 높고 낮음이 원래의 팔자에서 정해지므로 팔자에 없는 것과는 차이는 있다. 그러나 운에서 오는 기운도 화복이 월령이 있는 것과 같다. 앞에서 살펴본 것같이 행운이 성격(成格)과 변격(變格)을 만든다.

원문

又有同是相冲而分輕重者 何也 運本美而逢冲則輕 運旣忌面又冲則
우유동시상충이분경중자 하야 운본미이봉충즉경 운기기면우충즉

重也
중야

해설
아울러 동일한 칠충이라도 경중의 구분이 있으니 운이 좋으면 충을 당해도 가볍지만, 운이 꺼리는 나쁜 운은 충을 당하면 작용이 무겁다.

원문
又有逢沖而不沖 何也 如甲用酉官 行卯則沖 而本命巳酉相會 則沖
우 유 봉 충 이 불 충 하 야 여 갑 용 유 관 행 묘 즉 충 이 본 명 사 유 상 회 즉 충

無力 年支亥未 則卯逢年會而不沖月官之類是也
무 력 연 지 해 미 즉 묘 봉 년 회 이 불 충 월 관 지 류 시 야

해설
또한 충이 될 듯하지만 되지 않는 경우가 있다. 예를 들어, 甲일간이 酉金정관을 용신으로 할 때 운이 卯이면 卯酉충이 된다. 그러나 본명에 巳酉가 있어 서로 합하고 있는 상태이면 운에서 卯가 와도 충이 되지 않는다. 또 연지에 亥나 未가 있을 때는 卯가 와도 합하기 때문에 월지 酉를 충하지 않는다.

원문
又有一沖而得兩沖者 何也 如乙用申官 兩申竝而不沖一寅 運又逢寅
우 유 일 충 이 득 량 충 자 하 야 여 을 용 신 관 양 신 병 이 불 충 일 인 운 우 봉 인

則運與本命 合成二寅 以沖二申之類是也 此皆取之要法 其備細則
즉 운 여 본 명 합 성 이 인 이 충 이 신 지 류 시 야 차 개 취 지 요 법 기 비 세 즉

於各格取運章詳之
어 각 격 취 운 장 상 지

해설
아울러 운에서 오는 하나의 충이 2개의 충이 되게 하는

경우가 있다. 예를 들어, 乙일간에 申金정관을 용신으로 삼는데 본명에 申이 2개 있으면 하나의 寅을 충하지 못하지만, 운에서 寅이 오면 2개의 寅申충이 된다. 이상이 운을 보는 방법이다. 자세한 방법은 격국에 따라 운을 보는 방법을 참고한다.

4. 행운에서 오는 간지

▩ 원문 ▩

又有行干而不行支者 何也 如丙生子月亥年 逢丙丁則幫身 逢巳午則
우 유 행 간 이 불 행 지 자 하 야 여 병 생 자 월 해 년 봉 병 정 즉 방 신 봉 사 오 즉

相沖是也
상 충 시 야

▩ 해설 ▩   운에서 오는 천간은 좋은데 지지는 안 좋은 경우가 있다.

시	일	월	연
○	丙	○	○
○	○	子	亥

위와 같은 경우 관살이 강한데 천간의 丙丁운이면 일간 丙을 도와 좋지만, 지지의 巳午운은 본명과 칠충이 되어 좋지 않다.

원문

又有行支而不行干者 何也 如甲生酉月 辛金透而官猶弱 逢申酉則官
우유행지이불행간자 하야 여갑생유월 신금투이관유약 봉신유즉관

植根 逢庚辛則混煞重官之類是也
식근 봉경신즉혼살중관 지류시야

해설

또 운에서 오는 것 중에 지지는 좋지만 천간은 좋지 않은 경우가 있다.

	시	일	월	연
	辛	甲	○	○
	○	○	酉	○

위 사주에서 정관인 辛이 약할 때 운에서 지지 申酉를 만나면 약한 정관이 통근되어 좋지만, 운에서 천간 庚辛을 만나면 관살혼잡이 되거나 중관(重官)이 되어 좋지 않다.

원문

又有干同一類而不兩行者 何也 如丁生亥月 而年透壬官 逢丙則幇身
우유간동일류이불량행자 하야 여정생해월 이년투임관 봉병즉방신

逢丁則合官之類是也
봉정즉합관 지류시야

해설

운에서 오는 천간이 동일한 오행일 때에도 작용이 다른

경우가 있다.

```
시  일  월  연
○  丁  ○  壬
○  ○  亥  ○
```

위 사주에서 천간에 火오행인 丙火운이 오면 일간을 돕는 작용을 한다. 그러나 같은 오행인 丁火운이 오면 연간에 있는 정관 壬을 합거(合去)하는 작용을 한다.

▧ 원문 ▧

又有支同一類而不兩行者 何也 如戊生卯月 丑年 逢申則自坐長生
우유지동일류이불량행자 하야 여무생묘월 축년 봉신즉자좌장생

逢酉則會丑以傷官之類是也
봉유즉회축이상관지류시야

▧ 해설 ▧   같은 오행의 운이 지지에서 올 때도 작용이 다르다.

```
시  일  월  연
○  戊  ○  ○
○  ○  卯  丑
```

위 경우 운에서 申은 戊土의 장생이 되지만, 같은 오행인 酉는 巳酉丑합

을 이루면서 월지 卯를 치는 상관이 되므로 서로 작용이 다르다.

㈜ 십이운성은 수토동색(水土同色)의 입장을 취한 원문 내용을 그대로 번역하였다.

▨ 강해 ▨   원문 내용 중 이해하기 어려운 부분은 없다. 용신격국의 변화가 어떻게 일어나는지 다음 사례사주를 통해 확인하기 바란다.

❶ 운으로 인한 성패 변환

용신격국의 성패를 보는 순서에 의해 다음 사주를 판단해보자.

시	일	월	연 (乾命)
丙	癸	戊	丁
辰	酉	申	酉

辛	壬	癸	甲	乙	丙	丁
丑	寅	卯	辰	巳	午	未

• 기본원칙을 적용하면 성격이다

용신격국을 정하는 원칙은 월령을 중심으로 한다. 월령이 申金인수이고, 申酉방합이 되며, 辰酉합으로 金이 되니 인수격이 틀림없다. 인수격에 戊土정관이 투출하였다. 인수용관(印綬用官)이 되어 성격이다. 위 사주가 바로 사길신격(四吉神格)인 인수격이 순용자(順用字)인 정관을 쓰는 경우이다.

• 정관이 개입하여 패격으로 변한다

시각을 조금 바꿔보자. 위 팔자의 문제는 인수가 너무 무거운 것이다. 무거운 인수를 가볍게 하려면 재성을 써서 재파인(財破印)을 한다. 마침 丙丁재성이 연간과 시간에 있다. 丙丁재성을 기준으로 보면 투출한 戊土정관이 문제이다. 戊土정관은 인수를 극하는 재성의 기운을 빼내 재파인(財破印)의 역할을 줄이고, 결과적으로 무거운 인수를 더 비대하게 만들기 때문이다. 즉, 戊土정관이 왕성한 팔자를 더 왕성하게 하여 무정한 격으로 만든다. 이러면 결론적으로 용신격국은 인수격의 패격이 된다. 원문에서는 앞에서 기본원칙을 적용하는 경우와 지금 경우를 두고 인수격의 성격이 패격으로 변했다고 표현한다. 戊土정관으로 인해 성중유패(成中有敗)가 된다.

• 대운을 대입하면 성격이 된다

인수격의 패격이 된 이유는 戊土정관이 있기 때문이다. 戊土정관이 팔자의 병이고 기신이라면, 이를 고치는 치료제인 상신은 식상이다. 원문에서도 인수격에 정관이 노출되고 인수가 무거우면 재성운이 길하지 않고 식상운이 가장 길하다고 하였다. 원국에 식상이 없으니 운을 본다. 28세 대운부터 68세 대운 전까지 木식상의 기운이 계속 이어져 있다. 2009년 현재 癸卯운이다. 운에서 卯木식상이 오니 인수의 패격이 성격으로 변화한 흐름을 타고 있다. 즉, 대운이 인수격의 패격을 성격으로 변화시켜 패중유성(敗中有成)을 만든다.

명주는 고등학교 졸업 후 미국으로 이민을 가서 자수성가하였다. 2009년 현재 준재벌 정도의 재물을 모았고, 슬하에 남녀를 두고 부부간에도 화목하다.

❷ 운에서 관살혼잡을 만드는 경우

```
시  일  월  연 (坤命)
壬  庚  丁  丙
午  午  酉  辰

庚 辛 壬 癸 甲 乙 丙
寅 卯 辰 巳 午 未 申
```

庚金일간이 酉월 양인월을 만나 양인격(陽刃格)이다. 양인격에 관살이 투출한 양인투관(陽刃透官)이면 양인의 강한 기운을 조절할 수 있어 성격이 된다. 그러나 양인격이라도 관살과 식신을 모두 만나면 패격이 된다. 관살혼잡은 격을 탁하게 하고, 식신은 관살을 극제하여 관살이 양인을 조절하는 힘을 떨어뜨리기 때문이다. 위 사주에는 丁火정관과 壬水식신이 투출하여 패격이 되었지만, 丁壬합으로 패격의 요소가 모두 합으로 묶여 다시 성격으로 되돌아갔다.

甲午운을 만나면 어떻게 될까? 관살혼잡이 되므로 패격이다. 본래 원명의 丁壬합은 느슨한 합이다. 丁火정관이 午火일지에 뿌리를 내렸고, 壬水식신은 午火인 태지(胎地)에 있어 무력하다. 이런 결과로 壬水식신이 거관(去官)하는 힘이 약해져서 느슨한 합이 되어버린다. 지지에 관살이 있으면 관살혼잡으로 보지 않지만, 甲午운이 들어오면 관살혼잡이 살아나 패격이 된다.

명주는 甲午운 패격운 중 2002년 壬午년 봄에 결혼하였다. 결혼 후 남편의 멋대로인 성격과 폭력에 시달리다, 2004년 甲申년에 이혼을 결심한다.

실제로 이혼하지는 못했지만 이후의 흐름이 좋지 않아서 상담시 이혼을 예상했던 여성이다. 2005년 乙酉년은 양인의 기운이 더 강해지는 해이며, 2006년(丙戌년)과 2007년(丁巳년)은 관살혼잡을 더 부추기는 해이다.

❸ 삼합의 영향 보기

```
시  일  월  연 (乾命)
辛  壬  壬  戊
亥  午  戌  戌


己  戊  丁  丙  乙  甲  癸
巳  辰  卯  寅  丑  子  亥
```

壬水일간이 戌월을 만나고, 월령의 정기(正氣)인 戊土칠살이 투출했으므로 칠살격이다. 칠살격의 삼대축복은 칠살, 식신, 일간이 모두 왕성할 때이다. 칠살은 일간을 치는 성분인데 이를 감당하기 위해서는 일간이 왕성해야 하고, 다음으로 칠살을 극제하는 식신도 왕성해야 칠살봉제(七殺逢制)가 되어 축복받는 성격(成格)이 된다.

혹 칠살격에 일간이 약할 때 식신을 쓰지 않고 인수를 쓰는 경우도 있지만, 인수는 식신을 극제해 결과적으로 칠살을 보호하는 성분이므로 바람직한 방법은 아니다. 그렇지만 원국은 식신이 없고 일간이 약하다. 아쉽지만 시간에 있는 辛金정인의 도움을 받아야 한다.

이런 상태에서 丙寅운이 오면 어떨까? 운지(運支) 寅木은 팔자의 午戌과 결합하여 寅午戌 화국(火局)이 된다. 그러면 재성의 역량이 더 강화되어 칠살의 흉함이 더 강하게 나타난다. 운간(運干) 丙火는 원명의 辛金정인을 기반하여 일간을 더 약하게 한다. 칠살의 기운이 강성해지고 일간이 약해지는 丙寅운이 결코 좋을 리 없다. 명주는 丙寅운에 속하는 1994년(甲戌년)에 부인이 가출한 남성이다. 2009년 현재 인테리어 공사장에서 일용잡부로 생활하고 있다.

```
시  일  월  연 (乾命)
壬  壬  壬  癸
寅  午  戌  巳

乙  丙  丁  戊  己  庚  辛
卯  辰  巳  午  未  申  酉
```

위 사주는 참고사주로, 앞에서 예로 든 사주와 월일이 같다. 신약한 칠살격이다. 金인수를 써야 함에도 팔자에 없어 패격이다. 초반 辛酉운, 庚申운은 대운이 패격을 성격으로 바꿔 호시절을 보낸다. 己未운은 흉했고, 戊午운에 재성과 칠살이 겹쳐 비명횡사하였다.

4장 용신격국의 고저와 순잡

팔자의 성패(成敗)를 본 후 고저(高低)를 본다. 성패가 고등어인지 멸치인지를 보는 것이라면, 고저는 싱싱한 고등어인지 상한 멸치인지를 구분하는 것이다. 팔자의 성패는 건록격에서부터 인수격에 이르기까지 용신격국을 통해 살펴보았다. 팔자의 고저를 보는 기준으로 원문에서 제시한 것은 유정(有情) 여부, 유력(有力) 여부, 순잡(純雜) 여부로, 이 장에서 자세하게 살펴본다.

1. 유정과 무정

▧ 원문 ▧

八字旣有用神 必有格局 有格局必有高低 財官印食煞傷劫刃 何格無
팔자기유용신 필유격국 유격국필유고저 재관인식살상겁인 하격무

貴 何格無賤 由極貴而至極賤 萬有不齊 其變千狀 豈可言傳 然其理
귀 하격무천 유극귀이지극천 만유부제 기변천상 기가언전 연기리

之大綱 亦在有情 有力無力之間而已
지 대 강 역 재 유 정 유 력 무 력 지 간 이 이

■ 해설 ■   팔자에 용신이 있으면 반드시 격국이 있고, 이 격국에는 고저가 있다. 재성격, 정관격, 인수격, 식신격, 칠살격, 월겁격, 양인격 등 어느 격국이든 귀격(貴格)이 될 수도 있고, 천격(賤格)이 될 수도 있다. 지극히 귀한 사주에서 천한 사주까지 사주의 종류가 많으니 모두 설명할 수 없다. 이치의 대강은, 팔자의 각자가 정이 있는가, 힘이 있는가의 여부이다. 유정(有情), 무정(無情), 유력(有力), 무력(無力)에 따라서 귀천이 달라진다.

■ 원문 ■

如正官佩印 不如透財 而四柱帶傷 反推佩印 故甲透酉官 透丁合壬
여 정 관 패 인 불 여 투 재 이 사 주 대 상 반 추 패 인 고 갑 투 유 관 투 정 합 임

是謂合傷存官 遂成貴格 以其有情也 財忌比劫 而與煞作合 劫反爲
시 위 합 상 존 관 수 성 귀 격 이 기 유 정 야 재 기 비 겁 이 여 살 작 합 겁 반 위

用 故甲生辰月 透戊成格 遇乙爲劫 逢庚爲煞 二者相合 皆得其用 遂
용 고 갑 생 진 월 투 무 성 격 우 을 위 겁 봉 경 위 살 이 자 상 합 개 득 기 용 수

成貴格 亦以其有情也
성 귀 격 역 이 기 유 정 야

■ 해설 ■   정관격에 인수가 있는 정관패인(正官佩印)은 정관격에 재성이 투출한 것보다 못하다. 그러나 정관패인이라도 사주에 상관이 있으면 인성이 상관을 극제(剋制)하므로 좋다. 다음과 같이 甲일간이 酉월에 태어나 辛金정관이 투출하고 丁火상관이 있으면, 壬水편인이 丁火를

丁壬합으로 합하여 상관을 합하고 정관을 남기는 합상존관(合傷存官)이 되어 좋다. 이 경우 유정하여 귀격이 된다.

```
시  일  월  연
壬  甲  丁  辛
○  ○  酉  ○
```

재성격은 비겁을 꺼린다. 그러나 양간(陽干)에 칠살이 있으면 겁재가 칠살을 합거(合去)한다. 이런 경우 겁재가 상신이 된다. 아래 사주는 甲木일간이 辰월에 생하여 편재격이 되었는데 庚金칠살이 있으므로 패격이지만, 투출한 乙木이 甲木일간을 乙庚합으로 구할 수 있으므로 패격을 만드는 두 자가 합하여 귀격이 된다. 유정한 경우이다.

```
시  일  월  연
戊  甲  庚  乙
○  ○  辰  ○
```

원문

何謂有情 順而相成者是也 如甲生辰月 透癸爲印 而又會子會申以成
하 위 유 정 순 이 상 성 자 시 야 여 갑 생 진 월 투 계 위 인 이 우 회 자 회 신 이 성

局 印綬之格 淸而不雜 是透干與會支 合而有情也 又如丙生辰月 透
국 인 수 지 격 청 이 부 잡 시 투 간 여 회 지 합 이 유 정 야 우 여 병 생 진 월 투

癸爲官 而又逢己以爲印 官與印相生 而印又能去辰中暗土以淸官 是
계위관 이우봉기이위인 관여인상생 이인우능거진중암토이청관 시

兩干竝透 合而情也 又如甲生丑月 辛透爲官 或巳酉會成金局 而又透
량간병투 합이정야 우여갑생축월 신투위관 혹사유회성금국 이우투

己財以生官 是兩干竝透 與會支合而有情也
기재이생관 시량간병투 여회지합이유정야

해설 잡기(雜氣)에서 용신을 겸용할 때 유정(有情)이라 함은 순리에 맞고 서로를 이루게 하는 것이다. 예를 들어, 아래와 같이 甲木이 辰월에 생한 경우, 癸水가 투출하고 지지에 子水나 申金이 있어 申子辰 수국(水局)을 이루면 인수격이 된다. 이런 경우 辰월인 잡기월(雜氣月)에 생했지만 잡되지 않고 깨끗하며, 투출한 것과 지지에 회합(會合)된 것이 서로 배합되어 유정해진다.

시	일	월	연
癸	甲	○	○
○	子	辰	○

또 다음과 같이 丙火일간이 辰월에 생하여 癸水가 투출하면 정관격인데, 여기에 辰土의 지장간 중에서 乙木이 투출하면 인수격을 겸하게 된다. 이런 경우 투출한 것이 관인상생(官印相生)이 되며, 乙木은 辰土 중에 있는 戊土상관을 능히 다스릴 수 있으니 정관은 맑아진다. 즉, 2개의 천간이 투출하여 격을 맑게 하니 유정하다.

```
시  일  월  연
癸  丙  ○  乙
○  ○  辰  ○
```

다음과 같이 甲木이 丑월에 생하고 丑 중 지장간 辛金이 투출하면 정관격이다. 지지가 巳酉丑 금국(金局)이고 재성인 己土가 투출하면 재생관(財生官)으로 관성을 생해준다. 즉, 2개의 천간이 투출하고 지지에서 회합하니 유정하다.

```
시  일  월  연
己  甲  辛  ○
○  ○  丑  酉
```

원문

如甲用酉官 透丁逢癸 癸剋不如壬合 是有情而非情之至
여갑용유관 투정봉계 계극불여임합 시유정이비정지지

해설

다음과 같이 甲木이 酉월에 생하면 정관격이다. 투출한 상관 丁火가 癸水정인과 충하여 정관이 보호되는데, 이는 壬水가 투출하여 丁壬합을 하여 합거하는 방법보다는 유정하지 못하므로 정이 없는 격국이다.

시	일	월	연
癸	甲	丁	○
○	○	酉	○

원문

至如印用七煞 本爲貴格 而身强印旺 透煞孤貧 蓋身旺不勞印生 印
지여인용칠살 본위귀격 이신강인왕 투살고빈 개신왕불로인생 인

旺何勞煞助 偏之又偏 以其無情也 傷官佩印 本秀而貴 而身主甚旺
왕하로살조 편지우편 이기무정야 상관패인 본수이귀 이신주심왕

傷官甚淺 印又太重 不貴不秀 蓋欲助身則身强 制傷則傷淺 要此重
상관심천 인우태중 불귀불수 개욕조신즉신강 제상즉상천 요차중

印何用 是亦無情也 又如煞强食旺而身無根 身强比重而財無氣 或夭
인하용 시역무정야 우여살강식왕이신무근 신강비중이재무기 혹요

或貧 以其無力也 是皆格之低而無用者也
혹빈 이기무력야 시개격지저이무용자야

해설

인수격에 칠살을 쓰는 인용칠살(印用七殺)은 귀격이지만, 신강하고 인왕(印旺)에 칠살이 투출하면 도리어 고독하고 빈궁하다. 즉, 신왕하면 인수가 생을 하는 것이 아무 소용 없고, 일간이 도움을 바라지 않는다. 이 상태면 한편으로만 치우치므로 무정한 격국이다.

상관격에 인수가 있는 상관패인(傷官佩印)은 본래 뛰어나고 귀한 사주이다. 그러나 이 경우에도 일주는 매우 왕하고 상관은 약하며 인성은 너무 무거우면 뛰어나지도 귀하지도 않다. 이러면 신왕한 일간은 더욱 왕성해지고 약한 상관은 더 약해지므로 인성이 좋을 리 없다. 이 또한 무정한 격

국이다.

   또한 칠살과 식신이 강한데 일간이 뿌리가 없어 무력한 경우 그리고 신강하고 비겁이 왕한데 재성이 기력이 없는 경우는 요절하거니 빈한해지니, 이는 무력하기 때문에 생긴다. 이 때는 격국이 낮아 쓸모없는 사주가 된다.

원문

何謂無情 逆而相背者是也 如壬生未月 透己爲官 而地支會亥卯以成
하 위 무 정 역 이 상 배 자 시 야 여 임 생 미 월 투 기 위 관 이 지 지 회 해 묘 이 성

傷官之局 是透官與會支 合而無情者也 又如甲生辰月 透戊爲財 又
상 관 지 국 시 투 관 여 회 지 합 이 무 정 자 야 우 여 갑 생 진 월 투 무 위 재 우

或透壬癸以爲印 透癸則戊癸作合 財印兩失 透壬則財印兩傷 又以貪
혹 투 임 계 이 위 인 투 계 즉 무 계 작 합 재 인 량 실 투 임 즉 재 인 량 상 우 이 탐

財壞印 是兩干竝透 合而無情也 又如甲生戌月 透辛爲官 而又透丁
재 괴 인 시 량 간 병 투 합 이 무 정 야 우 여 갑 생 술 월 투 신 위 관 이 우 투 정

以傷官 月支又會寅會午以成傷官之局 是兩干竝透 與會支合而無
이 상 관 월 지 우 회 인 회 오 이 성 상 관 지 국 시 량 간 병 투 여 회 지 합 이 무

情也
정 야

해설

   잡기월에서 용신을 겸용할 때 무정(無情)이라 함은 순리에 맞지 않고 서로를 배척하는 것이다.

   예를 들어, 다음과 같이 壬水가 未월에 생하고, 未土 중에서 지장간 己土가 천간에 투출하면 정관이 된다. 이런 경우 지지가 亥卯未 목국(木局)으로 상관국(局)을 이루면 천간의 정관과 지지의 상관이 서로 배척하므로

무정해진다.

```
시 일 월 연
己 壬 ○ ○
○ ○ 未 卯
```

또 다음과 같이 甲木일간이 辰월에 생하고, 천간에 지장간 戊土가 투출하면 편재격이다. 여기에 壬水나 癸水가 투출하면 인수격을 겸하게 된다. 癸水가 투출하면 편재 戊와 인수 癸가 戊癸합을 하므로 모두 잃게 돼 소용이 없고, 壬水가 투출하면 토극수(土剋水)로 손상되어 탐재괴인(貪財壞印)의 현상이 일어나니 비록 2개의 천간이 투출해도 무정해진다.

```
시 일 월 연
癸 甲 ○ 戊
○ ○ 辰 ○
```

또 다음과 같이 甲木일간이 戌월에 생하고 지장간에서 辛金이 투출하면 정관격인데, 여기에 상관 丁火가 또 투출하고 지지에 寅午戌 화국(火局)으로 상관국을 이루면, 2개의 천간이 투출하고 지지에 회합을 이루지만 무정한 경우에 속한다.

시	일	월	연
丁	甲	○	辛
○	午	戌	○

원문

又有有情而卒成無情者 何也 如甲生辰月 逢壬爲印 而又逢丙 印綬
우유유정이졸성무정자 하야 여갑생진월 봉임위인 이우봉병 인수

本喜洩身爲秀 似成格矣 而火能生土 似又助辰中之戊 印格不淸 是
본희설신위수 사성격의 이화능생토 사우조진중지무 인격불청 시

必壬干透而支又會申會子 則透丙亦無所礙 又有甲生辰月 透壬爲印
필임간투이지우회신회자 즉투병역무소애 우유갑생진월 투임위인

雖不露丙而支逢戌位 戌與辰沖 二者爲月沖而土動 干頭之壬難通月
수불로병이지봉술위 술여진충 이자위월충이토동 간두지임난통월

令 印格不成 是皆有情而卒無情 富而不貴者也
령 인격불성 시개유정이졸무정 부이불귀자야

해설

유정이 무정으로 변할 때가 있다. 예를 들어, 다음과 같이 甲木일간이 辰월에 생하고 壬水편인과 丙火식신을 만나는 경우이다. 편인이 있으면 식신으로 설기해야 좋을 듯하지만, 투출한 丙火식신은 지장간의 戊土재성을 생하여 인수격을 맑지 못하게 만든다. 이 때는 천간에 壬水가 투출하고 지지가 申子辰 수국(水局)을 이루어야 투출한 丙火가 지장간 戊土를 생하는 것을 막을 수 있다.

시	일	월	연
丙	甲	○	壬
○	○	辰	○

또 다음과 같이 甲木일간이 辰월에 생하고 壬水가 투출한 경우에는 丙火가 투출하지 않아도 지지에 戌土가 있어서 辰戌충이 되면 土가 동요한다. 壬水는 월령에 뿌리가 있다 해도 동요되는 곳에 뿌리가 있으므로 인수격을 이룰 수 없다.

이런 예들은 유정한 것 같지만 무정으로 변하여, 재물은 있어도 귀하게 되지는 못한다.

시	일	월	연
○	甲	○	壬
○	戌	辰	○

원문

又有無情而終有情者 何也 如癸生辰月 透戊爲官 又有會申會子以成
우유무정이종유정자 하야 여계생진월 투무위관 우유회신회자이성

水局 透干與會支相剋矣 然所剋者乃是劫財 譬如月劫用官 何傷之有
수국 투간여회지상극의 연소극자내시겁재 비여월겁용관 하상지유

又如丙生辰月 透戊爲食 而又透壬爲煞 是兩干竝透 而相剋也 然所
우여병생진월 투무위식 이우투임위살 시량간병투 이상극야 연소

剋者乃是偏官 譬如食神帶煞 煞逢食制 二者皆是美格 其局愈貴 是
극자내시편관 비여식신대살 살봉식제 이자개시미격 기국유귀 시

皆無情而終爲有情也
개 무 정 이 종 위 유 정 야

해설   무정이 유정으로 변하는 경우도 있다. 예를 들어, 아래와 같이 癸水일간이 辰월에 생하고 戊土 정관이 천간에 투출하고 지지에 申子辰 수국(水局)을 이루면, 투출한 것과 지지의 수국(水局)이 서로 상극하여 무정해진다. 그러나 극을 받는 것이 겁재이므로 무정이 유정으로 변한다. 이는 월지가 겁재인 월겁격에 정관을 쓰는 것과 같은 경우이다.

시	일	월	연
○	癸	戊	○
申	○	辰	子

다른 예로, 다음과 같이 丙火일간이 辰월에 생하고 戊土식신과 壬水칠살이 모두 천간에 투출하면 서로 상극하여 무정한 것처럼 보이지만, 칠살이 극을 받는 것이므로 문제가 없다. 이는 식신격에 칠살이 있거나, 칠살격에 식신을 만나는 것처럼 아름답고 귀한 격이 되는 경우이다.

이러한 예들은 무정한 것이 결국은 유정으로 변하는 예들이다.

시	일	월	연
壬	丙	戊	○
○	○	辰	○

※ 강해 ※   유정(有情)한 경우는 천간이나 지지가 상신을 도울 때이고, 무정(無情)한 경우는 천간이나 지지가 상신을 돕지 못할 때이다.

먼저 원문에서 언급한 유정한 경우를 정리하면 다음과 같다.

① 투출한 천간이 기신을 합하거나 극하여 격국을 귀하게 만드는 경우.

② 투출한 천간과 지지의 회합(會合)하는 기운이 서로 도움이 되는 경우.

다음으로 무정한 경우는 다음과 같다. 무정한 격국은 유정한 격국보다 격의 질이 낮아진다.

① 합으로 상신을 무력하게 하는 경우.

② 충으로 기신을 해결하는 경우.

③ 투출한 천간과 지지의 회합하는 기운이 서로 해가 되는 경우.

④ 투출한 천간이 지지의 기신을 도와 상신을 방해하는 경우.

⑤ 상신의 뿌리가 되는 지지가 충으로 동요하는 경우.

⑥ 순용 또는 역용하는 자가 팔자의 중화를 해치는 경우.

원문의 내용 중에 오해할 수 있는 부분이 있다. 바로 투출한 천간이 기신을 합하여 해결하면 유정한 격국이 되고, 투출한 천간이 기신을 충하여 해결하면 무정한 격국이 된다는 언급이다. 여기에 대해서는 합이든 충이든 기신을 해결하는 것은 같지만, 격국의 높낮이를 보는 기준에 의하면 합으로 해결하는 것이 충으로 해결하는 것보다 좋다는 의미로 받아들이면 된다.

원문에서는 간단히 언급했으나 아주 중요한 말이 있다. "편지우편 이기

무정야(偏之又偏 以其無情也)"라는 말이다. 편협한 것을 더 편협하게 하는 것은 무정하다. 즉, 용신격국의 상신이 왕성한 팔자를 더 왕성하게 하거나, 약한 팔자를 더 약하게 하면 무정한 격국이 된다. 사례사주를 통해 유정과 무정한 격국에 대해 살펴본다.

❶ 일지가 무정한 격국을 만드는 경우

```
시  일  월  연 (乾命)
丙  戊  甲  戊
辰  午  寅  戌

辛  庚  己  戊  丁  丙  乙
酉  申  未  午  巳  辰  卯
```

부부관계를 중심으로 살펴본다.

첫째, 처성(妻星)을 보자. 처성은 辰 중의 癸水정재인데, 바로 옆의 午 중 丁火와 丁癸충으로 암충(暗沖)이 되었다. 팔자에 재성을 돕는 金식상이 없는데 암충으로 흐릿해졌으므로 처성의 형편은 좋지 않다.

둘째, 처궁(妻宮)을 보자. 일지인 처궁 午火는 寅午戌 화국(火局)이 되고, 삼합이 된 큰불을 뿌리로 삼은 丙火가 시간에 투출하였다. 팔자가 신왕한데 화국(火局)으로 합하므로 일지 처궁은 기신궁이 된다. 유정과 무정의 잣대로 보면, 지지의 합과 투출한 丙火가 신왕자를 더욱 신왕하게 하므로 무정한 격국으로 분류된다. 이와 같은 처성과 처궁의 형편으로 보면 부부복은 없다.

명주는 2003년(戊午운 癸未년) 처와 사별한 남성이다. 戊午운 중 戊운은 신왕한 팔자를 더욱 신왕하게 하고, 午운은 午午자형으로 처궁을 흔들며 戊土와 마찬가지로 일간을 더 신왕하게 하므로 흉운이다. 癸未년의 癸는 戊癸합으로 기반되어 역할을 할 수 없고, 未土도 조토(燥土)로 신왕을 부채질하니 흉하다.

만약 시간에 丙火가 투출하지 않고 甲木이 있었다면 午火일지는 유정한 격국을 만들어 귀격을 이루었을 것이다. 아래 사주는 일찍 황갑(黃甲)에 올라 벼슬길이 승승장구했던 명이다. 위 사주와 비교해보면 차이를 알 수 있다.

시	일	월	연 (乾命)
甲	戊	甲	戊
寅	午	寅	子

辛	庚	己	戊	丁	丙	乙
酉	申	未	午	巳	辰	卯

❷ 일지 기신을 충으로 해결하여 무정한 경우

시	일	월	연 (乾命)
甲	戊	丙	己
寅	子	寅	亥

己	庚	辛	壬	癸	甲	乙
未	申	酉	戌	亥	子	丑

위 사주는 寅월 戊土이니 정관격이다. 甲木정관이 투출했으므로 신약하다. 관살을 도와 결과적으로 신약함을 부추기는 일지의 子水재성은 기신이 되고, 관인상생(官印相生)으로 화관(化官)하여 일간을 돕는 丙火가 상신이 된다.

충으로 기신을 해결하는 무정의 방법은 기신을 극하거나 합하는 유정의 방법보다 질적으로 떨어진다. 그러나 기신을 해결하는 것은 마찬가지다. 명주는 기신을 子午충하는 戊午년에 향방(鄕榜)에 합격했고, 기신을 극하는 己未년에 진사 벼슬에 올랐다. 하지만 辛酉운은 상신을 丙辛합으로 합거하고, 기신을 금생수(金生水)로 생하기 때문에 반드시 흉액이 컸을 것이다.

❸ 합으로 유정하지만 무정으로 보는 경우

```
시  일  월  연 (乾命)
乙  甲  庚  乙
亥  申  辰  酉

癸 甲 乙 丙 丁 戊 己
酉 戌 亥 子 丑 寅 卯
```

　　재성격은 순용하는 것이 원칙이다. 신왕하면 재용식생(財用食生)이니 식상을 쓰든지, 재성이 정관을 생하는 재왕생관(財旺生官)을 한다. 신약하면 인수를 쓰되 재성과 인수가 장애가 없는 재인쌍청(財印雙淸)이 되어야 성격이 된다. 이와 달리 재성은 가볍고 비겁이 강한 재경비중(財輕比重)이 되거나, 재성격에 칠살이 투출한 재투칠살(財透七殺)이면 패격이 된다.

　　위 사주는 辰월 甲木으로 재성격이고, 신약하다. 지지에 진유합금(辰酉合金)을 이루는데다 일지에 申金이 있고 庚金칠살이 투출하여 패격이다. 乙木겁재가 庚金칠살을 합거하여 유정한 격으로 귀함을 이룰 수 있다고 볼 수도 있지만, 酉金인 살지(殺地) 위에 있으므로 힘이 없는 乙木이 확실하게 庚金을 묶을 수 없다. 유정한 격으로 보기 어렵다. 그러므로 재투칠살의 패격으로밖에 볼 수 없는 구조이다.

　　칠살이 강하여 신약한 패격사주를 해결하는 것은 인수가 가장 어울린다. 시에 亥水인수가 있지만, 일간이 乙亥시주로 진입하면 申金일지를 공망으로 만든다. 즉, 자공망(自空亡)이 되고, 인수가 있는 상관궁은 역할이 없다. 또 亥水인수성이 상관궁에 있으니 파성(破星)되었다. 상신인 인수의 역할이 없으므로 완벽한 패격이다.

명주는 2009년 현재 다섯 살 사내아이다. 어려서 모친이 가출한 후 아버지는 재혼하였다. 고아에 가까운 상태로 친할머니 손에서 자라고 있다.

❹ 상신을 충하여 무정한 경우

```
시   일   월   연 (乾命)
癸   甲   丁   辛
酉   子   酉   卯

庚  辛  壬  癸  甲  乙  丙
寅  卯  辰  巳  午  未  申
```

酉월 甲木에 辛金이 투출했으니 정관격이다. 정관격에 지지에는 卯酉 충으로 형충이 있고, 丁火상관이 정관을 진극(眞剋)하므로 패격이다. 그러나 丁火상관을 유력한 癸水가 조절하므로 성격으로 변하고, 유정한 격국으로 볼 수도 있다. 원문에서 언급한 "여갑용유관 투정봉계 계극불여임합 시유정이비정지지(如甲用酉官 透丁逢癸 癸剋不如壬合 是有情而非情之至)"만을 생각하면 이런 방식으로 오판할 수도 있다.

그러나 金水가 강해 신왕해진 팔자임을 감안하면 판단이 달라진다. 신왕팔자를 더 신왕하게 하는 癸水인수는 상신이 될 수 없고 무정을 이루는 요소가 될 뿐이다. 오히려 丁火상관이 상신이 되고, 상신을 극하는 癸水는 기신이 된다.

명주는 2006년(辛卯운 丙戌년) 철물점을 시작했지만, 2009년(辛卯운 己丑년) 현재 수입이 없어 고전을 면하지 못하고 있는 남자이다. 辛卯운은 정관격에 중관(重官)운으로 흉하고, 앞으로의 태세 흐름도 시원치 않다. 당분간 상신인 丁火상관을 돕는 해가 오지 않는다.

❺ 운이 무정을 만드는 경우

시	일	월	연 (乾命)
乙	甲	丁	癸
亥	寅	巳	卯

庚	辛	壬	癸	甲	乙	丙
戌	亥	子	丑	寅	卯	辰

巳월 甲木에 丁火상관이 투출하여 상관격이다. 상관은 사흉신인 살상겁인(殺傷劫刃)의 하나로, 역용하는 것이 원칙이다. 역용 중에서도 인수가 상관을 극하는 상관패인(傷官佩印)이 가장 좋다. 그러나 패인(佩印)하여 왕성한 팔자를 더 왕성하게 하면 무정해지므로 인수가 쓸모없어진다.

위 사례사주의 왕약을 먼저 판단해보자. 일시인 택묘(宅墓) 중 일(日)인 택에서는 丁火상관이 투출해 있고, 시(時)인 묘에서는 乙木이 亥水의 뿌리를 가져 왕약의 균형을 대충 맞춘 듯 보인다. 그러나 寅亥합이 된 점, 연월이 丁癸충이 된 점을 감안하면 신왕이 분명하다. 그렇다면 신왕을 부추기는 亥水나 癸水 인수는 기신이 된다. 이를 토극수(土剋水)로 해결하는 戊己재성이 약이지만, 간지에 드러난 약이 없으므로 패격이다.

2005년부터 壬子운이 시작한다. 壬운은 신왕한 일간을 설기하는 丁火 상관을 丁壬합으로 묶고, 子운은 기신인 癸水의 뿌리가 되므로 흉운이다. 이 중 2006년(壬子운 丙戌년)은 상관생재(傷官生財)의 해이다. 패격에 무재(無財) 사주이며, 새로운 것을 좋아하는 상관 기질이 강한 팔자에 재성이 들어왔다. 이 해에 유부녀와 바람을 피우다 발각되어 부인이 이혼소송을 제기하였다. 2009년 현재까지도 깨끗이 정리되지 않은 상태로 고통스런 이중생활을 하고 있다.

❻ 천간이 지장간을 생하여 무정한 경우

시	일	월	연(乾命)
乙	甲	丙	癸
亥	寅	辰	卯

己	庚	辛	壬	癸	甲	乙
酉	戌	亥	子	丑	寅	卯

원문에서는 연간의 癸水인수를 쓰려는데 투출한 丙火가 월지 辰土의 지장간 戊土재성을 생하면 무정한 경우라고 보았다. 과연 이 사주도 그러한가?

辰월 甲木이니 재성격이다. 癸水인 중기(中氣)가 투출했으므로 인수격을 겸한 재성격으로 볼 수도 있지만, 癸水정인이 卯木인 사지(死地)에 있어 그대로 월령을 취해 재성격이다. 재성격은 순용한다. 관성을 써 재왕생관(財旺生官)을 하든지, 식상을 써 재용식생(財用食生)을 하는 것이 원칙이다. 이 방법이 신왕에 쓰는 방법이라면, 신약한 경우는 인수를 써서 재격패인(財格佩印)이 되어야 한다. 재격패인은 식상과 인수가 장애가 없는 식인쌍청(食印雙淸)이 되어야 한다. 그렇다면 신왕한 이 사주의 상신은 丙火식신이 되고, 癸水인수는 기신이 된다.

　원문에서 언급한 유정과 무정의 개념을 대입하면 지지의 寅卯辰 목국(木局)이 월간에 있는 丙火상신을 도우니 유정한 팔자이며, 辰월 중 癸水 장간이 투출하여 수극화(水剋火)를 한다. 유정이 무정으로 바뀐 팔자이다. 원문에서 丙火가 인수격을 맑지 못하게 하여 무정한 팔자로 분류한 것과는 큰 차이가 있다.

　원국의 모(母)인 甲木일간은 아주 강하고, 자(子)인 丙火는 허약하므로 모왕자고(母旺子孤)의 형세이다. 당연히 허약한 자식을 돕는 것이 좋은데, 문제는 辰월에서 투출한 癸水인수가 수극화(水剋火)로 이를 훼방하는 것이다.

　운을 보자. 초반의 乙卯, 甲寅운은 허한 자식을 돕고 기신인 癸水인수를 설기하여 원국의 병을 해결하니 풍족하게 생활하였다. 癸丑운엔 팔자의 기신을 도우니 재물을 탕진하고 가난한 생활을 하였다. 壬子운은 丙火상신을 충하고 癸水기신이 힘을 얻어 완전히 망하였으며, 가족이 뿔뿔이 흩어진 후 자살하였다.

㈜ 사례사주는 辰戌丑未월에서 월의 중기가 천간에 투출했지만, 그대로 월의 정기로 용신 격국을 정하였다. 이 방법에 대해서는 원문에서 상관격의 예로 나온 하각로(夏閣老)의 사주, 재성격의 예로 나온 모장원(毛壯元)의 사주를 참조한다.

❼ 유정과 무정간에 변화하는 경우

```
시  일  월  연 (乾命)
癸  甲  丙  戊
酉  子  辰  戌

癸 壬 辛 庚 己 戊 丁
亥 戌 酉 申 未 午 巳
```

辰월 甲木에 戊土재성이 투출했으므로 재성격이다. 지지가 子辰합이 되고, 이에 뿌리를 둔 癸水인수가 시간에 투출하였다. 신약한 팔자에 상신 역할을 하는 癸水인수의 뿌리가 있어 유정한 격국이다. 또한 월령 辰土에서 같이 있었던 戊土가 모두 투출했으니 유정하다고 볼 수 있다. 이렇게 유정함을 이루었으니 귀격인가? 그렇지 않다. 신약하여 인수의 생조가 필요하지만, 癸水와 같이 월령에서 투출한 戊土재성이 극하기 때문이다. 즉, 유정이 무정으로 변하였다.

운의 흐름을 보자. 초반 火土인 식상운과 재성운은 신약을 부추기므로 흉하다. 중반에는 庚申운, 辛酉운으로 흐른다. 金운은 火土의 기운을 설기하고 상신인 癸水인수를 도와주는 길운이니 일시적으로 유정으로 변한 운이다. 2006년은 辛酉운 丙戌년이다. 전체적인 운 흐름은 좋지만 태세가 흉하다. 이 해에 경상도의 모 지역 시장에 출마했지만 낙선하였다.

2. 유력과 무력

원문

身强煞露而食神又旺 如乙生酉月 辛金透 丁火剛 秋木盛 三者皆備
신강살로이식신우왕 여을생유월 신금투 정화강 추목성 삼자개비

極等之貴 以其有力也 官强財透 身逢祿刃 如丙生子月 癸水透 庚金
극등지귀 이기유력야 관강재투 신봉록인 여병생자월 계수투 경금

露 而坐寅午 三者皆均 遂成大貴 亦以其有力也
로 이좌인오 삼자개균 수성대귀 역이기유력야

해설

신강사주에 칠살이 투출하고 식신도 왕하면 비겁, 칠살, 식신의 3요소가 모두 유력하니 귀격이 된다. 다음 사주는 乙木이 酉月에 생하여 辛金칠살이 투출하고, 丁火식신이 강하고, 가을의 乙木일간이 강하다.

시	일	월	연(乾命)
辛	乙	己	丁
巳	卯	酉	巳

정관, 재성, 일간이 모두 유력하면 대귀한 사주이다. 관성이 강하고 재성이 투출했는데 일간도 건록(建祿)이나 양인(陽刃)을 만난 경우가 그렇다. 다음 사주와 같이 丙火일간이 子月에 생하고, 정관인 癸水와 편재 庚金이 투출한 상태에서 지지에 寅午가 있는 경우이다.

시	일	월	연
庚	丙	○	癸
寅	午	子	○

원문

乙逢酉逢煞 透丁以制 而或煞强而丁稍弱 丁旺而煞不昂 又或辛丁竝
을봉유봉살 투정이제 이혹살강이정초약 정왕이살불앙 우혹신정병

旺而乙根不甚深 是有力而非力之全 格之高而次者也
왕이을근불심심 시유력이비력지전 격지고이차자야

해설

乙木일간이 酉월에 생하면 칠살격인데, 투출한 丁火가 辛金을 극제하면 여러 경우를 생각할 수 있다. 칠살은 강하고 식신이 약한 경우, 칠살은 약하고 식신이 왕한 경우, 또는 칠살과 식신은 모두 강한데 일간은 뿌리가 없어 약한 경우도 있다. 이런 예들은 유력해 보이지만 무력하다. 격은 높지 않다.

원문

又有有情而兼有力 有力而兼有情者 如甲用酉官 壬合丁以淸官 而壬
우유유정이겸유력 유력이겸유정자 여갑용유관 임합정이청관 이임

水根深 是有情而兼有力者也 乙用酉煞 辛逢丁制 而辛之祿卽丁之長
수근심 시유정이겸유력자야 을용유살 신봉정제 이신지록즉정지장

生 同根月令 是有力而兼有情者也 是皆格之最高者也
생 동근월령 시유력이겸유정자야 시개격지최고자야

해설　　유정(有情)과 유력(有力)을 동시에 겸한 사주도 있다. 다음 사주는 甲木이 酉月에 생하여 정관격인데, 천간의 丁火상관이 壬水와 합하면 정관이 상하지 않아 관이 맑아진다. 이 때 합을 하는 壬水의 뿌리가 깊으면 유정과 유력을 겸하여 귀한 사주가 된다.

```
시  일  월  연
壬  甲  ○  丁
申  ○  酉  ○
```

아래 사주와 같이 乙木 酉月의 칠살격에 투출한 辛金칠살을 丁火식신이 극제하는 경우, 칠살과 식신이 모두 월령에 뿌리가 있으므로 유력과 유정을 겸하여 최고의 격국이 된다. 辛金은 월령이 녹지(祿地)이고, 丁火에게는 월령 酉가 장생(長生)에 해당한다.[주]

```
시  일  월  연
丁  乙  辛  ○
○  ○  酉  ○
```

[주] 丁火가 酉에서 장생이 되는 것은 십이운성을 따질 때 양생음사(陽生陰死)의 방법을 적용한 것인데, 문제가 있다. 자세한 것은 십이운성의 내용을 참조한다.

🅇 원문 🅇

然其中高低之故 變化甚微 或一字而有千鈞之力 或半字而敗全局之
연 기 중 고 저 지 고 변 화 심 미 혹 일 자 이 유 천 균 지 력 혹 반 자 이 패 전 국 지

美 隨時觀理 難以擬議 此特大略而已
미 수 시 관 리 난 이 의 의 차 특 대 략 이 이

🅇 해설 🅇

격국의 고저는 변화가 커서 알기 어렵다. 혹 사주의 한 글자가 천근의 힘을 쓸 때도 있고, 반 글자가 사주 전체의 아름다움을 망치기도 한다. 격국의 고저에 대한 이상의 설명은 그 대략을 말한 것뿐이다.

㈜ 원문에서 언급한 반자(半字)의 의미가 확실하지 않다.

🅇 강해 🅇

유력(有力)은 일반적으로 천간의 뿌리에 해당하는 지지가 튼튼하거나, 천간을 생하는 육친이 건전한 경우를 말한다. 원문에서는 유력에 대해 독특한 시각으로 접근하여 귀격을 이루는 조건으로 유력을 보았다. 원문에서의 유력은 월령과 상신이 힘이 있어야 하고, 일간도 힘이 있어야 한다. 이를 삼자개비(三者皆備), 삼자개균(三者皆均)이라는 말로 표현하였다. 다음 사례사주를 보자.

❶ 월령과 상신이 무력한 경우

```
시  일  월  연 (乾命)
己  丙  甲  癸
丑  午  子  丑

丁  戊  己  庚  辛  壬  癸
巳  午  未  申  酉  戌  亥
```

子월 丙火로 정관격이다. 정관격이 신왕하면 재성을 써서 정관봉재(正官逢財)를 이루어야 성격이고, 반대로 신약하면 인수를 써서 정관패인(正官佩印)이 되어야 성격이다. 이 사주는 정관격인데 시에 있는 己丑상관이 강하므로 신약하다. 따라서 甲木인수를 상신으로 삼는다.

유력 여부를 보는 삼자(三者)는 일간, 월령, 상신이다. 이 중 丙火일간은 午火일지에 뿌리가 있어 약하지 않다. 子水월령은 子午충에 子丑합이 되었고, 투출한 癸水정관은 丑土인 살지(殺地)에 있어 약하다. 甲木상신은 원신(源神)인 子水와 癸水가 무력하고, 시간의 己土가 甲己합으로 묶여 약하다. 삼자 중에서 일간을 제외하고 월령과 상신이 약하므로 삼자개균(三者皆均)과는 거리가 있다. 여기에 정관격이 형충을 만나 관봉형충(官逢刑沖)이 되고, 甲己합으로 투관봉합(透官逢合)이 되니 패격이다. 귀함을 이룰 수 없는 팔자이다.

명주는 결혼 후 2001년(壬戌운 辛巳년)에 바람이 나 동거를 시작하였고, 2002년에 이혼 후 재혼하였다. 2003년부터 시작되는 辛酉운을 거쳐 庚申운이 이어지지만, 재성운으로 상신을 재극인(財剋印)을 하니 흉운이다.

앞으로 다가올 己未운과 戊午운도 상신의 원천인 물을 막는 운이라서 흉하다. 원국은 패격에 무력하고, 대운의 도움도 전혀 없다. 영원한 패격이다. 2009년 현재 엄청난 빚으로 신용불량자가 되어 허덕이고 있다.

❷ 일간이 무력한 경우

```
시  일  월  연 (坤命)
丁  乙  丁  辛
亥  巳  酉  丑

甲  癸  壬  辛  庚  己  戊
辰  卯  寅  丑  子  亥  戌
```

대학교수인 여성의 사주로 부부관계가 좋지 않다. 남편은 2001년(辛丑운 辛巳년)에 오피스텔을 얻어 가출하기 시작한 후, 2009년 현재까지 가출과 귀가를 반복하고 있다. 상담시 2011년에 시작되는 壬寅운부터 문제가 개선될 것으로 예측한 명이다.

酉월 乙木에 辛金칠살이 투출했으므로 칠살격이다. 칠살격에 역용하는 丁火식신이 있으니 귀함을 이룰 수 있다고 생각할 수 있다. 그러나 유력의 관점으로 팔자를 보면 그렇지 않다. 유력을 이루어야 할 3요소 중 월령은 힘이 있고 상신인 丁火식신도 약하지 않지만, 일간이 무력하여 흠이다. 이 문제를 해결하려면 水木인 인비(印比)운이 들어와야 한다. 다행히 2011년부터 壬寅운이 시작된다. 이 운부터는 유력의 3요소가 삼자개균(三者皆均) 상태가 된다.

3. 용신격국의 순잡

▧ 원문 ▧

用神旣有變化 則變化之中 遂分純雜 純者吉 雜者凶 何謂純 互用而
용신기유변화 즉변화지중 수분순잡 순자길 잡자흉 하위순 호용이

兩相得者是也 如辛生寅月 甲丙竝透 財與官相生 兩相得也 戊生申
량상득자시야 여신생인월 갑병병투 재여관상생 양상득야 무생신

月 庚壬竝透 財與食相生 兩相得也 癸生未月 乙己竝透 煞與食相剋
월 경임병투 재여식상생 양상득야 계생미월 을기병투 살여식상극

相剋而得其當 亦兩相得也 如此之類 皆用神之純者
상극이득기당 역량상득야 여차지류 개용신지순자

▧ 해설 ▧ 용신의 변화 중 순잡(純雜)을 구별해야 한다. 순(純)한 경우는 길하고, 잡(雜)한 경우는 흉하다. 순은 상호작용을 하는 두 가지가 서로 이익이 되는 다음과 같은 경우들이다.

시	일	월	연
○	辛	丙	甲
○	○	寅	○

위와 같이 寅월생 辛金 일간에 甲木정재와 丙火정관이 모두 투출하면 정재가 정관을 생한다. 서로 상생관계로서 서로 이익이 되는 경우이다.

시	일	월	연
壬	戊	庚	○
○	○	申	○

위와 같이 戊土가 申월에 태어났는데 庚金식신과 壬水편재가 모두 천간에 투출하면 식신 생(生) 편재로 서로 상생하여 서로 이득이 된다.

시	일	월	연
己	癸	乙	○
○	○	未	○

위 경우는 癸水일간이 未월에 태어났는데 乙木식신과 己土칠살이 투출하면 식신이 칠살을 상극한다. 식신이 칠살을 극제하는 것은 당연하므로 서로 이득이 되는 관계이다. 이러한 예들이 격국용신이 순(純)한 예이다.

원문

何謂雜 互用而兩不相謀者是也 如壬生未月 乙己竝透 官與傷相剋
하위잡 호용이량불상모자시야 여임생미월 을기병투 관여상상극

兩不相謀也 甲也辰月 戊壬竝透 印與財相剋 亦兩不相謀也 如此之
양불상모야 갑야진월 무임병투 인여재상극 역량불상모야 여차지

類 皆用之雜者也 純雜之理 不出變化 分而疏之 其理愈明 學命者不
류 개용지잡자야 순잡지리 불출변화 분이소지 기리유명 학명자불

可不知也
가 부 지 야

해설　　용신의 변화 중 잡(雜)은 상호작용을 하는 두 자가 서로 이득이 되지 않는 다음과 같은 경우들이다.

```
시 일 월 연
己 壬 乙 ○
○ ○ 未 ○
```

위와 같이 壬水일간이 未월에 생하고 乙木상관과 己土정관이 모두 투출하면, 상관이 정관을 극하여 두 자가 서로 도움이 안 된다.

```
시 일 월 연
壬 甲 戊 ○
○ ○ 辰 ○
```

위 사주처럼 甲木이 辰월생인데 戊土편재와 壬水편인이 모두 투출하면 편인과 편재가 상극하여 서로 도움이 안 된다. 이런 예들이 용신격국이 잡(雜)한 경우들이다.

순잡(純雜)의 이치도 용신격국의 변화의 원리와 같다. 이 둘을 연구하면 그 이치가 명백하게 드러난다. 명을 공부하는 이는 이러한 이치들을 반드시 알아야 한다.

☒ **강해** ☒   순잡(純雜)의 개념은 용신격국의 유정(有情)과 비슷한 개념이다. 월령에서 천간으로 투출한 지장간이 상호간 서로 이득이 되면 순(純)이고, 서로 해가 되면 잡(雜)으로 흉하다.

순잡은 생극관계와는 다른 개념으로, 투출한 사길신인 재관인식(財官印食)이 길하면 생하는 것을 순으로 보고, 사흉신인 살상겁인(殺傷劫刃)이 흉하면 극하는 것을 순으로 보는 것이 원칙이다. 사례사주를 통해 이를 살펴본다.

❶ 정관을 극하는 경우

시	일	월	연(乾命)
己	壬	乙	丙
酉	辰	未	午

壬	辛	庚	己	戊	丁	丙
寅	丑	子	亥	戌	酉	申

辰戌丑未인 잡기월은 투출한 지장간 중에서 역량이 있는 유력한 지장간을 취해 용신격국으로 삼는다. 未월 중 정기 己土와 중기 乙木이 투출하였다. 이 중 乙木은 未土가 오행운성으로 묘지(墓地)인데다 투출한 丙火에게 설기당하여 약하고, 己土는 辰土와 未土의 뿌리가 있으므로 유력하다. 그래서 己土정관을 취해 용신격국으로 삼으니 정관격이다.

정관격인데 未土 중에서 투출한 己土정관과 乙木상관이 서로 극하므로 관봉상극(官逢傷剋)이 되어 乙木상관은 정관격을 패격으로 만든다. 그러므로 순잡 중 잡(雜)한 격으로 질이 떨어진다. 혹 未月 중에서 투출한 乙木 상관을 취하여 상관격으로 분류할 수도 있다. 그렇다 해도 상관이 관살을 본 상관견관(傷官見官)과, 신약한 상관격이지만 辰酉합으로 인수가 강하고 乙木상관은 약하니 패인상경(佩印傷輕)이 되어 패격이 되는 것을 피할 수 없다.

실제로 부부가 외국으로 이민을 가서 살고 있다. 부인의 바람기로 인한 가정불화와 부진한 사업으로 인해 극심한 고통을 겪고 있는 남자의 사주이다.

❷ 인수를 극하는 경우

```
시  일  월  연 (坤命)
戊  甲  丙  癸
辰  辰  辰  卯

癸  壬  辛  庚  己  戊  丁
亥  戌  酉  申  未  午  巳
```

辰月 甲木으로 재성격이다. 재성이 강하고 일간이 약한 재다신약(財多身弱) 사주이다. 신약하므로 인수와 비겁의 방조가 필요하다. 재격패인(財格佩印)을 도모할 수 있는 癸水인수가 연간에 투출했지만, 다음 이유로 아무 쓸모가 없다. 상신을 쓸 수 없는 패격이다.
① 월령에서 같이 투출한 戊土재성이 극을 한다. 순잡 중 잡(雜)의 경우이다.

② 丙火월간과 수화상충(水火相沖)을 한다.
③ 앉은 자리인 卯木이 오행운성으로 사지(死地)라서 무력하다.
④ 癸卯 기준으로 보면 일지가 공망으로 자공망(自空亡)이 되어 진입이 불가능하다.
⑤ 연간의 재성궁에 인수가 있어 파성(破星)되었다.

　명주는 2008년(辛酉운 戊子년) 46세의 나이에 바람이 나 가출한 유부녀이다.

5장 외격과 신살

1. 외격의 의의

◈ 원문 ◈

八字用神旣專主月令 何以又有外格乎 外格者 蓋因月令無用 權而用
팔자용신기전주월령 하이우유외격호 외격자 개인월령무용 권이용

之 故曰外格也
지 고왈외격야

◈ 해설 ◈

팔자의 용신은 오로지 월령에서 구한다. 외격(外格)은 월령에서 용신을 정할 수 없어서 월령 외에서 용신을 구한다.

◈ 원문 ◈

如春木冬水 土生四季之類 日與月同 難以作用 類象 屬象 沖財 會祿
여춘목동수 토생사계지류 일여월동 난이작용 유상 속상 충재 회록

刑合 遙迎 井欄 朝陽諸格 皆可用也 若月令自有用神 豈可另尋外格
형합 요영 정란 조양제격 개가용야 약월령자유용신 기가령심외격

又或春木冬水 干頭已有財官七煞 而棄之以就外格 亦太謬矣 是故干
우혹춘목동수 간두이유재관칠살 이기지이취외격 역태류의 시고간

頭有財 何用冲財 干頭有官 何用合祿 書云提綱有用提綱重 又曰有
두유재 하용충재 간두유관 하용합록 서운제강유용제강중 우왈유

官莫尋格局 不易之論也
관막심격국 불역지론야

해설   외격의 예를 들면 봄의 木일간, 겨울의 水일간, 사계(四季)의 土일간처럼 사주의 월령과 일간이 같은 오행이어서 용신을 정하기 어려운 경우들이다. 유상(類象), 속상(屬象), 충재(衝財), 회록(會祿), 형합(刑合), 요영(遙迎), 정란(井欄), 조양(朝陽) 등 많은 격들이 있다. 그러나 월령에 용신이 있으면 굳이 외격을 찾을 필요는 없다.

만약 봄의 木일간, 겨울의 水일간이라도 팔자의 천간에 억부를 하는 재성이나 관살이 있을 때 외격을 취하는 것은 잘못이다. 천간에 재성이 있으면 충재(沖財)를 찾을 필요가 없고, 천간에 정관이 있으면 합록(合祿)을 구할 필요가 없다. 고서에 제강(提綱)인 월령을 중시하여 그 곳에서 용신을 취하고 다른 외격을 찾지 말라는 말은 맞는 말이다.

원문

雜格者 月令無用 以外格而用之 其格甚多 故謂之雜 大約要干頭無
잡격자 월령무용 이외격이용지 기격심다 고위지잡 대약요간두무

官無煞 方成格 如有官煞 則自有官煞爲用 列外格矣 若透財尚可取
관무살 방성격 여유관살 즉자유관살위용 열외격의 약투재상가취

格 然財根深 或財透兩位 則亦以財爲重 不取外格也
격 연재근심 혹재투량위 즉역이재위중 불취외격야

▨ **해설** ▨　　잡격(雜格) 또는 외격(外格)은 월령을 쓰지 않고 다른 것을 사용하는 격으로, 격의 종류가 많아 잡격이라고 부른다. 잡격이 성립하려면 천간에 관살이 투출하지 않아야 한다. 만약 관살이 있다면 관살을 쓰지 잡격을 찾지 않는다. 만약 재성이 투출한 경우에도 잡격을 취할 수 있지만, 재성의 뿌리가 깊거나 재성 2개가 투출하여 재성이 중하면 잡격을 찾지 않는다.

㊟ 관살이나 재성이 있는 경우 억부(抑扶)를 적용하면 되므로 외격을 적용하지 않는다.

▨ **원문** ▨
然所謂月令無用者 原是月令本無用神 而今人不知 往往以財被劫官
연소위월령무용자 원시월령본무용신 이금인부지 왕왕이재피겁관

被傷之類 用神已破 皆以爲月令無取 而棄之以就外格 則謬之又謬矣
피상지류 용신이파 개이위월령무취 이기지이취외격 즉류지우류의

▨ **해설** ▨　　월령무용(月令無用)이라는 말은 본래 월령에 용신이 없다는 말이다. 오늘날에는 이런 것을 모르고 재성이 겁재를 만나거나 정관이 상관을 만나 용신이 파괴되었으니 월령에서 용신을 취하지 않고 외격을 취해야 한다고 말한다. 큰 오류이다.

원문

八字本有定理 理之不明 遂生導端 妄言妄聽 牢不可破 如論干支 則
팔자본유정리 이지불명 수생도단 망언망청 뇌불가파 여론간지 즉

不知陰陽之理 而以俗書體象歌訣爲確論 論格局 則不知專尋月令 而
부지음양지리 이이속서체상가결위확론 논격국 즉부지전심월령 이

以拘泥外格爲活變 論生剋 則不察喜忌 而以傷旺扶弱爲定法 論行運
이구니외격위활변 논생극 즉불찰희기 이이상왕부약위정법 논행운

則不問同中有導 而以干支相類爲一例
즉불문동중유도 이이간지상류위일례

해설

팔자 본래의 이치를 모를 때 이단이 생기고 헛된 말들이 떠돈다. 간지를 설명하면서 음양의 이치도 모르고 떠도는 체상가결(體象歌訣)이 옳다고 한다. 또한 격국을 설명하면서 월령을 무시하고 외격에 얽매여 운세의 활법을 바꾸기도 하며, 생극을 설명하면서는 희신과 기신을 자세히 보지 않고 왕성한 것은 극하고 약한 것은 부축하여 왕약을 조절하는 것만 논하기도 하며, 행운을 설명할 때는 이끄는 기운의 간지가 다름에도 동일 오행의 간지는 같은 작용을 한다는 헛된 말들이 있다.

원문

究其緣由 一則書中用字輕重 不知其意 而謬生偏見 一則以鵒書無知
구기연유 일즉서중용자경중 부지기의 이류생편견 일즉이욕서무지

妄作 誤會其說 而深入迷途 一則論命取運 偶然湊合 而遂以己見爲
망작 오회기설 이심입미도 일즉론명취운 우연주합 이수이기견위

不易 一則以古人命式 亦有誤收 卽收之不誤 又以己意入外格 尤爲
불역 일즉이고인명식 역유오수 즉수지불오 우이기의입외격 우위

害人不淺
해 인 불 천

해설　이런 헛된 말들이 떠도는 이유를 살펴보면, ① 책 내용의 경중을 몰라 편견이 생긴 경우, ② 앵무새가 울 듯 아무 것도 모르는 저자들이 내용을 잘못 설명하여 독자들의 혼란을 키운 경우, ③ 운명을 설명하다가 우연히 맞아떨어진 것을 이치에 맞게 고치지 않고 그대로 사용하는 경우, ④ 옛 사람의 명을 논하면서 외격으로 보는 분명한 오류가 있음에도 불구하고 이를 받아들여 해가 커진 경우 등이 있다.

강해　격국은 정격(正格)과 외격(外格)으로 구분된다. 정격 중 월령에서 용신격국을 정하는 것에는 식신격, 상관격, 재성격, 칠살격, 정관격, 인수격이 있다. 정격에 속하지만 월령 외에서 용신격국을 정하는 것으로 녹겁격(祿劫格), 양인격(陽刃格)이 있다. 녹겁격은 건록격(建祿格)과 월겁격(月劫格)으로 분류하기도 한다. 정격을 보는 방법을 요약하면, 팔자를 주도하는 것을 월령으로 삼고 용신격국을 생극하는 요소인 상신이 역할을 하는지에 따라 성격과 패격으로 구분한 후, 순잡 여부, 유정 여부, 유력 여부, 조후 등을 감안하여 격의 고저를 가늠하고, 이를 토대로 운명의 성패와 길흉을 가린다. 특히 상신이 중화를 해치면 성격이라도 무정하므로 쓸모가 없다고 했으니, 왕약을 조절하여 중화를 이룰 수 있다고 기본적으로 판단되는 것이 정격이다.

　외격은 잡격(雜格)으로도 불린다. 원문에서는 월령 외에서 용신을 정하는 정격이 아닌 격으로 정의하였다. 일반적으로 외격은 일반적인 억부(抑扶)와 조후(調候)의 원칙을 적용할 수 없어 특별한 방법으로 용신을 정하는 격을 말한다. 방법은 중화를 포기하고 팔자를 주도하는 강한 오행을 따른다. 이유는 팔자의 한 오행에 대한 쏠림이 너무 심하기 때문이다. 이럴 때는 중화를 이루는 것보다는 차라리 강한 오행을 따르는 것이 쉽다고 본다. 비유하면 코끼리는 코를 쓰지 꼬리를 키우지 않는 이치와 같다. 이러한 외격은 종(從)하는 기운에 따라 다음과 같이 구분할 수 있다.

① 인수・비겁에 종하는 격 : 종왕격(從旺格), 종강격(從强格), 일행득기격 (一行得氣格).
② 식재관(食財官)에 종하는 격 : 종아격(從兒格), 종재격(從財格), 종살격 (從殺格).
③ 세력에 종하는 격 : 종세격(從勢格), 가종격(假從格).
④ 합화(合化)하는 오행에 종하는 격 : 화기격(化氣格).

2. 종왕격・일행득기격

▨ 원문 ▨

試以諸格論之 有取五行一方秀氣者 取甲乙全亥卯未 寅卯辰 又生春
시 이 제 격 론 지 유 취 오 행 일 방 수 기 자 취 갑 을 전 해 묘 미 인 묘 진 우 생 춘

月之類 本是一派劫財 以五行各得其全體 所以成格 喜印露而體純
월 지 류 본 시 일 파 겁 재 이 오 행 각 득 기 전 체 소 이 성 격 희 인 로 이 체 순

如癸亥 乙卯 乙未 壬午 吳相公命是也 運亦喜印綬比劫之鄕 財食亦
여 계 해 을 묘 을 미 임 오 오 상 공 명 시 야 운 역 희 인 수 비 겁 지 향 재 식 역

吉 官煞則忌矣
길 관 살 즉 기 의

▨ 해설 ▨   외격을 설명한다. 오행 가운데서 하나의 수기(秀氣)를 취하여 격으로 삼는 경우가 있다. 예를 들어 甲乙이 있고 지지에 亥卯未나

寅卯辰이 모두 있으면서 봄에 출생하면 비겁 하나로만 이루어진 사주이다. 오행이 전체를 이루고 있으니 외격이다. 이런 격은 인수가 있는 것이 좋고, 사주가 순수해야 한다. 아래 오상공(吳相公)의 사주와 같은 경우이다. 운의 흐름은 인수운과 비겁운이 좋고, 재성운과 식상운도 길하지만, 관살운은 기피한다.

시	일	월	연 (乾命)
壬	乙	乙	癸
午	未	卯	亥

▩ **강해** ▩   원문의 곡직격(曲直格)의 내용과 관련하여 종왕격과 종강격, 일행득기격을 살펴본다.

❶ 종왕격과 종강격의 의의

종왕격(從旺格)은 인수와 비겁이 왕성하되 이 중에서도 비겁이 더 왕성한 격이다. 종강격(從强格)은 비겁과 인수가 왕성하되 비겁보다는 인수가 더 왕성한 격이다. 종왕격 중에서 일행득기격(一行得氣格)은 일간과 동일한 오행인 비겁이 팔자의 대부분을 차지하는 경우이다. 보통 종왕과 종강을 구분하는 방법이 모호하여 종왕으로 합쳐 부르기도 하지만, 식상의 역할에 대해 미묘한 차이가 있으므로 구분하는 것이 좋다.

❷ 종왕격과 종강격의 용신

종왕격의 희용신(喜用神)은 인수와 비겁이고, 기구신(忌仇神)은 재성과 관살이며, 한신(閑神)은 식상이다. 종왕격에 재성과 관살이 기구신인

이유는 종왕의 경우 대세를 따라야 하는데 재성은 인수를 극하여 대세에 대항하고, 관살은 비겁을 극하여 세력을 따르는 것을 방해하기 때문이다. 대세에 따르는 것은 순세(順勢), 대세에 거스르는 것은 역세(逆勢)라고 부른다.

종강격의 희용기구한신(喜用忌仇閑神)은 일반적으로는 종왕격과 동일하게 사용된다. 그러나 종강격과 종왕격의 용신은 미묘한 차이가 있다. 종강격은 가장 강한 기운이 인수이므로 용신(상신)은 인수, 인수를 돕는 관살은 희신, 인수를 설기하는 비겁은 한신, 인수를 거스르는 재성은 기신, 식상은 구신이 된다. 이러한 차이가 있음에도 불구하고 대부분 종왕격과 종강격에 대해 동일한 기준을 적용하고 있다.

❸ 종왕격의 사례사주

시	일	월	연 (乾命)
乙	庚	壬	戊
酉	申	戌	申

己	戊	丁	丙	乙	甲	癸
巳	辰	卯	寅	丑	子	亥

戌월 庚金이 바닥에 申酉戌을 깔고 있어 태왕하다. 천간의 壬水는 살지(殺地)인 戌土에 있어서 역할을 못한다. 乙木재성은 乙庚합으로 기반되니 역시 역할이 없다. 또한 월령을 얻은 戌土는 팔자의 강한 금기를 생조(生助)하므로 비겁이 많은 종왕격이 되었다. 권재일인(權在一人)이 된 것이

다. 권재일인은 사주의 기운이 일주에 모인 종왕격과 종강격을 말한다. "권재일인 일기귀아 순기기세 부귀순수(權在一人 一氣歸我 順其氣勢 富貴順遂)"라 하였다. 권재일인은 기세에 따라야 부귀를 이룰 수 있다는 의미다.

종왕격의 희용신은 인수운과 비겁운이고, 식상운도 나쁘지 않다. 대운의 흐름을 보자. 癸亥운, 甲子운은 식상운으로 큰돈을 모았다. 그러다가 丙寅운에 완전히 망한 후 목을 매어 자살하였다. 丙寅운은 왕신충발(旺神沖發)하여 육신을 뜻하는 재성을 금극목(金剋木)하고, 육신궁이며 건강궁인 일지를 寅申충했기 때문이다.

```
시  일  월  연 (乾命)
丁  甲  乙  癸
卯  寅  卯  亥


戊  己  庚  辛  壬  癸  甲
申  酉  戌  亥  子  丑  寅
```

卯월 甲木이 寅卯辰 목국(木局)과 亥卯未 삼합이 되어 태왕하므로 종왕격이다. 癸水인수의 뿌리는 합이 되어 세력이 없다. 자왕모고(子旺母孤)의 상태이다. 자(子)인 비겁은 왕성하고, 모(母)인 인수는 약하다. 자왕모고의 경우 약한 인수는 비겁의 두터움에 의지하고, 자식인 비겁은 어머니인 인수에 의지하니 효자봉친(孝子奉親)의 형세로, 이 사주를 다른 기준으로 설명하기도 한다. 그러나 종왕격을 보는 방법이나 효자봉친 사주를 보는 방법은 근본이 서로 같다.

운의 흐름을 보자. 초반의 甲寅운과 癸丑운은 문제가 없었다. 壬子인수 운에 등과(登科)하였다. 辛亥 金水운은 효자봉친의 상으로 벼슬을 하였다. 그러나 庚戌 재관(財官)운에는 모자가 불안한 운이라 대흉하다. 이는 자식에 해당하는 비겁이 운으로 오는 재성에 눈을 돌리면서 유정한 인수를 치기 때문이다. 이 운에 벼슬을 잃고 사망하였다. 종왕격에 재관운은 대흉하다는 것을 알 수 있다.

참고로 『적천수(適天髓)』에 있는 비슷한 구조의 사주를 살펴본다.

시	일	월	연 (乾命)
乙	甲	乙	癸
亥	寅	卯	卯

戊	己	庚	辛	壬	癸	甲
申	酉	戌	亥	子	丑	寅

甲木生於仲春 支逢兩卯之旺 寅之祿 亥之生 干有乙之助 癸之印 旺
갑목생어중춘 지봉양묘지왕 인지록 해지생 간유을지조 계지인 왕

之極矣 從其旺神 初行甲運 早采芹香 癸丑 北方濕土 亦作水論 登科
지극의 종기왕신 초행갑운 조채근향 계축 북방습토 역작수론 등과

發甲 壬子 印星照臨 辛亥 金不通根 支逢生旺 仕至黃堂 一交庚戌
발갑 임자 인성조림 신해 금불통근 지봉생왕 사지황당 일교경술

土金竝旺 觸其旺神 故不能免咎也
토금병왕 촉기왕신 고불능면구야

인용한 적천수 원문을 번역하면 다음과 같다. 甲木이 卯월에 나서 지지에 卯를 둘이나 만났으니 왕(旺)이 극에 달했다. 寅木은 건록이고 亥水는 생지이며, 천간에는 乙木이 돕고 있고 癸水의 인성도 있으니 왕함이 극에 달하여 그 왕신을 종하게 된다. 처음 甲木운에서 잘 보냈고, 癸丑운은 북방의 습토(濕土)이니 이 또한 水로 보아도 된다. 등과하여 수석을 하였다. 壬子운에는 인성이 비추고, 辛亥운은 金이 통근하지 못하고 오히려 亥水에 甲木이 생조를 받으니 벼슬이 황당(黃堂)에 이르렀다. 庚戌운으로 바뀌자 土金이 함께 왕해진다. 왕신을 건드려서 노하게 하니 재앙을 면할 수 없었다.

❹ 일행득기격의 의의

일행득기격(一行得氣格)은 사주의 대부분이 일간과 같은 오행으로 구성된 경우이다. 종왕격, 종강격과 마찬가지로 편격(偏格)에 해당하지만, 구분하면 다음과 같다. 세 가지 모두 식재관(食財官)이 역할을 못하는 것은 동일하다.

① 일행득기격은 월지를 포함하여 비겁이 대부분을 차지한다.
② 종왕격은 비겁이 강하지만 인수도 있다.
③ 종강격은 인수가 강하지만 비겁도 있다.

이러한 구분은 모호하다. 일행득기격과 종왕격의 구분방법에 대해서도 주장이 분분하고, 더 나아가 일행득기격을 정격으로 보고 용신을 정해야 한다는 주장도 있다. 이 주장이 어디에서 나왔는지는 알 수 없다. 전통적으로 일행득기격이 종왕격보다 왕성함이 더 큰데 이를 정격으로 보고 용신을 정하라는 것은 터무니없다.

일행득기격과 종왕격에 비해 인수나 식재관이 역할을 더 못하는 것이 기준이라면 너무 모호하다. 이렇다면 이 둘을 명확하게 구분하기 어려워진다. 차라리 일간 오행이 월령과 다를 때에는 종왕격으로, 같을 때에는 일행득기격으로 보는 것이 설득력이 있다. 예를 들어, 戌월 丙火인데 지지가 寅午戌 화국(火局)이 되어 염상(炎上)의 상으로 볼 때가 있는데, 이를 정격으로 보자는 것이다. 여기에 대해서는 『궁통보감강해(窮通寶監講解)』의 다음 사항을 참조한다. "혹지성화국 염상실시 약운입남방 일빈철골(或支成火局 炎上失時 若運入南方 一貧徹骨)." 지지 화국(火局)을 이루는 경우 염상격이 될 수는 있지만, 巳午월이 아닌 戌월로 염상격이 월을 만나지 못했다. 불은 타오르고 흙이 메마른 화염토조(火炎土燥)의 상이 되어 비록 운이 남방을 향해도 가난을 벗어날 수 없다는 의미다.

일행득기격에는 곡직격(曲直格), 염상격(炎上格), 가색격(稼穡格), 종혁격(從革格), 윤하격(潤下格)이 있다. 이러한 명칭은 팔자의 대부분을 차지하는 오행의 속성에 의해 붙여졌다. 오행 중 木은 그 성정이 구부러진 듯 곧게 자라니 곡직(曲直)이요, 나무는 수명이 길고 오행상 인의예지신 중 인(仁)에 배속된다. 그래서 팔자에 木오행이 전부를 차지하면 인덕이 있고 수명은 길다는 의미의 인수(仁壽)를 쓴다. 甲乙일간에 木비겁이 대부분이면 곡직격 또는 곡직인수격이고, 丙丁일간에 火비겁이 대부분이면 염상격, 戊己일간에 土비겁이 대부분이면 가색격, 庚辛일간에 金비겁이 대부분이면 종혁격, 壬癸일간에 水비겁이 대부분이면 윤하격이다.

❺ 일행득기격의 용신

일행득기격의 희용신(喜用神)은 인수와 비겁과 식상이다. 기구신(忌仇神)은 재성과 관살이다. 왕약을 기준으로 할 때 용신(상신)으로 고려할 순서는 비겁 → 인수 → 식상으로, 앞에 있는 것이 가장 먼저 고려할 대상이다. 이중에서 식상은 한신(閑神)이 아니라 희용신에 해당한다. 『적천수(適天髓)』에서도 "독상희행화지 이화신요창(獨象喜行化地 而化神要昌)"이라 하여 일행득기격인 독상(獨相)은 식상으로 기운을 유통시켜야 번성한다고 하였다. 원문에서 곡직격의 운의 길흉을 설명하면서 재성운과 식상운도 길하다고 했지만, 곡직격에 인수운이 길한데 인수를 극하는 재성운이 좋을 수 없다. 다만, 식상으로 기운을 유통시킬 때 재성이 있으면 재성운도 길하다고 이해하면 된다.

일행득기격의 길흉을 볼 때는 가장 먼저 팔자에서 희용신이 유력한지, 운의 흐름이 희용신으로 흐르는지를 본다. 그 다음으로 고려할 것이 각 격의 고저이다. 격 중 가색격을 가장 좋게 보며, 곡직격과 종혁격을 그 다음으로 보며, 윤하격과 염상격은 격이 낮은 것으로 본다. 이는 음양의 관점에서 본 것으로, 가색격은 지지에 복잡한 기운이 뒤섞여 음양의 균형을 맞추기 쉬우므로 격을 높게 본다. 이에 반해 윤하격과 염상격은 음양의 편협함이 극심하므로 부귀를 모두 취할 수 없고, 부귀 중 하나는 부족한 격이 된다.

❻ 일행득기격의 사례사주

- 곡직격

시	일	월	연(乾命)
乙	甲	乙	癸
亥	寅	卯	卯

戊	己	庚	辛	壬	癸	甲
申	酉	戌	亥	子	丑	寅

癸水인수는 사지(死地)에 있고, 亥水인수는 寅亥합이 되니 역할이 없다. 위 사주는 팔자 전체가 木으로 가득한 곡직격이다. 『자평진전평주(子平眞詮評註)』에서 서락오(徐樂吾)는 위 사주를 귀격으로 분류하였다. 그러나 팔자의 왕성한 기운을 거스르는 庚戌 재관(財官)운부터는 흉했을 것이다.

• 염상격

시	일	월	연(乾命)
庚	丙	丙	丁
寅	午	午	卯

己	庚	辛	壬	癸	甲	乙
亥	子	丑	寅	卯	辰	巳

시간에 庚金재성이 있지만 지지가 寅午삼합으로 화극금(火剋金)을 하고, 寅木 절지(絶地)에 있으며, 군겁쟁재(群劫爭財) 현상이 있어 쓰지 않는다. 불이 팔자에 가득하므로 염상격이다. 강한 불기운을 설기시키는 土 식상이 없으니 공부는 못했고 군인이 되었다. 庚子운은 午火양인을 충한다. 이 운 중에서 甲子년이 오자 양인(陽刃)을 쌍충(雙沖)하여 군중(軍中)에서 사망하였다.

• 가색격

시	일	월	연 (坤命)
戊	己	己	癸
辰	未	未	丑

丙	乙	甲	癸	壬	辛	庚
寅	丑	子	亥	戌	酉	申

　명주는 1997년 미국 유학 중 미국인 남편을 만나 결혼하였고, 2009년 현재 37세로 자식이 없어 고민하고 있는 주부이다.

　팔자의 대부분이 土로 가색격이다. 土 기운이 강해서 중화와는 거리가 멀다. 이후의 대운이 丑 중 辛金식상을 끌어내 쓸 수 있는 흐름이 아니다. 앞으로도 자식과 인연이 없다. 2009년 현재 癸亥운인 재성운으로 가고 있다. 식상의 기운이 없으니 군겁쟁재(群劫爭財)를 이루고, 역세(逆勢)의 흐름이니 흉한 운이다.

• 종혁격

시	일	월	연(乾命)
甲	庚	戊	辛
申	申	戌	酉

辛	壬	癸	甲	乙	丙	丁
卯	辰	巳	午	未	申	酉

지지는 申酉戌 금국(金局)에 土金이 투출하여 종혁격이다. 초반 申酉戌 운은 순세(順勢)로 풍족했지만, 중년 未午巳 火운은 金의 왕한 기운을 거스르는 역세의 운이니 몰락한다. 중년의 마지막 운인 癸巳운은 巳酉가 합국하여 왕한 金을 도와 크게 발전한다. 상서(尙書) 벼슬을 하였다.

• 윤하격

시	일	월	연(乾命)
庚	壬	壬	丁
子	申	子	卯

乙	丙	丁	戊	己	庚	辛
巳	午	未	申	酉	戌	亥

子월 壬水가 바닥에 申子辰 수국(水局)을 이루어 강왕(强旺)하다. 일반적 용신법인 왕자극설(旺者剋洩)의 원칙을 적용할 수 있는지 살펴보자. 丁火재성이 卯木의 힘을 받는다고는 하지만, 子卯형이 되는 중 丁壬합으로 인해 기반되니 역할이 떨어진다. 卯木식상은 子卯형으로 깨져 있는데다 子월의 한랭한 기운에 있는 나무라서 역할을 할 수 없다. 그러므로 정격으로 용신을 적용할 수 없다.

팔자에 水가 강하니 일행득기격 중 윤하격이다. 용신은 金水 인비(印比)다. 명주는 申酉운에 강한 세력을 순하게 따라 크게 성공하였다. 그러나 丁未운, 丙午운에는 강한 세력을 거스르는 역세(逆勢)로 크게 패하였다. 巳운에는 ① 왕성한 물의 기운이 절지(絶地)에 앉게 되고, ② 역세인 중에, ③ 좌지(坐地)인 일지 육신의 자리를 형(刑)하여 사망하였다.

3. 종격

▒ 원문 ▒

有棄命保財者 四柱皆財而身無氣 舍而從之 格成大貴 若透印則身賴
유 기 명 보 재 자 사 주 개 재 이 신 무 기 사 이 종 지 격 성 대 귀 약 투 인 즉 신 뢰

印生而不從 有官煞則亦無從財兼從煞之理 其格不成 如庚申 乙酉
인 생 이 부 종 유 관 살 즉 역 무 종 재 겸 종 살 지 리 기 격 불 성 여 경 신 을 유

丙申 乙丑 王十萬命造也 運喜傷食財鄉 不宜身旺
병 신 을 축 왕 십 만 명 조 야 운 희 상 식 재 향 불 의 신 왕

▒ 해설 ▒

기명종재격(棄命從財格)은 사주가 모두 재성이고 일간이 아주 약한 경우에 자신을 버리고 재성을 따르는 것으로, 대귀한 명이다. 만약 이 격에 인수가 투출하면 인수의 생에 일간이 의지하여 재성을

따르지 않을 것이고, 관살이 있는 경우도 재성을 따르지 않을 것이니 기명종재격이 성립할 수 없다.

```
시  일  월  연 (乾命)
乙  丙  乙  庚
丑  申  酉  申
```

위 사주는 왕십만(王十萬)의 명으로 기명종재격이다. 이 격은 식상운과 재성운은 기뻐하며, 신왕운은 싫어한다.

㊟ 乙木정인이 있지만, 월간의 乙木은 乙庚金으로 기반되고 월령을 얻지 못하였다. 시간의 乙木도 월령을 얻지 못하고 생조하는 水관살이 없어서 丙火일간을 돕지 못한다.

원문

有棄命從煞者 四柱皆煞 而日主無根 舍而從之 格成大貴 若有傷食
유기명종살자 사주개살 이일주무근 사이종지 격성대귀 약유상식

則煞受制而不從 有印則印以化煞而不從 如乙酉 乙酉 乙酉 甲申 李
즉살수제이부종 유인즉인이화살이부종 여을유 을유 을유 갑신 이

侍郎命是也 運喜財官 不宜身旺 食傷則尤忌矣
시랑명시야 운희재관 불의신왕 식상즉우기의

해설

기명종살격(棄命從殺格)은 사주가 모두 관살로 이루어지고 일간이 뿌리가 없어 관살을 따르는 격으로, 대귀한 격이다. 이 격에 식상이 있으면 칠살이 극제당하므로 격이 이루어지지 않고, 인수가 있으

면 화살(化殺)하여 격이 이루어지지 않는다. 다음 사주는 이시랑(李侍郎)의 사주로 기명종살격이다. 이 격은 재관운이 좋고, 신왕운은 좋지 좋으며, 식상운을 가장 싫어한다.

시	일	월	연 (乾命)
甲	乙	乙	乙
申	酉	酉	酉

◧ **강해** ◨　앞에서 살펴본 종왕격(從旺格), 종강격(從强格), 일행득기격(一行得氣格)은 일간이 강할 때 이루어지는 종격이다. 반대로 일간이 약할 때 이루어지는 종격도 있다.

　종격으로는 팔자에서 식상의 기운이 워낙 강하여 중화를 이루는 것을 포기하고 강한 식상인 자식을 종(從)하는 종아격(從兒格), 재성을 종하는 종재격(從財格), 관살을 따르는 종살격(從殺格), 팔자의 강한 세력을 따르는 종세격(從勢格)이 있다.

　종격이 성립하기 위해서는 다음 조건이 갖춰져야 한다.
① 특정 육친이나 세력이 강해야 한다.
② 일간이 약해야 한다.

　특정 육친이나 세력이 강하려면 월지나 시지를 얻어야 한다. 즉, 택묘(宅墓)를 얻어야 한다. 택(宅)은 월지를, 묘(墓)는 시지를 말한다. 특히 택지향(宅之向)은 집의 대문이라 하여 월지에서 투출한 천간을 말하고, 묘지혈(墓之血)은 시지에서 투출한 천간을 말한다. 반대로 어느 육친이 단지 연지나 일지에 뿌리를 두고 있다면 반드시 강하다고는 볼 수 없다. 다음으로, 종하려는 육친은 서로 상극하지 않아야 한다. 예를 들어, 식상도 강하고 관살도 강하면 이 중 어느 육친을 종할 수가 없다.

그렇다면 일간이 어느 정도 약해야 종격이 될까? 양간인 甲丙戊庚壬은 월령을 얻지 못하고 인수가 약할 때 종격이 될 수 있다. 음간인 乙丁己辛癸는 월령을 얻었다 해도 인수가 약하면 종격이 될 수 있다.『적천수(適天髓)』의 "오양종기부종세(五陽從氣不從勢) 오음종세무정의(五陰從勢無情義)"라는 말과 같이, 양간은 월령인 기(氣)를 얻으면 자신을 포기하고 세력을 따르지 않는다. 반대로 음간은 월령을 얻더라도 특정 육친의 세력이 강하면 그 세력을 따른다. 예를 들어, 庚金일간이 申월에 출생했다면 종격이 될 수 없고, 辛金일간은 申월에 출생하였더라도 土인수가 무력하면 종격이 될 수 있다. 이런 종격들을 구분하여 살펴본다.

❶ 종아격

종아격(從兒格)은 팔자의 대부분을 식상이 차지하고 있는 경우이다. 식상은 일간이 낳는 자식과 같아서 종아(從兒)라고 한다. 종아격의 희용신은 일간이 종하는 식상과 재성이다. 재성이 있으면 자식이 자식을 낳는 아우생아(兒又生兒)가 된다. 즉, 일간의 자식인 식상이 그 자식을 본 경우이다. 식상생재(食傷生財)일 때도 아우생아로 부르는 경우가 있으며, 일반적인 종아격이나 종재격보다 더욱 좋은 구조로 여긴다.『적천수(適天髓)』에서는 다음과 같이 종아격에서 재성을 만나는 것을 좋게 보았다. "종아불론신강약 지요오아우우아(從我不論身強弱 只要吾我又遇兒)." "종아가 되면 신강과 신약을 논할 필요가 없다. 중요한 것은 식상인 자식이 그 자식인 재성을 만나야 한다"는 의미다.

종아격의 기구신(忌仇神)은 식상과 상극하는 인수나 관살이며, 비겁도 좋지 않다. 비겁을 나쁘게 보는 이유는, 비겁은 일간이 종하는 것을 방해하며 희용신인 재성을 극하는 성분이기 때문이다. 그러나 위천리(韋千里)

는 그의 저서에서 비겁은 식상을 생하므로 나쁘게 볼 필요가 없다고 하였다. 오준민(吳俊民) 역시 『명리신론(命理新論)』에서 비겁에 대해 같은 주장을 하였다. 팔자의 예를 보자.

시	일	월	연 (乾命)
己	辛	癸	癸
亥	亥	亥	亥

丙	丁	戊	己	庚	辛	壬
辰	巳	午	未	申	酉	戌

위 사주에 대해서는 종아격으로 보는 견해와 상관용인격(傷官用印格)으로 보는 견해가 있다. 종아격으로 보는 견해는 시간 己土가 있지만 뿌리가 없는 土이고, 亥 중 甲木이 숨어 있어 갑목맹아(甲木萌芽)의 형세로 전형적인 종아생재(從兒生財)를 하는 격으로 본다. 상관용인격으로 보는 이유는 亥 중 戊土에 뿌리가 있는 시간의 己土인수가 일간 바로 옆에 있어 역할을 할 수 있으니, 종아에는 해당하지 않고 단지 신약한 사주로서 상관격에 인수를 써야 한다는 견해 때문이다. 이에 따르면, 土金대운이 희용신의 운에 해당한다.

종아격으로 보는 경우 식상운과 재성운은 좋고, 인수운와 관살운은 흉하게 본다. 인수운은 종을 하는 명주를 방해하는 운이라 나쁘고, 관살운은 생재하는 흐름을 이어받아 명주를 극하기 때문에 나쁘게 본다. 명주는 庚申운과 己未운에 관악산 일대에 땅을 사놓았다가 이를 서울대에 매각하여 큰 부자가 되었다. 이 중 己未운을 종아격으로 보는 견해와 상관용인으로 보는 견해에 따라 설명이 달라진다.

종아격으로 보는 경우 己未운은 지지에 亥卯未 목국(木局)이 되어 종아가 생재하므로 큰 부를 이루었다고 설명한다. 그러나 지지가 亥水 천지인데 과연 未土 대운과 합을 할지 의문이고, 또한 亥未는 삼합을 하는 중간 글자인 卯가 없어 단지 유취(類聚)를 이룬다고 보아야 하는데 이를 합으로 설명한 것은 문제가 있다.

상관용인격으로 보는 경우의 己未운은 용신운이므로 당연히 길운에 해당한다. 종아격으로 보는 견해에 비해 운의 희기를 간단하게 알 수 있다. 『적천수(適天髓)』에 다음과 같은 말이 있다. "일출문래지견아 오아성기구문려 종아불관신강약 지요오아우우아(一出門來只見兒 吾兒成氣構門閭 從兒不管身强弱 只要吾兒又遇兒)." "사주에 식상이 아주 많은 경우는 이 식상을 따르니 이 때는 강약을 논하지 않고 식상이 재성을 만나면 발전한다." 이런 의미다. 이런 적천수의 언급에도 불구하고 순수한 종아가 이루어지는 경우가 드물어 상관용인이나 상관용겁격으로 볼 때가 많으므로 주의한다.

❷ 종재격

종재격(從財格)이란 일간은 무력하고 월령을 포함한 팔자의 대부분을 재성이 차지하고 있어서 강한 재성의 기운에 종하는 격이다. 다른 종격과 마찬가지로 인수와 비겁이 역할을 할 수 없어야 이루어진다. 인비가 역할을 할 수 있을 때는 재다신약(財多身弱)으로 정격이 된다. 정격일 때 비겁을 용신으로 하면 득비이재(得比利財)가 되고, 인수를 용신으로 하면 재중용인(財重用印) 사주가 된다.

종재격의 희용신은 식상과 재성이다. 특히 식상의 역할이 중요하다. 식상은 비겁의 기운을 자연스럽게 빼내 종재격에 흉한 역할을 방지하는 역할을 하기 때문이다. 기구신은 인수와 비겁으로 일간을 도와 종하는 것을 방해한다. 한신은 관살이 된다. 아래 사례사주를 참고한다.

```
시  일  월  연 (乾命)
乙  壬  庚  丙
巳  午  寅  寅

丁  丙  乙  甲  癸  壬  辛
酉  申  未  午  巳  辰  卯
```

지지가 巳午, 寅午 화국(火局)이다. 사주의 대부분이 木火인 식상과 재성이어서 재성이 아주 강한데, 寅월을 만나 때를 잃은 壬水일간은 아주 약하다. 종재격이다. 庚金인수가 있지만 연간의 丙火재성과 丙庚충이 되고, 앉은 자리가 절지(絶地)다. 庚金인수는 자신을 지키기도 힘들어 일간을 위해 아무 역할을 할 수 없다. 일찍 과거에 합격하여 시랑 벼슬에 올랐다.

❸ 종살격

종살격(從殺格)이란 일간은 무력하고 월령을 포함한 팔자의 대부분을 관살이 차지하고 있어 강한 관살 기운을 따르는 격이다. 관살에 종하므로 종관살격(從官殺格)이라고 할 수도 있지만, 왕자편화(旺者偏化)의 원칙에 의해 정관도 많으면 칠살과 동일한 작용을 하므로 종살격으로 부른다.

종살격의 희용신은 관살의 기운에 따르는 재성과 관살이며, 기구신은 인수와 비겁과 식상이다. 인수와 비겁의 도움이 있으면 그 힘을 믿고 종하지 않으므로 흉하다. 만약 인비의 기운이 팔자에 유력하면 종살격 자체가 되지 않는다. 식상도 팔자에 강한 관살의 기운과 대항하므로 좋지 않다. 다음과 같은 경우이다.

```
시  일  월  연 (乾命)
辛  甲  甲  乙
未  申  申  丑

丁  戊  己  庚  辛  壬  癸
丑  寅  卯  辰  巳  午  未
```

지지에 土金 재관(財官)이 차지하고 있고 시간에 辛金정관이 투출하여 관살이 아주 강하다. 일간을 도울 수 있는 월간 甲木은 申金 살지(殺地)에 있어 무력하고, 연간 乙木 역시 무력하여 일간에게 도움이 안 된다. 종살격이다. 초반의 癸未운과 壬午운은 일간을 돕고 종살을 해치므로 흉한데 실제로 부모덕이 없어 고생하였다. 이어지는 辛巳운과 庚辰운은 종살을 돕는 길운으로, 자수성가하여 많은 재물을 모았다. 戊寅운과 己卯운은 일간을 도와 종살을 방해하니 흉운이다. 화재로 재물을 잃고 戊寅운에 사망하였다.

❹ **종세격과 가종격**

종세격(從勢格)은 팔자에 인비(印比)가 없거나 무력하고, 식재관(食財官)이 동일하게 강하여 식재관의 세력을 따르는 격을 말한다. 만약 식재관 중 어느 하나가 강하면 종아격, 종재격, 종살격으로 보는데, 종세격은 식재관 중 어느 하나를 강하다고 볼 수 없는 경우에 이루어진다. 종세격의 희용신은 식재관(食財官)이고, 기구신은 인비(印比)다. 희용신 중 가장 좋은 것은 일간에게 유리한 육친이다. 식재관의 세기가 동일한 경우에는 중간에 있어서 이들을 소통시키는 재성이 가장 좋고, 다음이 관살이며, 그 다음이 식상이다.

가종격(假從格)은 가짜로 어느 육친을 종하는 격이다. 진종(眞從)과 같이 종하는 것은 동일하다. 가종은 인비(印比)가 있지만 재성이나 관살에게 제극당하여 역할을 하지 못할 때, 일간이 인비의 도움을 포기하고 할 수 없이 식재관을 따르는 상태를 말한다. 대개 인비가 천간에 있지만 뿌리가 없어서 무력할 때 가종(假從) 현상이 일어난다. 가종격의 용신은 사주 중 많은 육친으로 삼는다. 즉, 종아격, 종재격, 종살격의 기준에 의한다.

위의 종세격과 가종격의 정의를 보면 굳이 이 둘을 구분할 필요가 없어 보인다. 또한 일부에서는 종세나 가종의 개념을 버리고 일반적인 신약 사주로 보는 것이 맞다고 주장한다. 약간의 힘만 있어도 종을 하기가 어렵다는 것이 그 이유이다. 그러나 『적천수(適天髓)』 등 각종 고서에서도 종세와 가종의 개념을 사용하므로 무조건 종세와 가종의 개념을 버리라는 것은 무리다. 사례사주를 보자.

시	일	월	연 (乾命)
壬	丙	丙	戊
辰	申	辰	申

癸	壬	辛	庚	己	戊	丁
亥	戌	酉	申	未	午	巳

위 사주는 팔자에 식재관(食財官)은 강하지만, 일간을 돕는 월간이 丙壬충이 되고 세력이 없다. 부득이 중화를 포기하고 식재관(食財官)을 따르는 종세격이다. 종세격은 식재관을 소통시키는 재성이 가장 좋고, 관살과 식상이 좋다. 반대로 종세를 방해하는 인비(印比)운은 흉하다. 초반운인 丁巳운과 戊午운은 인비운이니 흉하다. 중반운인 庚申운과 辛酉운은 재성운으로 가장 좋다. 이어지는 壬戌운과 癸亥운은 관살운으로 좋다. 소니(SONY)의 창업주 이부카 마사루(井深大)의 사주이다.

시	일	월	연 (坤命)
己	丙	丙	癸
丑	申	辰	卯

癸	壬	辛	庚	己	戊	丁
亥	戌	酉	申	未	午	巳

이 사주는 앞 사주와 월일이 같고 구조가 비슷하다. 앞 사주와 다른 점은 월간 丙火가 일간의 의지처가 될 수 있는 점이다. 丙火는 연간의 癸水와 수화상충(水火相沖)이 되지만 卯木인수의 뿌리가 있기 때문이다. 그러므로 종세격이 아닌 정격으로, 신약한 식신격이다. 투출한 癸水정관이 가벼우니 인수운이 길하고, 재성운은 흉하다.

명주는 2002년(庚申운 辛巳년) 남편의 무능력으로 이혼하였다. 2009년(辛酉운 己丑년) 현재 자녀를 키우며 사회복지사로 일하며 힘들게 살고 있다.

4. 화기격

▧ 원문 ▧

有從化取格者 要化出之物 得時乘令 四支局全 如丁壬化木 地支全
유종화취격자 요화출지물 득시승령 사지국전 여정임화목 지지전

亥卯未 寅卯辰 而又生於春月 方爲大貴 否則 亥未之月亦是木地 次
해묘미 인묘진 이우생어춘월 방위대귀 부즉 해미지월역시목지 차

等之貴 如甲戌 丁卯 壬寅 甲辰 一品貴格命也 運喜所化之物 與所化
등지귀 여갑술 정묘 임인 갑진 일품귀격명야 운희소화지물 여소화

之印綬 財傷亦可 不利官煞
지인수 재상역가 불리관살

▧ 해설 ▧

외격을 합화(合化)에서 취하는 화기격(化氣格)이 있다. 이 격은 합으로 생겨난 오행이 계절과 월령을 얻고 팔자 전체가 온전해야 이루어진다. 예를 들어, 丁壬이 합하여 木이 되면서 지지가 亥卯未나 寅卯辰을 이루고, 寅卯辰월인 봄에 태어났다면 대귀를 이루는 명이다. 그렇지 않고 亥未월에 태어났다면 귀함이 줄어든다. 예를 들어 아래 사주는 일품(一品)의 지위에 오른 귀격 사주이다.

시	일	월	연 (乾命)
甲	壬	丁	甲
辰	寅	卯	戌

이런 경우 운의 흐름은 합으로 변한 오행인 화오행(化五行)이 오거나

변한 오행을 돕는 인수운이 좋고 재성운과 식상운도 괜찮지만, 변한 오행을 치는 관살운은 불리하다.

강해
❶ 화기격의 의의

화기격(化氣格)은 합화격(合化格) 또는 종화격(從化格)이라고 한다. 일간과 합하는 글자가 월간이나 시간에 있을 때 이루어지는 격이다. 합화에서 합(合)은 합신(合神)으로 甲己합, 乙庚합, 丙辛합, 丁壬합, 戊癸합을 말하고, 화(化)는 화신(化神)을 말한다. 예를 들어, 甲己합은 합신이라고 하며, 甲己합을 하여 土로 변할 때 이 土를 화신이라고 한다.

일간과 합하는 글자가 있더라도 조건이 갖추어지지 않으면 합이불화(合而不化)라고 하여 화기격으로 보지 않는다. 화기격의 조건은 다음과 같다.
① 일간과 합하는 자가 월간 또는 시간에 있어야 한다.
② 출생월이 화하는 오행과 같은 월이다.
③ 화신과 같은 오행이 팔자 내에서 강해야 한다.
④ 일간이 약해야 한다.

이러한 조건이 모두 갖추어진 경우를 진화(眞化)라고 한다. 가화(假化)는 쟁합(爭合) 등으로 인해 화를 하는데 방해가 있거나 화신을 극하는 오행이 있는 경우를 말한다. 가화가 운에 의해 진화가 되면 화기격의 기준으로 판단한다.

❷ 화기격의 용신

정격인 용신격국과 화기격을 구분하는 이유는 길흉을 보는 관점을 달리해야 하기 때문이다. 화기격에서 길한 것은 화신과 상생하는 것이다. 예를 들어, 갑기화토격(甲己化土格)은 火土가 길하다. 흉한 것은 화신과 상극하는 재관(財官)운이므로 水재성운이나 木관살운이 흉운이다. 또한 화신이 많을 때는 이를 설기하는 운이 좋고, 화신이 적으면 이를 생하는 운이 좋다.

❸ 화기격 사례사주

```
시    일    월    연 (乾命)
癸    壬    丁    己
卯    午    卯    卯

庚  辛  壬  癸  甲  乙  丙
申  酉  戌  亥  子  丑  寅
```

壬水일간과 합하는 丁火가 월간에 있으니 丁壬합으로 木이 되고, 卯월이 합화하는 木월이며, 화신(化神)인 木이 팔자에 강하고, 壬水일간이 약하므로 정임화목격(丁壬化木格)인 화기격이다. 화기격의 희용신은 화신을 돕는 운이다. 아울러 참고할 것은 화신의 강약이다. 화신이 강하면 기운을 빼주어야 하고, 약하면 돕는 것이 좋다. 위 사주는 화신인 木이 강하므로 기운을 빼주는 것이 좋다. 그렇다면 화신인 木는 火를 이용하여 설기하는 것이 좋고, 이를 방해하는 癸水겁재는 기신이 된다.

壬水일간이 합화를 하는데 이를 방해하는 癸水겁재가 있으므로 엄격하게 격국을 분류하면 가화격(假化格)이다. 가화를 진화로 만들려면 연간의 己土관살이 癸水겁재를 극할 수 있어야 한다. 그러나 己土관살이 卯木인

살지(殺地)에 있어 무력하고, 연간에 있으니 거리가 멀어 극을 할 형편이 아니다. 팔자에서 진화를 하지 못하면 운에서 진화를 해야 하는데, 중반운이 水로 흐르기 때문에 진화를 만드는 것과는 거리가 멀다. 또한 중반운은 기신운이기도 하다. 실제 보잘 것 없는 향시에만 합격하고 발전하지 못했던 명이다.

5. 기타 잡격

종왕격, 종강격, 일행득기격, 종격, 화기격 이외의 격은 외격 중에서 잡격(雜格)이다. 『자평진전(子平眞詮)』 원문은 잡격에 대해 부정적이다. 이 장의 내용도 잡격에 대한 오류를 지적하는 것이 대부분이다.

여기에서는 원문에서 제시한 각 잡격을 가나다 순으로 정리하되, 먼저 원문 내용을 제시한 후 이해를 위한 최소한의 설명과 사례사주를 들었다. 모든 잡격을 부정하는 것이 현재의 추세라는 것을 감안하여 글을 보기 바란다.

1 공귀격

▓ **원문** ▓

辛日坐丑 寅年 亥月 卯時 不以爲正財之格 而以爲塡實拱貴
신일좌축 인년 해월 묘시 불이위정재지격 이이위전실공귀

▓ **해설** ▓   다음 사주는 정재격인데, 이를 공귀격(拱貴格)으로 보고 전실(塡實)되어 나쁘다고 한다.

시	일	월	연
辛	辛	○	○
卯	丑	亥	寅

※ 강해 ※   辛의 천을귀인은 寅午이다. 천을귀인 寅을 지지에서 卯(寅)丑 상태로 빈 채로 끼고 있어 공귀격이다. 빈 상태로 있어야 할 천을귀인 寅이 이미 연(年)에 있으니, 천을귀인이 이미 채워진 전실(塡實)의 상태다. 이런 경우면 나쁘다고 주장하는 것은 터무니 없다는 것이 원문의 내용이다.

공귀격의 공(拱)은 끼고 있다는 뜻이며, 귀(貴)는 천을귀인과 관성을 말한다. 공귀격이 이루어지는 경우는 甲申일 甲戌시, 甲寅일 甲子시, 乙未일 乙酉시, 戊寅일 戊午시, 辛丑일 辛卯시 등으로, 다음 사주와 같은 경우이다.

시	일	월	연 (坤命)
戊	戊	戊	辛
午	申	戌	亥

乙	甲	癸	壬	辛	庚	己
巳	辰	卯	寅	丑	子	亥

위 사주는 일시의 午와 申 사이에 천을귀인 未를 끼고 있으니 공귀격이다. 아울러 끼고 있는 未 중에 乙木관성이 있으므로 공귀가 겹친 상이니 귀함을 이룰 수 있다고 주장한다. 그러나 단지 이러한 이유만으로 귀함을

이룰 수 있다고 본 것은 터무니없다.

　정격으로 보고 사주를 풀어보자. 월령에 뿌리를 둔 辛金상관이 투출했으므로 상관격이다. 신왕한 상관격이니 재성을 상신으로 써서 상관생재(傷官生財)를 도모해야 한다. 천간에 투출된 재성이 없고, 연지의 亥水재성은 인수궁에 있어서 파성(破星)되었다. 운에서 金水인 식상과 재성의 기운이 필요한데 초반은 金水로 흘러 좋다. 그러나 중반의 壬寅운과 癸卯운이 들어오면 木관살이 힘을 얻어 상관견관(傷官見官)이 되어 흉하다. 癸卯운 중에서 乙未년은 戊癸합으로 상신인 癸水가 무력해지고 기신이 왕해지며, 乙未년의 乙은 乙辛충, 未는 亥卯未 목국(木局)을 이룬다. 이 해에 사망한 명성황후 민비(閔妃)의 명이다.

2 공술격

▨ 원문 ▨

癸生冬月　酉日亥時　透戊坐戌　不以爲月劫建祿　用官通根　而以爲拱
계 생 동 월　유 일 해 시　투 무 좌 술　불 이 위 월 겁 건 록　용 관 통 근　이 이 위 공

戌之格　塡實不利
술 지 격　전 실 불 리

▨ 해설 ▨
　다음 사주는 월겁격이나 건록격이므로 戌에 뿌리가 있는 정관 戊土를 써야 한다. 오히려 공술격에 戌이 있어 전실(塡實)로 나쁘다고 하니 틀린 말이다.

시	일	월	연
癸	癸	○	戊
亥	酉	冬	戌

❸ 귀록격

🅇 원문 🅇

丙生子月　時逢巳祿　不以爲正官之格　歸祿幫身　而以爲日祿歸時　逢
병생자월　시봉사록　불이위정관지격　귀록방신　이이위일록귀시　봉

官破局
관 파 국

🅇 해설 🅇

아래 사주는 시에서 巳의 건록을 만나니 일간을 돕는다고 할 뿐, 정관격이 분명하다. 이를 귀록격으로 보고 월의 정관이 국(局)을 깨뜨린다고 잘못 생각하고 있다.

시	일	월	연
癸	丙	○	○
巳	○	子	○

🅇 원문 🅇

人苟中無定見　察理不精　睹此謬論　豈能無惑　何況近日貴格不可解者
인구중무정견　찰리부정　도차류론　기능무혹　하황근일귀격불가해자

亦往往有之乎　豈知行術之人　必以貴命爲指歸　或將風聞爲實據　或
역 왕 왕 유 지 호　기 지 행 술 지 인　필 이 귀 명 위 지 귀　혹 장 풍 문 위 실 거　혹

探其生日　而卽以己意加之生時　謬造貴格　其人之八字　時多未確　卽
탐 기 생 일　이 즉 이 기 의 가 지 생 시　유 조 귀 격　기 인 지 팔 자　시 다 미 확　즉

彼本身　亦不自知　若看命者不究其本　而徒以彼旣富貴遷就其說以相
피 본 신　역 부 자 지　약 간 명 자 불 구 기 본　이 도 이 피 기 부 귀 천 취 기 설 이 상

從　無惑乎終身無解日矣
종　무 혹 호 종 신 무 해 일 의

해설　사람이 정견(定見)이 없으면 이치를 살펴 정곡에 도달하지 못하고, 잘못된 이론들을 알지 못한다. 귀격(貴格)이 무엇지도 모르면서 점치는 이들이 많다. 귀명(貴命)을 귀록(歸祿)으로 알기도 하고, 생일이나 생시로 귀격을 정한다고 한다. 이런 설명들은 모두 틀렸다. 팔자가 확실하지 않은 경우도 있는데 이치의 근본을 연구하지 않고 헛된 설명들을 따른다면 평생토록 이치를 알 수 없다.

강해　전통적으로 귀록격(歸祿格)은 일간의 건록이 시지에 있는 경우를 말한다. 일록귀시격(日祿歸時格)이라고도 한다. 예를 들면 甲일간이 寅시를 만나는 경우이다.

전통적으로 이 격은 팔자에 관살이 있는 것과 형충파해를 꺼린다고 한다. 팔자의 신왕함이 요구되고, 운에서 식상이 오는 것을 좋아한다. 다음 사주를 참고한다.

시	일	월	연 (坤命)
丙	甲	己	辛
寅	寅	亥	亥

丙	乙	甲	癸	壬	辛	庚
午	巳	辰	卯	寅	丑	子

甲일간의 寅木건록이 시지에 있으므로 귀록격이다. 귀록격의 시각으로 보면 辛금정관이 있으니 패격이다. 그러나『궁통보감강해(窮通寶鑑講解)』에서 제시한 亥월 甲木의 용신 원칙은 庚금칠살로 甲木을 다듬고, 丁火상관으로 庚金을 제련하며, 丙火식신으로 조후하고, 戊土편재로 水를 막는 방법이다. 이렇다면 신왕한 甲木에 관살이 투출한다고 해서 나쁠 이유가 없다.

격국은 亥월 甲木이니 인수격이다. 인수격이 신왕한 것은 식상설기(食傷泄氣)가 성격을 이루는 기본이 된다. 식상운을 좋게 보는 것에 굳이 귀록격의 기준을 들이댈 필요는 없다.

명주는 32살인 2002년(壬寅운 壬午년) 부부 불화로 이혼한 여성이다. 이때가 丙火식신인 상신을 충하는 운이고 해이다. 사는 모양과 이혼의 응기를 볼 때 귀록격과는 전혀 관련이 없다.

4 도충격

▓ 원문 ▓

有倒冲成格者 以四柱列財官而對面以冲之 要支中字多 方冲得動 譬
유 도 충 성 격 자 이 사 주 렬 재 관 이 대 면 이 충 지 요 지 중 자 다 방 충 득 동 비

如以弱主邀强官 主不衆則賓不從 如戊午 戊午 戊午 戊午 是衝子財
여 이 약 주 요 강 관 주 불 중 즉 빈 부 종 여 무 오 무 오 무 오 무 오 시 충 자 재

也 甲寅 庚午 丙午 甲午 是衝子官也 運忌塡實 餘俱可行
야 갑 인 경 오 병 오 갑 오 시 충 자 관 야 운 기 전 실 여 구 가 행

▓ 해설 ▓

도충격(倒沖格)은 사주에 재성과 관성이 없고, 충하는 것이 지지에 많아 충으로 재관(財官)을 얻는 격이다. 약한 주인이 강한 객을 맞을 때 주인에게 손님이 많지 않으면 객이 따르지 않는 것과 같다.

```
시  일  월  연 (乾命)
戊  戊  戊  戊
午  午  午  午
```

위 사주는 도충격으로, 午火가 충하는 子水재성을 불러오는 사주이다.㈜

㈜ 관운장(關雲長)의 사주로 알려져 있다.

시	일	월	연
甲	丙	庚	甲
午	午	午	寅

　위 사주는 지지의 午火가 충하는 子水정관을 불러오는 도충격이다. 운은 암합(暗合)이나 암충(暗沖)으로 데려오는 子水운은 좋지 않고, 다른 운은 괜찮다.

※ 강해 ※　　도충격은 팔자에서 충하는 글자를 관성으로 삼아 귀함을 이룬다는 격이다. 예를 들어, 丙火일간이 지지에 午火가 많으면 子午충으로 子 중 癸水를 관성으로 삼고, 丁火일간이 지지에 巳火가 많으면 巳亥충으로 亥 중 壬水를 관성으로 삼아 귀함을 이룬다. 격이 이루어지려면 충으로 얻는 관성이 사주에 이미 있으면 안 되고, 충하는 글자를 합하는 글자가 없어야 한다. 이미 사주에 관성이 있으면 충으로 불러올 필요가 없으며, 합하는 글자가 있으면 합을 먼저 하여 충을 할 수 없기 때문이다.

시	일	월	연 (乾命)
甲	丙	庚	己
午	午	午	巳

癸	甲	乙	丙	丁	戊	己
亥	子	丑	寅	卯	辰	巳

위 사례사주는 午월 丙火로 양인격(陽刃格)이다. 양인격은 관살이 투출한 양인투관(陽刃透官)과 양인투살(陽刃透殺)이 되는 것을 귀격으로 보고, 예외적으로 식상으로 설기하는 것을 성격으로 본다. 이 사주는 연간에 己土상관이 있어서 설기를 하지만, 팔자의 왕성함을 완벽하게 해결할 수는 없다.

초반운인 己巳운과 戊辰운은 식상의 설기를 도와 부모의 유산이 있었고 재물도 풍족하였다. 그러나 이어지는 丁卯운은 팔자의 왕성함을 부추겨 모든 재물을 잃었다. 이 점은 팔자의 상신이 연월에 있으면 선부후빈(先富後貧)한 명으로 본다는 원칙과도 관련된다. 그러나 잡격 중에서 도충격으로 子水관성을 子午충으로 불러 귀함을 이룰 수 있다는 내용과는 거리가 멀다. 다른 잡격과 마찬가지로 도충격 자체로 길흉을 보는 것은 문제가 있다.

5 상관상진격

원문

其於傷官傷盡 謂是傷盡 不宜一見官 必盡力以傷之 使之無地容身
기어상관상진 위시상진 불의일견관 필진력이상지 사지무지용신

現行傷運 便能富貴 不知官有何罪 而惡之如此 況見官而傷 則以官
현행상운 편능부귀 부지관유하죄 이악지여차 황견관이상 즉이관

非美物 而傷以制之 又何傷官之謂凶神 而見官之爲禍百端乎 予用是
비미물 이상이제지 우하상관지위흉신 이견관지위화백단호 여용시

術以曆試 但有貧賤 竝無富貴 未輕信也 近亦見有大貴者 不知何故
술이력시 단유빈천 병무부귀 미경신야 근역견유대귀자 부지하고

然要之極賤者多 不得不觀其人物以衡之
연 요 지 극 천 자 다 부 득 불 관 기 인 물 이 형 지

◩ **해설** ◩ 상관상진격(傷官傷盡格)은 정관을 보면 좋지 않으므로 상관으로 정관을 제거해야 하며, 운이 상관운으로 흘러야 부귀를 이룰 수 있다고 말한다. 죄 없는 정관을 혐오할 필요가 없는데 상관운으로 정관을 상하게 하는 것이 좋다고 한다. 정관이 아름답지 않으면 이를 극제해야 하지만, 상관은 흉신이고 상관이 정관을 보는 상관견관(傷官見官)이면 위화백단(爲禍百端)이라는 말도 있다. 상관상진격을 실제 적용해본 결과, 빈천한 자는 있었지만 부귀한 자는 없었다. 그러므로 상관상진(傷官傷盡)에 대한 이야기를 믿을 수 없다. 근래 상관상진임에도 대귀한 경우를 보았지만 그 연유는 모르겠다. 결론은, 상관상진의 경우 빈천한 자가 많으니 그 인물을 보고 판단할 수밖에 없다.

◩ **강해** ◩ 원문 내용을 무시하고 상관상진(傷官傷盡)을 정리한다. 상관상진은 상관이 기진맥진해졌다는 의미다. 팔자에서 상관을 상진(傷盡)시키는 이유는 두 가지다. 첫째 귀함을 가져오는 정관을 보호하기 위해서이고, 둘째 상관은 일간을 설기하는 성분이므로 이 기운을 막아 일간을 보호하기 위해서다.

 그러나 상관상진이라도 관살이 없고 신왕운이나 인수운으로 흐르면 크게 귀해진다. 그러므로 "상관(傷官)이 약견인수(若見印綬)면 귀불가언(貴不可言)이라" 하였다. 물론 이것은 일간이 약하고 상관이 강한 진상관(眞傷官)일 때를 말한다.

 상관이 약한 가상관(假傷官)은 상관상진이 되어 오히려 불리한 경우도 있다. 예를 들어, 신약사주에 관살이 왕성하여 일간을 공격할 때 상관은

공격자를 막는 역할을 하기 때문이다. 그러므로 상관을 볼 때는 사주의 격국과 왕약을 잘 살핀 후, 상관상진을 해야겠다 또는 상관상진을 하면 안 되겠다를 판단해야 한다.

	시	일	월	연 (乾命)
	庚	己	癸	丙
	午	酉	巳	申

庚	己	戊	丁	丙	乙	甲
子	亥	戌	酉	申	未	午

巳월 己土 출생이 시에 녹(祿)을 두었으니 귀록(歸祿)인데다, 일간이 월령을 얻어 신왕한 인수격이다. 인수격 중 신인양왕(身印兩旺)이면 식상설기(食傷泄氣)를 해야 성격이 된다. 상신으로 쓸 수 있는 식상의 형편을 보자. 연지 申金은 巳申형합에 丙火가 개두(蓋頭)하므로 능력을 발휘할 수 없고, 일지의 酉金은 양 옆에서 火가 협공하니 약하다. 또 시간에 庚金이 투출했지만 앉은 자리인 午火가 살지라서 자리가 마땅하지 않다. 이럼에도 불구하고 상신을 酉金에 뿌리를 가진 庚金상관으로 할 수밖에 없다. 희신은 庚金을 공격하는 丙火를 제어하는 癸水이다.

명주는 戊戌운에 사망하였다. 상신이 庚金, 희신이 癸水인 것을 감안하여 운의 영향을 본다. 戊운은 팔자의 희신인 癸水를 戊癸합으로 묶고, 戌운은 寅午戌 화국(火局)을 이루어 용신으로 쓰는 庚金상관을 극하므로 상관상진(傷官傷盡)이 된다. 이같이 상관이 깨지는 것을 파료상관(破了傷官)이라고 한다. 파료상관의 운은 둘로 나누어 살펴볼 수 있다. ① 신약에 상관이 왕하면 상관상진하여 설기를 방지해야 하므로 파료상관의 운이 좋고, ② 신왕에 상관을 필요로 하는 명은 파료상관의 운이 대흉하다. 상관상진은 상관이 강한 신약사주인 경우 상관을 극해 나를 보호할 필요를 느낄 때 쓰는 말이고, 파료상관은 신왕사주에 상관이 필요한데 인수운이 들어 상관을 파괴시키는 경우에 쓰는 말이다. 『연해자평(淵海子平)』에서 "상관상진 최위기(傷官傷盡 最爲奇)" 또는 "파료상관 손수원(破了傷官 損壽元)"은 이를 두고 한 말이다.

6 서귀격

원문

乙逢寅月 時遇丙子 不以爲木火通明 而以爲格成鼠貴 如此謬論 百
을 봉 인 월 시 우 병 자 불 이 위 목 화 통 명 이 이 위 격 성 서 귀 여 차 류 론 백

無一是 此皆由不知命理 妄爲評斷
무 일 시 차 개 유 부 지 명 리 망 위 평 단

해설

아래 경우는 목화통명(木火通明)의 격인데 서귀격(鼠貴格)으로 보기도 한다. 이는 잘못된 이론으로 맞지 않는다. 명리의 이치를 모르고 잘못 본 것이다.

시	일	월	연
丙	乙	○	○
子	○	寅	○

🔖 강해 🔖

乙木이 丙子시를 만난 경우를 서귀격(鼠貴格) 또는 육을서귀격(六乙鼠貴格)이라고 한다. 子시 중의 癸水가 戊를 합으로 끌어 와서 乙木의 재성이 되며, 戊의 건록은 巳인데 巳申합으로 끌어 와서 乙木의 관성이 된다. 이러면 재물과 명예를 이룰 수 있는 귀격이 된다고 한다. 재관(財官)을 중시한 결과 이 같은 터무니없는 격이 만들어졌다.

7 시상편관격

🔖 원문 🔖

財逢時煞 不以爲生煞攻身 而以爲時上偏官
재 봉 시 살 불 이 위 생 살 공 신 이 이 위 시 상 편 관

🔖 해설 🔖

재성이 칠살을 만나는 재대칠살(財帶七殺)은 칠살이 일간을 공격하는 것이다. 이 때는 칠살을 합살(合殺)하면 귀격이 된다. 이런데도 불구하고 시상편관(時上偏官)으로 간주하여 좋게 보는 오류를 범하고 있다.

🔖 원문 🔖

如壬申 癸丑 己丑 甲戌 本雜氣財旺生官也 而以爲乙亥時 作時上偏
여 임 신 계 축 기 축 갑 술 본 잡 기 재 왕 생 관 야 이 이 위 을 해 시 작 시 상 편

官論 豈知旺財生煞 將救死之不暇 于何取貴 此類甚多 皆誤收格
관 론 기 지 왕 재 생 살 장 구 사 지 불 가 우 하 취 귀 차 류 심 다 개 오 수 격

局也
국 야

◎ **해설** ◎　아래 사주는 잡기월에 태어난 재왕생관격(財旺生官格)이다. 甲戌시가 아니라 乙亥시라면 시상편관격(時上偏官格)이 된다. 왕성한 재성이 칠살을 생조하므로 죽음에서 빠져 나올 수 없는데도 이를 귀한 사주로 보는 잘못된 경우가 있다.

시	일	월	연
甲	己	癸	壬
戌	丑	丑	申

8 요합격

◎ **원문** ◎

有遙合成格者 巳與丑會 本同一局 丑多則會巳而辛丑處官 亦合祿之
유요합성격자 사여축회 본동일국 축다즉회사이신축처관 역합록지

意也 如辛丑 辛丑 辛丑 庚寅 章統制命是也 若命是有子字 則丑與子
의야 여신축 신축 신축 경인 장통제명시야 약명시유자자 즉축여자

合而不遙 有丙丁戊己 則辛癸之官煞已透 而無待於遙 另有取用 非此
합이불요 유병정무기 즉신계지관살이투 이무대어요 영유취용 비차

格矣
격의

◎ **해설** ◎　요합격(遙合格)은 辛일간이나 癸일간이 丑이 많아 巳를 합해 오면 辛 정관을 얻는다는 격으로, 합록격(合祿格)과 비슷하다.

시	일	월	연 (乾命)
庚	辛	辛	辛
寅	丑	丑	丑

위 장통제(章統制)의 사주와 같은 경우 사주에 子가 있으면 子丑합으로 丑이 巳를 합하여 끌어 오지 못하므로 격이 성립하지 못한다. 丙丁이나 戊己가 있으면 이미 辛이나 癸의 관살이 있는 것으로, 이 또한 격이 성립하지 못한다. 이 때는 별도의 용신을 찾는다.

원문

至於甲子遙巳 轉輾求侯 似覺無情 此格可廢 因羅禦史命 聊複存之
지 어 갑 자 요 사 전 전 구 우 사 각 무 정 차 격 가 폐 인 나 어 사 명 요 복 존 지

爲甲申 甲戌 甲子 甲子 羅禦史命是也
위 갑 신 갑 술 갑 자 갑 자 나 어 사 명 시 야

해설

甲子 일주의 자요사격(子遙巳格)도 없어져야 할 격이다. 아래 나어사(羅御使)의 사주는 단지 되돌아볼 만은 한 사주이다.

시	일	월	연 (乾命)
甲	甲	甲	甲
子	子	戌	申

강해

요합격에는 축요사격(丑遙巳格)과 자요사격(子遙巳格)

이 있다. 축요사격은 辛丑 또는 癸丑일주에 丑이 많은 것이다. 이 때는 丑 중의 지장간 辛과 癸가 巳 중의 丙戊와 丙辛합, 戊癸합을 하여 정관을 쓴다는 격이다.

자요사격은 甲子일 甲子시인 경우로, 子 중의 지장간 癸水가 巳 중의 戊土를 합하는 것을 취한다. 합으로 오는 戊土는 丙火를 움직이고, 丙火는 辛金을 합한다. 辛金으로 甲木의 정관을 쓴다는 격이다. 서귀격(鼠貴格)과 같이 터무니없는 이론이다.

9 정란차격

원문

有井欄成格者 庚金生三七月 方用此格 以申子辰沖寅午戌 財官印綬
유정란성격자 경금생삼칠월 방용차격 이신자진충인오술 재관인수

合而沖之 若透丙丁 有巳午 以現有財官 而無待於沖 乃非井欄之格
합이충지 약투병정 유사오 이현유재관 이무대어충 내비정란지격

矣 如戊子 庚申 庚申 庚辰 郭統制命也 運喜財 不利塡實 余亦吉也
의 여무자 경신 경신 경진 곽통제명야 운희재 불리전실 여역길야

해설

정란차격(井欄叉格)은 庚金일주가 3·7월인 辰·申월에 생하여 지지의 申子辰이 寅午戌을 충하여 끌어 오므로 재관(財官)과 인수가 생긴다. 丙丁이 투출하거나 巳午가 있으면 재관이 있어서 끌어 올 필요가 없으므로 이 격이 이루어지지 않는다.

시	일	월	연(乾命)
庚	庚	庚	戊
辰	申	申	子

위는 곽통제(郭統制)의 사주로 정란차격이다. 이 격은 재성운이 좋고, 전실(塡實)되는 운은 이익이 없으며, 기타 운은 길하다.

10 조양격

▨ 원문 ▨

有朝陽成格者 戊去朝丙 辛日得官 以丙戊同祿於巳 卽以引汲之意
유조양성격자 무거조병 신일득관 이병무동록어사 즉이인급지의

要干頭無木火 方成其格 蓋有火則無待於朝 有木財觸戊之怒 而不
요간두무목화 방성기격 개유화즉무대어조 유목재촉무지노 이불

爲我朝 如戊辰 辛酉 辛酉 戊子 張知縣命是也 運喜土金水 木運平平
위아조 여무진 신유 신유 무자 장지현명시야 운희토금수 목운평평

火則 忌矣
화즉 기의

▨ 해설 ▨

조양격(朝陽格)은 辛일간이 戊子시에 생하면 정관을 얻는 격이다. 丙戊는 동시에 巳에서 녹(祿)이 되니 巳火정관을 끌어 온다는 격이다. 이 격은 천간에 木火가 없을 때 이루어지며, 사주에 火가 없으면 아침을 기다릴 필요가 없고, 木 재성이 戊土를 극하면 격이 되지 못한다.

```
시  일  월  연 (乾命)
戊  辛  辛  戊
子  酉  酉  辰
```

위 사주는 장지현(張知縣)의 사주로 조양격이다. 이 격은 土金水의 운이 좋고, 木운은 보통이고, 火운은 기피한다.

▧ 원문 ▧

辛日透丙 時遇戊子 不以爲辛日得官逢印 而以爲朝陽之格 因丙無成
신일투병 시우무자 불이위신일득관봉인 이이위조양지격 인병무성

▧ 해설 ▧

아래 사주는 정관에 정인을 보았으므로 좋다. 이를 조양격에 丙이 있어 격을 이루지 못한다고 하는 잘못된 설명이 있다.

```
시  일  월  연
戊  辛  丙  ○
子  ○  ○  ○
```

11 합록격

▧ 원문 ▧

有合祿成格者 命無官星 借干支以合之 戊日庚申 以庚合乙 因其主
유합록성격자 명무관성 차간지이합지 무일경신 이경합을 인기주

而得其偶 如己未 戊辰 戊辰 庚申 蜀王命是也 癸日庚申 以申合巳
이득기우 여기미 무진 무진 경신 촉왕명시야 계일경신 이신합사

因其主而得其朋 如己酉 癸未 癸未 庚申 起丞相命是也 運亦忌塡實
인기주이득기붕 여기유 계미 계미 경신 기승상명시야 운역기전실

不利官煞 理會不宜以火剋金 使彼受制而不能合 余則吉矣
불리관살 이회불의이화극금 사피수제이불능합 여즉길의

▩ **해설** ▩   합록격(合祿格)은 사주에 정관이 없을 때 간지가 합하여 정관을 끌어 오는 격이다.

시	일	월	연 (乾命)
庚	戊	戊	己
申	辰	辰	未

위 사주는 戊일간이 庚申시에 출생한 사주이다. 庚이 乙정관을 합하여 끌어 오는 촉왕(蜀王)의 사주로 합록격이다.

시	일	월	연 (乾命)
庚	癸	癸	己
申	未	未	酉

위 사주는 癸일간이 庚申시에 출생하였다. 조승상(趙丞相)의 사주로, 시지 申이 巳를 합해서 오면 일간이 巳중에 있는 戊土 정관을 얻는 합록격

이다. 이 격은 운에서 전실(塡實)되는 것을 기피하며, 관살운도 불리하며, 화극금(火剋金)이 되는 운은 합을 방해하므로 나쁘게 본다. 기타 운은 길하다.

㈜ 己酉년 未월은 癸未가 아닌 辛未월이지만, 원문 내용 그대로 사주를 표시하였다.

원문

故戊生甲寅之月 時上庚申 不以爲明煞有制 而以爲專食之格 逢甲
고 무 생 갑 인 지 월 시 상 경 신 불 이 위 명 살 유 제 이 이 위 전 식 지 격 봉 갑

減福
감 복

해설

다음 사주는 식신제살(食神制殺)이 분명한데 이를 전식합록격(專食合祿格)으로 보면서 월간에 甲이 있어 복이 줄어든다고 한다.

시	일	월	연
庚	戊	甲	○
申	○	寅	○

원문

如己未 壬申 戊子 庚申 本食神生財也 而欲棄月令 以爲戊日庚申合
여 기 미 임 신 무 자 경 신 본 식 신 생 재 야 이 욕 기 월 령 이 위 무 일 경 신 합

祿之格 豈知本身自有財食 豈不甚美 又何勞以庚合乙 求局外之官乎
록 지 격 기 지 본 신 자 유 재 식 기 불 심 미 우 하 로 이 경 합 을 구 국 외 지 관 호

此類甚多 皆硬入外格也
차류심다 개경입외격야

해설   아래 사주는 식신생재격(食神生財格)이다. 이 사주를 월령을 무시한 채 戊일 庚申시이니 합록격으로 본 것은 잘못이다. 본명에 식신과 재성이 있어 아름다운데, 乙庚합을 하는 乙을 사주 밖에서 구할 필요가 없다. 이런 예는 외격 사주의 기준을 억지로 적용한 잘못으로 생겼다.

시	일	월	연
庚	戊	壬	己
申	子	申	未

12 형합격

원문

有刑合成格者 癸日甲寅時 寅刑巳而得財官 格與合祿相似 但合祿則
유형합성격자 계일갑인시 인형사이득재관 격여합록상사 단합록즉

喜以合之 而刑合則硬以致之也 命有庚申 則木被沖剋而不能刑 有戊
희이합지 이형합즉경이치지야 명유경신 즉목피충극이불능형 유무

己字 則現透官煞而無待于刑 非此格矣 如乙未 癸卯 癸卯 甲寅 十二
기자 즉현투관살이무대우형 비차격의 여을미 계묘 계묘 갑인 십이

節度使命是也 運忌塡實 不利金鄉 余則吉矣
절도사명시야 운기전실 불리금향 여즉길의

▧ **해설** ▧　　형합격(刑合格)은 癸일간이 甲寅시에 출생하여 寅이 巳를 형(刑)으로 끌어 오고, 巳는 일간의 재관(財官)이 되는 격이다. 합록격과 비슷하지만, 합록격은 기쁘게 합하여 끌어 오는 것인데 형합격은 강제로 형을 하여 끌어 오는 점이 다르다. 본명에 庚申이 있는 경우는 형하여 끌어오는 木을 金剋木하니 이 격이 성립되지 않으며, 본명에 戊己가 있는 경우도 이미 관살이 있으므로 끌어 올 필요가 없어지므로 이 격이 성립되지 않는다.

시	일	월	연 (乾命)
甲	癸	癸	乙
寅	卯	卯	未

　　위 사주는 십이절도사(十二節度使)의 명으로 형합격이다. 이 격은 전실(塡實)운을 기피하며, 金운은 불리하고 기타 운은 길하다.

㈜ 절도사는 지방장관이다.

▧ **원문** ▧

癸生巳月 時遇甲寅 不以爲暗官受破 而以爲刑合成格
계 생 사 월　시 우 갑 인　불 이 위 암 관 수 파　이 이 위 형 합 성 격

▧ **해설** ▧　　다음과 같을 때 巳 중 지장간인 戊土정관이 甲木식상에 의해 파손된다. 이를 형합격이 되었다고 잘못 보기도 한다.

시	일	월	연
甲	癸	○	○
寅	○	巳	○

원문

若夫拱祿 拱貴 趨乾 歸祿 夾戌 鼠貴 騎龍 日貴 日德 富祿 魁罡 食
약부공록 공귀 추건 귀록 협술 서귀 기룡 일귀 일덕 부록 괴강 식

神時墓 兩干不雜 干支一氣 五行具足之類 一切無理之格 旣置勿取
신시묘 양간부잡 간지일기 오행구족지류 일절무리지격 기치물취

卽古人格內 亦有成式 總之意爲牽就 硬塡人格 百無一是 徒誤後學
즉고인격내 역유성식 총지의위견취 경전인격 백무일시 도오후학

而已
이 이

해설

외격으로 공록격(拱祿格), 공귀격(拱貴格), 추건격(趨乾格), 귀록격(歸祿格), 협술격(夾戌格), 서귀격(鼠貴格), 기룡격(騎龍格), 일귀격(日貴格), 일덕격(日德格), 부록격(富祿格), 괴강격(魁罡格), 식신시묘격(食神時墓格), 양간부잡격(兩干不雜格), 간지일기격(干支一氣格), 오행구족격(五行具足格) 등은 이치에 맞지 않으니 취할 필요가 없다. 옛 사람들이 격국을 만들었지만 이치에 맞는 것이 없다. 단지 후학들이 따르고 있을 뿐이다.

6. 신살은 길흉과 무관하다

원문

八字格局 專以月令配四柱 至於星辰好歹 旣不能爲生剋之用 又何以
팔자격국 전이월령배사주 지어성신호알 기불능위생극지용 우하이

操成敗之權 況於局有礙 卽財官美物 尙不能濟 何論吉星 于局有用
조성패지권 황어국유애 즉재관미물 상불능제 하론길성 우국유용

卽七煞傷官 何謂凶神乎 是以格局旣成 卽使滿盤孤辰入煞 何損其
즉칠살상관 하위흉신호 시이격국기성 즉사만반고신입살 하손기

貴 格局旣破 卽使滿盤天德貴人 何以爲功 今人不知輕重 見是吉星
귀 격국기파 즉사만반천덕귀인 하이위공 금인부지경중 견시길성

遂致抛卻用神 不管四柱 妄論貴賤 謬談禍福 甚可笑也
수치포각용신 불관사주 망론귀천 유담화복 심가소야

해설

팔자의 격국은 오로지 월령을 사주에 배합하는 것에 있다. 이에 반해 신살인 성신(星辰)은 시체를 좋아하는 것과 같아 생극작용을 못해 격국의 성패에 영향을 줄 수 없는 요소이다. 격국에 해로움이 있으면 재관(財官) 같은 길신이라도 항상 좋은 것이 아니므로 길성(吉星)으로 논하지 않으며, 격국에 쓰임이 있으면 칠살이나 상관 흉신이라도 좋게 본다. 흉신이라도 격국을 성격으로 만드는 것은 말할 필요 없이 좋다.

격국이 성격이 되었는데 신살인 고신(孤辰)이 있다고 해서 그 귀함이 줄어들지 않으며, 격국이 패격이 되었는데 신살인 천덕귀인(天德貴人)이 있다고 무슨 공이 있는 것은 아니다. 이럼에도 불구하고 사람들이 격국의 경중을 모르고 사주 중의 길성만 보면 사주의 모양을 버리고 귀천화복을 설명하니 참으로 우스운 일이다.

※ **강해** ※　원문에서 언급한 고신(孤神 또는 孤辰)과 천덕(天德)에 대한 전통적인 작용은 다음과 같다.

① 고신과숙살(孤神寡宿殺)은 연을 기준으로 사진(四辰)과 대조한다. 일지를 기준으로 하기도 한다. 고신살의 예를 들면, 연지 위주로 보아 寅卯辰년은 巳, 巳午未년은 申, 申酉戌년은 亥, 亥子丑년은 寅이다.

연지	子	丑	寅	卯	辰	巳	午	未	申	酉	戌	亥
고신살	寅	寅	巳	巳	巳	申	申	申	亥	亥	亥	寅
과숙살	戌	戌	丑	丑	丑	辰	辰	辰	未	未	未	戌

남자는 고신살(孤神殺)을, 여자는 과숙살(寡宿殺, 일명 과수살)을 본다. 고신과숙살이 있으면 육친의 덕이 없고 고독하다. 남녀 모두 상부(喪夫), 상처(喪妻), 이별, 공방(空房)의 기운이 있다고 본다. 고신살은 고독살 또는 홀아비살이라 하여 남자가 아내와 이별, 무자식 등으로 고독한 명이 된다고 한다. 특히 부부이별이 강조되는 살이다. 여자의 경우 과숙살은 辰戌丑未일 출생자에게 많이 적용되며, 연지에 있으면 가장 가볍고, 월지가 그 다음이며, 일지에 있으면 가장 꺼린다.

② 천덕귀인(天德貴人)은 보통 천덕(天德)이라고 한다. 택일과 택방에도 사용하고, 사주원국에도 따지는 길신이다. 생기(生氣)를 받아들이고 흉재(凶災)를 해소하며 길함을 증가시키는 역할을 한다. 사주원국에 있으면 운명을 길한 방향으로 이끌어 큰 병이 없고, 관운(官運)에 좋은 영향을 미치며, 평생 재난이 없고 무병하고, 심성이 좋으며, 하늘이 은혜를 베푸는 귀살로 흉이 변하여 길하게 된다. 택일과 택방의 경우에는 음양이 소통하여 천지가 조화로워 만사에 영세대길(永世大吉)하고, 월가(月家)로 따질 때는 산소를 쓰는 데 좋고 기타 만사에 길하다.

신살은 월지 또는 연지 기준으로 사간(四干) 또는 사지(四支)와 대조한다.

월지·연지	寅	卯	辰	巳	午	未	申	酉	戌	亥	子	丑
사간·사지	丁	申	壬	辛	亥	甲	癸	寅	丙	乙	巳	庚

원문

況書中所云祿貴 往往指正官而言 不是祿堂人貴人 如正財得傷貴爲
황서중소운록귀 왕왕지정관이언 불시록당인귀인 여정재득상귀위

奇 傷貴也 傷官乃生財之具 正財得之 所以爲奇 若指貴人 則傷貴爲
기 상귀야 상관내생재지구 정재득지 소이위기 약지귀인 즉상귀위

何物乎 又若因得祿而避位 得祿者 得官也 運得官鄕 宜乎進爵 然如
하물호 우약인득록이피위 득록자 득관야 운득관향 의호진작 연여

財用傷官食神 運透官則格條 正官運又遇官則重 凡此之類 只可避位
재용상관식신 운투관즉격조 정관운우우관즉중 범차지류 지가피위

也 若作祿堂 不獨無是理 抑且得祿避位 文法上下相顧 古人作書 何
야 약작록당 부독무시리 억차득록피위 문법상하상고 고인작서 하

至不通若是
지불통약시

해설

고서에서 녹귀(祿貴)는 녹당귀인(祿堂貴人)이 아닌 정관을 말한다. 또한 고서에서 정재가 상귀(傷貴)를 만나면 기이함이 있다는 말 중 상귀는 상관을 의미하는 말이다. 즉, 상관이 재성을 생하기 때문에 정재가 상관을 만나면 좋다는 것이다. 만약 상귀(傷貴)라는 말에서 귀(貴)를 귀인이라 보면 귀인을 상하게 한다는 말이 되지 않는다.

또한 고서에 녹(祿)을 얻으면 자리에서 물러난다는 말이 있는데, 이는 정관을 얻을 때를 말한다. 운의 흐름에서 정관을 만나면 지위가 올라야 하

지만, 재성격에 상관과 식신을 쓰는 경우 운에서 정관을 만나면 격에 가지를 치듯 혼란스러워 자리에서 물러나고, 투출한 정관이 다시 운에서 정관을 만나면 관이 무거워져 자리에서 물러나게 된다. 이래서 녹(祿)을 얻으면 자리에서 물러난다고 했는데, 이를 정관이 아닌 녹(祿)으로 해석하면 이치에도 문법에도 맞지 않는다. 이런 말을 고인이 썼을 리 없다.

강해

원문의 내용을 보충하면 다음과 같다.
① 녹당(祿堂)은 십이운성으로 건록(建祿)을 말한다.
② 천을귀인은 아래와 같다. 천을귀인을 협기변방서(協紀辨方書)의 기준을 따랐다. 육임에서 양귀(陽貴)는 일출 후에 쓰고, 음귀(陰貴)는 일몰 후에 쓴다.

일간	甲	乙	丙	丁	戊	己	庚	辛	壬	癸
양귀	未	申	酉	亥	丑	子	丑	寅	卯	巳
음귀	丑	子	亥	酉	未	申	未	午	巳	卯

『자평진전평주(子平眞詮評註)』에서 서락오(徐樂吾)는 원문 내용을 해석하면서 상관이 천을귀인(天乙貴人)에 해당할 때라고 하였다. 그러나 상관이 천을귀인이 되는 경우는 己의 음귀인 申, 壬의 양귀인 卯밖에 해당하지 않으므로 설명에 오류가 있는 듯하다. 원문 내용대로 상관이 귀한 역할을 하는 것으로 보는 것이 맞다.

원문

又若女命 有云貴衆則舞裙歌扇 貴衆者 官衆也 女以官爲夫 正夫豈
우약여명 유운귀중즉무군가선 귀중자 관중야 여이관위부 정부기

可疊出乎 一女衆夫 舞裙歌扇 理固然也 若作貴人 乃是天星 竝非夫
가첩출호 일여중부 무군가선 이고연야 약작귀인 내시천성 병비부

主 何礙於衆 而必爲娼妓乎
주 하애어중 이필위창기호

▨ 해설 ▨　여자의 명에 대해 이르기를, 귀(貴)가 많으면 창기가 된다고 하였다. 귀(貴)가 많은 것은 관성이 많은 것이며, 이는 남편이 많은 것이니 맞는 말이다. 만약에 귀(貴)를 관성으로 보지 않고 귀인(貴人)이라고 보면 이는 하늘의 별이 많다는 것이지 남편이 많다는 것이 아니니, 하늘의 별이 무리를 짓는다고 창기가 되는 것이 아니다.

▨ 원문 ▨

然星辰命書 亦有談及 不善看書者執之也 如貴人頭上帶財官 門充馳
연성신명서 역유담급 불선간서자집지야 여귀인두상대재관 문충치

馬 蓋財官如人美貌 貴人如人衣服 貌之美者 衣服美則現 其實財官
마 개재관여인미모 귀인여인의복 모지미자 의복미즉현 기실재관

成格 卽非貴人頭上 怕不門充馳馬 又局淸貴 又帶二德 必受榮封 若
성격 즉비귀인두상 파불문충치마 우국청귀 우대이덕 필수영봉 약

專主二德 則何不竟云帶二德受兩國之封 而秘先曰無煞乎 若云命逢
전주이덕 즉하불경운대이덕수량국지봉 이비선왈무살호 약운명봉

險格 柱有二德 逢凶有救 右免于危 則亦有之 然終無關於格局之貴
험격 주유이덕 봉흉유구 우면우위 즉역유지 연종무관어격국지귀

賤也
천야

해설　책에 신살인 성신(星辰)에 대한 설명이 많은데, 책 내용에 집착해서는 곤란하다. 예를 들어, 귀인의 머리 위에 재관(財官)이 있으면 문 안에 재물이 많다는 내용을 살펴보자. 재관은 잘생긴 얼굴이고 귀인은 의복과 같으므로 이 둘이 합쳐지면 더욱 좋겠지만, 재관격이 성격이 되면 귀인이 없다고 가난해지는 것은 아니다.

또한 고서에 격국이 살(煞)이 없이 깨끗하고 귀하며, 이덕(二德)인 천덕(天德)과 월덕(月德)을 가지면 반드시 영화로운 책봉을 받는다고 하였다. 이는 맞는 말이지만, 이덕만 중시했으면 먼저 격국이 살이 없이 청귀(淸貴)하다는 말을 안 했을 것이다. 명이 흉하더라도 이덕으로 인한 구함이 있겠지만, 신살은 격국의 귀천과는 무관하다.

강해　월덕(月德)은 전통적으로 좋은 기운을 받아들이고 흉재(凶災)를 해소하며 길함을 증가시키는 역할을 한다. 월덕이 팔자에 있으면 조상복이 있고 무병하며, 심성이 좋고, 먼저는 가난해도 결국 부자가 된다고 한다. 월덕은 생월과 사진의 천간을 대조한다. 택일에도 적용한다.

월지	子	丑	寅	卯	辰	巳	午	未	申	酉	戌	亥
사간	壬	庚	丙	甲	壬	庚	丙	甲	壬	庚	丙	甲

- 이 요약사항은 『궁통보감 강해(窮通寶鑑講解, 동학사, 이을로)』와 『사주기문1.0 프로그램(프로그램 개발자 이을로)』에 실린 내용이다.
- 일간별로 월별 주용신과 보조용신을 요약하였다.
- 요약 중 앞부분에 있는 것이 주용신이고, 나머지가 보조용신이다.
- 계절별로 공통의 용신이 사용되는 경우에는 삼춘(三春), 삼하(三夏) 등으로 묶었다.

부록 [계절별 일간의 조후용신]

寅월 甲木 _ 이른 봄에 있어 겨울의 차가운 기운이 남아 있는 상태이다. 丙火식신으로 조후하고, 癸水정인으로 윤택하게 한다. 庚金칠살과 丁火상관이 더불어 있으면 좋은 명이다.

卯월 甲木 _ 木기운이 강하다. 庚金칠살로 제극해야 하며, 戊土정재로 火를 설기하여 庚金을 보호한다. 천간에 丁火상관이 투출하면 목화통명(木火通明)이 되어 좋다.

辰월 甲木 _ 木기운이 약하다. 庚金칠살을 먼저 쓰고, 다음으로 壬水편인을 써서 庚金의 기운을 약하게 하여 甲木을 돕는다.

巳월 甲木 _ 巳월은 왕성했던 木기운이 물러가고 월령 丙火가 세력을 얻는 달이다. 癸水정인을 써서 조후하고, 丁火상관으로 보좌하여 목화통명(木火通明)을 이루며, 庚金칠살로 보좌한다.

午월 甲木 _ 木기운이 허하고 불타는 계절에 있으므로 午未월을 같은 이치로 본다. 癸水정인을 먼저 쓰고, 丁火상관은 庚金이 강할 때 보조하며, 庚金칠살로는 수원(水源)을 삼는다.

未월 甲木 _ 木기운이 허하고 불타는 계절에 있으므로 午未월을 같은 이치로 본다. 未월은 삼복 중에 찬 기운이 생겨서 丁火가 물러나므로 丁火상관을 먼저 사용하고, 庚金칠살과 癸水정인으로 보좌한다.

申월 甲木 _ 金土가 왕성한 계절로 나무는 마르고 시드는 시기다. 丁火상관으로 庚金을 단련하며, 庚金칠살로 甲木을 다듬는다. 丁火가 없는 경우에는 壬水편인으로 살인상생(殺印相生)을 이룬다.

酉월 甲木 _ 酉월의 金이 왕성하므로 제련이 필요한 나무이다. 우선 丁火상관을 써서 金을 제련하고, 다음에 丙火식신으로 조후하며, 그 다음으로는 庚金칠살을 쓴다.

戌월 甲木 _ 木기운이 사라지는 조토(燥土)의 달에 있다. 丁火상관으로 관살을 제극하고, 癸水정인으로 자윤(滋潤)하며, 戊土편재와 庚金정관으로 보좌한다.

亥월 甲木 _ 壬水편인이 건록(建祿)의 자리에 있어 甲木이 뜰 우려가 있다. 庚金칠살로 甲木을 다듬고, 丁火상관으로 庚金을 하련(煆煉)하며, 丙火로 조후하고, 戊土로 水를 막는다.

子월 甲木 _ 木이 추운 상태에 있다. 丁火상관을 먼저 쓰고, 庚金칠살로 甲木을 쪼갠다. 丙火식신으로는 조후하여 보좌한다.

丑월 甲木 _ 너무 추워서 만물이 살 수 없는 계절에 있다. 庚金칠살을 먼저 사용하여 차가운 甲木을 쪼개고, 丁火상관을 이끌어 쓰며, 丙火식신으로 따뜻하게 조후한다.

寅월 乙木 _ 아직 겨울의 차가운 기운이 남아 있는 상태이다. 丙火상관으로 따뜻하게 조후하고, 癸水편인으로 乙木을 자양(滋養)한다.

卯월 乙木 _ 양기가 상승하는 달에 있다. 우선 태양화(太陽火)인 丙火상관을 써서 뛰어난 기운이 나타나게 하고, 다음으로 우로수(雨露水)인 癸水편인을 써서 나무[木]를 키운다.

辰월 乙木 _ 양기가 더욱 강해지는 월에 있다. 癸水편인을 먼저 써서 乙木을 배양하고, 丙火상관을 나중에 써서 뛰어난 기운을 나타나게 한다.

巳월 乙木 _ 巳火에는 지장간 丙火가 들어 있고, 水가 절지(絶地)가 되는 달이다. 癸水편인 위주로 조후하는 것이 급하고, 丙火상관으로 보조하며, 庚辛관살은 팔자 구조를 참조하여 사용한다.

午월 乙木 _ 약한 나무가 가뭄을 만나는 형상이다. 하지 전 상반월에는 癸水편인을 사용하고, 하지 후 하반월은 삼복 중 음기가 생겨나는 시기이므로 丙火상관과 癸水편인을 같이 사용한다. 庚辛관살은 상황을 보아 사용한다.

未월 乙木 _ 여름 기운이 물러나고 시드는 계절에 있는 나무이다. 癸水편인으로 乙木을 생조하고, 丙火상관은 팔자에 金水가 많은 경우에 사용하며, 庚辛관살은 사주 구조를 참조하여 겸용한다.

申월 乙木 _ 월에 金기운이 사령하므로 丙火상관으로 조후하고 제살하며, 癸水편인으로 관인상생(官印相生)을 시켜서 화살(化殺)하며, 己土편재로 水火를 보좌한다.

酉월 乙木 _ ① 상반월 : 붉은 계수나무로, 꽃이 열리지 않았으므로 癸水편인으로 꽃을 피우게 도와주며, 丙火상관으로 조후하고 제살한다. 壬水정인은 癸水가 없는 경우에 사용한다.
② 하반월 : 붉은 계수나무가 꽃을 피우니 햇빛을 향하는 것이 좋다. 丙火상관으로 조후하고 제살하며, 癸水편인으로 관인상생(官印相生)이 되게 한다. 壬水정인은 癸水가 없는 경우에 사용한다.

戌월 乙木 _ 뿌리가 마르고 잎이 떨어지는 시기에 있다. 癸水편인으로 일간을 자양(滋養)해야 하고, 辛金칠살로 癸水의 원천을 삼는다.

亥월 乙木 _ 壬水가 사령하므로 춥다. 우선 丙火상관을 써서 양기(陽氣)로 향하는 것이 좋고, 戊土정재로 乙木이 물에 뜨는 것을 막는다.

子월 乙木 _ 꽃이 어는 시기에 있다. 丙火상관을 중히 사용하여 언 것을 녹이며, 戊土정재로 물의 기운을 막고, 己土로 보좌한다.

丑월 乙木 _ 매우 추운 한겨울에 있으므로 丙火상관을 써서 조후한다.

寅월 丙火 _ 월에서 생록(生祿)을 얻어 火가 점차 강해지는 달에 있다. 壬水칠살로 火를 제어하고, 庚金편재로 水를 만들어 보좌한다.

卯월 丙火 _ 양기가 점차 상승하는 시기로 오로지 壬水칠살만을 사용한다. 己土상관은 壬水가 없는 경우에 사용하며, 己土를 쓰는 경우 화토상관(火土傷官)이 된다.

辰월 丙火 _ 열기가 강해지는 계절에 있다. 壬水칠살을 사용하여 열기를 식히고, 壬水가 없는 경우에는 甲木편인을 사용한다. 팔자에 甲木이 없는 경우에는 庚金편재로 壬水를 돕고 土를 설기시킨다.

巳월 丙火 _ 화염이 강하므로 壬水칠살을 사용하여 火를 다스려 수화기제(水火旣濟)를 이루고, 庚金편재로 물의 근원을 얻는다. 癸水정관은 壬水가 없는 경우에 쓴다.

午월 丙火 _ 월령이 양인(羊刃)으로 아주 뜨겁다. 壬水칠살로 열기를 식히고, 庚金편재로 水의 원천을 삼는다.

未월 丙火 _ 월이 화염조토(火炎燥土)이므로 壬水칠살을 사용하여 자윤(滋潤)하고, 庚金편재로 壬水를 돕는다.

申월 丙火 _ 양기가 쇠약해지는 달에 있다. 壬水칠살을 써서 빛이 퍼지게 돕는다. 壬水가 많은 경우에는 戊土식신을 사용한다.

酉월 丙火 _ 황혼의 태양으로 작은 빛이 호수에만 있다. 壬水칠살은 신왕한 경우에 사용하고, 癸水정관은 壬水가 없는 경우 대신 사용한다.

戌월 丙火 _ 불기운이 약해지는 것을 꺼리므로 甲木편인을 써서 불을 북돋우는 것이 우선이며, 壬癸관살로 자윤(滋潤)하는 것은 그 다음이다.

亥월 丙火 _ 태양이 월을 못 얻은 상황으로 사주 구조를 참조하여 용신을 정한다. 甲木편인은 강한 水관살을 설기하고 약한 丙火를 도우며, 戊土식신은 水관살을 조절하고, 庚金편재는 木인수가 강할 때 쓴다. 壬水칠살은 火비겁이 왕성할 때 사용한다.

子월 丙火 _ 양의 기운이 일어나지만 용신은 亥월과 같다. 甲木편인은 강한 水관살을 설기하고 약한 丙火를 도우며, 戊土식신은 水관살을 조절하고, 庚金편재는 木인수가 강할 때 쓰며, 壬水칠살은 火비겁이 왕성할 때 사용한다.

丑월 丙火 _ 월의 기운이 양(陽)을 향하므로 추위를 겁내지 않는다. 甲木편인으로 土식상의 설기를 막고, 壬水칠살을 귀함을 이루는 원천으로 삼는다.

寅월 丁火 _ 정인이 사령하여 木이 강하다. 庚金정재로 甲木정인을 쪼개고, 甲木정인으로 丁火를 이끈다.

卯월 丁火 _ 습한 木으로 타지 않는다. 庚金정재로 먼저 甲木을 쪼개고, 甲木정인으로 丁火를 인도한다.

辰월 丁火 _ 월령에 있는 戊土가 丁火를 설기시키므로 약하다. 甲木정인을 사용하여 土식상을 조절하고, 庚金정재로 甲木을 쪼개 丁火로 인도한다.

巳월 丁火 _ 계절로부터 생을 받아 왕성하다. 壬水정관으로 왕성한 기운을 약하게 하고, 甲木정인으로 보좌한다. 庚金정재는 甲木을 쪼개 목화통명(木火通明)을 이루게 한다.

午월 丁火 _ 월이 건록(建祿)으로 火기운이 강하다. 壬水정관으로 火를 다스리고, 甲木정인으로 丁火를 돕는다. 庚金정재로는 甲木을 쪼개면서 다른 한편으로는 壬水를 돕는다.

未월 丁火 _ 丁火의 기운이 약해지고, 차가운 기운이 생겨나는 달에 있다. 甲木정인으로 약한 일간을 돕고, 壬水정관으로 甲木을 도우며, 庚金정재로 甲木을 쪼개면 좋다.

三秋丁火 _ 火기운이 물러나서 丁火가 약해진다. 甲木정인으로 火를 돕는데 甲이 없으면 乙로 도우며, 庚金정재로 甲木을 쪼개 丁火를 돕고, 丙火겁재로 金을 조절하고 甲을 말린다.

① 申월 丁火 : 甲木과 丙火 위주로 한다.
② 酉월 丁火 : 甲木과 丙火와 庚金을 모두 사용한다.
③ 戌월 丁火 : 甲木을 사용하여 戊土를 제지한다.

三冬丁火 _ 차가운 계절이므로 丁火가 약하다. 甲木정인을 써서 목화통명(木火通明)을 이루고, 庚金정재로 보좌한다. 癸水칠살과 戊土상관은 사주 구조에 따라 적절히 사용한다.

寅卯월 戊土 _ 木관살의 기운이 강한 달에 있다. 丙火편인을 먼저 써서 따뜻하게 하고, 그 다음에 甲木칠살을 써서 土를 헤치고, 癸水정재로 자윤(滋潤)한다.

辰월 戊土 _ 월령에 있는 지장간 戊土가 권한을 가진 달이다. 먼저 甲木칠살을 써서 土를 헤치고, 그 다음으로 丙火편인을 써서 따뜻하게 하며, 癸水정재로 자윤(滋潤)한다.

巳월 戊土 _ 양기가 상승하지만 양기 속에 찬 기운이 있다. 甲木칠살로 戊土의 강한 기운을 파헤친 후, 丙火편인과 癸水정재로 보좌한다.

午월 戊土 _ 불기운이 강한 달에 있으므로 壬水편재를 사용하여 불기운을 끈다. 甲木칠살은 壬水가 있을 경우에 사용하고, 丙火편인과 辛金상관은 사주 구조를 참조하여 사용한다.

未월 戊土 _ 여름 흙이므로 메마르다. 먼저 癸水정재를 써서 흙을 적셔주고, 癸水가 있는 경우에 丙火편인으로 수화기제(水火旣濟)를 이루며, 甲木칠살로 흙을 헤친다.

申월 戊土 _ 양기가 들어가고 음기가 나오기 시작하는 달에 있다. 먼저 丙火편인으로 조후하고, 癸水정재로 윤택하게 하며, 甲木편관으로 두터운 土를 헤친다.

酉월 戊土 _ 월의 기운이 일간의 기운을 설기하므로 戊土가 약하고 차다. 丙火편인으로 일간을 도우면서 조후하는 것이 급하고, 壬癸재성이 土를 자윤(滋潤)하게 한다.

戌월 戊土 _ 월에 같은 오행이 있어서 자신의 기운이 강하다. 甲木칠살로 土를 파헤치고, 癸水정재로 약한 甲木을 도우며, 丙火편인으로 조후한다.

亥월 戊土 _ 양기가 약간 남아 있는 달이다. 甲木편관을 써서 戊土를 신령(神靈)하게 하고, 丙火편인으로 따뜻하게 한다.

子丑월 戊土 _ 매우 춥고 얼어붙는 달에 있다. 丙火편인으로 조후하고, 甲木칠살로 丙火를 보좌한다.

寅월 己土 _ 丑월의 기운이 남아 있으므로 언 논밭에 있는 초목이다. 丙火정인으로 조후한다.

卯월 己土 _ 甲木과 癸水와 丙火가 있어야 한다. 甲木정관을 사용하여 땅을 헤치고, 癸水편재인 물을 취해 땅을 윤택하게 하고, 丙火정인으로 따뜻하게 한다.

辰월 己土 _ 곡식을 가꾸는 시기에 있다. 丙火정인으로 먼저 흙을 따뜻하게 하고, 癸水편재로 흙을 윤택하게 하며, 甲木정관을 써 水火를 소통시킨다.

三夏己土 _ 잡기재관(雜氣財官)의 시기로 곡식이 밭에 있다. 癸水편재를 취해 마른 땅을 적시고, 丙火정인으로 햇볕을 쬐어 곡식을 자라게 하며, 辛金상관으로 癸水를 보좌한다.

三秋己土 _ 겉은 비고 안은 채워지며, 찬 기운이 일어나는 때에 있다. 癸水편재로 땅을 윤택하게 하는 한편 金기운을 빼내며, 丙火정인으로 따뜻하게 하고, 辛金상관으로 癸水를 보좌하며, 甲木정관으로 흙을 파헤친다.

三冬己土 _ 흙이 축축하고 얼어 있는 상태이다. 丙火정인으로 따뜻하게 만들어서 생산하게 하며, 甲木정관으로 丙火를 돕고 두터운 흙을 막으며, 丁火편인과 戊土겁재로 보조한다.

寅월 庚金 _ 木이 강한 시기에 있다. 먼저 丙火편관을 써서 庚金을 따스하게 하고, 甲木편재로 土를 파헤친다. 丁火정관은 보조로 사용한다.

卯월 庚金 _ 월의 지장간 乙木과 庚金이 합하여 강해질 우려가 있다. 먼저 丁火정관을 써서 金을 하련하며, 甲木편재로 丁火를 돕고, 庚金비견으로 甲木을 쪼갠다. 丙火편관은 丁火가 없는 경우에 쓴다.

辰월 庚金 _ 월의 지장간에 戊土가 있어 庚金이 묻힐 우려가 있다. 甲木편재로 戊土를 파헤치고, 丁火정관으로 보좌한다.

巳월 庚金 _ 월의 지장간 중 丙戊가 월인 巳火의 건록(建祿)이고, 庚金은 장생(長生)이 된다. 먼저 壬水식신을 써서 중화를 이루고, 戊土편인과 丙火칠살로 보좌한다. 단, 선후(先後)에 집착하지 말고 사주 구조에 따라 적절히 사용한다.

午월 庚金 _ 불기운이 맹렬하여 庚金이 약하다. 壬水식신으로 불을 조절하고, 癸水상관으로 壬水를 보좌한다.

未월 庚金 _ 찬 기운이 생겨나며, 土의 월을 만나므로 강하다. 丁火정관을 먼저 사용하고, 甲木편재로 丁火를 돕는다.

申월 庚金 _ 매우 강하고 예리해지는 달에 있다. 丁火정관으로 제련하고, 甲木편재로 丁火를 돕는다.

酉월 庚金 _ 양인(羊刃)인 酉金이 계절을 얻어 강하다. 丁火정관으로 金을 달구고, 甲木편재로 丁火를 도우며, 丙火편관을 겸하여 쓴다.

戌월 庚金 _ 戌 中 戊土가 사령하여 흙[土]이 강한 달에 있다. 甲木편재를 먼저 써서 土를 파헤치고, 壬水식신으로 金을 씻어 빛을 발하게 한다.

亥월 庚金 _ 물이 차고 성질이 한랭한 상태이다. 먼저 丁火정관을 써서 庚金을 제련하고, 丙火칠살로 조후한다.

子월 庚金 _ 찬 계절에 있다. 丁火정관을 써서 제련하고, 甲木편재로 丁火를 도우며, 丙火칠살을 써서 따뜻하게 한다.

丑월 庚金 _ 차고 축축한 진흙의 달이다. 丙火편관으로 먼저 따뜻하게 하고, 丁火정관으로 庚金을 제련하며, 甲木편재로 불기운을 돕는다.

寅월 辛金 _ 아직 찬 기운이 남아 있는 달로, 辛金이 월의 도움을 받지 못한다. 己土편인으로 辛金을 돕고, 壬水상관으로 辛金을 씻어서 역할을 하게 하며, 庚金겁재로 월의 甲木을 조절한다.

卯월 辛金 _ 양기가 일어나는 달이다. 壬水상관을 써서 金기운을 씻어주고, 甲木정재로 壬水가 金기운을 씻는 것을 방해하는 土를 조절한다.

辰월 辛金 _ 월령이 일간을 도우므로 강하다. 먼저 壬水상관을 써서 金을 드러나게 하며, 甲木정재로 월의 戊土를 파헤친다.

巳월 辛金 _ 여름을 눈앞에 두고 있으므로 뜨거운 상태이다. 壬水상관으로 열기를 식혀주고, 癸水식신으로 보조하며, 甲木정재로 물을 막는 土를 조절한다.

午월 辛金 _ 월 중 丁火가 사령하여 기운이 약하다. 壬水상관으로 조후하고, 己土편인으로 약한 丁火를 도우며, 癸水식신으로 壬水를 돕는다.

未월 辛金 _ 월 중 지장간 己土가 辛金의 빛을 가릴 우려가 있는 월이다. 壬水상관으로 먼저 흙을 윤택하게 하고, 庚金겁재로 壬水를 보좌한다.

申월 辛金 _ 월 중 庚金이 사령하여 왕성하다. 壬水상관으로 왕성한 기운을 설기하고, 甲木정재와 戊土정인은 사주 구조를 참조하여 사용한다.

酉월 辛金 _ 월의 지장간 辛金이 사령하여 매우 왕성하다. 오로지 壬水상관을 써서 辛金을 씻고 유통시킨다.

戌월 辛金 _ 戊土가 사령하여 왕성하다. 壬水상관으로 왕성한 金을 설기시키고, 甲木정재로 土를 파헤친다.

亥월 辛金 _ 찬 기운이 있으며, 양기를 지닌 달에 있다. 壬水상관을 사용하여 금백수청(金白水淸)을 이루고, 丙火정관으로 조후한다.

子월 辛金 _ 癸水가 사령하여 차가운 상태에 있다. 丙火정관으로 따뜻하게 하고, 壬水상관으로 辛金의 기운이 나타나게 하며, 甲木정재와 戊土정인으로 보조한다.

丑월 辛金 _ 매우 찬 상태이다. 먼저 丙火정관을 써서 추위를 녹이고, 그 다음으로 壬水상관을 써서 辛金을 씻어주며, 戊己인수로 보좌하여 물을 조절한다.

寅월 壬水 _ 병지(病地)의 달에 있어 기운이 약하므로 庚金편인으로 물의 근원으로 삼는다. 丙火편재로 조후하고, 戊土칠살로 물이 넘치지 않게 한다.

卯월 壬水 _ 찬 기운과 더운 기운이 섞여 있는 달이다. 먼저 戊土칠살로 제방을 삼고, 辛金정인으로 물의 원천을 삼으며, 庚金편인을 사용하여 木식상의 기운을 조절한다.

辰월 壬水 _ 戊土인 산이 바다의 기운을 막을까 두렵다. 甲木식신을 사용하여 왕성한 土를 헤치고, 庚金편인으로 물의 원천을 삼는다.

巳월 壬水 _ 丙火가 사령하여 약하다. 壬水비견으로 돕고, 辛金정인으로 물의 원천을 삼으며, 庚金편인으로 보좌한다.

午월 壬水 _ 丁火가 사령하므로 약하다. 우선 癸水겁재를 써서 丁火를 제극하고, 庚金편인으로 일간을 도우며, 辛金정인으로 보좌한다.

未월 壬水 _ 己土가 사령하여 약하다. 辛金정인으로 壬水의 근원을 삼고, 甲木식신으로 土를 제극하며, 癸水겁재로 壬水를 보좌한다.

申월 壬水 _ 월에서 생을 얻어 강한 물이다. 戊土칠살을 제방으로 사용하고, 丁火정재를 사용하여 戊土를 돕고 庚金을 제극한다.

酉월 壬水 _ 금백수청(金白水淸)의 상태가 된다. 甲木식신을 써서 戊土가 흙탕물로 만드는 것을 막고, 庚金편인은 甲木이 없는 경우에 사용한다.

戌월 壬水 _ 물로 향하는 달에 있어서 성격이 너그럽다. 甲木식신으로 土를 헤치고, 丙火로 조후한다.

亥월 壬水 _ 亥 중 壬水가 사령하여 매우 왕성하다. 戊土편관으로 壬水의 왕성함을 막고, 丙火편재로 戊土를 도우며, 庚金편인으로 甲木이 戊土를 해치는 것을 방지한다.

子월 壬水 _ 양인(羊刃)의 달에 있어 아주 왕성하다. 戊土편관으로 왕성한 물을 막고, 丙火편재로 戊土를 도와 조후한다.

丑월 壬水 _ 왕성함이 극에 달했다가 다시 약해진다. 丙火편재로 조후하고, 甲木식신으로 丙火를 도우며, 丁火정재로 丙火를 보좌한다.

寅월 癸水 _ 우로(雨露)처럼 유약하다. 辛金편인으로 물의 원천을 삼으며, 丙火정재로 따뜻하게 한다. 庚金정인은 보조로 사용한다.

卯월 癸水 _ 乙木식신이 사령하여 약하다. 庚金정인으로 수원(水源)을 삼고, 그 다음으로 辛金편인을 쓴다

辰월 癸水 _ 상반월인 청명(淸明) 이후와 하반월인 곡우(穀雨) 이후를 나누어 본다.
① 상반월 : 불이 강하지 않으므로 오로지 丙火정재를 사용한다.
② 하반월 : 丙火정재를 사용하고, 辛金편인과 甲木상관으로 보좌한다.

巳월 癸水 _ 丙火가 사령하여 조열(燥熱)한 달에 있다. 辛金편인으로 癸水의 원천을 삼고, 庚金정인으로 보좌하며, 壬水겁재로 辛金을 극하는 丁火를 합으로 묶는다.

午월 癸水 _ 뿌리가 없어 매우 약하다. 辛庚인수가 일간을 돕게 하며, 壬癸비겁으로 癸水일간을 돕는다.

未월 癸水 _ 상반월과 하반월은 金기운에 차이가 있으므로 사용하는 방법이 약간 다르다. 庚辛인수가 일간을 생하게 하며, 壬癸비겁으로 癸水일간을 돕는다.
① 상반월 : 火가 강하므로 비겁으로 돕는 것이 좋다.
② 하반월 : 金기운이 오므로 비겁을 사용하지 않아도 된다.

申월 癸水 _ 申 중 庚金이 사령하여 지나치게 강하고 예리하다. 丁火편재를 사용하여 金을 단련하고, 甲木상관으로 丁火를 돕는다.

酉월 癸水 _ 금백수청(金白水淸)의 상태이다. 辛金편인으로 일간을 보좌하고, 丙火정재로 조후하여 金水를 따뜻하게 한다.

戌월 癸水 _ 월의 지장간인 戊土가 일간을 지나치게 제극하여 약한 상태이다. 辛金편인으로 수원(水源)을 삼고, 甲木상관으로 戊土를 소토(疏土)하며, 壬癸비겁으로 甲木을 돕는다.

亥월 癸水 _ 亥 중 甲木이 있어 왕성하면서도 약하다. 庚辛인수를 써서 일간을 돕고, 丁火재성으로 인수를 조절한다.

子월 癸水 _ 찬 계절에 있다. 먼저 丙火정재를 사용하여 추위를 해결하고, 辛金편인으로 癸일간을 돕는다.

丑월 癸水 _ 냉기가 강한 상태이다. 먼저 丙火정재로 해동하고, 壬水겁재로 水火가 어울려 태양이 더 빛나게 하며, 戊土정관으로 물기운을 조절한다.

자평진전 강해

글쓴이 | 이을로
펴낸이 | 유재영
펴낸곳 | 동학사

기　획 | 이화진
편　집 | 나진이
디자인 | 박은정 · 임수미

1판 1쇄 | 2009년 11월 15일
1판 5쇄 | 2023년 2월 28일
출판등록 | 1987년 11월 27일 제10-149

주소 | 04083 서울 마포구 토정로 53(합정동)
전화 | 324-6130, 324-6131 · 팩스 | 324-6135

E-메일 | dhsbook@hanmail.net
홈페이지 | www.donghaksa.co.kr
　　　　　www.green-home.co.kr

ISBN 978-89-7190-287-5　03150

● 이 책은 실로 꿰맨 사철제본으로 튼튼합니다.
● 잘못된 책은 구매처에서 교환하시고, 출판사 교환이 필요할 경우에는
사유를 적어 도서와 함께 위의 주소로 보내주세요.
● 저자와의 협의에 의해 인지는 생략합니다.